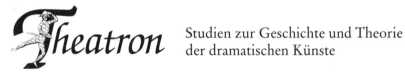 Studien zur Geschichte und Theorie
der dramatischen Künste

Herausgegeben von Hans-Peter Bayerdörfer, Dieter Borchmeyer
und Andreas Höfele

Band 24

Stefan Corssen

Max Herrmann und die Anfänge der Theaterwissenschaft

Mit teilweise unveröffentlichten Materialien

Max Niemeyer Verlag
Tübingen 1998

Für Claudia

Philosophische Fakultät II (Sprach- und Literaturwissenschaften) der Friedrich-Alexander-Universität Erlangen-Nürnberg

Die Deutsche Bibliothek – CIP-Einheitsaufnahme

Corssen, Stefan:
Max Herrmann und die Anfänge der Theaterwissenschaft : mit teilweise unveröffentlichten Materialien / Stefan Corssen. – Tübingen : Niemeyer, 1998
(Theatron ; Bd. 24)

ISBN 3-484-66024-4   ISSN 0934-6252

Inhalt

Danksagung

Dieses Buch hätte ohne die Unterstützung durch eine Anzahl von Wissenschaftlern, Institutionen, Verwandten und Freunden nie geschrieben werden können.

Mein besonderer Dank gilt Andreas Kotte (Bern) für seine engagierte Auseinandersetzung mit wichtigen Problemstellungen, Henri Schoenmakers (Erlangen, jetzt Utrecht) für seine konstruktive Kritik und Peter Schmitt (Erlangen). Rudolf Münz und Wolfgang Mühl-Benninghaus (Berlin) haben mir mit sachdienlichen Hinweisen geholfen, einige Steine aus dem Weg zu räumen.

Ich danke weiterhin allen Teilnehmern der im August 1996 von der Universität Helsinki abgehaltenen ›Summer School for Research Students‹ für spannende Diskussionen, insbesondere Bruce McConachie (Pittsburgh) für seinen persönlichen Einsatz. Thank you, Bruce!

Robert K. Sarlós (Wien) war so freundlich, mir wichtige Informationen über Alois Maria Nagler zukommen zu lassen. Ein besonderes Dankeschön geht ferner an Hannelore Korluß (Berlin), die mir mit ihrem Sammeleifer Max Herrmann betreffend eine wichtige und unersetzliche Hilfe war. Hans Peter Bayerdörfer (München) hat maßgeblichen Anteil daran, daß die Arbeit in der hier vorliegenden Form erscheinen konnte.

Großen Dank schulde ich dem Rothe-Corssen-Fonds für das gewährte Stipendium und Otto Scheidling (Eppstein) für seinen persönlichen Einsatz, sowie der Oskar-Karl-Forster-Stiftung der Universität Erlangen-Nürnberg für einen Druckkostenzuschuß.

Meine Freunde Simone, Anja, Christoph, Christiane, Alfred, Micha, Halil, André, Claudia, Ina und Peter wissen selbst am besten, wie sehr sie mir geholfen haben, die Einsamkeit des Doktorandendaseins durchzustehen.

Last, but not least danke ich meinen Eltern für ihren langjährigen ideellen und materiellen Beistand, und natürlich, aus mindestens 100.000 Gründen, Claudia.

Max Herrmann (1865–1942)

0. Vorbemerkung: Wissenschaftsgeschichte als Selbstreflexion

Einen ›Urknall‹ der Wissenschaften hat es nie gegeben. Die Entstehung einer neuen Wissenschaftsdisziplin – wie umfassend und revolutionär neu aufgestellte Theoreme zunächst auch erscheinen mögen – läßt sich nur unzureichend verstehen, wenn man sie ausschließlich als geniale Erfindung eines einzelnen betrachtet. Die Wissenschaftsgeschichte als Fachhistoriographie hat in der Vergangenheit viel zu oft an heroisierenden Biographien (mit)gestrickt und dabei die sukzessiven Veränderungen des Diskurses, die Verschiebung der ›Tiefenschichten‹[1] als selbstverständlich hingenommen. Diese ›Sedimente‹ der Geschichte lassen sich jedoch weder ohne Einschränkungen freilegen, noch kann man sie gleich einem Archäologen aus materiellen Überresten weitgehend originalgetreu rekonstruieren.[2] Denn die uns zugänglichen Materialien basieren auf Vorstellungen, die ihrerseits zum Zeitpunkt der Quellenniederschrift bereits ein Teil von Geschichte waren und damit der Verfälschung preisgegeben wurden. Eine nicht enden wollende Kette von Diskursen zeigt zurück in die Vergangenheit, und ist doch gleichzeitig mit der Gegenwart als Summe aus historischen Erfahrungen unlösbar verbunden. Wie geologische Tiefenschichten nur punktuell sondiert werden können, so müssen Historiker ›Probebohrungen‹ vornehmen, um daraus Mutmaßungen über Umfang, Alter und Zusammensetzung von GeSchichte anzustellen.[3] Die wesentliche Aufgabe der Wissenschaftshistoriographie kann darum nur

---

[1] Zum Konzept der ›Tiefenschichten‹ (episteme) vgl. Foucault, *Die Ordnung der Dinge*, 1971, S. 17–28.

[2] Dem von Foucault geprägten Terminus ›Archäologie der Wissenschaften‹ haftet eine gewisse begriffliche Unschärfe an: Er impliziert, verschüttetes Wissen könne gleich einer Ruine aus Überresten zumindest partiell wiederhergestellt werden. In *Die Ordnung der Dinge/Eine Archäologie der Humanwissenschaften* hat Foucault jedoch auf eindrucksvolle Weise die Zeitgebundenheit von Systemen des Wissens demonstriert und in der *Archäologie des Wissens* den (erfolglosen) Versuch unternommen, überzeitliche Begrifflichkeiten (Wissenschaft, Werk, Theorie, Begriff, Text) zu bestimmen. Vgl. Dreyfus/Rabinow, *Michel Foucault/Jenseits von Strukturalismus und Hermeneutik*, 1994, *Erster Teil: Die Illusion des autonomen Diskurses*, S. 25–127.

[3] Etymologisch sind die Begriffe ›Schicht‹ und ›Geschichte‹ (von Geschehen) allerdings nur entfernt verwandt.

lauten, diese unsichtbaren Schichten aus früheren Zeiten zunächst überhaupt zu lokalisieren, was in dem offensichtlichen Durcheinander von Wissenschaften und Geschichte(n) kein leichtes Unterfangen darstellt. Bis in die jüngste Vergangenheit hinein hat sich die Geschichtsphilosophie bemüht, aus dem Verlauf von Vergangenheit und Gegenwart einen zielgerichteten Sinn zu entschlüsseln, und menschliches Handeln als maßgebliche Kategorie von Veränderungen ›vernünftig‹ erklären zu können. Je schneller jedoch das ›Global Network‹ wächst und uns mit unzähligen Informationen überschwemmt, desto chaotischer zeigt sich uns diese Welt. Vergangenheit, Gegenwart und Zukunft scheinen keine Konstanten zu sein, sondern willkürliche, chaotisch wuchernde, häufig spekulative Verläufe.[4] Somit stellt sich die Frage nach der grundsätzlichen Bedeutung und Funktion von Geschichtswissenschaft: Welchen Sinn kann die Erforschung einzelner Subsysteme vergangener Epochen haben, wenn wir am Erkennen zweifeln, das heißt, an der Möglichkeit, rationale Erklärungen für Handlungen zu finden und diese als Muster zu kategorisieren? Die unbefriedigende Antwort kann nur lauten: Wir verfügen über keine adäquaten Alternativen. Wenngleich uns die Ergebnisse geschichtswissenschaftlicher Studien aufgrund der grundsätzlichen Mängel menschlicher Erkenntnis nur einen Wissenszuwachs von höchst zweifelhaftem Wert bescheren können; es bleibt nichts anderes übrig, als die Suche fortzusetzen. Der Versuch, die Dinge mit einem die historischen Erfahrungen bewußt ausklammernden ›reinen‹ phänomenologischen Blick zu schauen, verkennt die unbedingte historische Gebundenheit der Sprache, mittels der wir erst über die Dinge sprechen können, ja sie überhaupt zu denken in der Lage sind. Geschichte ist so sehr ein Teil der uns umgebenden Gegenwart geworden, daß wir ohne sie nicht mehr existieren können, ganz gleich, wie subjektiv oder fehlerhaft der historische Fokus im einzelnen auch sein mag. Die primäre Aufgabe der Wissenschaftshistoriographie lautet also, mit skeptischem Blick spezifische Schichten oder Verläufe zu suchen, deren Spuren zu sichern und zu bestimmen, um sie so zu manifestieren und mit Erfahrungen und Erkenntnissen der Gegenwart vergleichen zu können. Die Versuchung, diesen Gegenwartsbezug auszublenden, um so eine möglichst unverfälschte Sicht auf die Geschichte zu erhalten, erscheint zunächst verführerisch; da wir aber in der Gegenwart leben und in ihr forschen und schreiben, ist ein solcher Verzicht gar nicht möglich.

---

4 Vgl. hierzu: Zimmerli/Sandbothe (Hrsg.), *Klassiker der modernen Zeitphilosophie*, 1993 (dort auch eine ausführliche weiterführende Bibliographie); dies. (Hrsg.), *Zeit – Medien – Wahrnehmung*, 1994.

Jede wissenschaftliche Abhandlung ist zum Zeitpunkt ihrer Veröffentlichung bereits ein Stück Wissenschaftsgeschichte. Sie fließt ein in den wissenschaftlichen Diskurs, treibt ihn voran und verändert unsere Vorstellungen vom Gegenstand der Forschung. So gesehen ist jede wissenschaftliche Tätigkeit zugleich eine historische Arbeit: Geschichte beginnt nicht bei einem Nullpunkt, sie hat weder einen lokalisierbaren Anfang noch hat sie ein absehbares Ende, da unsere (westliche) Vorstellung von Zeit unermüdlich fortschreitet.[5] Die Geschichte der Wissenschaften – unter denen die Theaterwissenschaft nur ein winzig kleines Feld besetzt hat – gleicht auf diese Weise einem sich durch die Landschaft windenden Strom, dessen Lauf sich ständig verändert.[6] Dabei dürfen wir nicht übersehen, daß diese oft unscheinbaren Veränderungen lediglich ein Produkt der menschlichen Einbildungskraft sind.[7] Wissenschaftlicher Fortschritt, mögen wir von ihm überzeugt sein oder ihn ablehnen, bleibt immer eine rein subjektive Erkenntnis, gebunden an den jeweiligen epistemologischen Blickpunkt. Spontan zustimmende oder ablehnende Rezeptionshaltungen sind zudem so grundlegende menschliche Verhaltensweisen sind, daß wir die dazu führenden Mechanismen nur schwer durchschauen und noch schwerer bewußt steuern können. Jede historiographische Tätigkeit ist deshalb notwendigerweise mit Parteinahme für oder gegen bestimmte historische Positionen verbunden; eine gänzlich wertfreie Darstellung ist weder möglich noch erstrebenswert. Diese Parteilichkeit ist ihrerseits wiederum historischen Schwankungen unterworfen. Genaugenommen besteht die gesamte Historiographie der Wissenschaften aus einer ständigen Um- und Neubewertung von Denkleistungen der Vergangenheit; gleichgültig, ob man wissenschaftlichen ›Fortschritt‹ als evolutionäre Entwicklung oder als Revolutionen im Sinn von Thomas S. Kuhn[8] auffaßt. Kuhns Modell der Paradigmenwechsel hat unbestrittene Bedeutung erlangt für die Historiographie von ›Science‹, den Naturwissenschaften, sowie für die Geschichtsphilosophie allgemein. Auf die Geisteswissenschaften ist es nur

---

[5] Betrachtet man Zeit dagegen als einen immerwährenden Kreislauf (wie z.B. in weiten Teilen Asiens), so verändert sich damit auch die Vorstellung von Geschichte entscheidend; ein Umstand, dem die Wissenschaftsgeschichte und die Historiographie allgemein bislang viel zu wenig Aufmerksamkeit geschenkt haben.

[6] Das von Michel Serres herausgegebene Sammelwerk *Elemente einer Geschichte der Wissenschaften* (1994) bildet verschiedene metaphorische Modelle wissenschaftshistorischer Verläufe ab. So können ein Flußdelta, ein Mikrochip oder ein neuronales Netz als Muster verzweigter, voneinander abhängiger Variablen angesehen werden.

[7] Damit möchte ich nicht die Grenze zwischen realen Erfahrungen und purer Phantasie leugnen. Aber alle Systeme von Sprachen, mittels derer wir die Welt einteilen, sind und bleiben künstliche Gebilde.

[8] Kuhn, *Die Struktur wissenschaftlicher Revolutionen*, 1991.

sehr eingeschränkt übertragbar. Der stetige Wechsel von Phasen ›normaler Wissenschaft‹ mit Krisenzeiten, die Voraussetzung für plötzlich auftretende wissenschaftliche Revolutionen, ist hier nur von sekundärer Bedeutung. Stattdessen bildet der diese Krisenzeiten kennzeichnende Pluralismus von unterschiedlichsten Theorien, die miteinander nicht oder nur schwer vereinbar sind, in den Geisteswissenschaften den Normalzustand. Auch hierbei gilt es wieder zu bedenken, daß ›Natur‹ und ›Geist‹ nur fragwürdige Hilfskonstrukte sind, die je nach dem Kontext, in dem sie standen, unterschiedlich angewendet wurden und werden.

Eine Geschichtsschreibung von wissenschaftlichen Systemen läßt sich aber keinesfalls ausschließlich auf die Analyse von Strukturen, Mentalitäten und Diskursen eingrenzen.[9] So wichtig die zahlreichen Anregungen der ›Nouvelle Histoire‹ gerade im deutschen Sprachraum gewirkt haben, die Wissenschaftsgeschichte kann nicht gänzlich auf die Erforschung und Darstellung von Leistungen und Werken einzelner Personen verzichten. Wissenschaftliche Systeme zeichnen sich aus durch ihre Komplexität und ihre Instabilität; scheinbar überzeitliche Wahrheiten können plötzlich von Grund auf in Frage gestellt werden. Spezifische Fragen und die darauf abgefaßten möglichen Antworten werden jedoch immer von Individuen ausformuliert. Ein nur die langen Verläufe untersuchender Fokus muß nolens volens grobmaschig bleiben und kann die unter Umständen nur sehr feinen individuellen Abstufungen nicht erfassen. Wenn neue Vorstellungen, Ideen oder Theorien wirksam werden, dann in der Regel durch die Vermittlung bestimmter Werke, als fixierte Aussagen empirischer Studien oder als erkenntnistheoretische Fragestellungen. Wollte man die von einzelnen Werken ausgehende konkrete Wirkung negieren, so würde es wenig Sinn machen, überhaupt noch neue Bücher zu verfassen, es sei denn, man wolle die Sinnlosigkeit jeglicher wissenschaftlicher Publikation beweisen. Die Darstellung des Einzelfalls besitzt in der Historiographie genauso seine Rechtfertigung wie die mentalitätsgeschichtliche Untersuchung bestimmter größerer Gruppen. Die Gefahr vorschneller und einseitiger Urteile läßt sich nur verringern durch die Summierung der unterschiedlichsten historiographischen Ansätze, ihrer Gemeinsamkeiten und ihrer Differenzen.

Zusammengefaßt läßt sich behaupten: Die Erforschung der Geschichte ist ein zwangsläufig höchst subjektives Verfahren, da sie auf der Produktion, Distribution und Rezeption von singulärem Handeln gründet, das Denken in Begriffen ist aber nur im historischen Bezugsrahmen möglich. Diese Relationen zu suchen und sich mit ihnen auseinanderzusetzen, zugleich deren

---

9   Zu Definitionen vgl. Schöttler, *Mentalitäten, Ideologien, Diskurse*, 1989.

Zeitgebundenheit nicht aus den Augen zu lassen und dabei die eigene Parteilichkeit mit in unser Urteil einzubeziehen, ist die schwierige Aufgabe des Historiographen. Vergangenheit läßt sich nicht verstehen, sondern nur interpretieren.

Überträgt man diese Prämissen auf die Geschichte der Theaterwissenschaft, treten sehr bald erhebliche Zweifel an scheinbar festgefügten Urteilen über bestimmte Perioden und methodische Präsumptionen auf. Nur allzu häufig fehlt dem Verdikt das Bewußtsein für historische Distanz und Gebundenheit. Vom heutigen Stand der Forschung aus betrachtet, erscheint die weitgehende Nichtberücksichtigung des Gegenwartstheaters auf den ersten Blick als ein schweres Versäumnis einer Generation naiver Theaterwissenschaftler,[10] der Streit zwischen Max Herrmann und Albert Köster um die Rekonstruktion der Meistersingerbühne als ein sinnloses Schattengefecht zweier verstaubter Buchgelehrter. Um die Gefahr vorschneller und oberflächlicher Einschätzungen zu vermindern – gänzlich ausschalten können wir sie nicht – bedürfen wir eines subjektiven historischen Bewußtseins. Für die Bewertung einzelner wissenschaftlicher Leistungen gewinnen somit die Umstände der Genese entscheidende Bedeutung. Ohne Wertung, ohne Kritik ist eine Betrachtung der Geschichte nicht denkbar. Die scheinbare wissenschaftliche Objektivität verkehrt sich nur allzu schnell in ihr Gegenteil, wenn sie sich gänzlich wertfrei glaubt. Jedes Ordnen der Gedanken hat ein bewußtes Ausklammern zur Voraussetzung, eine Scheidung von wesentlichen und zu vernachlässigenden Positionen und Argumenten; und damit ist zwangsläufig ein subjektives Urteilen verbunden. Diese Tätigkeit des Abwägens ist zeitlichen Veränderungen unterworfen, sowohl in seiner Dauer wie in seiner Gültigkeit. Der Wissenschaftshistoriker ist demnach gefangen in einer hermeneutischen Warteschleife: Er umkreist das Objekt seiner Begierde, ohne es jemals unmittelbar greifen zu können, und er muß sich seinen eigenen Standort bewußt machen, um die Distanzen zum Objekt besser einschätzen zu können.

Wenn meine Arbeit den Titel ›Max Herrmann und die Anfänge der Theaterwissenschaft‹ trägt, so soll damit keinesfalls einer Legendenbildung Vorschub geleistet werden. Die Entstehung der Theaterwissenschaft beruht nicht auf dem schöpferischen Einfall eines oder mehrerer Gelehrter, sondern muß als Prozeß eines Wandels im Verhältnis zwischen Gesellschaft, ihren Bildungssystemen und dem Theater verstanden werden und nicht als deren

---

[10] So etwa Hiß, *Zur Aufführungsanalyse*, 1990, S. 66: »Hätten frühere Generationen [von Theaterwissenschaftlern] sich systematisch mit dem Theater ihrer Zeit beschäftigt, wären wir heute weiter«.

Endergebnis. Das große öffentliche Interesse am Gegenstand Theater und seiner Geschichte, das sich gegen Ende des 19. Jahrhunderts als internationales Phänomen beobachten läßt, bildete gewissermaßen einen Nährboden für die Entstehung der Theaterwissenschaft.[11] Die Herausbildung der Theaterwissenschaft läßt sich nicht einfach auf voneinander isolierte Faktoren zurückführen, sondern muß auch im Zusammenhang der Konstituierung und Etablierung verschiedener kulturhistorischer Einzeldisziplinen, von der Archäologie über die Germanistik bis hin zur Kunstgeschichte und Musikwissenschaft, gesehen werden. Eine in stärkerem Maß fächerübergreifende Zusammenarbeit zur Aufarbeitung der Wissenschaftsgeschichte wäre daher dringend zu wünschen.

Max Herrmann war ohne Zweifel der bedeutendste Vertreter einer Generation von Forschern, welche die Fundierung und Etablierung der methodisch betriebenen Theaterhistoriographie und der neuen Disziplin Theaterwissenschaft vorangetrieben haben. Seine Forderungen und Vorstellungen hatten lange Zeit Modellcharakter, auch dort, wo sie nur schemenhaft oder ungenau umrissen und überliefert waren. Das 1923 gegründete ›Institut für Theaterwissenschaft an der Universität Berlin‹ geht maßgeblich auf Anstöße und Initiativen Herrmanns zurück, und dank der weltweiten Ausstrahlung dieses Instituts zählt Max Herrmann bis heute zu den international anerkannten Begründern der Disziplin Theaterwissenschaft.

›Theaterwissenschaft‹ ist ein spezifisch deutscher Begriff, insofern scheint eine Einschränkung auf den deutschsprachigen Raum in der Titelgebung dieser Studie nicht nötig. Ihr zeitlicher Rahmen ist relativ eng gesteckt: er umfaßt im wesentlichen die Jahre zwischen 1890 und 1933. Dabei werden die älteren Traditionen einer noch nicht universitär verankerten Theatergeschichtsforschung in die Überlegungen mit einbezogen; die Grenze, die das Jahr der nationalsozialistischen Machtübernahme bildet, wird dagegen nur in wenigen Fällen überschritten. Um genauer untersuchen zu können, wie sich die nationalsozialistische Ideologie in den Schriften der verschiedenen Theaterwissenschaftler niedergeschlagen hat, wäre es zunächst nötig, diese Ideologie und ihre wissenschaftstheoretischen Implikationen ausführlich zu erläutern. Ein solches Vorgehen würde den Schwerpunkt der Arbeit jedoch deutlich verschieben.[12]

---

[11] Zum Verhältnis von Gesellschaft und Theater im ausgehenden 19. Jahrhundert vgl. 2.1 Theater und Bildungsbürgertum.

[12] Darüberhinaus arbeitet Mechthild Kirsch (Hattingen) an einer Dissertation über die Geschichte der Theaterwissenschaft von ihren Anfängen bis zur Gegenwart, worin die Zeit des Nationalsozialismus ausführlich dargestellt wird.

Meine Arbeit hat drei wesentliche Ziele: die *Darstellung* der heterogenen und zum Teil widersprüchlichen Arbeiten und Aussagen Max Herrmanns zur Theaterwissenschaft, vor dem Hintergrund einer *Analyse* der fachwissenschaftlichen Diskussion zu bestimmten Einzelfragen, um daraus eine *Synthese* inhaltlicher Schwerpunkte und methodischer Reflexion zu gewinnen. Oder anders ausgedrückt: Es geht darum, ein Netz aus Fäden zu spinnen, das die verschiedenen ästhetischen und theaterhistoriographischen Ansätze des 19. Jahrhunderts aufgreift, sich an der Wende zum 20. Jahrhundert zu einer Hochschuldisziplin ›Theaterwissenschaft‹ verdichtet und sich zu einer internationalen Theaterforschung weiterentwickelt. Max Herrmann fungierte als entscheidender Katalysator dieser Entwicklung, der im Spannungsfeld zwischen Historismus, Positivismus und Geistesgeschichte eine eigengesetzliche Wissenschaft vom Theater propagierte und institutionell ausformte. Trotzdem – oder gerade deswegen – soll diese Arbeit keinesfalls eine ›klassische‹ Biographie sein, die mit Leben und Werk des ersten Theaterwissenschaftlers bekannt machen will; die Person Herrmann interessiert hier vorrangig im Kontext einer methodischen Fundierung des Faches. Das Grundgerüst der frühen Theaterwissenschaft, ihre Ausgangspunkte, ihre Traditionen, ihre Kritik und ihr heimliches Weiterleben, lassen sich deswegen jedoch nicht als anonyme Gebilde erklären, sondern am ehesten als Wechselspiel zwischen strukturellen, vor allem hochschulpolitischen Gegebenheiten, historischen Erfahrungen und persönlichem Engagement. So versucht diese Arbeit eine Brücke zu schlagen zwischen der Analyse kultur- und sozialgeschichtlicher Zusammenhänge und ihrer jeweiligen individuellen Ausprägung, in der Hoffnung, den Leser heil über die Abgründe vertrackter wissenschaftshistorischer Epistemologie zu leiten. Diese Brücke kann schwanken, aber sie führt (hoffentlich) zum anderen Ufer.

Wissenschaftgeschichte läßt sich auf vielfältige Weise erforschen und interpretieren: als biographische Studie zu Leben und Arbeit einzelner Gelehrter, als Werkgeschichte, als Geschichte von Institutionen, als ideengeschichtliche, nach den Spuren des ›Zeitgeists‹ suchende Arbeit, als Problemgeschichte eines Faches oder als Sozialgeschichte,[13] die ein besonderes Augenmerk auf die gesellschaftlichen Bindungen beinhaltet. Jede dieser Herangehensweisen birgt ihre spezifischen Vorteile und Nachteile. Meine

---

[13] Der Terminus ›Sozialgeschichte‹ leidet an einer nahezu beliebigen Definitionsvielfalt. Im Kontext der ›Annales‹ wurde er zunächst als Wirtschaftsgeschichte verstanden und dann zu einer Geschichte der Unterprivilegierten ausgebaut. Weiterhin wird Sozialgeschichte auch allgemein als ›Geschichte ohne Politik‹ verstanden, als weiteste Definition beinhaltet sie schließlich noch eine Form von ideologiekritischer Ideen- und Methodenlehre.

Arbeit versteht sich als ein wissenschaftshistorisches Kaleidoskop, das den Anspruch aufgibt, einen einzigen methodischen ›Königsweg‹ herauszuarbeiten und konsequent auf das Thema anzuwenden. Es räumt die Möglichkeiten unterschiedlicher, gegebenenfalls auch sich widersprechender Erkenntnisinteressen ein, und die Ergebnisse lassen sich keinesfalls unter einem gemeinsamen Nenner subsumieren. Die Entstehung und Ausformung einer neuen Hochschuldisziplin und die Arbeit einer ihrer Begründer lassen sich nur schwerlich stringent unter einem methodischen Leitmotiv behandeln. Stattdessen versteht sich diese Studie als eine Summe der unterschiedlichsten wissenschaftshistoriographischen Ansätze. Wenn die Postmoderne-Diskussion in Deutschland überhaupt Wurzeln geschlagen hat, dann in der Erkenntnis, daß kaum etwas so schnell vergänglich ist wie geschichtsphilosophische Entwürfe und daß wir Zweifel hegen sollten an allen monokausalen Deutungsversuchen.

Die kritische Auseinandersetzung mit den theaterwissenschaftlichen Ansätzen von Herrmann und seinen Zeitgenossen kann auf die Basis konkreter Quellen und Texte nicht verzichten, umso mehr, als sich bislang niemand der Mühe unterzogen hat, das vorhandene Archivmaterial zur Geschichte der Theaterwissenschaft zu sammeln und zu untersuchen. Aber auch die veröffentlichten Werke sind bislang noch nicht Gegenstand kritischer Auseinandersetzung gewesen, von wenigen kleineren Arbeiten abgesehen.[14] Neben profunden Monographien zur Theatergeschichte und Literaturgeschichte sowie einigen weniger umfangreichen Arbeiten verfaßte Max Herrmann eine Vielzahl von Aufsätzen, anhand derer sich Veränderungen des theaterwissenschaftlichen Selbstverständnisses deutlich machen lassen. Die wenigen erhaltenen studentischen Mitschriften von Herrmanns Vorlesungen[15] können in einzelnen Punkten zur Ergänzung herangezogen werden. Der Briefwechsel Herrmanns – soweit erhalten – ist vor allem für seine Biographie von Bedeutung, Akten des Wissenschaftsministeriums und der Berliner Universität geben Aufschluß über die Geschichte des Berliner Instituts.

---

[14] Münz, *Zur Entstehung der theaterwissenschaftlichen Schule Max Herrmanns*, 1974; Girshausen, *Zur Geschichte des Fachs*, 1990; Corssen, *Das erste Standardwerk der Theaterwissenschaft*, 1995. Herrmanns *Forschungen zur deutschen Theatergeschichte des Mittelalters und der Renaissance* (1914) werden der Einfachheit halber zukünftig als *Forschungen* bezeichnet. Alle Quellentexte werden originalgetreu zitiert, einschließlich möglicher Druckfehler; Hervorhebungen im Original (kursiv, gesperrt oder unterstrichen) werden einheitlich kursiv wiedergegeben.

[15] Die Max-Herrmann-Sammlung der Staatsbibliothek zu Berlin/Preußischer Kulturbesitz enthält mehrere studentische Mitschriften von Herrmann-Vorlesungen, zum überwiegenden Teil zu literaturhistorischen Themen.

Im Zentrum der vorliegenden Studie steht die sukzessive Entwicklung der Wissenschaft vom Theater, wobei Max Herrmann, der einflußreichste Theaterwissenschaftler im ersten Drittel des 20. Jahrhunderts, als Fixpunkt dient. Herrmanns Bedeutung für die Herausbildung und Etablierung einer Hochschuldisziplin Theaterwissenschaft ist national und international unbestritten. Von ihm aus nimmt der theaterwissenschaftliche Diskurs seinen Ausgang und kehrt – wie sich zeigen wird – gelegentlich zu ihm zurück. Die verschiedenen methodischen und inhaltlichen Schwerpunkte seiner theaterwissenschaftlichen Arbeit werden mit Hilfe einer Matrix, die sich an der Struktur des Theaters orientiert, eingehend dargestellt und analysiert. Um auch Herrmanns Bedeutung für die internationale Entwicklung der Theaterwissenschaft berücksichtigen zu können, schließt die Rezeption seiner Ansätze im In- und Ausland (dargestellt am Beispiel USA und Sowjetunion) diese Studie ab.

1. Ausgangspunkte

1.1 Das Begriffsfeld ›Theater‹

Das ›Gespenst‹ Theatralität geht um in der Theaterwissenschaft, die Frage, wie denn Theater weitestmöglich zu definieren sei, und unter welchen Begrifflichkeiten sich die verschiedensten Formen theatraler Prozesse[1] subsumieren oder ausschließen lassen. Die Frage an sich ist nicht neu, sondern zieht sich quer durch die historische Entwicklung der Theaterhistoriographie und der Theaterwissenschaft. Neu ist die zentrale Bedeutung, die der nicht nur fachinternen Diskussion über diesen Begriff ›Theatralität‹ zugemessen wird.[2] Dafür gibt es eine Reihe von konkreten historischen Ursachen, die sowohl mit einer veränderten Medienlandschaft als auch mit einem gestiegenen Problembewußtsein innerhalb der Theaterwissenschaft, möglicherweise der Geisteswissenschaften insgesamt, zusammenhängen. Wie Hans-Peter Bayerdörfer in seinem Aufsatz über *Probleme der Theatergeschichtsschreibung*[3] ausführt, hat sich zusätzlich zu der Schwierigkeit im Umgang mit Theaterdefinitionen eine große Unsicherheit bezüglich der grundsätzlichen Haltung zu ›Geschichte‹ breitgemacht, die ihrerseits als historisches Phänomen betrachtet werden muß. Beide Probleme zusammengenommen belasten die theoretische Diskussion innerhalb der Theaterwissenschaft in einem nicht mehr zu ignorierenden Maß, und der einzige Ausweg aus dieser

---

[1] Die Verwendung des Terminus ›theatrale Prozesse‹ anstelle von ›Theater‹ bedeutet eine stärkere Berücksichtigung von transitorischen Ereignissen gegenüber Monumenten und ihren Überresten.

[2] Deutlichster Ausdruck des Interesses am Thema ›Theatralität‹ ist das Zustandekommen eines DFG-Schwerpunktforschungsprogrammes im Mai 1995. Zu diesem gerade angelaufenen interdisziplinären Projekt (neben der Theaterwissenschaft beteiligen sich unter anderem Vertreter aus Philosophie, Geschichtswissenschaft, Literaturwissenschaft und Kunstgeschichte) vgl. Kotte, *›Theatralität‹/Ein starker Impuls für die theaterwissenschaftliche Forschung*, 1995. Eine Liste der wichtigsten Forschungsliteratur zur ›Theatralität‹ würde leicht mehrere Seiten füllen. Hier sei nur hingewiesen auf: Burns, *Theatricality*, 1972; Münz, *Theatralität und Theater*, 1989; Schramm, *Theatralität und Öffentlichkeit*, 1990; Kotte, *Theatralität im Mittelalter*, 1994.

[3] Erschienen 1990.

doppelten Misere liegt darin, die Fragestellungen hinsichtlich ›Theater‹ und ›Geschichte‹ miteinander zu verknüpfen; anders ausgedrückt: die Bedingungen zu analysieren, unter denen sich ein Gegenstand Theater innerhalb eines überschaubaren historischen Abschnitts konstituiert, und dabei gleichzeitig die historische Fragilität der unterschiedlichen Diskursebenen zu berücksichtigen. Die unausweichliche Folge ist: Wir müssen Abschied nehmen von der Utopie eines überzeitlichen und universalen Theaterbegriffs, und, was ebenso bedeutsam ist, nie vergessen, daß ein am Theatersystem der Gegenwart geschulter analytischer Blick des Zuschauers keinesfalls beliebig in die Theaterhistoriographie transponiert werden darf.[4] Dabei können – wie Bayerdörfer vorschlägt – mentalitäts- und strukturgeschichtliche Fragestellungen eine wichtige Hilfestellung geben; sie allein bieten noch keine Lösung der Probleme.

Schlägt man heute ein beliebiges neueres Werk zur Theatergeschichte auf, dann gilt stets ein besonderes Interesse dem dort zugrunde liegenden Theaterverständnis. Um die Arbeit in Zukunft zu erleichtern, möchte ich folgendes Verfahren vorschlagen und probeweise durchführen. Am Beginn einer jeden theaterwissenschaftlichen Arbeit könnte jeweils eine konkrete Begriffsklärung von ›Theater‹ stehen: wie der Terminus verwendet wird, worauf sich die Verwendung beruft und welche Ziele damit verbunden sind. Eine solche einleitende Klärung würde manches Mißverstehen, manche Unzufriedenheit und falsche Vorstellungen zwar nicht gänzlich verhindern, aber doch vermindern helfen. Darüberhinaus erspart oder erleichtert sie ein möglicherweise mühevolles ›Herausdestillieren‹ der inhärenten Begriffsanwendung, die schließlich immer noch der Gefahr der Fehlinterpretation unterliegt. Theater ist nicht gleich ›Theater‹, worauf schon Rudolf Münz in seinem grundlegenden Aufsatz über *Theatralität und Theater*[5] hingewiesen hat. Die vielfältigen möglichen Bezüge zum Thema ›Theatralität‹ können aber auch als Chance, ja als Bereicherung gesehen werden. Daß das semantische Feld ›Theater‹ in so viele und ganz und gar unterschiedliche Lebensbereiche hineinspielt, zeugt von dem Reichtum und der Vitalität von Theater in Vergangenheit und Gegenwart und läßt für die Zukunft hoffen.

Eine Studie über die Geschichte der Theaterwissenschaft, die sich auf den Zeitraum zwischen 1890 und 1933 konzentriert, hätte demnach die Aufgabe, eingangs Überlegungen zur Verwendung des Begriffs ›Theater‹ und seiner

---

[4] Vgl. hierzu Fiebach, *Zur Geschichtlichkeit der Dinge und der Perspektiven*, 1990.

[5] Erschienen 1989. Die von Münz dort umrissenen möglichen Forschungsfelder im Umgang mit den Phänomenen der ›Theatralität‹ bieten der Theaterwissenschaft noch manche ›harte Nuß‹. Von besonderer Bedeutung ist sicherlich die Aufforderung, sich stärker als bislang Fragen der Funktionalität von Theater zu stellen.

11

meistgebrauchtesten Komposita zu stellen: Theater›geschichte‹, Theater›ge-schichtswissenschaft‹ und Theater›wissenschaft(en)‹. Das primäre Ziel der Gedanken der folgenden Kapitel soll sein, die historischen Gräben aufzu-zeigen, die sich mittlerweile zwischen den ›Vätern‹ der Theaterwissenschaft und ihren Groß-Enkeln aufgetan haben. Wenn es gelingt, ein gewisses Ver-ständnis für den Fokus der frühen Theaterwissenschaft zu gewinnen, so hilft dieses Vorgehen gleichzeitig, liebgewonnene a-priori-Annahmen im gegen-wärtigen Wissenschaftsverständnis zu hinterfragen.

> Der Gegenstand, welcher uns hier zusammenführt, ist die Geschichte des deutschen Theaters. – Es ist das Wesen jeder wissenschaftlichen sowohl wie künstlerischen Lei-stung, das sie ihren Zweck trägt in sich selbst und sich rechtfertigt durch ihre eigene Erscheinung.
> [...] so bleibt noch die Frage zu beantworten, welchen Standpunkt innerhalb der Literatur selbst das Theater einnimmt. Auch hierüber werden wir uns sehr leicht ver-einigen, sobald Sie sich erinnern wollen, was eigentlich Inhalt und Grundlage des Theaters ist, nämlich die dramatische Literatur. Das aber, aus dem gesamten Umkreis der Literatur, ja aller Künste überhaupt, das Theater die vollendetste und reifste Blü-the, der wahre Gipfel und Abschluß aller Dichtung ist, dies ist ein Satz, der nach gerade so trivial geworden, daß Sie mir den besonderen Beweis dafür an diesem Orte wohl erlassen.[6]

Diese Worte aus der Einleitung zu den *Vorlesungen über die Geschichte des deutschen Theaters* von Robert Eduard Prutz, gehalten als eine Reihe von öffentlichen Vorträgen, beleuchten überdeutlich die herrschende Auffassung zum wechselseitigen Verhältnis von Theater und Literatur in der Mitte des 19. Jahrhunderts. Als wesentliche Aufgabe des Theaters galt die Umsetzung des dramatischen Kunstwerks und damit verbunden die Unterordnung unter die künstlerische Intention eines ›Dichters‹; dem Theater wurde lediglich eine dienende Rolle zugeschrieben. Hier kam vor allem der Ästhetik Hegels ein normativer Charakter zu, nach welcher die in der Aufführung realisierte »dramatische Poesie« die »höchste Stufe« der Kunstentwicklung erreicht hat.[7] Der Einfluß dieser Rangordnung auf theaterästhetische und -historische Diskurse kann kaum hoch genug eingeschätzt werden: Werke wie Heinrich Theodor Rötschers *Die Kunst der dramatischen Darstellung*, die *Vorlesun-gen zur Geschichte des deutschen Theaters* von Robert Eduard Prutz bis hin zu Hugo Dingers *Dramaturgie als Wissenschaft* sind alle in starkem Maß von Hegel beeinflußt worden.

Wenngleich sich allmählich die Erkenntnis durchzusetzen begann, daß Schauspielkunst und Regie sehr wohl nach eigenständigen künstlerischen

---

[6] Prutz, *Vorlesungen über die Geschichte des deutschen Theaters*, 1847, S. 1 u. S. 9.
[7] Hegel, *Vorlesungen über die Ästhetik III/Werke 15*, 1970, S. 474.

Prinzipien funktionieren, werden ›Drama‹ und ›Theater‹ im ganzen 19. Jahrhundert nahezu ausschließlich als Synonyme verwendet.[8] Dagegen sah sich ›die Bühne‹ allerdings nach wie vor mit dem Odium der künstlerischen Minderwertigkeit behaftet, angesiedelt fernab der etablierten Künste Literatur, bildender Kunst und Musik.[9] Die Literarisierung des deutschen Theaters, welche mit der Aufklärung begonnen hatte, erreichte gegen Ende des 19. Jahrhunderts ihren Höhepunkt und zugleich ihre Wende.[10] Die Differenzierung zwischen Literatur und Theater war kein revolutionärer Akt, sondern eine sich in kleinen Schritten gegen starken Widerstand vollziehende Erkenntnis. Theaterwissenschaft als eigenständige Universitätsdisziplin war und ist gebunden an eine Definition von Theater, die sich zumindest vom literaturwissenschaftlichen Standpunkt deutlich abhebt und als selbständig begreift.

Seit ca. 1880 rückte die Theatergeschichte als akademischer Interessengegenstand immer stärker in den Vordergrund, und es waren vor allem Vertre-

---

[8] Eine bemerkenswerte Ausnahme hiervon bildet der 1897 erschienene 1. Band von Gustav Körting, *Geschichte des Theaters in seinen Beziehungen zur Entwicklung der dramatischen Dichtkunst*, in welchem der Verfasser betont: »Unter ›Theater‹ verstehen wir im folgenden, indem wir das Wort als eine Gesamtbenennung brauchen, erstlich die dem Zwecke dramatischer Aufführungen dienenden Räume und Geräte, sodann das bei dramatischen Aufführungen thätige Personal (Schauspieler, Sänger, Tänzer, Statisten, Techniker), ferner die derartigen Aufführungen beiwohnende Zuhörerschaft (das Publikum), endlich alle die auf dramatische Aufführungen bezüglichen sei es öffentlichen sei es privaten Einrichtungen.« (ebd., S. 1) Eine Definition, die einer Theaterwissenschaft hätte nützlich sein können, wenn es sie zu diesem Zeitpunkt denn schon gegeben hätte. Allerdings hält der Terminus ›dramatische Aufführungen‹ nach wie vor an der Primärrolle des Textes fest. Körtings Definition geriet in Vergessenheit, die zwei geplanten Folgebände des Werkes sind nie erschienen.

[9] Deutlich wird dies auch noch in den Schriften der ersten Theaterwissenschaftler: [...] »sie [die Geschichte der Theaterspiele] stellt ferner ein eigenartiges Gebiet der allgemeinen Kunstgeschichte dar, das freilich den Gebieten der eigentlichen Hochkünste, der Literatur-, Musik und Bildkunstgeschichte nicht vollkommen ebenbürtig ist«. *Forschungen*, S. 3.

[10] Hier kann ich mich der (methodisch und inhaltlich) sehr anregenden Studie von Rainer Ruppert, *Labor der Seele und der Emotionen* (1995) über die Funktionen von Theater im 18. und frühen 19. Jahrhundert nicht anschließen. Ruppert sieht eine ununterbrochene Tradition des Literaturtheaters von ca. 1870 bis 1970 – und muß doch eingestehen, daß im letzten Drittel des 19. Jahrhunderts das Theaterleben eine ungeheure Fülle von populären, nicht literaturfixierten Formen auszubilden beginnt. Und sich ohne empirische Bezüge nur auf die Ebene der Diskurse zurückzuziehen, bildet genau den Nährboden jener einäugigen werk- und literaturfixierten Theatergeschichtsschreibung, die Ruppert zurecht so scharf kritisiert. Vgl. ebd., Kap. VII, *Literarisierung des Theaters und Literaturfixierung der Theatergeschichtsschreibung*, S. 227–244.

ter der Germanistik, die für diese Entwicklung verantwortlich zeichneten.[11] Als Literaturwissenschaftler waren diese Theaterhistoriker zutiefst von der literarischen Sendung des Theaters überzeugt, es bestand aus ihrer Sicht gar keine Notwendigkeit, das Verhältnis von Theater und Literatur zu problematisieren. Diese Auffassung spiegelte sich auch im Theater der Zeit wider, vor allem in den Aufführungen des Meininger Hoftheaters, dem die Worte des Dramatikers und seine vermeintliche Intention als höchste Autorität galten. Die Attraktion der Meininger begründete der Germanist und Theaterhistoriker Berthold Litzmann denn auch wie folgt:

> Wie in aller Welt kam es, daß diese mittelmäßigen Künstler in denselben Stücken viel größere Wirkung erzielten, als ihre genialen Kollegen vom Schauspielhaus? [...] Daß es bei Ihnen nicht hieß: erst der Schauspieler, dann der Dichter, sondern erst der Dichter und sein Werk, und dann, in angemessener Entfernung und respektvoller Unterwerfung unter den Geist der Dichtung, der Schauspieler.[12]

Selbstverständlich läßt sich die fast einhellig positive Rezeption des Meininger Hoftheaters nicht primär mit dem Festhalten am Urzustand des dramatischen Textes erklären. Diese hängt sehr viel stärker mit hervorragenden Produktionsbedingungen (ausgedehnte Probenzeiten), einer außerordentlich wirkungsvollen Massenregie und einer pompösen Kostüm- und Bühnenausstattung zusammen, die dem historistischen Geschmack der Gründerzeit sehr entgegenkam. Trotzdem wurde das weitgehende Festhalten der Meininger am Originaltext von der zeitgenössischen Kritik immer wieder besonders hervorgehoben und als ›wahrhafte Kunst‹ gewürdigt.[13]

Gegen die Stärke dieser konservativen Tradition konnten auch die Vertreter der Theaterreformbewegung um 1900 zunächst nur kleine und wenig ermutigende Teilerfolge erzielen. So mußte das Münchner Künstlertheater, das eigens erbaut worden war, um die Ideen der Stilbühne zu realisieren, seinen Spielplan schon nach kürzester Zeit ganz nach kommerziellen Gesichtspunkten ausrichten.[14] Die Ablösung des literaturzentrierten Theaterbildes blieb vorerst nur ein Wunschtraum weniger Avantgardekünstler, deren Ideen

---

[11] Überblickt man die Inhaltsverzeichnisse der wichtigsten germanistischen und literaturwissenschaftlichen Periodika aus dieser Zeit, so findet sich dort innerhalb weniger Jahre ein bemerkenswerter Anstieg von Beiträgen zur Theatergeschichte.

[12] Litzmann, *Das deutsche Drama in den literarischen Bewegungen der Gegenwart*, 1894, S. 46.

[13] Vgl. hierzu Osborne (Hrsg.), *Die Meininger/Texte zur Rezeption*, 1980.

[14] Grohmann, *Das Münchner Künstlertheater in der Bewegung der Szenen- und Theaterreformen*, 1935.

in Deutschland bei den Theaterpraktikern auf Skepsis, bei den Theaterhistorikern auf weitgehendes Desinteresse stießen.[15]

Die von Max Herrmann 1914 postulierte Trennung zwischen ›Drama‹ und ›Theater‹,[16] seine Auffassungen von Theater als ›Raumkunst‹ und ›sozialem Spiel‹ und der dennoch nur halbherzig vollzogene Trennstrich zum literarischen ›Wert‹ eines Dramas sind entscheidend geprägt worden von der im 19. Jahrhundert herrschenden dialektischen Auffassung über das Verhältnis von ›Dichtung‹ und ›Bühne‹ und der vermeintlichen Superiorität eines ›dichterischen Willens‹.

1.2 Die Geisteswissenschaften unter dem Paradigma des Historismus

Der Begriff ›Geisteswissenschaften‹ wird im heutigen Universitätssystem weitgehend unproblematisch gebraucht:[17] Das ist erstaunlich, denn der Terminus findet erst seit dem letzten Drittel des 19. Jahrhunderts regelmäßige Anwendung.[18] Im übrigen ist die Aufspaltung der Wissenschaften in ›Natur‹ und ›Geist‹, die ja keineswegs selbstverständlich ist, das Produkt einer Zeit, deren wissenschaftstheoretische Implikationen heute als sehr problematisch gelten. Positivismus, Historismus und die aufkommende Geistesgeschichte sind Geschöpfe des 19. Jahrhunderts, die sowohl mit der Herausformung der Geisteswissenschaften als Ganzes als auch mit deren Einzeldisziplinen untrennbar verknüpft sind. Die Abhängigkeiten der verschiedenen Fächer von geistigen Strömungen können nicht befriedigend auf der Grundlage allgemeiner Aussagen untersucht werden, sondern bedürfen einer sorgfältigen Einzelfallprüfung. Ebensowenig ist es sinnvoll, die frühe Theaterwissenschaft pauschal mit dem Vorwurf des Positivismus zu

---

[15] Eine gewisse Ausnahme bildet Artur Kutscher. Über die historische Theater-Avantgarde existiert mittlerweile eine wahre Flut an Forschungsliteratur; an neueren Werken sei verwiesen auf Fischer-Lichte (Hrsg.), *TheaterAvantgarde*, 1995.

[16] Hierzu ausführlich 4.2.1 Differenzierung zwischen Drama und Theater.

[17] Vgl. *Geisteswissenschaften heute/Eine Denkschrift*, 1991.

[18] Die Forschung ist sich nicht ganz einig, ob der Begriff von einer zweifelhaften Übersetzung der von John Stuart Mill so bezeichneten ›Moral Sciences‹ herrührt oder schon vorher gelegentlich verwendet wurde. Ihre grundlegende Bedeutung gewinnen ›die Geisteswissenschaften‹ aber erst bei Wilhelm Dilthey, wobei ›der Geist‹ natürlich eine stark hegelianische Konnotation aufweist. Walther Ch. Zimmerli (*Stichwort »Geisteswissenschaften«*, 1989) weist auf die Vorläufer der Geisteswissenschaften, die ›Artes liberales‹ und die ›Humaniora‹ hin.

belegen.[19] Es kann hier jedoch die Frage gestellt werden, welchen Veränderungen die Konzepte von Wissenschaftlichkeit und Geschichte in den Geisteswissenschaften um die Jahrhundertwende ausgesetzt waren.

Der Historismus des ausgehenden 19. Jahrhunderts erfuhr durch eine neu einsetzende Selbstreflexion der Geisteswissenschaften einen grundlegenden Wandel. Diltheys Konzept einer ›Kritik der historischen Vernunft‹, seine Differenzierung zwischen ›Erklären‹ und ›Verstehen‹ waren außerordentlich folgenreich für die Methodendiskussion in den Geisteswissenschaften, und somit auch für die erste Phase der Theaterwissenschaft. Im Zusammenhang dieses Wandels gewinnen ›Wissenschaft‹ und ›Geschichte‹ als zentrale Begrifflichkeiten einen neuen Gehalt. Die historistischen Grundüberzeugungen behalten nichtsdestoweniger bis in die zwanziger Jahre einen Großteil ihrer Geltung, nachzuvollziehen gerade auch in den Arbeiten von Max Herrmann.

Gegen Ende des 19. Jahrhunderts hatte sich die Geschichtswissenschaft als geisteswissenschaftliche Disziplin nicht nur fest etabliert, sondern zugleich die Nachbardisziplinen – von der Theologie bis hin zur Nationalökonomie – umfassend indoktriniert. Im besonderen Maß empfänglich für das Streben nach historischer Fundamentierung waren vor allem die sich neu herausbildenden und Etablierung anstrebenden Fächer der verschiedenen kunstwissenschaftlichen Disziplinen.[20] Nur auf der Basis geschichtswissenschaftlicher Fundamentierung, und das bedeutete zu diesem Zeitpunkt, nur auf der Grundlage der Historischen Methode, schien ernsthafte Forschung möglich. Der universelle Anspruch des Historismus,[21] seine Überzeugung von

---

[19] So wie dies Hermann Haarmann, *Theater und Geschichte/Zur Theorie des Theaters als gesellschaftlicher Praxis* (1974) getan hat. Allerdings muß Haarmanns marxistischer Ansatz wiederum als Protest aus der Zeit heraus gesehen werden.

[20] Wilhelm Kamlah (*Die Formierung der ›Geisteswissenschaften‹ in der Auseinandersetzung mit den Naturwissenschaften*, 1973) hat den Historismus als »Grundzug und Verlegenheit der Geisteswissenschaften« (ebd., S. 20) bezeichnet, resultierend aus einer allgemeinen Orientierungslosigkeit infolge des Zusammenbruchs der Hegelianischen Geschichtsphilosophie. Dabei wäre jedoch genauer zu prüfen, inwieweit der Historismus schon vor Hegel existierte und dann durch ihn umgeformt wurde. Vgl. Rothacker, *Einleitung in die Geisteswissenschaften*, 1930 (vor allem Kap. III: *Hegel und die historische Schule*).

[21] Selbstverständlich ist ›der Historismus‹ nur ein grobes Hilfskonstrukt wissenschaftshistorischer Konventionen, das ich verwende in Ermangelung von Alternativen und in Konzentration auf die Situation der Theaterwissenschaft; keineswegs möchte ich damit unterschlagen, daß innerhalb der mit ›Historismus‹ belegten Epoche der Geschichtswissenschaft nicht zu unterschätzende zeitliche Entwicklungen und methodische Diskrepanzen existieren. Zu den verschiedenen Phasen des Historismus vgl. ausführlich:

der den historischen Quellen innewohnenden objektiven Erkenntniskraft, zeichnete sich aus durch ein auf der Grundlage der Quellenkritik hochgradig verfeinertes Instrumentarium historischer Hilfswissenschaften. Dabei leugnete die historistische Theoriebildung keineswegs die Grenzen der objektiven Erkenntnis und registrierte sehr wohl die prinzipiell subjektive Haltung, welche bei der Abfassung und der Interpretation schriftlicher Quellen tätig ist – genauso wie sie auch die Zufälligkeit erhaltener Quellen bzw. die Möglichkeit der bewußten Fälschung von Dokumenten in ihre Überlegungen mit einbezog. Aus diesem Zwiespalt zwischen subjektiven Faktoren und dem Anspruch objektiver Wissenschaftlichkeit heraus entwickelte sich erst die Historische Methode. Indem ihre Anhänger energisch bestrebt und überzeugt waren, die idealistische Geschichtsauslegung der Aufklärung überwinden zu können, begaben sie sich gleichzeitig freiwillig in die Grenzen positivistischer Faktengläubigkeit. Nur in dem Grundsatz von der letztendlichen Gewißhaftigkeit historischer Erkenntnis schien die Historiographie ihren Anspruch auf Wissenschaftlichkeit im Verhältnis zu den Naturwissenschaften verteidigen zu können. Der theorieimmanente Widerspruch zwischen dem objektiven Wissenschaftsbedürfnis und der individuellen Subjektivität hatte weitreichende Folgen sowohl für die Anwendung der Historischen Methode in der geschichtswissenschaftlichen Praxis als auch in der geschichtsphilosophischen Reflexion und der daraus abgeleiteten grundsätzlichen Kritik am Historismus. Trotz der prinzipiellen Bereitschaft, individuelle Faktoren der Quellenüberlieferung und Quelleninterpretation anzuerkennen und sie in Relation zum Gesamtzusammenhang zu setzen, sollte Erkenntnisgewinn häufig weniger durch die Qualität als vor allem durch die Quantität der Quellen erstrebt werden. Hinter der Absicht, normative Gesetzmäßigkeiten der Methodik aufzufinden und anzuwenden, stand infolgedessen weniger die Frage nach der geschichtlichen Sinnhaftigkeit im Vordergrund als vielmehr der Ehrgeiz, den einzelnen Quellen einen historischen Gehalt per se nachzuweisen.

Der Historismus verstand sich zunächst als Überwindung der idealistischen ›Aufklärungshistorie‹ des 18. Jahrhunderts. Nach der gescheiterten deutschen Revolution von 1848/49 errang der Historismus darüberhinaus die Funktion einer ›Ersatzphilosophie‹, da der bislang ungeheuer populäre Hegelianische Idealismus keine adäquaten Lösungen mehr zu bieten schien.[22] Einige Vertreter des Historismus – wie Karl Lamprecht – sympathisierten

---

Blanke, *Historiographiegeschichte als Historik*, 1991; Rüsen, *Konfigurationen des Historismus/Studien zur deutschen Wissenschaftskultur*, 1993.

[22] Hierin erklärt sich wohl auch die Tatsache, daß der Historismus des 19. Jahrhunderts im wesentlichen ein deutsches Phänomen blieb.

offen mit dem Positivismus von Comte und Buckle und unternahmen den Versuch, Kategorien der Psychologie und Soziologie als historische Determinanten aufzufassen. Dagegen war die Mehrzahl der deutschen Historiker von einer prinzipiellen Opposition zwischen dem ›ausländischen Positivismus‹ und dem ›deutschen Individualismus‹ überzeugt und genügte sich selbst in ihrem Anspruch von der Objektivität der Geschichte. Obwohl der Positivismus – verstanden im ursprünglichen Sinn von Auguste Comte – in Deutschland nie eine größere Bedeutung erlangen konnte, fiel die Kritik am Positivismus hier wesentlich heftiger aus als etwa in Frankreich. Die deutsche Positivismus›schelte‹ war nicht unmaßgeblich nationalistisch gefärbt, denn die überwiegende Mehrzahl der Vertreter des Historismus sah es als festen Bestandteil ihrer Aufgabe, eine ›nationale‹ deutsche Kultur festzuschreiben. Begriffe wie ›Nation‹, ›Volk‹ oder ›Kultur‹ erweisen sich aber im Rahmen einer rationalistischen oder materialistischen Wissenschaftsauffassung als wenig substantiell.

Seit 1880 wurde zunehmend Kritik am Historismus geäußert. Die Vorreiterrolle übernahm hierbei Wilhelm Dilthey,[23] dessen Konzept der Geisteswissenschaften sowohl den naiven Empirismus als auch die entwicklungsgeschichtlichen Überzeugungen seiner Zeit kritisierte.[24] In der *Einleitung in die Geisteswissenschaften* (1883) verfolgte Dilthey noch das Ziel, mit Hilfe einer ›verstehenden Psychologie‹ die gesellschaftliche und geschichtliche Wirklichkeit des Menschen aufzugliedern. Darin rückt das individuelle Erleben gegenüber einer allgemeinen Erfahrungswissenschaft stärker in den Vordergrund. Die praktischen Konsequenzen solcher Schlüsse werden vor allem deutlich in der 1905 erschienenen Schrift *Das Erlebnis und die Dichtung*, die die Ausformung der geistesgeschichtlichen Literaturwissenschaft stark beeinflußte.[25]

---

[23] Damit soll die Bedeutung von Nietzsches Historismuskritik (Vom Nutzen und Nachteil der Historie für das Leben) keineswegs geschmälert werden; die Nietzsche-Rezeption setzte auf breiter Basis aber erst nach 1900 ein.

[24] Verwiesen sei auf die schon ›klassischen‹ Darstellungen bei: Gadamer, *Wahrheit und Methode*, 1960 und Habermas, *Erkenntnis und Interesse*, 1968. Neben diversen Stichwörtern im *Historischen Wörterbuch der Philosophie* (I–IX), in der *Enzyklopädie Philosophie und Wissenschaftstheorie* (I–III) und im *Handwörterbuch zur Wissenschaftstheorie* erwies sich vor allem Fütterer, *Historische Phantasie und praktische Vernunft*, 1985, als sehr nützlich. Auf die Rolle des Neukantianismus (Rickert, Windelband) bei der Begründung der Geisteswissenschaften und seiner Differenzierung zwischen ›nomothetischen‹ und ›idiographischen‹ Wissenschaften, der ebenso wie Diltheys Ansatz stark vom Historismuskonzept geprägt war, kann hier nicht näher eingegangen werden.

[25] Vgl. König/Lämmert (Hrsg.), *Literaturwissenschaft und Geistesgeschichte 1910–1925*, 1993.

In *Der Aufbau der geschichtlichen Welt in den Geisteswissenschaften*[26] setzte Dilthey schließlich an Stelle der Psychologie die Hermeneutik ein, mit deren Hilfe ein erkenntnistheoretisches Fundament der Geisteswissenschaften erbaut werden sollte. Aber obwohl sich Dilthey vom eindimensionalen Objektivitätsbegriff des Historismus deutlich abzugrenzen bemühte, war er dennoch unauflöslich in den ›Aporien des Historismus‹, wie Gadamer es nennt,[27] verstrickt. Für Dilthey gehörten Objekt und erkennendes Subjekt untrennbar zusammen, weil beide sich in der Geschichte begegnen. Um aber die historische Differenz überbrücken zu können, bedarf es weiterhin des Konstrukts einer Kontinuität in der Geschichte. Das Grundproblem bei der Auseinandersetzung mit Diltheys Werk besteht darin, daß es infolge seines vielfach fragmentarischen Charakters außerordentlich schwierig ist, die einzelnen Entwicklungsstränge voneinander abzutrennen und isoliert zu betrachten. In dem hier beschriebenen Zusammenhang ist insbesondere das Konzept einer ›Kritik der historischen Vernunft‹ von Interesse.[28]

Der Rückgriff auf Kants Transzendentalphilosophie bildet Diltheys Ausgangspunkt. Aber es existiert keine apriorische Vernunft mehr, sondern nur eine historisch determinierte Vernunft. Die ›Kritik der historischen Vernunft‹ bildet demzufolge das »Vermögen des Menschen, sich selber und die von ihm geschaffene Gesellschaft und Geschichte zu erkennen«.[29] Ferner setzt sich Dilthey mit der Hegelianischen Dialektik auseinander und nimmt dessen Begriff des ›objektiven Geistes‹ wieder auf. Im Unterschied zu Hegel, für den sich in der Geschichte der logische Zusammenhang als solcher konstituiert (der ›Weltgeist‹), ist Dilthey der Auffassung, daß Geschichte nur als Produkt der Gesellschaft zu begreifen ist. Geschichte ist nicht mehr absolut, sondern nur noch relativ erfahrbar. Einen dritten Bezugspunkt bildet schließlich die von Droysen formulierte Sentenz des ›forschenden Verstehens‹, also die Interdependenz zwischen dem Objekt der Geschichte und dem erkennenden Subjekt. Dilthey übernimmt die Auffassung der Historisten von der zentralen Bedeutung der Geschichte für den Menschen, kritisiert aber – vor allem bei Ranke – deren mangelnde erkenntnistheoretische Fundamentierung. Indem Geschichte nur als Zusammenhang zwischen Geschehen

---

[26] Erstmals 1910 als Akademieabhandlung veröffentlicht.

[27] Gadamer, *Wahrheit und Methode*, 1990, S. 222–246.

[28] Die Idee zu einer solchen Kritik zieht sich quer durch Diltheys Werk und läßt sich vor allem anhand von zwei Hauptschriften Diltheys beschreiben, der *Einleitung in die Geisteswissenschaften* und *Der Aufbau der geschichtlichen Welt in den Geisteswissenschaften*.

[29] Dilthey, *Einleitung in die Geisteswissenschaften*, 1923, S. 116.

und Interpretation, oder, mit Diltheys Worten, als ›Wirkungszusammenhang‹ und ›Bedeutungszusammenhang‹ nachvollziehbar ist, rückt das subjektive ›Erleben‹ in den Vordergrund. Im Unterschied zu den Naturwissenschaften hat in den Geisteswissenschaften das Verständnis der konkreten historischen und gesellschaftlichen Situation, in der sich der einzelne erfahren kann, den Vorrang. Geschichtliche Ereignisse lassen sich deswegen aber keineswegs beliebig interpretieren – denn genauso wichtig wie die Wahrnehmung der Subjektivität ist das objektiv erfaßbare Material der historischen Objekte. Im Zentrum von Diltheys Geschichtsauffassung steht jedoch das lebensphilosophische Konzept der letztendlichen Irrationalität. Obwohl Dilthey in der *Einleitung in die Geisteswissenschaften* sich als Ziel die Überwindung der Metaphysik setzt, bildet sein Konzept einer ›Kritik der historischen Vernunft‹ im Grunde genommen eine Metaphysik der Geschichte.

Die von Dilthey formulierten zentralen Erkenntniskategorien des ›Erlebens‹, des ›Verstehens‹ und des ›Nachbildens‹ waren von außerordentlich großem Einfluß auf die Ausbildung der Geistesgeschichte,[30] da mit ihrer Hilfe die individuellen Merkmale des einzelnen Künstlers und des Kunstwerks stärker herausgearbeitet werden konnten. Die Krise des Historismus[31] und das Aufkommen geistesgeschichtlicher Strömungen vor allem in der Kunstgeschichte und Literaturwissenschaft[32] zu Anfang des 20. Jahrhunderts, die keineswegs unumstrittene Gültigkeit beanspruchen konnten, ist jedoch nicht als radikale Ablösung einer alles historisierenden Lebenserfahrung zu verstehen, sondern eher als additiver Umgestaltungsprozeß. Geschichte bildete weiterhin den Schwerpunkt geisteswissenschaftlicher Blickrichtung, allenfalls angereichert mit einem verstärkten Bemühen um das individuelle Wesen des Kunstwerks. Aufgrund der Gemeinsamkeit eines neoromantischen, antimodernistischen und antirationalistischen Weltbildes begaben sich zahlreiche

---

[30] Fütterer, *Historische Phantasie und praktische Vernunft*, 1985, sieht Diltheys Einfluß noch wesentlich weiter reichen; von der Hermeneutik und der Phänomenologie über den französischen Strukturalismus bis hin zur analytischen Wissenschaftstheorie und zur Systemtheorie. Abgesehen davon, daß sich natürlich in jeder philosophischen Schule Elemente von früheren Richtungen nachweisen lassen (ohne Kant wäre die gesamte Philosophie von 1800 an nicht denkbar), scheint mir Diltheys Bedeutung damit übertrieben eingeschätzt. Eine grundlegende Rekonstruktion von Diltheys Kritik der historischen Vernunft müßte vor allem stärker die zeittypischen Gebundenheiten im Zusammenhang mit den lebensphilosophischen Strömungen berücksichtigen.

[31] Vgl. Troeltsch, *Der Historismus und seine Probleme*, 1922.

[32] Zu den interdisziplinären Zusammenhängen vgl. Hermand, *Literaturwissenschaft und Kunstwissenschaft*, 1971.

Vertreter der Geistesgeschichte in die freiwillige Nähe zu nationalistischen und völkischen Strömungen.[33]

Der Einfluß von Dilthey tritt auch in den verschiedenen Werken von Max Herrmann deutlich hervor: Die peinlich genaue historische Quellenforschung des ausgehenden Historismus und das Bemühen, sich in die historischen Vorgänge einfühlen zu können und diese als einmaliges Ereignis zu verstehen, bilden bei Herrmann und der ›Berliner Schule‹ der Theaterwisssenschaft eine Symbiose.

---

[33] Siehe hierzu ausführlich Ringer, *Die Gelehrten*, 1983.

2. Vorbedingungen

2.1 Theater und Bildungsbürgertum

Theaterwissenschaft als Hochschuldisziplin entstand in Deutschland an der Wende zum 20. Jahrhundert, zu einem Zeitpunkt, als die Theaterreformbewegung gegen die Vorherrschaft der ›literarischen Bühnenkunst‹ Sturm lief und lauthals die Abschaffung der Rampe forderte, als kreative Regisseure wie Otto Brahm und Max Reinhardt das Theater zu einem spannenden und innovativen Medium umgestalteten, als eine neue Generation von jungen Schauspielern und Dramatikern sich die Theater eroberte und technische Neuerungen wie die Drehbühne oder die elektrische Bühnenbeleuchtung sich durchsetzten. Theater war – im Gegensatz zu den neunziger Jahren des 20. Jahrhunderts – ein weite Publikumserwartungen abdeckendes Massenmedium, vom bürgerlichen Vereinstheater bis hin zum Tingeltangel, von der Volksbühnenbewegung bis zu Bühnenweihspielen, vom Vorstadttheater bis zur Großen Revue. Die Front einer oftmals als elitär empfundenen Hoftheaterkultur wurde aufgebrochen durch die Gründung neuer, kommunal subventionierter Stadttheater, gleichzeitig florierte das Privattheaterwesen. Durch die aufkommende Volksbühnenbewegung kam auch das städtische Proletariat erstmals in größerem Umfang mit der bürgerlichen Theaterkultur in Berührung. Theater wurde zu einem ästhetischen und politischen Kampfplatz der Avantgarde, zahlreiche Theaterskandale und – oft nur kurzlebige – Theaterjournale spiegelten die Zerrissenheit des Theaterlebens um die Jahrhundertwende wider. Im Rahmen der proletarischen, bürgerlichen und aristokratischen Kultur – verstanden als Summe aller gesellschaftlichen Lebensformen – erhielt Theater eine Fülle von verschiedenen Bedeutungen. Theatergeschichtsschreibung und Theaterwissenschaft reagieren ihrerseits auf diese Entwicklungen – nicht, indem sie über das Theater ihrer Gegenwart reflektieren, sondern in einem Prozeß weitgehend unbewußter Aneignung. Theater wird zu einem selbstverständlichen Bestandteil der Kultur des wilhelminischen Bürgertums, und diese Einstellung schlägt sich auch in der Auseinandersetzung mit Theatergeschichte nieder.

In der traditionellen Theatergeschichtsschreibung hat sich eine Dichotomisierung zwischen ›hoher‹ und ›niederer‹ Kunst, zwischen Bildungstheater und Geschäftsinteresse, zwischen literarisch ›wertvollem‹ und trivialem Theater so tief festgesetzt, daß es kaum mehr möglich ist, diese Spaltung in einer nachträglichen Analyse aufzulösen.[1] Die Frage nach der jeweils spezifischen Funktion von Theater ist nicht möglich ohne eine genauere Untersuchung der Zuschauer. Ganz unzweifelhaft bedienen die verschiedenartigen Theaterformen unterschiedliche Erwartungshaltungen eines bestimmten Publikumskreises; das Publikum im Königlichen Opernhaus differierte stark von dem Publikum eines Vorstadttheaters. Insofern kann die Tradition der Dichotomisierung als Ausgangspunkt von Recherchen über die Funktion von Theater instrumentalisiert werden, die allerdings an ihre Grenzen stößt, wenn sich die Masse der Zuschauer nicht eindeutig einer bestimmten sozialen Schicht zuordnen läßt oder nur unzureichende Informationen über die Publikumsstruktur erhoben werden können. In diesem Fall ist der Theaterhistoriker häufig auf Vermutungen angewiesen.

Zwei parallele Untersuchungsebenen können helfen, den Knoten zu lösen: Den Ausgangspunkt bildet eine begriffsgeschichtliche Annäherung an das Phänomen der bürgerlichen ›Bildung‹, um darauf aufbauend die ›Bildungsfunktionalisierung‹ von Theater zu hinterfragen. Auf einer zweiten Ebene wird gezeigt, daß sowohl das ›Bildungstheater‹ als auch das Geschäftstheater von weitgehend ähnlichen Strukturen und Aufgabenbereichen geprägt waren, und daß die von der Theaterhistoriographie vollzogene Trennung zwischen beiden Bereichen ihrerseits eine Folge bildungsbürgerlicher Denkweisen ist.

2.1.1 Neue Bildungsideale?

Gegen die häufig anzutreffende Etikettierung des 19. Jahrhunderts als ›bürgerlich‹ lassen sich manche Einwände vorbringen. Aber es ist nicht zu übersehen, daß sich zwischen 1800 und 1900 ein Prozeß vollzog, an dessen Ende eine große Anzahl ehemals feudaler Rechte und Privilegien auf breitere Bevölkerungskreise übergegangen ist. Wenngleich die parlamentarische Gewalt in Deutschland im Vergleich zu seinen europäischen Nachbarstaaten wie Frankreich und England nur über beschränkten Einfluß verfügte und das bis 1918 gültige Dreiklassenwahlrecht zu krassen Ungleichheiten führte,

---

[1]   Über die Ursachen der »Entzweiung der bürgerlichen Kultur in Deutschland« (so der Untertitel) siehe Bürger, *Einleitung: Die Dichotomisierung von hoher und niederer Literatur*, 1982.

zeichnete sich auch in Deutschland gegen Ende des 19. Jahrhunderts eine ›Götterdämmerung‹ der Monarchie ab. Der Wandel im Mächteverhältnis der verschiedenen sozialen Gruppen manifestierte sich keineswegs nur auf einer politischen und ökonomischen Ebene, sondern zunächst – diese späteren Verschiebungen antizipierend – in den Bereichen der Bildung, der Unterhaltung und der Kunst. In diesem Transformationsprozeß kommt dem sogenannten ›Bildungsbürgertum‹ eine zentrale Rolle zu. Im Gegensatz zu anderen Teilmengen des Bürgertums, die durch ökonomischen Besitz (Wirtschaftsbürgertum) oder die Teilhabe am politischen Leben gekennzeichnet sind, definiert sich die Situation des ›Bildungsbürgertums‹ durch den »Besitz von Bildungspatenten«, denen ein normativer Charakter zu eigen ist.[2] Bei genauerer Betrachtung indes erweist sich der Begriff ›Bildungsbürgertum‹ als tückisch: Zum einen ist der Terminus ein Konstrukt, das erst nach dem Ende des Zweiten Weltkriegs allgemeinen Eingang in den Sprachgebrauch gefunden hat, zum anderen handelt es sich um einen spezifisch deutschen Begriff, der sich nicht oder nur unvollständig übersetzen läßt und damit internationale Vergleiche erschwert. Insofern ist es außerordentlich schwierig, präzise zu bestimmen, welche Teile der Bevölkerung im 19. Jahrhundert zum Bildungsbürgertum gerechnet werden können und welche nicht.[3]

Die aus einer Folge von Sitzungen des ›Arbeitskreises für moderne Sozialgeschichte‹ hervorgegangene vierbändige Sammlung *Bildungsbürgertum im 19. Jahrhundert* hat sich dem Phänomen durch Eingrenzung auf vier verschiedenen Ebenen genähert: 1) Bildungssystem und Professionalisierung, 2) Bildungsgüter und Bildungswissen, 3) Lebensführung und ständische Vergesellschaftung (der Durchsetzung von Geltungsansprüchen) und 4) politischer Einfluß und gesellschaftliche Formation. Für Fragen nach Zusammenhängen zwischen Bildungsidealen und kulturellen Veränderungen sind vor allem die Komplexe 2) und 3) von besonderer Bedeutung; demgegenüber können Fragen nach der Ausbildung und Professionalisierung von spezifischen Berufsgruppen und der politischen Partizipation als nachrangig betrachtet werden.

---

[2] Conze/Kocka, *Einleitung/Bildungsbürgertum im 19. Jahrhundert I*, 1985, S. 11f. Während kleinbürgerliche Kreise auch durch die Aufwertung der Realgymnasien gegen Ende des 19. Jahrhunderts verstärkt Zugang zu den Universitäten erhielten, blieb das städtische und ländliche Proletariat von akademischen Bildungsabschlüssen als Grundlage einer höheren Laufbahn ausgeschlossen.

[3] Ebd., Anm. 7a, S. 11. Vgl. auch Lepsius, *Das Bildungsbürgertum als ständische Vergesellschaftung*, 1992. Eine tiefschürfende Begriffs- und Dogmengeschichte des Etiketts *Bildungsbürgertum* hat Ulrich Engelhardt 1986 verfaßt.

Dem Bildungsbegriff haftet in Deutschland[4] eine starke humanistische wie auch eine historistische Tradition an. Mehr noch, im Übergang von der Aufklärung zur idealistischen Philosophie gewinnt ›Bildung‹ in Zusammenhang mit ›Geist‹ und ›Geschichte‹ eine metaphysische Bedeutung, was vor allem mit der Herkunft des Begriffs aus der christlichen Mystik und seiner Verwendung in der (protestantischen) Theologie zu erklären ist, die ›Bildung‹ zu einer Angelegenheit zwischen der Seele des Gläubigen und Gott erklärt.[5] Daraus folgt, daß der Bildungsbegriff an sich eine stark idealistische Konnotation beinhaltet, bei der nicht die rationale Vermittlung von Wissen, sondern eine ›personale Selbstbestimmung‹[6] im Mittelpunkt steht: »Der Mensch ist, was er sein soll, nur durch Bildung«, hat Hegel es ausgedrückt.[7] Reinhart Koselleck hat ›Bildung‹ als einen Metabegriff bezeichnet, der sich am ehesten eingrenzen läßt durch ein breites Feld von Faktoren wie Religiosität, den Möglichkeiten politischen und sozialen Aufstiegs und dem Ethos der Arbeit.[8] Alle diese Merkmale lassen sich im 19. Jahrhundert sicherlich als spezifisch ›bürgerlich‹ charakterisieren, auch wenn ›das Bürgertum‹ als solches nie existiert hat, sondern ein Konstrukt ist. Die Untersuchung der bürgerlichen Bildungsgüter (in Musik, Literatur, bildender (!) Kunst und Theater, aber auch Wissenschaft und Religion) kann nicht aus ihrer Zeit herausgelöst werden, die einzelnen Güter sind vielmehr unter den konkreten Bedingungen ihrer Produktion, ihrer Rezeption und ihrer Interdependenz zu sehen.

Welche Folgerungen können aus diesen Präliminarien für das Verhältnis vom Bildungsbürgertum zum Theater gezogen werden? Oder – präziser gefragt – warum wird das Theater im Lauf des 19. Jahrhunderts zu einem festen Bestandteil im bürgerlichen Bildungskanon? Die Fragestellung suggeriert die Möglichkeit einer einfachen Antwort. Aber genauso wie ›Bildung‹ und ›Bürgertum‹ äußerst komplexe Begriffe sind, deren Entwicklungen sich einer monokausalen Interpretation entziehen, bildet auch ›das Theater im 19. Jahrhundert‹ ein extrem vielschichtiges Phänomen, das nur in einer sehr differenzierten und detaillierten Analyse einzelner Faktoren zugänglich gemacht werden kann. Drei grobe Querschnitte können helfen, einige dieser Faktoren näher zu bestimmen, wobei aus Gründen der Überschaubarkeit schwer-

---

4   ›Bildung‹ läßt sich nicht präzise übersetzen – ›Education‹ oder ›Civlisation‹ beinhalten sowohl in der englischen als auch in der französischen Sprache nicht den individuellen Zug von ›Bildung‹.

5   Vgl. hierzu Koselleck, *Einleitung/Zur anthropologischen und semantischen Struktur der Bildung*, 1990.

6   Ebd., S. 20.

7   Hegel, *Die Vernunft in der Geschichte*, zit. n. ebd., S. 21.

8   Koselleck, *Einleitung/Zur anthropologischen und semantischen Struktur der Bildung*, 1990.

punktmäßig die Situation der Hoftheater referiert wird.[9] Der Wandel im Verhältnis von Bürgertum und Theater ließe sich zweifelsohne auch im Bereich der Privat- und Geschäftstheater– die ja überwiegend ›bürgerliche‹ Unternehmungen waren – untersuchen, aber während die Entwicklung der Hoftheater bis zu ihrer Auflösung 1918 weitgehend homogen verlief, sind die Verläufe im Geschäftstheaterwesen des 19. Jahrhunderts äußerst komplex und bislang kaum übergreifend untersucht worden.[10]

Um 1800 hatte die Epoche der Aufklärung ihre Kulmination erreicht und überschritten – was sich insbesondere auch im Theaterleben der Zeit niederschlug. Bereits im 18. Jahrhundert war Theater als öffentliches Forum verstärkt zur Verbreitung aufklärerischer Ideen genutzt worden, da es wie kein anderes Medium dazu geeignet erschien, moralische Leitbilder auf unterhaltsame Weise plastisch zu vermitteln. Eine erfolgreiche Aufklärung kann nur im Rahmen eines funktionierenden Kommunikationsprozesses gelingen. Sie setzt voraus, daß dem Sender ein adäquater Vermittler und Empfänger gegenübersteht. Auf das Theater übertragen bedeutet dies: Aufklärung von der Bühne herab kann nur glücken, wenn sowohl der Schauspieler als auch das Publikum gewillt sind, die Botschaft weiterzugeben und aufzunehmen. Allein die Tatsache, daß seit Mitte des 18. Jahrhunderts von der Bühne herab zunehmend bürgerliche Moralvorstellungen verkündet werden, reicht nicht aus, um die Dialektik der Aufklärung im Theater hinreichend zu erklären.[11]

Im Laufe des 18. und 19. Jahrhunderts gewinnen bürgerliche Kreise immer stärker die ökonomische Vormachtstellung, während der Adel und die Unterschichten zunehmend verarmen. Das hieraus resultierende Selbstbewußtsein des Bürgertums, dem politische Einflußnahme vorläufig noch versagt bleibt, findet vor allem im öffentlichen Leben zahlreiche Möglichkeiten der Selbstdarstellung. Zwar ist die Finanzierung der deutschen Duodezhoftheater weiterhin abhängig von der fürstlichen Apanage, die Hoftheater

---

[9] Dieses Vorgehen bietet auch den Vorteil, die Ergebnisse neuester Forschung in Gestalt von Daniel, *Hoftheater*, 1995, mit einbeziehen zu können.

[10] Über die Entwicklung der Berliner Privattheaterlandschaft informiert der von Ruth Freydank herausgegebene Ausstellungskatalog *Theater als Geschäft/Berlin und seine Privattheater um die Jahrhundertwende*, 1995.

[11] Reinhart Meyer ist diesbezüglich mit der Literaturgeschichtsschreibung, die Aufklärung als ›Einbahnstraße‹ versteht, hart ins Gericht gegangen. In seinem wichtigen Beitrag über *Limitierte Aufklärung* (1987) hat Meyer auf den mit der Aufklärung verbundenen Verdrängungsprozeß von jahrhundertealten Formen des ›unterhaltenden Theaters‹ (Jahrmarktstheater, Puppenspiel und Gaukler) hingewiesen. Die ›Verbildung‹ des Theaters erscheint so gesehen als ein Vorgang der Beschneidung von kulturellen Freiräumen zugunsten einer staatlich reglementierbaren Theaterlandschaft.

öffnen sich jedoch den bürgerlichen Kreisen. Mit der Zahlung von Eintrittsgeldern gewinnt der Bürger zugleich Einfluß auf die Spielplangestaltung.[12] Stärker noch als im Hoftheater zeigt sich um 1800 die bürgerliche Theateraktivität in der Gründung zahlreicher Theateraktiengesellschaften, die den Versuch unternehmen, der Finanzkraft des Mittelstandes neue Investitionsmöglichkeiten zu erschließen.

Nach der fehlgeschlagenen deutschen Revolution Mitte des 19. Jahrhunderts werden mit Franz Dingelstedt, Eduard Devrient und Heinrich Laube führende Repräsentanten der bürgerlichen Opposition des ›Jungen Deutschland‹ zu Intendanten einiger der größten deutschen Hoftheater ernannt.[13] Die sich seit der Aufklärung verstärkende ›Literarisierung‹ der Theaterlandschaft, das Bemühen um literarisch ›anspruchsvolle‹ Spielpläne und die Überzeugung von der idealistischen Bildungssendung der Bühne erreichen um 1860 einen Höhepunkt. Während die politischen Zielvorstellungen der liberalen bürgerlichen Gesellschaft vorläufig gescheitert waren, bot die Bühne eine ausgezeichnete ›Ersatzbefriedigung‹. Wenn sich das Ziel einer einheitlichen demokratischen deutschen Nation nicht in der Realität umsetzten ließ, so konnten die Forderungen nach einem ›Nationaltheater‹ zumindest eine kulturelle Integration der Deutschen fördern.[14] Die Aufteilung in ›höheres‹ und ›niederes‹ Kunstinteresse, die sich in der Theatergewerbeordnung von 1869 niederschlägt, spiegelt den Bildungsanspruch des bürgerlichen Theaters Mitte des 19. Jahrhunderts wider. Allerdings darf ›höhere Kunst‹ nicht ausschließlich als Abgrenzung zur Unterhaltung verstanden werden, vielmehr sollte dem sich bildenden Zuschauer im Erlebnis des höheren Kunstwerks eine Idee vermittelt werden.[15] Wiederum schien Theater als didaktisches Medium besonders geeignet, da sich nach Auffassung der gängigen dramaturgischen Schriften in der dramatischen Literatur die Gegensätze zwischen epischer und lyrischer Kunst aufheben und einander ergänzen.[16]

Gegen Ende des 19. Jahrhunderts verliert das Bildungsbürgertum zunehmend an Einfluß. Seine neohumanistischen Ideale zerbröckeln unter dem Ansturm einer rationalistisch-technokratischen Fortschrittseuphorie und dem politischen Aufstieg der Industriearbeiterschaft. Das Stadt- und Hoftheater bietet dem Bildungsbürger so etwas wie eine Zufluchtsstätte, in der nach wie

---

[12] Vgl. Daniel, *Hoftheater*, 1995, S. 129–131.
[13] Zu den mitunter heftigen Reibungen zwischen adliger Hofverwaltung und bürgerlichem Intendanten vgl. das Beispiel Karlsruhe, ebd., S. 398–445.
[14] Vgl. Bayerdörfer, *Theater und Bildungsbürgertum zwischen 48er Revolution und Jahrhundertwende*, 1992.
[15] Die strenge Dichotomisierung zwischen ›höherer Kunst‹ und ›Unterhaltung‹ war im 19. Jahrhundert noch keineswegs so streng ausgeprägt wie heutzutage.
[16] Vgl. Hammer (Hrsg.), *Dramaturgische Schriften des 19. Jahrhunderts I, II*, 1987.

vor die alten Ideale von individueller, ›wahrer‹ Bildung ihre Gültigkeit zu behalten scheinen. So ist es kein Wunder, daß die Spielpläne der konventionellen Theater des ausgehenden 19. Jahrhunderts vor allem von Epigonen mit einer Vorliebe für historische Heldenstoffe bestimmt werden.[17] Gleichzeitig gründen Vertreter des Wirtschaftsbürgertums in den Metropolen zahlreiche Privattheater, deren Spielplan vorrangig von ökonomischen Gesichtspunkten bestimmt wird, und die im Gegensatz zum Hoftheater den unterhaltenen Charakter ihrer Ware nicht verschleiern müssen. In der mit großer Verve geführten Auseinandersetzung um die Berliner ›Freie Bühne‹, die ganz und gar ein Projekt bildungsbürgerlichen Bemühens um literarische Modernität war, zeigt sich bereits überdeutlich die Spaltung des Bürgertums in eine modernistisch-liberalen und einen konservativ-autoritär geprägten Flügel.[18] An der Wende zum 20. Jahrhundert hatte das ›Janusgesicht von Moderne und Tradition‹[19] auch die bürgerlichen Bildungsideale erfaßt, wenngleich diese in abgeschwächter Form noch lange Zeit das öffentliche Leben bestimmen sollten.

Warum also ändert sich der Status von Theater im bürgerlichen Leben des 19. Jahrhunderts? Neben einer Fülle von Verschiebungen im Detail lassen sich allgemein gesprochen drei wesentliche Gründe festhalten: Die fortschreitende Industrialisierung verändert nicht nur die ökonomischen Besitzverhältnisse, sondern auch das Verhältnis zu Arbeit und Freizeit; die steigende Urbanisierung erhöht den Bedarf und das Angebot an großstädtischer Unterhaltung; und schließlich führen zunehmende Technisierung und Spezialisierung des Wissens zu einem Verlust an individueller Selbstbestimmung, die sich unter anderem im Theater kompensieren kann.

---

[17] »Dennoch hatten die Höfe ebeso wie ihre Theater – wahrnehmungsgeschichtlich betrachtet – nach der Wende zum 20. Jahrhundert kaum noch etwas gemeinsam mit ihren Vorläufern aus der Mitte des 19. Jahrhunderts, und dies nicht etwa, weil sie sich so stark verändert hatten, sondern vielmehr deshalb, weil sie sich so ähnlich blieben.« Daniel, *Hoftheater*, 1995, S. 360. Zur konservativen Ausrichtung der Hoftheater vgl. auch Freydank, *Das Hoftheater/Ein altgewordenes Kunstinstitut*, 1995.

[18] Bayerdörfer, *Theater und Bildungsbürgertum zwischen 48er Revolution und Jahrhundertwende*, 1992, S. 57–61.

[19] So der Untertitel des Schlußkapitels von Wehler, *Deutsche Gesellschaftsgeschichte*, *III*, 1995.

2.1.2 Geschäftstheater versus Kunstanspruch

Wenngleich der zweifelsohne beträchtliche ›Bildungshunger‹ der bürgerlichen Gesellschaft einen wesentlichen Faktor für die steigende Popularität von Theater im 19. Jahrhundert darstellte, so darf auch der immense Unterhaltungswert von Schauspiel und Musiktheater in einer Zeit ohne Fernsehen, Film und andere audiovisuelle Medien nicht unterschätzt werden. Während der Prozeß der zunehmenden Literarisierung des deutschen Theaters im Zusammenhang mit dem Diskurs über die Autonomie des Kunstwerks in der Theatergeschichtsschreibung hinlänglich beschrieben worden ist,[20] sind Fragen nach dem Unterhaltungswert von Theater demgegenüber weitgehend vernachlässigt worden. Das hierdurch entstandene ›schiefe‹ Bild der Theatergeschichte kann solange nicht korrigiert werden, wie die Fixierung auf einen literaturhistorischen Fokus bestimmend bleibt.

Von großer Bedeutung für die Entwicklung des Theaterwesens im letzten Drittel des 19. Jahrhunderts war das Inkrafttreten der Gewerbeordnung von 1869, zunächst im Norddeutschen Bund, nach der deutschen Reichsgründung 1871 landesweit.[21] Erstmals wurde das Theater staatlicherseits als ein freies Gewerbe definiert, wobei die Erteilung von Theaterkonzessionen von der Erfüllung einer Reihe von Auflagen abhängig gemacht wurde, betreffend vor allem die sittenpolizeiliche Integrität des Antragstellers. Prinzipiell konnte jeder volljährige deutsche Staatsbürger, sofern er nicht vorbestraft war, die Erteilung einer Theaterkonzession fordern; allerdings verfügten die Landes- und Gemeindebehörden weiterhin über eine Reihe von Einschränkungsmöglichkeiten, die darüberhinaus durch mehrere Novellen der Gewerbeordnung zunehmend verschärft wurden.

Seit Max Martersteigs grundlegendem Werk über *Das deutsche Theater im 19. Jahrhundert*[22] geht die Theatergeschichtsschreibung davon aus, daß das Inkrafttreten der Gewerbeordnung von 1869 einen noch nie dagewesenen ›Theaterboom‹ ausgelöst habe: Für 1870 nimmt Martersteig die Zahl von ca. 200 »wirklichen« Theatern im Reichsgebiet und 5.000 Bühnenkünstlern

---

[20] Neben den einschlägigen theaterhistorischen Standardwerken sei auf Ruppert, *Labor der Seele und der Emotionen,* 1995, verwiesen.

[21] Über die Zusammenhänge zwischen der Einführung der Gewerbeordnung samt Novellierungen und der Theaterentwicklung im Deutschen Reich existieren bislang nur zwei Erlanger Magisterarbeiten: Lange, *Die Theaterfreiheit nach der Gewerbeordnung,* 1994; Neß, *Gewerbeordnung und Theaterrecht 1885–1915,* 1996. Bis Januar 1873 hatten alle zum Deutschen Reich gehörenden Länder die Gewerbeordnung verbindlich übernommen, mit Ausnahme von Elsaß-Lothringen (dort erst 1889). Lange, *Die Theaterfreiheit nach der Gewerbeordnung,* 1994, S. 22.

[22] Vgl. 2.3.5 Nationale Theatergeschichte.

an. Diese Zahlen sollen sich bis 1896 ungefähr verdreifacht haben,[23] und obwohl Martersteig diese Angaben nicht belegt, sind sie seither von unzähligen Theater- und Literaturhistorikern immer wieder übernommen worden.

Tatjana Lange hat auf der Grundlage von über 20 Jahrgängen (1865-1886) des Deutschen Bühnen-Almanachs,[24] des Statistischen Handbuchs für deutsche Bühnen[25] und diverser lokaler Theatergeschichten die Anzahl von bestehenden und neugegründeten Hof- und Stadttheatern, Privattheatern und Sommertheatern quantitativ erfaßt. Ihre Untersuchungen legen eine sehr viel differenziertere Entwicklung nahe.[26] Demnach läßt sich der immer wieder zitierte immense Theateraufschwung in erster Linie nur in den größten deutschen Städten bestätigen, während die Anzahl der Theater im übrigen Reichsgebiet keineswegs überproportional anstieg. Eine Spitzenstellung hinsichtlich des Theaterzuwachses – vor allem im Privattheaterbereich – nahm Berlin ein: 1868 existierten dort 9 solcher Privatunternehmen, 1869 wurden 15 neue Privattheater gegründet, und 1875 gab es bereits 31 Berliner Privattheater; eine Zahl, die sich bis 1886 mit leichten Verlusten halten sollte.[27] Die Zunahme der Privattheater nach 1869 dürfte somit nur zum Teil auf die veränderte juristische Ausgangslage zurückzuführen sein; weitere Faktoren wie der allgemeine wirtschaftliche Aufschwung der Gründerzeit, die wachsende Verstädterung und der Ausbau der öffentlichen Verkehrsmittel waren sicher ebenfalls nicht ohne Einfluß auf die Vermehrung der Theater in den Metropolen.[28]

Es wäre unzulässig vereinfachend, wollte man alle (Berliner) Privattheater als Unternehmen charakterisieren, die ausschließlich vom ökonomischen Interesse der Inhaber geprägt wurden und für die ein künstlerisches Engagement keinerlei Rolle gespielt habe.[29] Aber ein Privattheater, gleich welches Genre den Spielplan dominierte, konnte den harten Konkurrenzkampf nur überleben, solange es den Publikumsgeschmack traf. Das Geschäftstheater des 19. und frühen 20. Jahrhunderts ist aus sozialhistorischer Sicht insofern besonders interessant, als es Modeerscheinungen und Mode-

---

[23] Martersteig, *Das deutsche Theater im 19. Jahrhundert*, 1904, S. 632; zu den Auswirkungen der Gewerbefreiheit siehe S. 631–639.

[24] Hrsg. v. Albert Entsch (bis 47. Jg.) und Theodor Entsch (48.–50. Jg.).

[25] Hrsg. v. Carl Albert Sachse, Wien 1872.

[26] Lange, *Die Theaterfreiheit nach der Gewerbeordnung*, 1994.

[27] Ebd., S. 95–101 sowie Anhang.

[28] Zum Theatergründungs›fieber‹ in Berlin und den vielfältigen ökonomischen Geflechten der Privattheater vgl. Epstein, *Das Theater als Geschäft*, 1910.

[29] Vgl. Freydank (Hrsg.), *Theater als Geschäft/Berlin und seine Privattheater um die Jahrhundertwende*, 1995. Bislang fehlt es an ähnlichen Arbeiten zur Situation in anderen Städten.

wechsel sehr viel unmittelbarer reflektierte als etwa die konservativen Hoftheater. Entsprechend der Vielschichtigkeit der wilhelminischen Gesellschaft war auch die Theaterlandschaft äußerst komplex und reichte im Berliner Privattheaterbereich vom mondänen Metropol-Theater mit seinen glanzvollen Großen Revuen[30] bis hin zum kleinen Tingel-Tangel-Betrieb in den Arbeitervierteln.[31] Gemeinsam war all diesen Theatern eine besondere Befriedigung der Schaulust: Die Kombination von möglichst aufwendigen Dekorationen und Kostümen und ›schmissiger‹ Musik sollte die Sinne der Zuschauer unmittelbar ansprechen. Nicht die Handlung auf der Bühne oder die schauspielerische Leistung des Ensembles waren das Entscheidende, sondern der Wiedererkennungswert populärer Darsteller und die Zugkraft eingängiger Melodien von Komponisten wie Julius Einödshofer und Paul Lincke.

Der Unterschied zwischen dem privaten Geschäftstheater und den subventionierten Hof- und Stadttheatern war jedoch weniger groß als man vermuten könnte. Der Germanist Helmut Schanze hat im Rahmen seiner Arbeit über *Drama im bürgerlichen Realismus* (1850-1890)[32] mittels einer quantitativen Repertoireanalyse die Spielpläne des Frankfurter Stadttheaters und der Königlichen Hoftheater in Berlin untersucht und eine nähere Funktionsbestimmung der unterschiedlichen Gattungen[33] vorgenommen. In den dramaturgischen Schriften des 19. Jahrhunderts häufen sich die Klagen über triviale Stoffe und den schlechten Publikumsgeschmack,[34] während gleichzeitig versucht wird, das Theater als ›höhere Bildungsanstalt‹ des Volkes zu postulieren. Schanzes Untersuchungen legen die Schlußfolgerung nahe, daß

---

[30] Vgl. Jansen, *Glanzrevuen der zwanziger Jahre*, 1987, S. 27–35; Hahn, *Das Metropol-Theater*, 1995.

[31] Klis, *Anspruch der deutschen Bourgeoisie auf ein ihr gemäßes Theater und Versuche seiner Realisierung (1870–1880)* (1980) hat darauf hingewiesen, daß mit der Ausweitung der Geschäftstheater auch neue Publikumsschichten erschlossen wurden, die vorher nicht das Theater besuchten.

[32] Erschienen 1976. Die quantitative Repertoireanalyse als methodischer Ansatz ist seither nicht wesentlich weiterentwickelt worden.

[33] 1) Schauspiel; 2) Trauerspiel, Tragödie; 3) Lustspiel, Komödie; 4) Oper; 5) Drama; 6) Posse, Schwank; 7) Singspiel; 8) Vaudeville; 9) Sonstiges. An den beiden von Schanze untersuchten Theatern läßt sich ein steigender Verdrängungsprozeß beobachten – während die ›reinen‹ Formen 1–5 immer häufiger gespielt wurden, verschwanden die ›Mischformen‹ 6–8 nahezu in der Versenkung. Schanzes Interpretation, daß sich schließlich die »Hebung des Niveaus im Sinne der Theaterreformer« (S. 144) durchgesetzt habe, kann ich mich nicht anschließen. Gerade die Posse erfreute sich – zumindest in Berlin – weiterhin ungebrochener Beliebtheit, sie wechselte nur vom Hoftheater zum Privattheater; Vaudeville und Singspiel gingen in der Revue auf, die gleichfalls am Privattheater beheimatet war.

[34] Vgl. Schanze, *Drama im bürgerlichen Realismus (1850–1890)*, 1976, *Teil I: Theorie und Kritik*, S. 19–91.

der Ruf nach einem Bildungstheater zwischen 1850 und 1890 in erster Linie als ideologisches Konstrukt seiner Zeit zu verstehen ist. Das Theater erfüllt im fortschreitenden 19. Jahrhundert in zunehmendem Maß repräsentative Aufgaben, indem es den bürgerlichen Kreisen die Möglichkeit bietet, nach außen eine Überlegenheit in der Bildung zu demonstrieren und sich damit vom ›niederen Volk‹ abzuheben. Gleichzeitig wächst die Vorliebe für besonders prunkvolle Ausstattungen und Schaueffekte; das ungehemmte Genießen des gesellschaftlichen Reichtums der Gründerjahre verbindet sich mit einer versuchten Imitation und Annäherung an den Glanz der alten Aristokratie. Der Status ›Bildungsbürger‹ erlaubt offiziell nur den verfeinerten ästhetischen Genuß, so daß das Unterhaltungsbedürfnis – das nichtsdestoweniger eine wesentliche Motivation für den Theaterbesuch bildet – unter dem vermeintlichen Bildungsanspruch verschleiert werden muß. Der Aufstieg des ›Konversationsstücks‹ in der zweiten Hälfte des 19. Jahrhunderts trägt genau dieser ›gehobenen‹ Unterhaltungsforderung Rechnung. Kein professionelles Theater konnte es sich leisten, nur die ›Heroen‹ des deutschen Dramas auf den Spielplan zu setzen. Aber auch in der Inszenierung der klassischen Dramen von Schiller, Goethe und Kleist, die seit ihrer Aufnahme in die Lehrpläne der Gymnasien Mitte des 19. Jahrhunderts bis heute zum Grundverständnis des Bildungsbürgertums gehören, bemühten sich die verantwortlichen Theaterleiter, dem ungebrochenen Bedürfnis nach Unterhaltung Rechnung zu tragen. Dies geschah durch Kürzung und Umarbeitung der Texte, durch aufwendige historisierende Bühnenbilder und Kostüme, und durch eine pathetisch überhöhte Spielweise, die den Textinhalt zugunsten des akustischen und optischen Vergnügens zurückdrängte.[35]

So erweist sich die Differenzierung von Bildungs- und Unterhaltungstheater als ein im 19. Jahrhundert gewachsener, philiströser Anspruch auf Herausbildung und Erhaltung eines elitären Sonderstatus, der bis heute weitgehend ungebrochen eingefordert wird. Wer es wagt, wie der neue Intendant des Bochumer Schauspielhauses, Leander Haußmann, Theater unter das Motto »Viel Spaß« zu stellen, macht sich im deutschen Feuilleton zumindest verdächtig.

---

[35] Vgl. Bayerdörfer, *Theater und Bildungsbürgertum zwischen 48er Revolution und Jahrhundertwende*, 1992, S. 45–49.

2.1.3 Die Universitäten im Kaiserreich

Die Entwicklung der deutschen Universitäten zwischen der Reichsgründung 1871 und dem Beginn des Ersten Weltkrieges war gekennzeichnet durch eine ungeheure Expansion. Belief sich die Zahl der immatrikulierten Studenten in den Jahren 1870–74 im Durchschnitt auf 15.000, so hatte sich nur 25 Jahre später diese Zahl bereits verdoppelt; im Jahr 1914 waren 60.000 Studenten eingeschrieben – Technische und sonstige Hochschulen, Akademien und Handelshochschulen nicht mit eingerechnet. Besonders stark stiegen die Studentenzahlen der Philosophischen Fakultäten. Ihr Anteil wuchs im gleichen Zeitraum von 35,7% der Gesamtstudentenzahl auf 49,6% an, während die Quote der zukünftigen Mediziner und Juristen in etwa stagnierte und die der evangelischen und katholischen Theologen gleichmäßig zurückging. Aufschlußreich ist auch die quantitative Entwicklung der Hochschullehrer. Die Zahl der Ordinarien stieg von 853 (1873) auf 1263 (1910), die der Extraordinarien im gleichen Zeitraum von 328 auf 762, die Anzahl der Privatdozenten vermehrte sich von 1527 auf 3129. Parallel dazu nahm auch die Zahl der neuen Fächer stetig zu: konnte man in Berlin, der zahlenmäßig weitaus größten Universität im Reich, 1892 zwischen 55 Spezialfächern wählen, waren es 1910 schon 64, bis 1930 wuchs deren Zahl auf 91 an.[36]

Allein diese Zahlen verdeutlichen bereits das enorme Wachstum im Wissenschaftsbetrieb des Kaiserreichs und lassen erahnen, mit welchen immensen Problemen die Kultusministerien, die Universitätsverwaltungen, die Dozenten und nicht zuletzt die Studenten selbst zu kämpfen hatten. Während die heutigen Probleme des Massenstudiums in Politik und Öffentlichkeit weitgehend auf Ratlosigkeit und Desinteresse stoßen und innerhalb der Hochschulen eine lähmende Resignation verbreitet ist, herrschte in den Jahrzehnten nach der Reichsgründung in Deutschland eine allgemeine bildungspolitische Aufbruchsstimmung, die nicht in erster Linie von sogenannten Sparzwängen, sondern von dem gemeinschaftlichen Willen eines kontinuierlichen Ausbaus der Hochschulen bestimmt war. Beliefen sich die staatlichen Zuwendungen für die Preußischen Universitäten 1866 noch auf 2 Millionen Mark, waren es 1882 schon 9,6 Millionen und 1919 bereits 27

---

[36] Zur (statistischen) Entwicklung siehe Jarausch, *Universität und Hochschule*, 1991, S. 313–344; sowie Wehler, *Deutsche Gesellschaftsgeschichte III*, 1995, S. 1209–1224. Die dort genannten Zahlen beruhen v.a. auf den Preußischen Statistischen Jahrbüchern. Die (zahlenmäßige) Entwicklung in den anderen deutschen Ländern verlief jedoch ähnlich. Umfassendes Zahlenmaterial und Statistiken zu den einzelnen deutschen Universitäten bietet v.a. das *Datenhandbuch zur deutschen Bildungsgeschichte/ Band I: Hochschulen, 2. Teil: Wachstum und Differenzierung der deutschen Universitäten 1830–1945*, 1995.

Millionen Mark.[37] Seinerzeit galten sowohl die Strukturen der deutschen Universitäten, als auch die preußische Kulturverwaltung (das ›System Althoff‹)[38] als vorbildlich und wurden weithin, von den USA bis nach Japan, kopiert.

Trotz der zweifellos beeindruckenden Erfolge der deutschen Universitäten dürfen auch die negativen Seiten des Systems nicht übersehen werden. Wenngleich es die autokratische Hierarchie des Staates erlaubte, in dringenden Fällen Entscheidungen zügig und eindeutig zu fällen und somit die schon damals schwerfällige universitäre Bürokratie zu umgehen, so sind solche Verhaltensmuster eben auch ein Zeichen mangelnder öffentlicher Demokratie. Berufungsverfahren etwa konnten durch staatliche Erlasse häufig innerhalb weniger Wochen oder Monate abgeschlossen werden, in einigen Fällen zum Wohl der Beteiligten, in anderen Fällen nicht.[39]

Fritz K. Ringer hat in seiner immer noch grundlegenden Studie über *The Decline of the German Mandarins*[40] den Typus des deutschen Universitätsgelehrten und die Bedeutung eines einseitigen humanistischen Bildungsideals für eine durchweg elitäre Schicht von Staatsdienern herausgearbeitet. Wie war es möglich, so Ringers zentrale Fragestellung, daß die deutschen Professoren nahezu einhellig mit einer freiwilligen politischen Selbstverleugnung und intellektuellen Blindheit geschlagen waren, welche die Demokratiefeindlichkeit im Kaiserreich und der Weimarer Republik gestützt und den nationalsozialistischen Größenwahn entscheidend gefördert haben? Das charakteristische Merkmal der Klasse der ›Mandarine‹ (der Begriff soll einerseits an die altchinesische Beamtenelite erinnern, zum andern hat ihn Max

---

[37] Nipperdey, *Deutsche Geschichte 1866–1918/Band I: Arbeitswelt und Bürgergeist*, S. 570 (ohne Quellenangabe). Auch inflationsbereinigt ergibt sich ein Anstieg um mehrere hundert Prozent.

[38] Benannt nach dem Ministerialdirektor Friedrich Althoff, der von 1882–1907 im Preußischen ›Ministerium der geistlichen, Unterrichts- und Medizinalangelegenheiten‹ für die Universitäten verantwortlich zeichnete und auf den zahlreiche Weichenstellungen für den Ausbau der Universitäten und der Wissenschaften allgemein zurückgehen. Althoffs unbestreitbare Leistungen müssen differenziert gesehen werden: Einerseits war er ein außergewöhnlich erfolgreicher Kultusbeamter, unter dessen Leitung die deutschen Universitäten Weltrang erlangten. Andererseits zögerte Althoff nicht, seine Machtposition zur Protégierung ihm genehmer Wissenschaftler und Herabsetzung unliebsamer ›Störenfriede‹ zu mißbrauchen. Vgl. vor allem den umfangreichen Sammelband: Vom Brocke (Hrsg.), *Wissenschaftsgeschichte und Wissenschaftspolitik im Industriezeitalter: Das ›System Althoff‹ in historischer Perspektive*, 1991.

[39] Zahlreiche Beispiele hierfür finden sich bei Sieg, *Im Zeichen der Beharrung/Althoffs Wissenschaftspolitik und die deutsche Universitätsphilosophie*, 1991.

[40] [1969], 1983 in deutscher Sprache erschienen unter dem Titel: *Die Gelehrten/Der Niedergang der deutschen Mandarine*. Zum gleichen Thema unter veränderter Perspektive siehe: Schiera, *Laboratorium der bürgerlichen Welt/Deutsche Wissenschaft im 19. Jahrhundert*, 1992; Vom Bruch, *Wissenschaft, Politik und öffentliche Meinung/Gelehrtenpolitik im Wilhelminischen Deutschland (1890–1914)*, 1980.

Weber zur Charakterisierung chinesischer Literaten benutzt)[41] ist die Tatsache, daß sie ihren Status fast ausschließlich der Bildungsqualifikation, nicht ihrem materiellen Wohlstand verdankt und außerdem den Zugang zu dieser Elite kontrolliert und reglementiert. Aus dieser Ausnahmestellung heraus resultierte ein hohes Maß an Übereinstimmung im Denken und Handeln, das bestimmt war von der Überzeugung der beruflichen und nationalen Geltung. Wissenschaft wurde nicht primär als gesellschaftliche Aufgabe angesehen, sondern war Selbstzweck. Die Ausbildung der Studenten sollte in erster Linie der charakterlichen ›Bildung‹ dienen; demgegenüber hatte die Vermittlung praxisrelevanter Inhalte völlig untergeordnete Bedeutung. Eine idealistische Überzeugung von der Superiorität der geistigen Welt gegenüber materiellen und sozialen Fragestellungen galt unter den Professoren und Studenten als weithin akzeptiertes Gedankengut. Die Trias Wissenschaft – Bildung – Kultur, die Thomas Nipperdey als maßgebliche Werteskala der deutschen Professorenschaft beschreibt,[42] war im wesentlichen konservativ, patriarchalisch,[43] antisozialistisch und in weiten Bereichen strikt antikatholisch und antisemitsch ausgerichtet.

Die massive Diskriminierung jüdischer Wissenschaftler ist ein besonders trauriges Kapitel deutscher Wissenschaftsgeschichte. Ihre Habilitationsverfahren wurden oft unerträglich hinausgezögert oder die Arbeit wurde unter fadenscheinigen Vorwänden abgelehnt; nach Erlangung der Venia Legendi blieb die Mehrzahl Privatdozenten, die bestenfalls nach langen Jahren des Wartens auf ein Extraordinariat in der Provinz hoffen konnten. Vor allem innerhalb der Fakultäten waren offen antisemitische Resentiments weit verbreitet. Ein berühmtes Beispiel hierfür liefert der Fall des Philosophen Ernst Cassirer. Nur mit massiver Unterstützung von Wihelm Dilthey, der seine ganze Autorität aufbieten mußte, gelang Cassirer – dem neben Martin Heidegger berühmtesten Philosophen der Weimarer Republik – nach mehreren vergeblichen Anläufen in Berlin 1906 die Habilitation. Erst 1919 sollte der Privatdozent Cassirer einen Ruf an die neugegründete und verhältnismäßig liberale Universität Hamburg erhalten, die ihn wenige Jahre später zum Rektor wählte.[44]

---

[41] Ringer, *Die Gelehrten*, 1983, S. 15.

[42] Nipperdey, *Deutsche Geschichte 1866–1918/Band I: Arbeitswelt und Bürgergeist*, S. 590.

[43] In den letzten Jahren ist endlich damit begonnen worden, die Geschichte der Frauenbildung und des Frauenstudiums aufzuarbeiten. Umfassende Informationen zu vielen Aspekten im 19. und 20. Jahrhundert bietet die *Geschichte der Mädchen- und Frauenbildung/Band II Vom Vormärz bis zur Gegenwart*, 1996.

[44] Zur Praxis der Diskriminierung jüdischer Wissenschaftler vgl. die Beiträge von Boschan, *In dubiis libertas? Die Entwicklung der Berliner Philosophischen Fakultät im*

Während jüdische Gelehrte diskriminiert wurden, unterlagen sozialdemokratisch eingestellte Wissenschaftler bis 1918 an deutschen Universitäten de facto einem Berufsverbot.[45] In mehreren spektakulären Fällen wurden als ›Staatsfeind‹ Verdächtige kurzerhand relegiert, da die monarchistische Verwaltung fürchtete, der Sozialdemokratie könne es gelingen, Fuß im Tempel der Wissenschaft zu fassen. In Fällen, in denen die Ministerien massiv in die Freiheit der Universität eingriffen, regte sich zwar Widerstand auf Seiten der Professoren und Studenten, dieser blieb jedoch halbherzig und weitgehend wirkungslos. Mit wenigen Ausnahmen stimmten die ›Mandarine‹ der Ansicht von Wilhelm II. zu, der kategorisch erklärt hatte: »[...] ich dulde keine Sozialisten unter meinen Beamten, also auch nicht unter den Lehrern unserer Jugend an der königlichen Hochschule.«[46] Einer der wenigen Professoren, der sich den Angriffen auf die Lehrfreiheit energisch widersetzte, war Max Weber. Als auf dem Zweiten Deutschen Hochschullehrertag 1908 die ›Gefahr‹ des Einflusses durch die katholische Kirche erörtert wurde, protestierte Weber mit einem öffentlichen Brief in schärfster Form und erklärte sich für unfähig, sich »so zu gebärden, als besäßen wir so etwas wie eine ›Lehrfreiheit‹, die uns erst von irgend jemand genommen werden müsse. [...] In Deutschland besteht die ›Freiheit der Wissenschaft‹ nur innerhalb der Grenzen der politischen und kirchlichen Hoffähigkeit.«[47]

Erfolge und Leistungsfähigkeit des wissenschaftlichen Systems im wilhelminischen Deutschland waren vor allem bedingt durch eine expansive Hochschulpolitik, eine hohe öffentliche Wertschätzung universitärer Bildung in den Augen des Bürgertums und des Adels und eine große Homogenität der wissenschaftlichen Eliten. Diese Homogenität wurde teuer erkauft, sozial Schwache, religiöse und politische Minderheiten und Frauen blieben von einer Laufbahn an den deutschen Universitäten weitestgehend ausgeschlossen. Da die ›Mandarine‹ und ihre Ideologie während der Weimarer Republik die Geschicke der Universitäten weiterhin bestimmen sollten, blieben auch die internen repressiven Strukturen in ihren Grundzügen erhalten.

Zeitraum 1871–1900 und Friedrich Althoff, und Sieg, *Im Zeichen der Beharrung/Althoffs Wissenschaftspolitik und die deutsche Wissenschaftsphilosophie,* beide 1991 (zu Cassirer ebd., S. 297).

[45] Über die von ihren Gegnern so bezeichneten ›Kathedersozialisten‹ informiert Vom Bruch, *Wissenschaft, Politik und öffentliche Meinung,* 1980, v.a. S. 294–363.

[46] Zit. nach Schiera, *Laboratorium der bürgerlichen Welt,* 1992, S. 263.

[47] Zit. nach Ringer, *Die Gelehrten,* 1983, S. 133f. Desweiteren sind mehrere Fälle überliefert, in denen sich Weber (vergeblich) für sozialdemokratische Wissenschaftler eingesetzt hat.

2.2 Traditionen der Theaterforschung

Lange bevor die ersten Konzepte zu einer Theaterwissenschaft als eigenständige Hochschuldisziplin Konturen annahmen, existierten nebeneinander die unterschiedlichsten Zweige einer teils freien, teils universitätsgebundenen Theaterforschung. Im Unterschied zur späteren Theaterwissenschaft konzentrierte sich das Interesse hierbei vornehmlich nicht auf die Aufführung, die Inszenierung, die Schauspielkunst oder deren Geschichte, sondern auf singuläre Elemente des Theaters. Die Altphilologie und in ihrem Gefolge die Archäologie untersuchten Drama und Theaterbau der Antike, philosophische Studien beschäftigten sich mit der Ästhetik des Dramas und der Schauspielkunst, die Völkerpsychologie und die Ethnologie arbeiteten über außereuropäische Theater- und Ritualformen und konstruierten einen Stammbaum des Theaters, die Literaturwissenschaft und insbesondere die Germanistik entdeckten das ›neue‹ Gebiet Theatergeschichte. Im Zuge einer Popularisierung von Theatergeschichte wurden erste Theaterausstellungen organisiert, diese legten den Grundstock für spätere Theatersammlungen und Theatermuseen.

Das 18. und das 19. Jahrhundert stecken voller disparater theatertheoretischer und -historischer Diskurse, welche für die Entstehung und Entwicklung der frühen Theaterwissenschaft von nicht zu unterschätzender Bedeutung waren. Diese Verzweigungen werden hier anhand von Einzelbeispielen verfolgt, um so mittels wichtiger Vertreter der einzelnen Wissensgebiete Vorarbeiten und direkte Einflüsse auf die Konstituierung der Theaterwissenschaft aufzuzeigen.[48]

Die Wende zum 20. Jahrhundert muß für die Theaterforschung auf dem Weg zu einer Theaterwissenschaft als paradigmatischer Einschnitt gelten, der exemplarisch dargestellt werden kann. Die Gemeinsamkeit der nachfolgend behandelten Standardwerke aus verschiedenen Wissensgebieten besteht in der intensiven Rezeption durch die frühe Theaterwissenschaft, alle dieser Werke haben ›Geschichte‹ gemacht. Die ihnen inhärente Tradition der Theaterforschung wird jeweils schlaglichtartig beleuchtet, dort, wo sie für die spezifische Entwicklung von entscheidender Bedeutung war.

---

[48] Wegen ihrer Komplexität ließen sich diese ausgedehnten Diskurse, die zudem auch die nationalen Grenzen sprengen, nur im Rahmen eines umfangreichen Forschungsprojektes aufarbeiten.

2.2.1 Archäologie

Von Anfang an war die Archäologie eine internationale Wissenschaft. Forscher aus den verschiedenen europäischen Ländern und den USA beteiligten sich – auch länderübergreifend – an den oft umfangreichen Grabungen und Freilegungen antiker Überreste.[49] Da Theater- und Arenabauten oft zu den monumentalsten und gleichzeitig relativ gut erhaltenen Bauwerken der Antike gehören, die sowohl Zeugnis ablegen über das kulturelle Leben im griechischen und römischen Altertum als auch selbst künstlerisch ausgeschmückt waren, entwickelte sich die Theaterarchäologie im 18. und vor allem im 19. Jahrhundert zu einem bedeutenden Zweig der klassischen Archäologie. Das Theater der Antike war zugleich auch ein besonderes Interessengebiet der Altphilologie, die in den attischen Tragödien des 5. Jahrhunderts v. Chr. einen seither nie wieder erreichten Höhepunkt der abendländischen Literatur und Kultur zu erblicken glaubte. Der Fokus der Altphilologie konzentrierte sich jedoch ganz auf die literarische Tradition und Überlieferung, sowohl in bezug auf die erhaltenen Dramentexte[50] als auf die antiken Schriften zum Drama und Theater, allen voran die des Aristoteles' und Vitruvs. Das antike Theater insgesamt betreffend, galten beiden Autoren bis gegen Ende des 19. Jahrhunderts als unanfechtbare Autoritäten, ungeachtet der Tatsache, daß beide vor allem das Theater ihrer Zeit vor Augen hatten, welches sich vom Theater der ›klassischen Antike‹ bereits erheblich entfernt hatte. Ronald W. Vince hat die Grundüberzeugungen der Altertumswissenschaft des 19. Jahrhunderts das Theater betreffend wie folgt prägnant zusammengefaßt:[51]

---

[49] Bereits 1829 wurde in Rom ein internationales Institut für archäologische Korrespondenz gegründet, dessen Bedeutung allerdings durch den späteren Aufbau zahlreicher nationaler archäologischer Institute schwand und schließlich als ›Kaiserliches Deutsches Archäologisches Institut‹ weitergeführt wurde.

[50] Von besonderer Bedeutung waren seinerzeit die Analysen des Berliner Altphilologen Ulrich von Wilamowitz-Moellendorff. Mit Ausnahme einer Papyrus-Niederschrift des ›Dyskolos‹ von Menander haben sich aus der Antike keine Dramentexte erhalten, sondern nur mittelalterliche Abschriften, die ihrerseits wiederum auf Abschriften zurückgehen. Es ist also höchst problematisch, diese mit an Sicherheit grenzender Wahrscheinlichkeit nicht authentischen ›literarischen‹ Texte als Spieltexte aus der Hand des Dramatikers – der in der Frühzeit auch als Regisseur fungierte – ansehen zu wollen und zu interpretieren. Ob zudem die wenigen vollständig oder fragmentarisch erhaltenen Texte eine repräsentative Auswahl aller griechischen Dramen darstellen, muß bezweifelt werden.

[51] Vince, *Ancient and Medieval Theatre*, 1984; zur Entwicklung der Theaterforschung der Antike siehe ebd. Kap. 2 (The Theatre of Greece) und 3 (The Theatre of Rome), S. 33–87.

Until relatively late in the nineteenth century, the study of the Greek theatre was characterized by three things: 1) a reliance on written records, espescially those in Greek and Latin; 2) an assumption that all such evidence, whatever its source or date, was of equal value for determining theatrical conditions in fifth-century Athens; and 3) the belief that the scholar's task was to reconcile evidence when it was contradictionary, not to question or reject it. [...] Thus to the three elements characterizing the study of the Greek theatre, we can add a fourth: the assuption that the Greek theatre, like the Victorian, was illusionistic, differing in detail but dedicated to the same aesthetic principles.[52]

Um die Wende zum 20. Jahrhundert erschien eine Reihe von Veröffentlichungen, die energisch gegen das unbedingte Primat schriftlicher Quellen opponierten und sich stattdessen hauptsächlich auf archäologische Befunde stützten, die sich mit den Angaben etwa eines Vitruv oftmals als inkompatibel erwiesen.[53] Von diesbezüglich herausragender Bedeutung war die umfangreiche Studie *Das Griechische Theater* von Wilhelm Dörpfeld und Emil Reisch. Das Buch fußt vor allem auf den von Dörpfeld (dem früheren Mitarbeiter Heinrich Schliemanns) geleiteten Ausgrabungen des Dionysos-Theaters in Athen, das als Uraufführungsort der attischen Tragödien des 5. Jahrhunderts seit jeher besonderes Interesse beanspruchen konnte. Dörpfeld und Reisch gelang es, die verschiedenen Bauphasen des Dionysos-Theaters vom 6. Jahrhundert bis in die römische Zeit relativ exakt voneinander zu separieren. Dabei zeigte sich, daß aus der ersten Bauphase (6. und 5. Jahrhundert) in erster Linie nur einige Mauerreste der ursprünglichen Orchestra erhalten sind, daß zu diesem Zeitpunkt noch kein festes Skenengebäude existierte und daß die steinernen Zuschauerränge ebenfalls aus einer jüngeren Zeit stammen. Das Dionysos-Theater war zur Zeit von Aischylos, Sophokles und Euripides also eher ein Provisorium aus Holz denn ein architektonisches Glanzstück, ein Befund, der so gar nicht in die tradierte Vorstellung vom griechischen Drama als ›Gesamtkunstwerk‹ passen wollte. Erst im 4. Jahrhundert wurden ein steinernes Skenengebäude und dauerhafte Sitzstufen für die Zuschauer errichtet, in hellenistischer sowie in früh- und in spätrömischer Zeit erfolgten jeweils weitere Umbauten.[54] Ganz ähnlich zeigt

---

[52] Ebd., S. 33–34.

[53] Die Kritik an Vitruv wurde erstmals grundlegend formuliert von Gustav Oehmichen *Griechischer Theaterbau*, 1886; sein im Handbuch der klassischen Altertums-Wissenschaft V,3 erschienener umfangreicher Beitrag über *Das Bühnenwesen der Griechen und Römer* (1890) bietet eine hervorragende Zusammenfassung des damaligen Forschungsstandes, die auch die staatlich-gesellschaftlichen Grundlagen sowie die Darstellung/Darbietung mit einbezieht, nicht jedoch – was Oehmichen selbst bemängelt – die Bühnendichtung.

[54] Pickard-Cambridge, *The Theatre of Dionysus in Athens*, 1973, S. 15–29, geht von einem ersten Umbau des Dionysos-Theaters bereits zur Zeit des Perikles aus.

sich die Situation in den elf anderen griechischen Theaterbauten, die Dörpfeld vergleichsweise heranzog. Die frühen Theaterbauten (wie etwa in Thorikos) bestehen im wesentlichen nur aus der Orchestra und dem Zuschauerrängen; die berühmten griechischen Theaterbauten – allen voran Epidauros – sind erst ab dem späten 4. Jahrhundert errichtet worden. Die aus der parallelen Untersuchung der Bausubstanz gewonnenen Erkenntnisse werden bei Dörpfeld in einem weiteren Schritt mit den Angaben zum Theaterbau von Vitruv verglichen, wobei sich erneut zeigt, daß der römische Architekturtheoretiker des 1. vorchristlichen Jahrhunderts zwar gut über das Theater seiner Zeit informiert war, irrtümlich jedoch dessen Besonderheiten auch auf das griechische Theater früherer Zeiten übertrug. Insbesondere gilt dies für die Bühne: Vitruv setzte die römische Bühne ›pulpitum proscaenii‹ mit dem griechischen ›proskenion‹ gleich, obwohl der eigentliche Spielplatz im altgriechischen Theater die Orchestra war. Für beträchtliche Aufregung sorgte die Annahme von Dörpfeld und Reisch, ein eigenständiges Bühnenpodium für die Schauspieler habe es entgegen Vitruv weder im 5. Jahrhundert noch in hellenistischer Zeit gegeben, wogegen andere Wissenschaftler das Vorhandensein einer solchen Bühne zumindest für das jüngere griechische Theater für gesichert halten.[55] Ein besonders wichtiges Argument gegen eine separate Bühne lag für Dörpfeld und Reisch in der Tatsache begründet, daß im gesamten griechischen Theater die Blickrichtung der Zuschauerplätze eindeutig auf die Orchestra ausgerichtet ist, und nicht auf die Skene oder das Proskenion. Dies ändert sich erst im römischen Theater. Um ihre geradezu revolutionäre Auffassung, Schauspieler und Chor hätten bis in die hellenistische Zeit gemeinsam in der Orchestra agiert, zu untermauern, unternahmen Dörpfeld und Reisch ausgedehnte und detaillierte Untersuchungen der verschiedenen in Frage kommenden Quellen. Neben den Ruinen sind dies vor allem die griechischen Dramen sowie die Darstellungen auf Vasen, Reliefs und Wandgemälden. Den Abschluß des Werkes bildet ein Resümee über die Entwicklungsgeschichte des griechischen Theaters, das, von kleineren Details abgesehen, bis heute als gültig gelten kann.

---

[55] Bieber, *Denkmäler zum Theaterwesen im Altertum*, 1920, vermutet, der Spielplatz sei ursprünglich die Orchestra, dann ein hohes, später ein niedriges Bühnenpodium gewesen, ohne sich jedoch auf genauere Zeiten für den Wechsel festzulegen. Vgl. ebd., S. 71–74. Die Frage nach dem ob, wie und wann eines solchen separaten Bühnenpodiums muß bis heute als offen gelten. Daß die Skene und das Proskenion zumindest im Späthellinismus in verstärktem Maß als Spielfläche dienten, düfte aber höchst wahrscheinlich sein. Nur als Bühnenprospekt bzw. für gelegentliche Balkonszenen, wie Dörpfeld und Reisch vermuten, lassen sich die in jüngerer Zeit immer aufwendigeren Skenengebäude kaum erklären.

Das Griechische Theater ist ein Standardwerk der antiken Theaterforschung geblieben, für die nach 1900 entstehende Theaterwissenschaft hatte es geradezu Vorbildcharakter. Vergleicht man den methodischen Ansatz von Herrmann in den *Forschungen* mit Dörpfeld/Reisch, so wird die Parallelität im Vorgehen deutlich.[56] Den Ausgangspunkt der Untersuchung bildet jeweils die möglichst präzise Rekonstruktion der Spielstätte, um von dort aus alle weiteren in Frage kommenden Quellen mit größter Vorsicht zu examinieren und die darin gefundenen Aussagen auf ihre Vereinbarkeit mit der Bühnenrekonstruktion zu überprüfen. Unterschiedlich tritt hingegen das Interesse am Erkenntnisgegenstand Theater zu Tage. Für Dörpfeld und Reisch hat vor allem die entwicklungsgeschichtliche Perspektive, die sich besonders in den baulichen Veränderungen manifestiert,[57] unbedingten Vorrang; der Zuschauer wird nur in bezug auf die möglichen Sichtverhältnisse im griechischen Theater berücksichtigt, der Chor und die Schauspieler finden praktisch keine Erwähnung. Die frühe Theaterwissenschaft hingegen definierte sich in erster Linie als Kunstwissenschaft, in deren Mittelpunkt die Schauspielkunst stehen sollte.[58]

2.2.2 Literaturwissenschaft

Die Popularisierung der Theatergeschichte als Untersuchungsgegenstand der Wissenschaft im letzten Drittel des 19. Jahrhunderts wurde zu wesentlichen Teilen von der Germanistik und Literaturwissenschaft gefördert und getragen. Die Bindungen zwischen der frühen Theaterwissenschaft und der Germanistik waren außergewöhnlich eng. Abgesehen von einer besonderen Vorliebe mancher Germanisten für die Theatergeschichte (nicht für die

---

[56] Herrmann selbst erwähnt diesen Zusammenhang in der Einleitung der *Forschungen*, S. 9f.

[57] Das methodische Vorgehen einer entwicklungsgeschichtlich orientierten Archäologie, den scheinbar gesicherten archäologischen Befunden in jedem Fall Priorität gegenüber anderen Quellen zuzuschreiben, ist besonders von Pickard-Cambridge als Bauen auf »bloßem Aberglauben« (mere superstitions) gerügt worden: »such as these: that variations in structure always take place in a logical order, and that the chronological order can be interferred from the logical; that careless work in stone is only possible at late periods, and that whatever is to be ascribed to the Classical age must have been relatively perfect (even when buried underground); that any structure which is found in stone must previously have existed in wood; that no artist or architect ever thought of anything for himself, but that whatever any artist embodies in his structures or paintings or reliefs must have been ›derived‹ from someone else.« (ebd. S. VIIf.).

[58] Besonders hervorgehoben in Herrmann, *Die Entstehung der berufsmäßigen Schauspielkunst, 1962.*

X Theaterwissenschaft!) blieben die meisten theaterwissenschaftlichen Seminare und Institute in den zwanziger Jahren und darüber hinaus der Germanistik untergeordnet, und die Mehrzahl der Professoren für Theaterwissenschaft forschte und lehrte gleichzeitig auch auf dem Gebiet der Deutschen Literaturwissenschaft. Die langjährige ›Zwangsehe‹ zwischen Germanistik und Theaterwissenschaft hat zu einer bis heute anhaltenden ›Beziehungskrise‹ geführt. Die Entwicklung der Hochschuldisziplin ›Germanistik‹[59] steckt voller Brüche, die sich in den internen Strukturwandlungen des Fachs widerspiegeln und die von den sich ändernden politischen und gesellschaftlichen Rahmenbedingungen geprägt wurden.[60]

Solange einzelne Wissenschaftler sich im Rahmen der Neueren Deutschen Literaturgeschichte mit Theatergeschichte befaßten (die deutsche Theatergeschichte des Mittelalters war vor Max Herrmann ein weitgehendes ›Niemandsland‹), war dagegen wenig einzuwenden. Demgegenüber konnte die Idee, Theaterwissenschaft als eigenes und unabhängiges Fach zu betreiben, in den Augen der Literaturhistoriker und erst recht der Philologen nur als ›Spielerei‹ bezeichnet werden.

Die engen personellen und universitären Bindungen zwischen der Germanistik und der frühen Theaterwissenschaft haben selbstverständlich auch die methodischen Vorgehensweisen der letzteren geprägt. Die meisten Theaterwissenschaftler waren selbst Germanisten, und die ersten theaterwissenschaftlichen Seminare und Institute waren nahezu ausnahmslos an die germanistischen Institute gekoppelt. Die Folgen dieser nicht immer glücklichen Verbindung sind bis heute erkennbar, auch wenn im deutschsprachigen Raum die Eigenständigkeit der Theaterwissenschaft mittlerweile fast überall durchgesetzt ist. Für die Entstehung und Entwicklung der Theaterwissenschaft

---

[59] Die Bezeichnung ›Germanistik‹ als Oberbegriff geht zurück auf eine Anregung Jacob Grimms anläßlich einer ›Germanistenversammlung‹ 1846 in Frankfurt.

[60] Die Wissenschaftsgeschichte der Germanistik als eigener Forschungsschwerpunkt steht in unmittelbarem Zusammenhang mit der Neubewertung des Fachs seit Mitte der sechziger Jahre. Unzufrieden mit einer weithin verbreiteten Selbstherrlichkeit zahlreicher Ordinarien, deren Karrieren in der NS-Zeit begründet wurden, forderten jüngere Vertreter wie Eberhardt Lämmert und Karl Otto Conrady eine kritische Aufarbeitung der Fachgeschichte. 1973 wurde im Schiller-Archiv Marbach eine eigene ›Forschungsstelle zur Geschichte der Germanistik‹ unter Christoph König gegründet. Aus dem Kreis von Conrady, Lämmert und König sind seither eine ganze Reihe von fachhistorischen Untersuchungen hervorgegangen. Verwiesen sei auf folgende allgemeine Darstellungen: Lämmert, *Germanistik – eine deutsche Wissenschaft*, 1966; Weimar, *Geschichte der deutschen Literaturwissenschaft bis zum Ende des 19. Jahrhunderts*, 1989; Fohrmann/Voßkamp (Hrsg.), *Wissenschaft und Nation: Studien zur Entstehungsgeschichte der deutschen Literaturwissenschaft*, 1991; König/Lämmert (Hrsg.), *Literaturwissenschaft und Geistesgeschichte 1910 bis 1925*, 1993; Hermand, *Geschichte der Germanistik*, 1994.

haben nichtsdestoweniger zahlreiche Germanisten wichtige und unersetzliche Vorarbeiten geleistet. Dabei ist es nicht möglich, einen Namen oder ein wichtiges Werk besonders hervorzuheben; erst in der Summe der vielen einzelnen Arbeiten zeigt sich deren Relevanz. Drei der wichtigsten Vertreter seien hier – auch stellvertretend für andere – genannt: Wilhelm Creizenach, Berthold Litzmann und Albert Köster.

Creizenachs Lebenswerk, die fünfbändige *Geschichte des neueren Dramas*,[61] umfaßt den Zeitraum vom Mittelalter bis zu Shakespeare. Von besonderer Bedeutung für die zeitgenössische Forschung waren vor allem die Bände I–III, welche das europäische Drama bis zur Reformation abdeckten. Über weite Strecken hinweg war der Verfasser hier gezwungen, sich ganz auf eigene Forschungen zu stützen und eine ›Terra incognita‹ zu betreten. Nach überkommener germanistischer Lehrmeinung wurden die zwischen dem 13. und 16. Jahrhundert entstandenen Dramen – im Gegensatz zur Lyrik und Epik des Hoch- und Spätmittelalters – als überwiegend künstlerisch minderwertig eingestuft und waren dementsprechend kaum untersucht. Neuland betrat Creizenachs Opus auch in seiner internationalen Ausrichtung, in seinem Interesse für länder- und sprachübergreifende Einflüsse und Wechselwirkungen. Band III etwa behandelt nebeneinander die Entwicklung des Dramas in Spanien, Portugal, Deutschland, der Schweiz, dem Elsaß, der Niederlande und England in der Renaissance und der Reformation. Im wesentlichen konzentriert sich Creizenach dabei auf die chronologische Abfolge der literarisch fixierten Texte, auf Autoren, Stoffe und Motive; demgegenüber spielen Fragen nach den Umständen der Aufführung mit Ausnahme von Band IV kaum eine Rolle.[62] Aber der Verdienst des Verfassers, tausende von Dramen aus ganz Europa studiert, die Namen der Dramatiker und ihrer Werke zusammengetragen und in einen nationalen und internationalen Kontext gestellt zu haben, bleibt davon weitgehend unberührt. Der ›Creizenach‹ blieb über viele Jahrzehnte hinweg ein Standardwerk, ohne

---

[61] Band I–V, 1891–1916; Band I–III wurden zwischen 1911 und 1923 neu aufgelegt. Creizenach selbst verstarb 1919, so daß weitere geplante Bände nicht mehr realisiert werden konnten.

[62] Band IV umfaßt im wesentlichen Shakespeare. Hier geht Creizenach ausführlich sowohl auf das gesellschaftliche Umfeld des englischen Theaters als auch auf Bühnenwesen und Schauspielkunst der Zeit ein. Im Gegensatz zu den vorherigen Bänden konnte sich Creizenach auf eine breite Sekundärliteratur stützen; die vor allem in England außerordentlich umfangreiche Shakespeare-Forschung hat sich schon sehr früh um diese Fragenkomplexe bemüht.

das etwa Herrmanns *Forschungen* kaum denkbar gewesen wären.[63] Solche Sammelwerke wurden später häufig als Ausfluß einer nur positivistischen Geisteshaltung gebrandmarkt, ohne dabei zu berücksichtigen, daß diese häufig erst eine Basis zu weiterführender Forschung lieferten.

Berthold Litzmann, einer der ersten Germanisten, der in seinen Vorlesungen auch Gegenwartsliteratur behandelte,[64] ist für die Theaterwissenschaft durch seine Biographie des Schauspielers, Regisseurs und Theaterleiters *Friedrich Ludwig Schröder*[65] hervorgetreten, vor allem aber durch die Begründung und Herausgabe der ersten fachwissenschaftlichen Buchreihe, den *Theatergeschichtlichen Forschungen*. In seinen Memoiren schrieb Litzmann hierzu im Rückblick:

> Mit dem Poststempel Oberhof gingen auch meine an die Fachgenossen gerichteten Einladungen zur Mitarbeit an den ›Theatergeschichtlichen Forschungen‹ in die Welt, durch die der Biograph Schröders eine Sammelstelle für die systematische, wissenschaftliche Arbeit auf dem Gebiete der Theatergeschichte, die bis dahin fast ausschließlich der Tummelplatz eines gutgemeinten, aber in Wirklichkeit sehr üblen Dilettantismus gewesen, zu begründen sich anschickte, eine Sammelstelle, durch deren Dasein die noch völlig fehlenden Grundlagen für eine zusammenfassende, wissenschaftlich auf der Höhe stehende Geschichte des deutschen Theaters endlich geschaffen werden sollten. In der Tat haben die ›Theatergeschichtlichen Forschungen‹, die im Januar 1891 in ihrem ersten Heft die wichtige Quellenschrift ›Das Repetoir des Weimarischen Theaters unter Goethes Leitung 1781–1817‹, herausgegeben von Burckhardt, brachten, in den dreißig Jahren ihres Bestehens, in zum Teil ausgezeichneten Arbeiten die moderne theatergeschichtliche Forschung inauguriert und auf eigene Füße gestellt.

Die *Theatergeschichtlichen Forschungen*, nach Litzmanns Tod 1926 von Julius Petersen betreut, differenzierten anfänglich nicht zwischen Drama und

---

[63] Besonders deutlich, wenn Herrmann auf das Theater im Elsaß und der Schweiz zu sprechen kommt und auch entlegene Dramen-Autoren behandelt.

[64] Litzmann, *Das deutsche Drama in den literarischen Bewegungen der Gegenwart*, 1894. Litzmann war einerseits durchaus bereit, die Leistungen naturalistischer Autoren wie Ibsen und Hauptmann anzuerkennen, wurde aber gleichzeitig nicht müde, vor den Gefahren des ›Skandinavismus‹ und Sozialismus zu warnen. Daraus resultierten heute grotesk anmutende Fehleinschätzungen der Moderne: »Mit dem Drama ›Die Weber‹ [...] hat Hauptmann allerdings scheinbar wieder einen Schritt rückwärts oder doch abseits gethan, über den die Theoretiker der Schule besonders erbaut sind, das aber mich nicht in meinem Urteil irre macht. [...] In Hauptmanns künstlerischer Entwicklung spielt es, wenn nicht alles trügt, keine Rolle.« (ebd., S. 192). Litzmanns besondere Vorliebe galt dem Dramatiker Ernst von Wildenbruch, der mit seinen zahlreichen Hohenzollerndramen zum Hausdramatiker des Berliner Königlichen Schauspielhauses avancierte.

[65] Untertitel: *Ein Beitrag zur deutschen Litteratur- und Theatergeschichte, I, II*, 1890–94. Ein geplanter dritter Band ist nie erschienen. Zur Kritik vgl. Knudsen, *Theaterwissenschaft*, 1950, S. 51f.

Theater; auch rein literaturgeschichtliche Beiträge wurden in die Reihe aufgenommen.[66] Aber daß die aufstrebende Theatergeschichte und später die Theaterwissenschaft über ein eigenständiges Publikationsforum für umfangreichere Arbeiten, vor allem für Dissertationen, verfügten, war von großer Wichtigkeit.

Über die Bedeutung Litzmanns für die Theaterwissenschaft läßt sich streiten. Der Germanist Peter Schmidt[67] hat in einem 1978 veröffentlichten Aufsatz Litzmann als den »eigentliche[n] Vater der neueren deutschen Literaturgeschichte ebenso wie der Theaterwissenschaft und endlich auch der akademischen Sprecherziehung«[68] bezeichnet. Ist es schon höchst problematisch, Litzmann zum geistigen ›Vater‹ der Neueren Deutschen Literaturgeschichte stilisieren zu wollen, für die Durchsetzung einer eigenständigen Disziplin Theaterwissenschaft hat Litzmann, mit Ausnahme der Begründung der *Theatergeschichtlichen Forschungen* (die von Schmidt bezeichnenderweise überhaupt nicht erwähnt werden), nichts von wesentlicher Bedeutung geleistet.[69]

Albert Köster, Germanist und Theaterhistoriker, ist nur noch durch seinen mit Max Herrmann ausgetragenen Streit über die Rekonstruktion der Nürnberger Meistersingerbühne im Gedächtnis der Theaterwissenschaft haften geblieben. Dabei unternahm Köster, der sich noch in den zwanziger Jahren ausdrücklich gegen eine eigenständige Theaterwissenschaft zur Wehr setzte,[70] durchaus beachtenswerte methodische Ansätze zur theatergeschichtlichen Forschung und war mit der von ihm begründeten ›Leipziger Schule‹[71] für einige Jahre so etwas wie ein Pendant zu Herrmann und der Berliner Theaterwissenschaft. Neben der umfangreicheren Studie über *Schiller als Dramaturg*[72] verfaßte Köster auch eine Reihe von kleineren Aufsätzen zur Theatergeschichte und ihrer Methodologie.[73]

---

[66] So finden sich unter den Titeln Beiträge wie Harms, *Die deutschen Fortunas-Dramen und ein Kasseler Dichter des 17. Jahrhunderts*, 1892.

[67] Schmidt, *Literatur der Gegenwart als Forschungsgegenstand*, 1978, S. 424–435. Mit Litzmann als Germanist beschäftigt sich auch Born, *Ein Baustein zur Rehabilitierung der Scherer-Schule*, 1956.

[68] Ebd., S. 426.

[69] In den zwanziger Jahren gründete Litzmann zusammen mit Artur Kutscher die (kurzlebige) ›Gesellschaft für das süddeutsche Theater und seine Auswirkungen‹.

[70] Vgl. 4.2.1 Differenzierung zwischen Drama und Theater.

[71] Aus der solche grundlegenden Arbeiten hervorgingen wie Kaulfuß-Diesch, *Die Inszenierung des deutschen Dramas an der Wende des sechzehnten und siebzehnten Jahrhunderts*, 1905.

[72] Erschienen 1891. Der Untertitel ›Beiträge zur deutschen Literaturgeschichte des 18. Jahrhunderts‹ macht bereits deutlich, daß Fragen nach der Bühnengeschichte nur eine

In *Ziele der Theaterforschung*[74] umreißt Köster sein Programm einer theatergeschichtlichen Dramenforschung: Drama und Theater[75] bilden eine organische Einheit und können nur in ihrer gegenseitigen Wechselwirkung erforscht und verstanden werden – beide bedingen einander. Die dramaturgische Struktur eines Theatertextes kann bei gleichem Stoff ganz verschieden ausgearbeitet sein, wofür nach Kösters Ansicht in erster Linie die Bühnenform, für die das Stück zur Aufführung gedacht ist, verantwortlich zeichnet. So führt er die berühmte Balkonszene in Shakespeares ›Romeo und Julia‹ auf die in der englischen Renaissancebühne vorhandene Galerie zurück: »Eine typische Bühnenform also beengt oder befreit den Dichter viel stärker, als man bisher beachtet hat, ja, als vielleicht der Dichter selber ahnt.«[76] Besonders gut ließen sich die Zusammenhänge zwischen Theaterbau, Bühnenbild, Inszenierungspraxis und Dichtung im Barock studieren, weil hier das Stilgefühl am stärksten und unmittelbarsten ausgeprägt gewesen sei. Die theatergeschichtliche Forschung sieht Köster noch ganz am Anfang stehen. Eine Hilfsmöglichkeit bietet dabei seine Sammlung von Bühnenmodellen, die sowohl zur Veranschaulichung von Theatergeschichte dient als auch helfen kann, Hypothesen zur Literatur- und Theatergeschichte zu überprüfen.[77]

In einem Nachruf auf Köster hat Max Herrmann betont, daß gerade in dieser Sammlung von Bühnenmodellen Kösters eigentliche wissenschaftliche Leistung liege, und daß er »mit dem modernen wissenschaftlichen Grundsatz der Theatergeschichte gearbeitet habe, da er die Dinge von der Raum-Anschauung aus behandelt«.[78] Daß Herrmann wie Köster beide fasziniert waren von der Möglichkeit der Bühnenrekonstruktion, zeigt am deutlichsten ihr langjähriger Streit um die Nürnberger Meistersingerbühne, der sich in endlosen Detaildiskussionen verlor. Im großen Unterschied zu Herrmann hat Köster jedoch nie eine eigene Disziplin Theaterwissenschaft durchsetzen wollen; für ihn blieben Theaterforschung und Theatergeschichte stets ein (wichtiger und unverzichtbarer) Teil der Literaturgeschichte.

---

untergeordnete Rolle spielen; im Zentrum stehen vielmehr Schillers Bearbeitungen von Dramen anderer Autoren (u.a. Gozzi, Shakespeare, Racine und Goethe) für das Weimarer Hoftheater.

[73] Vgl. Corssen, *Die Anfänge der Theaterwissenschaft in Deutschland*, 1992, S. 20–25.

[74] Zuerst erschienen in Euphorion 24 (1922), S. 485–507, wiederabgedruckt in Klier (Hrsg.), *Theaterwissenschaft im deutschsprachigen Raum*, 1981, S. 51–76.

[75] Vgl. 4.2.1 Differenzierung zwischen Drama und Theater.

[76] Köster, *Ziele der Theaterforschung*, 1981, S. 58.

[77] Zu Kösters Sammlung siehe 2.2.6 Theaterhistorische Sammlungen/Theaterhistorische Gesellschaften.

[78] *Mitteilungen der Gesellschaft für Theatergeschichte* 55 (1924), nach einem Vortrag Herrmanns.

2.2.3 Dramaturgie und Ästhetik

Im theaterwissenschaftlichen Diskurs der Gegenwart wird ›Dramaturgie‹ – abgesehen vom Berufsfeld des Dramaturgen – in der Regel als »Theorie von der Kunst und Technik des Dramas als Teilgebiet der Poetik«[79] verstanden. Blickt man jedoch nur auf die Theaterhistoriographie der letzten 200 Jahre zurück, so wird sehr schnell deutlich, daß der Begriff ›Dramaturgie‹ in seiner historischen Entwicklung verschiedene Bedeutungen erfahren hat, die sich vor allem im Detail deutlich voneinander unterscheiden. Um dieses Dilemma zu umgehen, wird in Anthologien oder der Sekundärliteratur häufig auf den Terminus Dramaturgische Schriften[80] oder Dramentheorie[81] zurückgegriffen. Dramaturgische Schriften können zu ganz verschiedenen Zwecken verfaßt werden: als Einleitung oder Rechtfertigung von eigenen oder fremden Theatertexten, als Theaterkritik, als poetische Theorie oder als wissenschaftliche Bestimmung des Dramatischen in einem Gesamtkontext.[82] Als Versuch, sich von dem Übergewicht der dramatischen und dramaturgischen Tradition innerhalb des Theaters – vor allem dem des 19. Jahrhunderts – zu befreien, aber gleichzeitig diese Tradition nicht zu verbannen, sondern nutzbar zu machen, muß Hugo Dingers *Dramaturgie als Wissenschaft* angesehen werden.[83] Der Jenaer Ästhetiker Dinger definierte Dramaturgie als »die gesamte wissenschaftliche Behandlung der dramatischen Kunst [...], in theoretischer wie auch in praktischer Absicht; die Bedingungen, die Ziele und Aufgaben einer also gedachten wissenschaftlichen Disziplin zu erörtern, ist

---

[79] Brauneck/Schneilin (Hrsg.), *Theaterlexikon*, 1990, S. 260.
[80] Hammer (Hrsg.), *Dramaturgische Schriften des 18. Jahrhunderts*, 1968; ders. (Hrsg.), *Dramaturgische Schriften des 19. Jahrhunderts I, II*, 1987.
[81] Vgl. Grimm, (Hrsg.), *Deutsche Dramentheorien, I, II*, 1980.
[82] Vgl. Dietrich, *Europäische Dramaturgie im 19. Jahrhundert*, 1961; Lazarowicz/Balme (Hrsg.), *Texte zur Theorie des Theaters*, 1991, Kap. II, C Das Theaterstück. Es wäre gewiß ein aufschlußreiches Forschungsvorhaben, die große Menge an eher populärwissenschaftlichen dramaturgischen Schriften des ausgehenden 19. Jahrhunderts und des beginnenden 20. Jahrhunderts auf das ihnen inhärente Theaterverständnis zu untersuchen. Die Popularität einiger dieser Werke läßt sich erahnen, wenn man nur die Zahl der Neuauflagen berücksichtigt. So erlebte etwa der I. Band von Heinrich Bulthaupts *Dramaturgie des Schauspiels* (vier Bände) zwischen 1883 und 1905 nicht weniger als zehn Auflagen!
[83] Dinger, *Die Dramaturgie als theoretische Wissenschaft (Dramaturgie als Wissenschaft; I)*, 1904; ders., *Die dramatische Kunst im System der Künste (Dramaturgie als Wissenschaft; II)*, 1905; im folgenden der Einfachheit halber gemeinsam als *Dramaturgie als Wissenschaft* bezeichnet. Zu Dinger und seinem Hauptwerk vgl. Schmitt, *Wissenschaftliche Dramaturgie*, 1986; Srna, *Hugo Dinger*, 1971. Dingers Systematik ist ein hochkomplexes philosophisches Gebilde, das sich selbstverständlich nicht auf wenigen Seiten angemessen erklären läßt. Im Rahmen dieser Arbeit können nur einige Leitgedanken Dingers vergröbernd skizziert werden.

hier das Thema.«[84] Ähnlich wie 60 Jahre zuvor Heinrich Theodor Rötscher in seinem auf Hegels Ästhetik basierenden Werk *Die Kunst der dramatischen Darstellung*[85] geht es Dinger darum, eine systematische und normative Ästhetik des Dramatischen zu kreieren. Im Gegensatz zu Rötschers Arbeit, die sich auf die Untersuchung der schauspielerischen Ausdrucksmittel konzentrierte, vertritt Dinger den Ehrgeiz, die Dramaturgie in den Rang einer eigenen wissenschaftlichen Disziplin zu erheben, die die ›dramatische Kunst‹ als Ganzes umfaßt. Zu diesem Zweck muß die Dramaturgie in einem ersten Schritt im System der Wissenschaften eingeordnet werden. Entsprechend der von Wilhelm Wundt eingeführten Differenzierung zwischen explikativen Wissenschaften – dazu gehört beispielsweise die Astronomie – und normativen Wissenschaften wie der Ethik, ist die Dramaturgie eine Normwissenschaft, die jedoch über einen nicht-normativen ästhetischen Kern verfügt, der erst im Augenblick der spezifischen Rezeption konstituiert wird. Ästhetische Postulate treten jedoch keinesfalls beliebig auf, sondern basieren auf einem von Dinger so bezeichneten »objektiven Realgrund«.[86] Um die Stellung der Dramaturgie im Gefüge der einzelnen Disziplinen genauer bestimmen zu können, muß sich die dramatische Kunst ihrer Eigenständigkeit bewußt werden. Der Kern des Theaters läßt sich nach Dinger weder mit Methoden der Geschichtswissenschaft noch der Literaturwissenschaft bestimmen, die Dramaturgie als ›Sonderwissenschaft‹, das heißt eigene Disziplin, ist allerdings auf eine Reihe von ›Hilfswissenschaften‹ (Philosophie, Psychologie, Kunstgeschichte, Literaturgeschichte, Musik und Architektur) angewiesen.[87]

Band II der *Dramaturgie als Wissenschaft* dient der Fundierung und Erweiterung des Dingerschen Systems, der Klassifizierung aller ästhetischen Phänomene in eine absolute Ordnung. Gotthold Ephraim Lessing hatte in ›Laokoon oder über die Grenzen der Malerei und Poesie‹ die Auffassung vertreten, daß jede Kunst nur dann ihre höchstmögliche Ausstrahlung erreichen kann, wenn sie sich auf ihre spezifischen künstlerischen Ausdrucksmittel und deren Grenzen besinnt. Daraus folgt für Dinger, daß die Einteilung der unterschiedlichen ästhetischen Erscheinungen gleichfalls einem Absolutheitsanspruch unterliegen muß, daß also »etwaige ästhetische Normen weder Geschmacks- noch philosophische Deduktionspostulate seien, sondern daß sie [...] aus der Natur des Gegenstandes, das heißt, aus der objektiven

---

[84] Dinger, *Dramaturgie als Wissenschaft I*, 1904, S. VII.
[85] Untertitel: In ihrem organischen Zusammenhange wissenschaftlich entwickelt. Zu Rötscher vgl. Klein, *Heinrich Theodor Rötschers Theorie der Schauspielkunst*, 1919.
[86] *Dramaturgie als Wissenschaft I*, 1904, S. 81.
[87] Ebd., S. 275–279. Man beachte die Reihenfolge!

Wirkungssphäre der einzelnen Künste selbst sich ergeben, als eine natürliche Konsequenz und nicht als ein imperatives Mandat.«[88]

Daß Theater bis in die Gegenwart hinein im ästhetischen Diskurs als Teilbereich der Literatur angesehen wurde, läßt sich vor allem auf Aristoteles zurückführen. Dinger zeigt in einem historischen Rekurs auf, in welchem Maß dessen Poetik als falschverstandenes Dogma über zwei Jahrtausende die europäische Dramaturgie von der Antike über das 18. Jahrhundert (Sulzer, Lessing) bis in die Gegenwart – etwa im Werk Richard Wagners – geprägt hat. Für Dinger steht hingegen fest, daß das Theater eher dem Tanz als der Literatur zugeordnet werden muß, eine Auffassung, die sowohl im Kontext der Theaterreformbewegung als auch der Völkerpsychologie und der Ethnologie zu finden ist.[89] Theater – oder mit Dingers Worten »dramatische Kunst« – läßt sich in einem allgemein verbindlichen System ästhetischer Phänomene als räumlich-zeitlich-persönliches Gebilde charakterisieren. Dieses von Dinger im Abschluß seines Werkes aufgestellte ästhetische System fußt auf der Annahme, alle künstlerischen Darstellungen basierten a priori auf der Wirklichkeit, gleich, ob die Kunst abstrakt oder realistisch gemeint sei.[90] Die Einteilung in niedere bzw. höhere Künste ist davon abhängig, ob im Kunstwerk eine Idee vorhanden ist.

---

[88] *Dramaturgie als Wissenschaft II*, 1905, S. 5.

[89] Vgl. 2.2.4 Die Völkerpsychologie und der Mimus.

[90] In diesem Zusammenhang ist es aufschlußreich zu wissen, daß Dinger eine Zeitlang für das Meininger Hoftheater gearbeitet hat. Dessen realistische Kunstauffassung hat nach Schmitt, *Wissenschaftliche Dramaturgie*, 1986, S. 56, im Werk Dingers seine Spuren hinterlassen.

Schematische Übersicht über die Teilgebiete des Ästhetischen

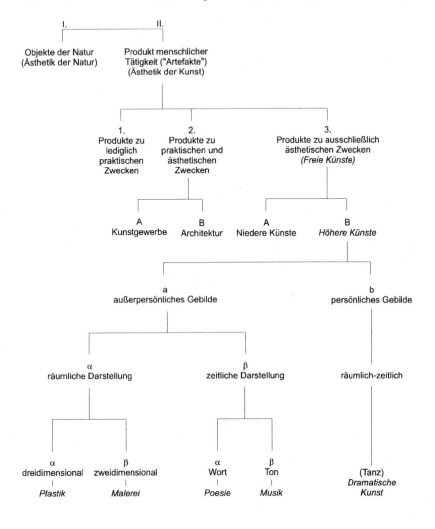

Aus: Dinger, *Dramaturgie als Wissenschaft II*, 1905, Anhang.

Betrachtet man die *Dramaturgie als Wissenschaft* mit dem zeitlichen Abstand von 90 Jahren aus der Perspektive der Hochschuldisziplin Theaterwissenschaft, so scheint Dingers Versuch der ausschließlich ästhetischen Begründung einer ›Dramaturgie‹ auf den ersten Blick als völlig gescheitert und ohne Folgen geblieben, wohingegen das Projekt einer primär historisch orientierten Theaterwissenschaft in den zwanziger Jahren erfolgreich institutionalisiert werden konnte. In der Tat blieb Dingers Unternehmen eine größere Resonanz versagt, was auch mit der oft nicht eben präzisen Terminologie und schwer zugänglichen Schreibweise Dingers zusammenhängen mag. Zdenek Srna hat jedoch herausgestellt, daß Dingers Überlegungen von eminent wichtiger Bedeutung für die Arbeit Artur Kutschers waren.[91] Kutschers Überzeugung von dem Tanz als primärer Wurzel des Theaters weist ebenso auf Dinger zurück wie sein im *Grundriß der Theaterwissenschaft* umrissenes Konzept der Hilfswissenschaften, die für die Theaterwissenschaft nötig seien.[92] Und schließlich forderte Dinger als erster die Loslösung der Theaterforschung von der Literaturwissenschaft, ein Anspruch, der später von der Theaterwissenschaft nahezu einstimmig vertreten wurde.

2.2.4 Die Völkerpsychologie und der Mimus

Die Völkerpsychologie ist eine ausgestorbene Hochschuldisziplin, was nicht ausschließt, daß sie eines Tages in abgeänderter Form als Kulturanthropologie eine Renaissance erleben wird. Sowenig sie gegenwärtig in das bestehende Wissenschaftssystem zu integrieren wäre, so wichtig war ihre Rolle für die Entwicklung der Geisteswissenschaften allgemein als auch für die Ausbildung der Theaterwissenschaft im besonderen. Die Völkerpsychologie war gleichermaßen Scheidepunkt und Vermittlerin zwischen naturwissenschaftlichen und geisteswissenschaftlichen Disziplinen, zu einer Zeit, in der sich beide Bereiche endgültig voneinander ablösten.[93] In ihrem Verständnis von positiver Kulturentfaltung und Totalität war sie zeitgebunden wie kaum eine andere Disziplin, die Merkmale dieser Zeitgebundenheit sind darum besonders auffällig.

1860 erschien die erste Ausgabe der *Zeitschrift für Völkerpsychologie und Sprachwissenschaft*, herausgegeben von Moritz Lazarus und Hajim

---

[91] Srna, *Hugo Dinger*, 1971, S. 2–7.
[92] Vgl. Kutscher, *Stilkunde des Theaters*, 1936.
[93] Diltheys Bemühen um eine erkenntnistheoretische Fundierung der Geisteswissenschaften ist nur verständlich vor dem Hintergrund dieses Auseinanderdriftens.

Steinthal.[94] Darin entwickelten beide Wissenschaftler ein Programm, das sich vor allem um interkulturelle Studien zur Sprache, zur Entwicklungs- und Sozialpsychologie bemühte. Am engsten verbunden mit dem Begriff ›Völkerpsychologie‹ ist aber Wilhelm Wundt, der Begründer des weltweit ersten experimentalpsychologischen Labors (1879 in Leipzig). Seit der Jahrhundertwende bis zu seinem Tod 1921 publizierte er ein zehn Bände umfassendes, in mehreren völlig überarbeiteten Auflagen erschienenes Werk zur Völkerpsychologie, das im einzelnen Bände zu den Bereichen Sprache, Mythus und Sitte beinhaltete.[95] Dabei wird die Kunst gemeinsam mit Philosophie, Religion und Wissenschaft dem Oberbereich Mythus zugeordnet. Wundt glaubte, daß die Anfänge des Mimischen und des Gestischen sich in Affekten äußern, die gewissermaßen eine Ursprache der Menschheit bilden würden, wenn diese nicht durch zivilisatorische Einflüsse Veränderungen unterworfen wären. Ein völkerübergreifender Urkanon von affektiven Gebärden würde demnach die älteste Wurzel allen Theaters bilden, wenn er sich denn für ›Kulturmenschen‹ rekonstruieren ließe. Besonderes Interesse brachte die Völkerpsychologie demzufolge dem Mimus entgegen, »als die ursprünglichste Form im Sinne einer ganz auf die Nachahmung einer wahrgenommenen oder einer in Mythus und Religion überlieferten Handlung beschränkten Darstellung«.[96] Im Mimus glaubte man, archaische Reste eines allumfassenden, überkulturell gültigen Nachahmungstriebes gefunden zu haben und lokalisieren zu können.[97] Die Beschäftigung mit dem Drama war für die Völkerpsychologie dagegen nur von sekundärem Interesse, da es a) jüngeren Datums zu sein schien und b) die Rollentypologie sich weit weniger einheitlich zeigte als beim Mimus, der in verschiedenen Epochen immer wieder ähnliche, komische, gleichsam archetypische Funktionsträger hervorzubringen schien.

Als primär nichtliterarische und keinen ›höheren‹ Kunstzweck intendierende Theaterform blieb der Mimus für lange Zeit unbeachtet. Zwar konnte man auf eine reiche Tradition der Auseinandersetzung mit dem römischen Mimus

---

[94] Sprung, *Hajim Steinthal (1823–1899) und Moritz Lazarus (1824–1903) und die Ursprünge der Völkerpsychologie in Berlin*, 1992.

[95] Zur Völkerpsychologie Wundts siehe: Schneider, *Wilhelm Wundts Völkerpsychologie/ Entstehung und Entwicklung eines in Vergessenheit geratenen wissenschaftshistorisch relevanten Fachgebietes*, 1990; Oelze, *Wilhelm Wundt/Die Konzeption der Völkerpsychologie*, 1991.

[96] Wundt, *Völkerpsychologie/Band III: Die Kunst*, 1908.

[97] Karl Groos, *Die Spiele der Menschen* (1899) sah im Nachahmungstrieb den »unentbehrliche[n] Träger einer continuierlichen und damit die nothwendige Voraussetzung einer sich steigernden, nicht immer wieder ab ovo beginnenden Kultur der Menschheit«. (ebd., S. 364).

zurückblicken, vor allem durch die ihn bekämpfenden Kirchenväter; deren strikt negatives Echo sowie die wenigen erhaltenen, als grobschlächtig und obszön eingestuften Textfragmente hatten nachhaltig über Jahrhunderte jede wissenschaftliche Auseinandersetzung mit einer der ältesten Theaterformen der Welt verhindert. Besondere Kennzeichen des Mimus, der Fäkalhumor sowie die direkte Darstellung sexueller Lust und Handlungen schienen alle jahrhundertealten Vorurteile gegen das Theater zu bestätigen. Erst das völkerpsychologisch motivierte Interesse an überkulturellen Mythen, Sitten und Gesetzen, das sich nicht primär am künstlerischen und moralischen Anspruch der unmittelbaren Gegenwart orientierte, ermöglichte den Blick auf Formen der Unterhaltung, die bis dato als obszön, primitiv und sittenverderbend eingestuft wurden.[98]

Eine breitere Öffentlichkeit wurde durch Hermann Reichs umfangreiches Werk *Der Mimus*[99] auf die vergessene Tradition des volkstümlichen griechischen und römischen Theaters aufmerksam. Die erstaunliche Popularität des Werkes läßt sich nur als zeitgebundenes Phänomen verstehen,[100] umso mehr, als die Arbeit heute nur noch wenigen Spezialisten bekannt sein dürfte. Als entscheidende Vorbedingung der positiven Aufnahme muß auch in diesem Fall die einseitige Antikenrezeption des wilhelminischen Bürgertums gesehen werden: als idealisierte Projektion der klassischen Antike in das eigene politische und kulturelle Bezugssystem. Während die Heroen der griechischen Tragödie als übermenschliche Rollen nur wenig Möglichkeiten der persönli-

---

[98] Diese einseitigen Vorurteile gegenüber der enormen Popularität des griechischen und vor allem des römischen Mimus finden sich bis in die jüngere Forschung: Blume, *Einführung in das antike Theaterwesen*, 1978, schreibt den Erfolg des Mimus in der römischen Kaiserzeit »dem immer mehr verwilderten Publikumsgeschmack« zu. Ebd., S. 107.

[99] Reich, *Der Mimus/Ein litteratur-entwicklungsgeschichtlicher Versuch*, 1903. *2 Teile in einem Band: Teil 1: Theorie des Mimus; Teil 2: Entwicklungsgeschichte des Mimus.* Ein angekündigter zweiter Band, der den Einfluß des Mimus auf die nichtdramatische Literatur belegen sollte, ist nie erschienen.

[100] Vgl. hierzu die oft unfreiwillig komische Glorifizierung Reichs bei Walter Janell, *Lob des Schauspielers oder Mime und Mimus*, 1922. Die Begeisterung über die Wieder-Entdeckung des Mimus führte Reich schließlich auch dazu, eigene Mimus-Dramen zu verfassen. Ein Beispiel aus Reichs (von Janell so bezeichneten) mimischen Mysterium ›Ardalio‹ soll den dramatischen Stil illustrieren:
»*Ardalio*: Du Hohe, Holde, welch fürchterliche Rede tatst du da? Wie kann ich Worte finden, deine Herrlichkeit zu preisen? Seh' ich dein Haar, so rauscht es vor mir wie ein goldenes Ährenfeld im Sommerwind, und schau ich deiner Augen Leuchten, so glänzt am Himmel mir kein hell'rer Stern. Und deiner süßen Glieder wundervoller Bau, kein weißer Marmortempel ragt voll höherer Harmonie. In deinem Schreiten, deinem Schweben klingt der hohen Götter Tritt. *(vor ihr niederkniend)*. Oh breite um mich deiner Haare goldne Flut, daß ich vergeh' vor deinem holden Wesen und Gram und Grau'n im höchsten Lichte schwindet.« (zitiert nach Janell, ebd., S. 80).

chen Identifikation präsentieren konnten, wurde die Bewertung des griechischen Theaters mit Reichs Arbeit einer grundlegenden Änderung unterworfen.[101] Es zeigte sich, daß das Theater der Antike keineswegs nur aus den ›hohen‹ Kunstformen Tragödie und Komödie bestand, sondern daß parallel hierzu eine vermutlich ebenso alte Tradition des improvisierten Volkstheaters existierte, welches alltägliche menschliche Verhaltensweisen karikierte. Reichs Definition des Mimus grenzte sich zwar einerseits von der antiken Tragödie und Komödie ab,[102] verstand den Mimus aber ausdrücklich als »mimisches Drama der Hellenen«,[103] im Gegensatz zur antiken Überlieferung, die unter dem Begriff ›Mimos‹ nur gelegentlich einen dem mimischen Spiel zugrunde liegenden Text versteht, in der Regel aber die mimische Aufführung und ihre Darsteller bezeichnet.[104]

Reichs philologischer Fokus ist in mehrfacher Hinsicht aufschlußreich: Verwurzelt in der dramaturgischen Tradition des 19. Jahrhunderts, war für Reich jegliches Theater nur als ›Realisierung des Dramas‹ denkbar, Theater war somit eine literarische Gattung. Das bedeutete zunächst die Ausklammerung der Bühnengestalt des Mimus, der sich gerade in seiner Eigenschaft als primäres Improvisationstheater vom Drama abhebt. Zum Mimus gerät somit alles, was sich nicht eindeutig unter den orthodoxen Kategorien Tragödie oder Komödie einstufen läßt. Darüberhinaus verzichtete die Stringenz der philologischen Methodologie auf eine Erfassung nichtliterarischer Quellen wie Inschriften, Vasenbilder, Mosaiken, die von Reich zwar kurz erwähnt,[105] aber nicht weiter verfolgt wurden. Der Philologe Reich war primär an fixierten Texten interessiert und verkannte damit – aus Sicht des Theaterwissenschaftlers – die spezifischen Qualitäten des Mimus. Die wenigen erhaltenen Textfragmente lassen sich nur in Zusammenhang mit der je-

---

[101] Interessant liest sich in diesem Zusammenhang die Bewertung Max Herrmanns (*Die Entstehung der berufsmäßigen Schauspielkunst im Altertum und in der Neuzeit*, 1962, Anm. 47, S. 268f.): »Unbestreitbar ist das große Verdienst, das sich H. Reich: ›Der Mimus, ein literatur-entwicklungsgeschichtlicher Versuch‹, Berlin 1903, um die Erforschung des vor ihm wenig beachteten Mimus erworben hat. Hätte er nur nicht in seiner begreiflichen Entdeckerfreude die Bedeutung des Mimus für die gesamte Weltliteratur bis auf die neueste Zeit unbegreiflich überschätzt; hätte er nicht nur Phantasie, die ja ein unentbehrliches Rüstzeug des Philologen ist, allzu oft in Phantasterei ausarten lassen und seine bewundernswerte Gelehrsamkeit in Formen vorgetragen, die eine Übersichtlichkeit der Ergebnisse unendlich erschweren.«

[102] Zur dramaturgischen Beziehung von Komödie und Mimus vgl. Weimann, *Shakespeare und die Tradition des Volkstheaters/Soziologie, Dramaturgie, Gestaltung*, 1967, *Kap. 1: Der Mimus*, S. 33–52.

[103] Reich, *Der Mimus*, 1903, S. V.

[104] Vgl. Wiemken, *Der griechische Mimus/Dokumente zur Geschichte des antiken Volkstheaters*, 1972, S. 17.

[105] Reich, *Der Mimus*, 1903, S. 12.

weiligen Aufführungspraktik angemessen interpretieren, eine ausschließlich philogische Analyse verleugnet den improvisatorischen Kern und die nonverbalen Kommunikationsmittel des Mimus.

Reichs ›Theorie des Mimus‹ besteht aus einer Zusammenfassung zahlreicher literarischer (Sekundär-)Quellen zu verschiedensten theatralen Formen (darunter kultische Tänze, griechischer Mimus, Phylakenposse, Attelane und Pantomimus), in der Absicht, daraus einen einheitlichen und konsistenten Mimus-Oberbegriff zu entwerfen.[106] Dieser Konsistenz zuliebe mußte Reich einen durch Quellen nicht belegbaren griechischen ›Ur-Mimus‹ konstruieren, um daraus alle anderen Formen der mimetischen Unterhaltung abzuleiten. Die Ausgangsthese seiner Arbeit, eine ununterbrochene Genese des Mimus von der Antike über das Mittelalter bis zur Gegenwart nachweisen zu können,[107] ist bestimmt vom Leitgedanken des literarischen Mimus: »Um die Wende des vierten Jahrhunderts wird er [der Mimus] litteraturfähig«,[108] und somit – in den Augen Reichs – dem Drama ebenbürtig. Nach dem heutigen Kenntnisstand aber hat ein einheitlicher Mimus nie existiert, die höchst unterschiedlichen und sehr lückenhaft erhaltenen Quellen lassen Reichs Entwicklungs-Hypothese als pure Spekulation erscheinen. Daß bestimmte stehende Rollentypen in den unterschiedlichsten mimischen Formen zu verschiedenen Zeiten immer wieder auftreten, kann die angeblich auf einen Urmimus zurückgehende weltweite Verbreitung des Mimus nicht beweisen. Sie sind vielmehr zu verstehen als »Archetypen menschlichen Verhaltens und Grundmuster komischer Menschendarstellung«, wie Helmut Wiemken schreibt.[109] Wenngleich gewisse Zusammenhänge zwischen dem Mimus der Antike, den mittelalterlichen Jokulatoren und möglicherweise auch der Commedia dell'arte denkbar sind, können die wenigen erhaltenen Quellen das ob und wie einer solchen Verbindung weder einwandfrei beweisen noch widerlegen.

Für die Völkerpsychologie war Reichs Darstellung vor allem aufgrund des globalen Nachweises des Mimus von besonderem Interesse. Ein allen Zeiten

---

[106] Wobei die weit überwiegende Mehrzahl der Sekundärquellen aus der Spätantike und dem frühen Mittelalter stammt, Reich diese jedoch bedenkenlos auch auf frühere mimische Spiele bezog.

[107] Vgl. vor allem die von Reich erstellte umfangreiche Schautafel ›Der Mimus/bis zum Jahre 1902‹ (Anhang), welche eine fast lückenlose Ahnenreihe des Mimus vom ›mimischen Tanz‹ ausgehend über mimische Spiele in Afrika, Asien und Europa aufzeigt und dabei auch komische dramatische Rollen in die Tradition des Mimus einbinden will. Auf diese Weise werden etwa ›Die lustigen Weiber von Winsor‹ über ›Faust‹ bis hin zu Gerhart Hauptmanns ›Die versunkene Glocke‹ allesamt in den Stammbaum des Mimus integriert.

[108] Reich, *Der Mimus*, 1903, S. 29.

[109] Wiemken, *Der griechische Mimus*, 1973, S. 212.

und Völkern gemeinsamer mimischer Urtrieb, der sich aus kultischen Tänzen heraus ›weiterentwickelt‹ hat, konnte zur Erklärung des Ursprungs jeglicher Kunstäußerung herangezogen werden. Menschliche Kultur wird so verstehbar als ein darwinistisches Evolutionsmodell, das sich stets von sogenannten ›primitiven‹ Anfängen hin zu hochentwickelten, ›zivilisierten‹ Formen ausbildet. Kulturkreise, die eine größere Varietät von künstlerischen Formen hervorgebracht haben, müssen demzufolge auf einer höheren Entwicklungsstufe stehen. Insofern ließen sich alle Kunstformen auf kultische Tänze und die mimische Nachahmung von Tieren, Dämonen und Menschen zurückführen.[110] Diese Ursprungshypothese der Kunst wurde später übernommen von einzelnen Theaterwissenschaftlern, die auf diese Weise das Primat des Theaters über das Drama und die Literatur insgesamt belegen wollten.[111]

2.2.5 Nationale Theatergeschichte

Seit den Theatergeschichten von Löwen[112] und Schmidt[113] war die deutsche Theaterhistoriographie immer auch ein Spiegelbild der jeweiligen politischen, sozialen und kulturellen Konstellation. Die beiden genannten Werke, die den Anfang der deutschen Theatergeschichtsschreibung markieren, waren vor allem bestimmt vom Impetus der Aufklärung und zeichneten sich demzufolge aus durch eine Verknüpfung von ästhetische Fragestellungen mit moralischen Wertungen.[114] Zugleich waren sie maßgeblich beteiligt am Beginn des Diskurses über das deutsche Nationaltheater und die Möglichkeiten einer grundlegenden Theaterreform – ein Diskurs, der vor allem im 19. Jahrhundert entscheidende Bedeutung erlangte. Besonders deutlich wird dies in Eduard Devrients *Geschichte der deutschen Schauspielkunst,* einem in der Tradition der deutschen Theaterhistoriographie bis heute zentralen Werk.[115] Devrient, selbst Schauspieler, Regisseur und langjähriger Intendant des Karlsruher Hoftheaters, verfocht als Vertreter einer idealistisch-romantischen

---

[110] »Wo sich aus dem Kult Zeremonien herausbilden und Religionen, entsteht die Anlage zum mythologischen Mimus«. Wundt, *Völkerpsychologie, Band III: Die Kunst*, 1908, S. 497.

[111] Vgl. 4.4.1 Theorie der Darstellung.

[112] *Geschichte des deutschen Theaters*, 1766.

[113] *Chronolgie des deutschen Theaters*, 1775.

[114] Hierzu ausführlich: Nitsche, *Anfänge der Theatergeschichtsschreibung*, 1991.

[115] Erschienen von 1848 (Band I) bis 1874 (Band V), neu hrsg. in zwei Bänden v. Rolf Kabel und Christoph Trilse, 1967. Zu Devrient und seinem Opus magnum siehe Trilse, *Eduard Devrient und die Geschichte des bürgerlichen Theaters*, ebd., Band II, S. 425-463; Reinholz, *Eduard Devrients ›Geschichte der deutschen Schauspielkunst‹*, 1967.

Kunstauffassung mit seiner Arbeit den Wunsch, »meinen Kunstgenossen, so wie allen im großen deutschen Theaterpublikum, die ein warmes, teilnehmendes Herz für die Schauspielkunst haben, [...] meine Nachforschungen anzubieten«[116] und das soziale Ansehen des Schauspielerstandes insgesamt zu heben. Wie Christoph Trilse herausgestellt hat,[117] ist Devrients Werk entscheidend beeinflußt worden von den Erfahrungen der gescheiterten deutschen Revolution 1848/49, mit der die Hoffnung der Liberalen auf ein deutsches Nationaltheater in einem demokratischen Staat jenseits von feudaler Bevormundung gescheitert war, in politischer wie in künstlerischer Hinsicht. Devrients Reformvorstellungen, die er in einer Denkschrift *Das National-theater des neuen Deutschland* 1849 veröffentlichte, hatten schon zum Zeitpunkt der Veröffentlichung keinerlei Chance mehr auf Verwirklichung, und so blieb für die Kunst nur die Rolle der Erbauung und Unterhaltung übrig. Die *Geschichte der deutschen Schauspielkunst* hatte – unabhängig von Devrients zeitgebundenen Irrtümern und Einseitigkeiten (so sein unablässiger Kampf gegen das Virtuosentum und die Wandertruppen) – für die spätere Theaterwissenschaft vor allem durch ihre zahlreichen Rollenportraits schon den Charakter eines grundlegenden Quellenwerkes angenommen. Gemessen an den Maßstäben der Geschichtswissenschaft, die auch für die historisch orientierten Kunstwissenschaften um 1900 Verbindlichkeit besaßen, war Devrients Arbeit, da sie nicht auf sorgfältiger Quellenkritik basierte, jedoch keinesfalls als ›wissenschaftlich‹ anzusehen, sondern das Werk eines amateurhaften Theaterhistorikers.

Ebenso wie Devrient war auch Max Martersteig ein Autodidakt, der als Schauspieler und Regisseur seine Karriere begonnen hatte.[118] Dennoch bedeutete sein Hauptwerk, *Das deutsche Theater im 19. Jahrhundert,* einen tiefen Einschnitt in die Tradition der deutschen Theaterhistoriographie; denn im Gegensatz zu seinen Vorgängern Löwen, Schmitt, Prutz oder Devrient versuchte Martersteig, Theater als ein primär gesellschaftliches Phänomen zu verstehen und zu beschreiben. Während die deutsche Theatergeschichtsschreibung des 18. und 19. Jahrhunderts gefangen war in der Vorstellung, Theater als eine idealistische Kunstäußerung aufzufassen, übernahm Martersteig den von Maximilian Harden geprägten Begriff der ›soziologischen Dramaturgie‹. Diese gesellschaftliche Determination bei Marter-

---

[116] *Geschichte der Deutschen Schauspielkunst,* 1967, S. 33.
[117] Trilse, *Eduard Devrient und die Geschichte des bürgerlichen Theaters,* 1967.
[118] Zu Martersteig siehe: Greiner, *Max Martersteig,* 1938, (ebd. S. 121–125 eine Bibliographie von Martersteigs Veröffentlichungen); Knudsen, *Theaterwissenschaft,* 1950, S. 55–59 (sehr oberflächliche Wertung vom Martersteigs Arbeit); zu Martersteigs psychophysiologischem Ansatz vgl. 4.4.1 Theorie der Darstellung.

steig ist zu verstehen als von der Soziologie Taines, der Evolutionstheorie von Darvin und Spencer und der materialistischen Philosophie des 19. Jahrhunderts geprägten Grundannahme, Theater lasse sich nicht als isoliertes künstlerisches Phänomen, sondern nur als »durchaus soziales Produkt«[119] verstehen. Den ›naiven‹ Idealismus der deutschen Auklärung und Klassik kritisierend, vertrat Martersteig die Auffassung, der entscheidende Faktor für die Herausbildung einer eigenständigen, künstlerisch vollwertigen nationalen Theaterkultur liege begründet im ›sittlichen Wollen‹ eines jeden Volkes. Von Wundt und der zeitgenössischen Anthropologie übernahm Martersteig den Standpunkt, die Herausbildung von menschlicher Kultur allgemein und Theater im speziellen lasse sich als evolutionäre Entwicklung begreifen, von archaischen Pantomimen der Naturvölker bis hin zur höchsten Stufe, der griechischen Tragödie. Der Entstehung des Dramas wird in dieser Entwicklungsreihe eine Sonderrolle eingeräumt:

Solange in einer einheitlichen und festgeschlossenen Volksgemeinschaft nur natürliche und soziale Vorgänge des allgemeinen Wohls, wie etwa der Kampf gegen einen feindlichen Nachbar, Anlaß und Inhalt der pantomimischen Spiele geben, wird diesen immer ein vorwiegend lyrisch-epischer Charakter anhaften: das Geschehene wird wiederholt und in einem von der Gemeinempfindung nirgends angezweifelten Sinne feiernd dargestellt werden. Der dramatische Moment entsteht erst dann, wenn in der sittlichen Wertung von Handlungen, die Individuen, Gruppen oder gewisse Stände aus Gründen der Leidenschaft oder eben des Bezweifelns geltender Anschauungen begehen, eine Spaltung des Gemeinempfindens eintritt. Mit der Behandlung solcher Vorgänge verknüpft die Darstellung dann nämlich den sehr wesentlichen Zweck: den entstandenen sittlichen Zwiespalt zu beheben.[120]

Martersteigs Absicht, nicht eine Chronik, sondern eine ›Naturgeschichte‹ des Theaters zu verfassen, verstanden als wissenschaftlich objektive, ja gesetzesmäßige Entwicklung, trägt deutliche Züge des zeitgenössischen Positivismus. Darunter fällt auch die Untersuchung der ›Rassengrundlagen‹ für die Herausbildung von Nationaltheatern, darin ganz dem Vorbild der Ethnologie und Völkerpsycholgie um 1900 verpflichtet. Die ethische Kraft, die Martersteig dem Theater zuschrieb und die er gleichsam als Spiegel der Zivilisation verstand, sollte nach seinem Wunsch den Deutschen helfen, »endlich eine eigene, einheitliche Kultur, vorbildlich für alle ihre verwandten Nationen, zu begründen«.[121] In solchen und ähnlichen Äußerungen läßt sich unschwer der wilhelminische Expansionsdrang wiedererkennen.

---

[119] Martersteig, *Das deutsche Theater im 19. Jahrhundert*, 1904, S. 4.
[120] Ebd., S. 41.
[121] Ebd., S. 51.

Trotz dieser Zeitgebundenheiten bedeutete Martersteigs Werk für die sich konstituierende Theaterwissenschaft eine bahnbrechende Pionierleistung. Vor allem, weil es dem Autor gelang, erfolgreich zu demonstrieren, daß Theatergeschichte ebenso wie andere Disziplinen nach Maßstäben der Zeit streng wissenschaftlich betrieben werden konnte, wenngleich die positivistische Ausrichtung des Werkes auch scharf kritisiert und Martersteig als Außenseiter im Wissenschaftsbetrieb häufig nicht ernst genommen wurde.

Die vier Hauptteile des Werkes (Das Theater der klassischen Literaturepoche, Theaterkultur der Romantik, Das Theater von 1830–1870, Das Theater der Neuzeit: 1870–1900) werden jeweils mit einer Darstellung der aktuellen politischen, kulturellen, sozialen und ökonomischen Situation eingeleitet. Schon diese Vierteilung macht allerdings zugleich deutlich, daß sich auch Martersteig nach wie vor an weitgehend an der literarischen Epochenbildung orientierte. Die entspricht auch seiner in der Einleitung geäußerten Überzeugung, das Theater habe auch »der dramatischen Dichtung aller Zeiten zu dienen«.[122] Analog dazu wird Dramatikern von Goethe bis Hauptmann entsprechend viel Platz zugestanden. Gegenüber dem Schauspiel ist das Musiktheater in Martersteigs Werk deutlich unterrepräsentiert; die Entwicklung der Oper im 19. Jahrhundert bis zu ihrer Kulmination bei Wagner wird in nur einem Kapitel (von 16) abgehandelt. Dagegen räumte Martersteig den Erfolgdramatikern des 19. Jahrhunderts wie Kotzebue, Raupach oder der Birch-Pfeiffer, auch wenn es sich dabei nach Maßstäben der zeitgenössischen Kritik nicht um ›hohe Kunst‹ handelte, einen erstaunlich breiten Raum ein. Diese Genreaufwertung war nur möglich, weil Martersteig sich nicht primär von Kategorien einer vermeintlich künstlerischen Höherwertigkeit leiten ließ, sondern bewußt und beabsichtigt die ökonomische Seite des Theaterlebens, also den spezifischen Publikumszuspruch, in seine Untersuchungen mit einbezog.

Martersteigs soziologische Vorgehensweise hat die frühe Theaterwissenschaft stark geprägt. Herrmanns Auffassung vom Theater als ›soziales Spiel‹ weist eine bemerkenswerte Übereinstimmung mit Martersteigs Ideen auf, und noch Julius Babs *Das Theater im Lichte der Soziologie* von 1931 wäre ohne das ein Vierteljahrhundert zuvor entstandene *Das deutsche Theater im 19. Jahrhundert* kaum denkbar gewesen.[123]

---

[122] Ebd., S. 4.

[123] Daß sowohl Devrients als auch Martersteigs Arbeit in den zwanziger Jahren neu aufgelegt wurden, zeigt deren Popularität und den Bedarf der frühen Theaterwissenschaft an Grundlagenliteratur. ›Der Devrient‹ hat bislang – in jeweils über 20-jährigen Zeitabständen – sogar schon 3 Neuauflagen erlebt, wobei allerdings die von Willy Stuhlfeld 1929 herausgegebene Ausgabe, »bearbeitet und bis in die Gegenwart fortgeführt als

2.2.6 Theaterhistorische Sammlungen/Theaterhistorische Gesellschaften

Nirgends läßt sich der Aufschwung, den die Theatergeschichte im Ausgang des 19. Jahrhunderts erlebte, so gut verfolgen wie anhand der verschiedenen theaterhistorischen Ausstellungen und der mittelbar damit verbundenen Gründung theaterhistorischer Gesellschaften. Die Begeisterung der wilhelminischen Epoche für die Antike, ja für Geschichte und Museen allgemein, griff auch auf das Theater über und verband sich mit einer Sammlerleidenschaft, deren Entwicklung Harald Buhlan[124] wie folgt charakterisierte:

> Hatte der Historismus als einer der prägenden Wissenschaftsreflexe im Bereich der Sammeltätigkeit vor Entstehung der Theaterwissenschaft den Kanon der potentiellen Sammlungsgegenstände wesentlich über die von der ›romantischen Schule‹ favorisierten ›nationalen Altertümer‹ erweitert und in Richtung jenes wissenschaftlichen Sammlungsanspruchs verschoben, der den Sammlungen heute noch anzusehen ist, so lieferte der geisteswissenschaftliche Positivismus der 80er Jahre des vorigen Jahrhunderts schließlich die Legitimation für eine Sammlungshaltung, die sich in der Bewertung des zu sammelnden und gesammelten Materials bis zur Selbstverleugnung zurückhielt.[125]

Die ersten spezifischen Theaterausstellungen im deutschen Sprachraum, die ›Internationale Ausstellung für Musik- und Theaterwesen Wien 1891‹,[126] die ›Deutsche Theaterausstellung Berlin 1910‹,[127] sowie das aus der Clara-Ziegler-Stiftung hervorgegangene Deutsche Theatermuseum in München,[128] waren vorrangig bemüht, Theatergeschichte als die Geschichte bedeutender Schauspieler und Schauspielerinnen zu zeigen, in der Absicht, ›dem Mimen Kränze zu flechten‹. Diese ›Heroenverehrung‹ dokumentiert sich primär in zahllosen idealisierten Abbildungen der Schauspieler. So umfaßte die im Rahmen der Wiener Ausstellung gezeigte Sonderausstellung zum Wiener

---

Illustrierte deutsche Theatergeschichte« nur den gekürzten Originaltext von Devrient erhält und dort, wo sie über ihn hinausgeht, als völlig unbrauchbar anzusehen ist.

[124] Buhlan, *Theatersammlung und Öffentlichkeit*, 1983. Buhlans Arbeit ist nach wie vor grundlegend, sowohl für die theoretische Reflexion über Theatersammlungen und -museen, als auch auf konzeptioneller Ebene. Kap. II, 2 bietet eine ausführliche Beschreibung der Geschichte des Sammelns von Theatralia.

[125] Ebd., S. 28.

[126] Vgl. Glossy, *Internationale Ausstellung für Musik- und Theaterwesen Wien 1892*, 1892; Sittard, *Kritische Briefe über die Wiener Internationale Musik- und Theaterausstellung*, Hamburg 1892. Ich danke Frau Anja Hentschel M.A., die im Sommersemester 1996 in Erlangen ein Seminar zum Thema ›Theater ausstellen?‹ abgehalten hat, für ihre zahlreichen Auskünfte und Hinweise.

[127] Der von Heinrich Stümcke verfaßte ›Katalog‹ der Aussstellung erschien erst 1911, zur Eröffnung der Ausstellung wurde vermutlich noch ein (unvollständiger) Führer herausgegeben, der aber wohl nur aus einer Auflistung der gezeigten Objekte bestand.

[128] *Führer durch das Museum der Klara Ziegler Stiftung*, 1910; *Franz Rapp (1885–1951) und das Münchner Theatermuseum*, 1977.

Theater neben Exponaten wie Portraitbüsten und Medaillen vor allem zweidimensionale Objekte: Portraits, Photos, Plakate, und Theaterzettel; eine bis
zum heutigen Tag in Theaterausstellungen immer noch häufig anzutreffende
Kombination.[129]

Ganz ähnlich zeigte sich dieses ›naive‹ Sammelverständnis bei der Gründung theaterhistorischer Gesellschaften. Bereits 1879 hatte Joseph Kürschner
in dem von ihm herausgegebenen *Jahrbuch für das deutsche Theater*[130] einen
›Aufruf zur Begründung eines Vereins für theaterhistorische Forschung‹
veröffentlicht,[131] mit der Aufgabe der

> Herausgabe seltener älterer Werke in gehörig eingeleiteter, annotierten, event. auch
> bearbeiteten Ausgaben, wie neuer, ausdrücklich für den ›Verein f. th.-h. F.‹ verfaßten
> Schriften aus dem Gesammtgebiete der Theatergeschichte, die bes. auf archivalischen
> Quellen beruhen, und ungedrucktes Material verwerthen sollen.[132]

Kürschners Jahrbuch, das sich als Nachfolger von Reichardts Gothaer Thea-
terkalender verstand, mußte infolge ausbleibenden wirtschaftlichen Erfolgs
bereits nach zwei Jahrgängen wieder eingestellt werden.

Erst 1902, mit der Gründung der ›Gesellschaft für Theatergeschichte
e.V.‹ in Berlin, sollte Kürschners Plan in Erfüllung gehen.[133] Die Begründer
des Projekts, allen voran der Journalist Heinrich Stümcke, Herausgeber der
Zeitschrift *Bühne und Welt*[134] und bis zu seinem Tod 1923 Schriftführer der
Gesellschaft, zeichneten verantwortlich für die populärwissenschaftliche
Richtung, welche das Programm und die Veröffentlichungen der Gesellschaft
in den ersten zwei Jahrzehnten auszeichnete.[135] Schon in ihren ersten Jahren

---

[129] Der Erkenntniswert für den Besucher dürfte sich bei einer solchen, häufig nur mit
wenigen Kommentaren versehenen bloßen Zusammenstellung von Abbildungen oder
Relikten, die z.T. geradezu Reliquiencharakter annehmen (wie etwa das berühmte
Gipsmodell vom Fuß der Tänzerin Fanny Elßler) in Grenzen halten. Als beispielhaft
für ein moderneres museumspädagogisches Konzept, das den Besucher aktiv mit
einbezieht und ihm die Möglichkeit bietet, sich gezielt zu einzelnen Gebieten Informationen zu verschaffen, kann die ständige Ausstellung der Schweizerischen Gesellschaft
für Theaterkultur in Bern gelten.

[130] Zur bibliographischen Bedeutung des Jahrbuchs vgl. Zielske, *Periodische Bibliographien zur Theaterwissenschaft*, S. 218–223.

[131] I. Jg., S. 311–314.

[132] Ebd., § 1. Zweck des Vereins, S. 312.

[133] Ähnliche Ziele wie die ›Gesellschaft für Theatergeschichte‹ verfolgte die 1913 gegründete, allerdings nur sehr kurzlebige ›Theater-Archiv-Gesellschaft‹. Vgl. *Theater-
Archiv. Zeitschrift für Wissenschaft und Praxis des gesamten Schaubühnenwesens*, I,
1913.

[134] *Bühne und Welt. Zeitschrift für Theaterwesen, Litteratur und Musik. Amtliches Blatt
des Deutschen Bühnen-Vereins* 1(1899) –19 (1917).

[135] Zur Geschichte der Gesellschaft für Theatergeschichte siehe: Stümcke, *Eine Gesellschaft für Theatergeschichte*, 1902; *Mitteilungen der Gesellschaft für Theatergeschich-*

legte die Gesellschaft eine erstaunliche Anzahl von Veröffentlichungen vor.[136] Die anfängliche Mitgliederzahl von 330 stagnierte in den ersten Jahren, wuchs aber bis 1924 auf 574 an,[137] unter denen die Berliner Mitglieder weit überrepräsentiert waren.[138] In den Jahren bis 1919 gab die Gesellschaft für Theatergeschichte vor allem biographische Schriften heraus: Memoiren, Tagebücher und Briefwechsel berühmter Schauspieler und Theaterleiter, daneben erschienen in der Schriftenreihe der Gesellschaft aber auch rein literaturgeschichtliche Werke.[139] Nach dem Tod des Ersten Vorsitzenden Ludwig Geiger 1919 übernahm Max Herrmann, der nicht zu den Gründungsmitgliedern gehört hatte,[140] dessen Position, und unter seinem Vorsitz änderte sich das Programm der Gesellschaft.[141] Von 1919 bis 1934 bestimmten im wesentlichen wissenschaftliche Monographien das Bild der Schriften; unter den 18 in diesem Zeitraum erschienenen Bänden finden sich nicht weniger als acht Dissertationen von Schülern Herrmanns. Der weiteren Popularisierung der Theatergeschichte sollte auch die von der Gesellschaft organisierte ›Deutsche Theaterausstellung Berlin 1910‹ dienen. Um deren Finanzierung einigermaßen sicherzustellen, entschlossen sich die Organisatoren, die theaterhistorische Ausstellung mit einer gleichzeitig stattfindenen Industrie- und Gewerbeausstellung zu koppeln. Der Spagat zwischen Kommerz und Kunst führte jedoch zu erheblichen Spannungen und Widersprüchen, am deutlichsten zu erkennen im Ausstellungstheater, das ursprünglich dazu gedacht war, historische Theatervorführungen zu rekonstrieren. Nach dem Mißerfolg einer Inszenierung des sophokleischen ›Ödipus

---

te 1 (1902) –91 (1944); Knudsen, *25 Jahre Gesellschaft für Theatergeschichte,* 1927; Knudsen, *50 Jahre Gesellschaft für Theatergeschichte, 50 Jahre theatergeschichtliche Forschung,* 1952; Corssen, *Die Anfänge der Theaterwissenschaft in Deutschland,* 1992, S. 71–76; *Kleine Schriften der Gesellschaft für Theatergeschichte* 1906ff.

[136] Neben den Schriften der Gesellschaft für Theatergeschichte wurde 1904/05 auch ein zweibändiges *Archiv für Theatergeschichte* als Sammelwerk für kleinere Aufsätze herausgegeben; diese Funktion übernahmen seit 1906 die unregelmäßig erscheinenden ›Kleinen Schriften‹.

[137] Die Zahlen entstammen den verschiedenen Jahresberichten, die sich im Anhang der oben aufgeführten Publikationen befinden.

[138] Diese Berlin-Konzentration, die bis heute anhält, ist der Gesellschaft gelegentlich zum Vorwurf gemacht worden und bot nach Ende des Ersten Weltkriegs Anlaß für die Gründung einer ›Rheinischen Gesellschaft für Theaterwissenschaft und Theaterkultur‹ sowie einer ›Gesellschaft für das süddeutsche Theater und seine Auswirkungen‹, die beide allerdings nur wenige Jahre existierten.

[139] Siehe: *Kleine Schriften der Gesellschaft für Theatergeschichte* 24 (1970) = Gesamtregister zu den Veröffentlichungen 1902–1969.

[140] Noch 1914, in der Einleitung zu den *Forschungen,* äußerte sich Herrmann skeptisch über die aus seiner Sicht dilettantische Richtung der Gesellschaft.

[141] Zum ›freiwilligen‹ Rücktritt Herrmanns 1934 vgl. 3.2.2 Achtundzwanzig Jahre Privatdozent.

auf Kolonos‹ in Masken und Kothurnen wurde das Theater zunächst ganz geschlossen, ein neuer Pächter stellte den Spielplan auf zeitgenössische Possen und Schwänke um.

Erst die Sammlung von Überresten vergangener Theaterepochen ermöglichte es dem Theaterhistoriker, seinen Forschungen ein materielles Fundament zu verschaffen, das seinerzeit als unabdingbar galt. Diese ›Veranschaulichungsfunktion‹ tritt besonders deutlich hervor in der Sammlung des Leipziger Theaterhistorikers und Germanisten Albert Köster, deren Funktion er selbst wie folgt beschrieb:[142]

> Ich habe mit meinen Studenten das unternommen, was ich historische Inszenierungen nennen möchte, das heißt Inszenierungen älterer Dramen am Modell oder auf dem Papier, wie sie nachweisbar zur Zeit ihrer Entstehung wirklich vor sich gegangen, nicht nur, wie sie möglich sind. [...] Worauf es vom wissenschaftlichen Standpunkt ankommt, ist: mit reicher und doch stets gezügelter Phantasie, jede Vermutung zunächst bezweifelnd und durch Zweifel bekräftigend, das Drama in der Form wieder als gespieltes Theaterstück lebendig zu machen, wie es einst nachweisbar dem Dichter und seinen Zeitgenossen vor Augen oder vor der Phantasie stand.

Kösters Sammlung, die vor allem aus Bühnenmodellen bestand, untschied sich von anderen Theatersammlungen in ihrem streng wissenschaftlichen Charakter; sie sollte die Erforschung der Theater- und Literaturgeschichte aktiv unterstützen.[143] In den theaterhistorischen Sammlungen manifestierte sich gleichzeitig eines der Grundprobleme der frühen Theaterwissenschaft: das vergebliche Bemühen, die Transitorik des theatralen Ereignisses mit Hilfe von materiellen Hinterlassenschaften zu überwinden. Wie Dietrich Steinbeck herausgestellt hat, war dieses Bemühen mitverantwortlich für eine langanhaltende Verwechslung von Gegenstand und Methode: »Das Kunstphänomen Theater als Selbstgestaltung eines lebendigen Geistes wird reduziert auf seine materiellen Relikte, solange diese allein der Rückschau ihrer Verfahren dienen.«[144] Die Theaterwissenschaftler der Gründungsphase begriffen Theater

---

[142] Zu Kösters Sammlung, die nach seinem Tod 1924 vom Münchner Theatermuseum erworben wurde, dort allerdings durch einen Bombenangriff in Zweiten Weltkrieg weitgehend zerstört wurde, siehe: Jericke, *Kösters theatergeschichtliche Sammlung*, 1922; ders., *Albert Köster und seine Schule*, 1941.

[143] Bekanntlich wehrte sich Köster energisch gegen eine Trennung von Literatur- und Theatergeschichte: »Das Schicksal behüte uns vor Lehraufträgen, die nur auf Theatergeschichte lauten.« Köster, *Ziele der Theaterforschung*, 1923, S. 486.

[144] Steinbeck, *Einleitung in die Theorie und Systhematik der Theaterwissenschaft*, 1970, S. 5: »Theatergeschichtliche Forschung beginnt jeweils mit Sammlung und kritischer Auswertung der erhaltenen Belege und Zeugnisse. Die dazu aufgebotenen Verfahren folgen, wie alle kunstwissenschaftlichen Methoden, einem vorwissenschaftlichen Gegenstandsverständnis. Die Kriterien der Sacherkenntnis entstammen immer der Sache selbst. Allein in der Theaterwissenschaft repräsentieren die vorwissenschaftlich in den

weniger als eine kommunikative Vermittlung denn als feststehendes ästhetisches Phänomen, das sich nach erfolgter Rekonstruktion ähnlich wie ein Gegenstand der bildenden Kunst analysieren läßt.[145] Dieser methodologische Fehlschluß hat die Theaterwissenschaft bis Ende der sechziger Jahre hinein geprägt; seine anhaltende Wirkung ist noch bis in Hans Knudsens *Methodik der Theaterwissenschaft* (1971) nachzuspüren. Auch nach Gründung der ersten theaterwissenschaftlichen Institute hielt diese enge Bindung von Sammlung und Wissenschaft an. In Kiel[146] wie in Köln[147] bauten Eugen Wolff und Carl Niessen eine eigene Theatersammlung auf, in München kooperierte das Theatermuseum mit dem Institut für Theatergeschichte unter Hans Heinrich Borcherdt, und auch in Berlin bemühte sich Max Herrmann (vergeblich) um die Überlassung der Louis-Schneiderschen Theatersammlung. Im Rahmen der ›Deutschen Theaterausstellung Magdeburg 1927‹[148] wurde sogar eine ›theaterwissenschaftliche Woche‹ abgehalten. Mittlerweile haben sich in Deutschland theaterhistorische Sammlungen und Universitäten sowohl räumlich als auch institutionell weitgehend voneinander getrennt. Ausschlaggebend für diese Trennung war nicht zuletzt das Bemühen, sich von den Materialisierungstendenzen der frühen Theaterwissenschaft so weit wie möglich zu distanzieren.[149]

Blick gefaßten Sachen keineswegs ihre eigentlichen Forschungsobjekte, sondern vielmehr deren materielle Elemente in unterschiedlicher Vollzähligkeit. Insofern aber Methoden die Sachkenntnis präjudizieren, wo Denkmodelle entworfen, Perspektiven angelegt und die Leerstellen des die Methode tragenden Gegenstandsverständnisses mit dem aufbereiteten Material sowie allen aus ihnen gezogenen Einsichten aufgefüllt werden, führen theaterwissenschaftliche Untersuchungen zwangsläufig wieder zu einem Gegenstand, der sich letzlich als mit der Summe der Bühnenelemente identisch erweist.« Ebd.

[145] Über die Motive hierzu siehe Buhlan, *Theatersammlung und Öffentlichkeit*, 1983, S. 34–40.

[146] Zum Kieler Theatermuseum vgl. *Theaterwissenschaftliche Blätter* 3 (1925).

[147] Zur Sammlung Niessens und zum Theatermuseum (seit 1995 Theatersammlung) der Universität Köln vgl.: Flatz/Giesing, *Das Theatermuseum der Universität zu Köln*, 1985; Behrendsen, *Die Theatersammlungen des Instituts für Theaterwissenschaft der Universität Köln*, 1973.

[148] *Die vierte Wand/Organ der Deutschen Theaterausstellung Magdeburg 1927*, 1927.

[149] Harald Buhlans (*Theatersammlung und Öffentlichkeit*, 1983) Plädoyer für eine engere Kooperation von Theatersammlung und Theaterwissenschaft ist, soweit ich sehe, folgenlos geblieben.

3. Max Herrmann

3.1 Der Problemfall Herrmann

Um Leben und Werk des ersten Theaterwissenschaftlers ranken sich eine Vielzahl von Legenden, die eine unvoreingenommene Auseinandersetzung außerordentlich erschweren. Während Max Herrmann auf der einen Seite noch heute als genialer ›Erfinder‹ einer neuen Wissenschaftsdisziplin geradezu verehrt wird, haben andere seine methodischen Schwächen gegeißelt. Sie betrachten ihn allenfalls als ein historistisches Relikt des ausgehenden 19. Jahrhunderts, dessen Rekonstruktionsversuche die Theaterwissenschaft in die Irre geführt haben. Obwohl sich die gegenwärtige Forschung über die Bedeutung Max Herrmanns im klaren zu sein scheint,[1] existiert außer einigen kleineren Aufsätzen bis heute keine fundierte Studie über seinen Beitrag für die Entwicklung der Theaterwissenschaft. Man gewinnt unwillkürlich den Eindruck, daß eine gewisse Scheu gegenüber dem Thema verbreitet ist, dabei ist ohne historische und methodische Reflexion der Fachgeschichte eine kritische Auseinandersetzung mit dem gegenwärtigen Stand der Theaterwissenschaft kaum möglich.

Betrachtet man die Entwicklung der Theaterwissenschaft in Deutschland nach dem Zweiten Weltkrieg, dann fällt die Ende der sechziger Jahre/Anfang der siebziger Jahre eingeleitete Abkehr von primär historischem Begriffsdenken sofort auf. Bis zu diesem Zeitpunkt knüpften die meisten theaterwissenschaftlichen Arbeiten vor allem in Westdeutschland mehr oder weniger nahtlos an tradierte und scheinbar bewährte methodische Leitbilder an: Sammlung von Quellen, Quellenkritik, Versuch von objektiver Darstellung der historischen Zusammenhänge und Zurückhaltung gegenüber Werturteilen in Verbindung mit einer eher konservativ ausgerichteten Theaterkritik. Erst durch die radikale Infragestellung der orthodoxen wissenschaftlichen Maßstäbe, hinter denen man eine ideologische Verschleierung des bürgerlichen Kapitalismus vermutete, und dementsprechend Wissen-

---

[1] In dem von Renate Möhrmann 1990 herausgegebenen Sammelband *Theaterwissenschaft heute* wird Max Herrmann in fünf verschiedenen Beiträgen erwähnt.

schaftskritik als Gesellschaftskritik begriff, wurden neue Steine ins Rollen gebracht. Die Rekonstruktion als methodisches Ziel der Theaterwissenschaft hatte – gewissermaßen über Nacht – ausgedient, und damit schien zunächst der Sinn von Theatergeschichte und Theaterhistoriographie generell in Frage gestellt. Der plötzliche Bruch mit Traditionen der Theaterwissenschaft, so nötig, ja überfällig er Ende der sechziger Jahre auch war, hat eine auf breiterer Basis geführte sachliche Diskussion über die Leistungen und die Problematik des theaterwissenschaftlichen Erbes bis heute nachhaltig behindert. Dies gilt auch für das Werk von Herrmann, das dem heutigen Leser zwar in vielem methodisch veraltet erscheint, aber im Gegensatz zu vielen Arbeiten, etwa von Artur Kutscher oder Carl Niessen, nicht durch die offensichtlich mangelhafte wissenschaftliche Qualität auffällt, sondern in seinem Bemühen um höchstmögliche Präzision. Daß Herrmanns wissenschaftliche Arbeit dennoch lange Zeit einem Verdikt anheimfiel, hängt vor allem mit der historischen Entwicklung nach 1933 und auch mit der deutschen Teilung nach 1945 zusammen. Die Machtübernahme der Nationalsozialisten zerstörte die gerade erst begonnene theoretische Basis der Berliner Schule: Herrmanns Arbeit wurde behindert, verfolgt und vernichtet. Daß dabei auch der Mensch Max Herrmann bis zu seinem Tod unerträglichen Leiden ausgesetzt war, hat nachträglich gesehen die Rezeption seines Werkes eher behindert als befördert. Dank des Einsatzes von Ruth Mövius wurde das Manuskript von Herrmanns letzter Arbeit über *Die Entstehung der berufsmäßigen Schauspielkunst im Altertum und in der Neuzeit* gerettet, zugleich schildert das von ihr verfaßte Nachwort auf beklemmende Weise die Kette von Demütigungen bis zur Deportation nach Theresienstadt.[2] Diese Beklemmung hat leider vor dem Werk Herrmanns keinen Halt gemacht. Eine unvoreingenommene und sachliche Auseinandersetzung mit dem Werk eines jüdischen Wissenschaftlers, der durch den nationalsozialistischen Terror in einem Konzentrationslager ums Leben gekommen war, erwies sich nach 1945 weder in der Deutschen Demokratischen Republik noch in der Bundesrepublik Deutschland als möglich. In Westdeutschland wurden nach dem Krieg zudem die theaterwissenschaftlichen Professuren mit den alten Amtsinhabern aus der Zeit des Nationalsozialismus besetzt, die an einer kritischen Aufarbeitung der Fachgeschichte kein Interesse haben konnten. Herrmanns ehemaliger Schüler Hans Knudsen, der 1948 trotz seiner eindeutigen pronazistischen Haltung an der neugegründeten Freien Universität Berlin zum Ordinarius für Theaterwissenschaft berufen wurde, proklamierte sich zum legitimen Herrmann-Erben. Auch in der DDR berief man sich im Zuge

---

[2]   Mövius, *In memoriam Max Herrmann*, 1962.

der Neugründung eines theaterwissenschaftlichen Instituts in Berlin ausdrücklich auf Herrmann als Ahnherr der Theaterwissenschaft, distanzierte sich aber zugleich von einem bürgerlichen Historismus Herrmannscher Prägung.[3] Das 1960 neugegründete Institut für Theaterwissenschaft an der Humboldt-Universität versteht sich bis heute als unmittelbare Nachfolgeorganisation des 1923 unter Herrmann und Petersen gegründeten Berliner Instituts.[4]

Unabhängig von dem Rang, den man Herrmanns wissenschaftlicher Arbeit von einem heutigen Standpunkt aus zumessen will, kommt man nicht umhin, seiner organisatorischen Leistung bei der Begründung des Berliner Theaterwissenschaftlichen Instituts, ja der Theaterwissenschaft überhaupt, Achtung zu zollen. Gegen ein Vielzahl von Widerständen der politsch-administrativen wie der universitätsinternen Gremien gelang es ihm, in der deutschen Theater-Hauptstadt einen für die damalige Zeit erstaunlich praxisnahen Studiengang Theaterwissenschaft in der Universität zu verankern. Die Tatsache, daß die Disziplin Theaterwissenschaft mittlerweile als weitgehend anerkanntes, gesichertes und relativ eigenständiges Fach in der deutschsprachigen Universitätslandschaft gelten kann und nicht – wie in vielen anderen Ländern – nur als Teildisziplin unter dem Dach der Literaturwissenschaft existiert, ist nicht zuletzt der Energie und Entschlossenheit eines Max Herrmann zu verdanken. Die Beschäftigung mit seiner Biographie und seiner organisatorischen Arbeit ist somit nicht nur der Versuch, die Strukturen der frühen Theaterwissenschaft freizulegen, sondern auch ein Stück Bringschuld gegenüber dem Wissenschaftler und dem Mensch Max Herrmann.

3.2 Biographie

3.2.1 Zur Quellenlage

Eine biographische Skizze von Max Herrmann kann gewiß nicht den Anspruch verfolgen, aus biographischen Daten und Ereignissen unmittelbare Rückschlüsse auf den Stand der Theaterwissenschaft abzuleiten. Dennoch läßt sich der Wissenschaftler Herrmann nicht völlig losgelöst von seiner

---

[3] Münz, *Zur Entstehung der theaterwissenschaftlichen Schule Max Herrmanns*, 1974.
[4] Vgl. *»Jede Ausartung in Spielerei ist auszuschließen«*, 1993.

Biographie betrachten. Die Kenntnis über die Lebensumstände berühmter Wissenschaftler ermöglichen einen direkten Zugang über die ›Hintertreppe‹,[5] die als Ergänzung zur Auseinandersetzung mit dem wissenschaftlichen Œuvre ein unmittelbares Interesse beim Leser wecken kann und das Verständnis für bestimmte Zusammenhänge erleichtert. Als Mosaikstein einer zukünftigen Wissenschaftshistoriographie der Theaterwissenschaft kann ein biographischer Abriß Herrmanns Informationen liefern, die sich auf anderem Weg weder eruieren noch beschreiben lassen. Einzelne Etappen seiner Biographie waren durchaus folgenreich für die Entwicklung der Theaterwissenschaft: So galt der staatsbehördliche Antisemitismus vom Kaiserreich über die Weimarer Republik bis zum Nationalsozialismus gerade auch dem Wissenschaftler Herrmann, mit Konsequenzen für den Ausbau der neuen Hochschuldisziplin Theaterwissenschaft. Um von der Sekundärliteratur tradierte einseitige Urteile zu verringern, stützt sich die folgende biographische Skizze soweit wie möglich auf Primärquellen; auf problematische Befunde der Sekundärliteratur wird im Einzelfall hingewiesen.

Eine außerordentlich wichtige Quelle für die Biographie Max Herrmanns bilden die erhaltenen Briefe. Die Zentralkartei der Autographen in Berlin verzeichnet circa 100 Herrmann-Autographen; darüberhinaus sind mir einige (wenige) Briefe und Briefentwürfe bekannt, die sich entweder in Privatbesitz befinden oder aus sonstigen Gründen noch nicht in die Zentralkartei aufgenommen wurden. Die Max-Herrmann-Sammlung der Berliner Staatsbibliothek enthält ferner eine Anzahl von Briefen von Herrmann-Schülern, in denen diese einige, leider oft nicht eben präzise Erinnerungen wiedergeben. Aufgrund von Herrmanns Deportation 1942 haben sich praktisch keine Antwortschreiben an ihn erhalten.

Leider ist die Verteilung der Briefe sehr ungleich: Während sich aus der Zeit Herrmanns als Privatdozent am Berliner Germanischen Seminar (bis zur Ernennung zum außerordentlichen Professor 1919) eine Vielzahl von Briefen – verstreut über ganz Deutschland – erhalten hat, finden sich praktisch kaum Autographen des späteren Max Herrmann, obwohl gerade diese Dokumente für die Entwicklung der Theaterwissenschaft aufschlußreich sein könnten. Sieht man davon ab, daß der Doktorand und Privatdozent Herrmann in stärkerem Maß auf die Protégierung durch bereits etablierte Kollegen angewiesen war (ein solches Bemühen um Protégierung ist denn auch in einigen Briefen der Frühzeit deutlich erkennbar), sich zudem in den zwanziger Jahren das Telefon stark verbreitete und gewisse Funktionen des Brief-

---

[5] Weischedel, *34 große Philosophen in Alltag und Denken*, 1984 (Untertitel: Die philosophische Hintertreppe).

wechsels übernahm, dürften vor allem politische Auswirkungen des NS-Regimes für den Mangel an erhaltenen Briefen zwischen 1919 und 1942 verantwortlich sein. Herrmann wurde wie alle jüdischen Wissenschaftler gebrandmarkt und isoliert, und viele seiner Briefpartner verloren während des Krieges ihre gesamte Habe. Briefe früheren Datums an Personen, deren Nachlaß bereits vor Kriegsbeginn den Weg in ein Archiv gefunden hatten, waren dagegen in relativer Sicherheit. Die erhaltenen Herrmann-Autographen haben sich nahezu ausnahmslos in Gelehrtennachlässen gefunden – andere Adressatenkreise neigen nicht unbedingt dazu, ihre Korrespondenz aufzuheben und einem Archiv zu überlassen. Der Empfängerkreis ist also relativ eng begrenzt: Es handelt sich zum weitaus überwiegenden Teil um Briefe an Fachkollegen sowie einige Briefe an Mitarbeiter bedeutender Bibliotheken.

Welches Bild läßt sich aus den erhaltenen Briefen Herrmanns zeichnen? Mit Ausnahme der im Cotta-Archiv in Marbach erhaltenen Briefe ist keine Geschäftskorrespondenz überliefert, die Briefe und Postkarten kreisen denn auch in der Regel um akademische Themen wie geplante Projekte, Veröffentlichungen und Rezensionen oder sind auch einfach nur freundschaftlich respektvolle Bekundungen. Der Privatmann Herrmann tritt in diesen Briefen deutlich zurück, private Züge und Probleme werden eher verschleiert denn offenbart, der wechselseitige Umgang mit Kollegen erfordert eine gewisse Distanz. Ein Teil der Autographen besteht nur aus wenigen Zeilen: aus einer Einladung zum Krebs-Essen, der Ablehnung von angetragenen Vortrags-Wünschen, oder dokumentieren das verzweifelte Bemühen Herrmanns, ausgeliehene und verlegte Bücher wiederzufinden, nachdem diese seitens der Bibliothek offensichtlich mehrfach vergeblich angemahnt worden waren. Umfangreichere Briefwechsel (zehn Schreiben oder mehr) haben sich nur in den Nachlässen von Herrmanns Doktorvater Edward Schröder, des Göttinger und späteren Berliner Altgermanisten Gustav Roethe, sowie des Königsberger Germanisten Gustav Baesecke auffinden lassen. Vor allem in diesem letzten Briefwechsel treten infolge materieller Not Herrmanns aufgrund des Ausfalls von Hörergeldern während des Ersten Weltkriegs, gezwungenermaßen auch einige private Momente und Sorgen hervor. Der Tonfall der Briefe als Ganzes genommen ist höchst aufschlußreich. Sie zeigen einen (überwiegend) jungen, aufstrebenden Wissenschaftler, der sich sowohl seines Könnens als auch seiner Benachteiligung im akademischen Betrieb als jüdischer Wissenschaftler bewußt ist, der in einer Vielzahl von Zeitschriften, Jahrbüchern und wissenschaftlichen Vereinigungen aktiv mitarbeitet und in seinen Rezensionen eine sachlich-scharfe Auseinandersetzung auch mit anerkannten Autoritäten nicht scheut. Private Momente spielen dagegen –

wie schon gesagt – kaum eine Rolle. Die Anrede- und Grußformeln
bezeugen Wertschätzung und Hochachtung (»Hochverehrter Herr Professor
– stets der Ihrige«), in späteren Jahren ist häufiger ein gleichberechtigtes
»werter Herr Kollege« zu finden; ein bemüht freundlicher Tonfall geht durch
die meisten Briefe, die auch einen glänzenden Stilisten Herrmann zeigen.[6]

3.2.2 Achtundzwanzig Jahre Privatdozent

Maximilian Herrmann wurde in Berlin am 14. Mai 1865 geboren,[7] sein Vater
Louis Herrmann[8] arbeitete als Buchhändler und als Journalist bei der
Täglichen Rundschau. Zwischen 1890 und 1914 war er als Dramaturg am
Wallnertheater und am Friedrich-Wilhelmstädtischen Theater in Berlin tätig.
Bekannt wurde Louis Herrmann vor allem als Verfasser von Lustspielen,
Possen und Operetten.[9] Herrmanns Mutter Pauline geb. zum Bruch stammte
aus einem alten freiherrlichen Haus. Nach seinem Abitur am Berliner Wil-
helms-Gymnasium 1884 studierte Max Herrmann Germanische Philologie
und Geschichte in Freiburg, Göttingen und Berlin, vor allem bei Ernst
Curtius, Wilhelm Dilthey, Wilhelm Scherer, Erich Schmidt und seinem Dok-

---

[6] So zum Beispiel der wenige Zeilen umfassende Brief v. 6.12.1904 an den Berliner Kol-
legen Otto Hirschfeld, SBPK, Nachlaß Hirschfeld:
  »Hochverehrter Herr Geheimrat, Ihr Fräulein Tochter macht mir die Ehre, meine
Vorlesungen über litterarische Kritik zu hören. Gestatten Sie mir, daß ich von dem
Vorrecht, von Professorensöhnen kein Honorar annehmen zu dürfen, auch der Profes-
sorentochter gegenüber Gebrauch mache. Mit hochachtungsvollem Gruß
Max Herrmann«.
  Der Brief belegt auch eine für die Jahrhundertwende keineswegs selbstverständ-
liche Aufgeschlossenheit Herrmanns gegenüber dem Frauenstudium.

[7] Zur Biographie Max Herrmanns siehe v.a.: Gollmitz, *Max Herrmann, ein jüdischer
Germanist an der Berliner Universität*, 1989; Hohendorf, *»In Memoriam Prof. Dr.
Max Herrmann«*, MHS 5.1; Knobloch, *Aus Herrmanns letzten Berliner Tagen*, 1983;
*Max Herrmann und die Anfänge der deutschsprachigen Theaterwissenschaft/*Aus-
stellungsführer der Universitätsbibliothek der Freien Universität Berlin 26 (1992); Mövius, *In memoriam Max Herrmann*, 1962; Münz, *Zur Begründung der Berliner theaterwissenschaftlichen Schule Max Herrmanns*, 1974; Weitz, *Mit Dank für geleistete
Dienste gestorben in Theresienstadt*, 1965. Die (unveröffentlichte) Berliner Germanistik-Diplomarbeit von Auerwald, *Max Herrmann/Biographie eines Wissenschaftlers*,
1986, ist oberflächlich und im Detail unzuverlässig.

[8] Eltern: Pauline Herrmann, geb. zum Bruch; * 4.3.1837, † 3.2.1926; Louis Herrmann
* 3.11.1836, † 9.11.1915; MHS 3.4.

[9] Wininger, *Große Jüdische National-Biographie mit mehr als 8000 Lebensbeschreibungen namhafter jüdischer Männer und Frauen aller Zeiten*, 1979; Knobloch, *Berliner Grabsteine*, 1987, S. 159–161.

torvater Edward Schröder.[10] Seine Dissertation 1889 und seine Habilitationsschrift beschäftigten sich mit dem Frühhumanisten Albrecht von Eyb; 1893 veröffentlichte Herrmann als Ergebnis dieser Studien die umfangreiche Monographie *Albrecht von Eyb und die Frühzeit des deutschen Humanismus*. Seit 1891 war Herrmann Privatdozent für Germanische Philologie am 1887 gegründeten Germanischen Seminar der Friedrich-Wilhelms-Universität Berlin.[11] In diese Zeit fällt auch die Publikation einer ersten kleinen theatergeschichtlichen Arbeit über das *Leipziger Theater während Goethes Studienzeit*.[12] Daß sich Herrmann nicht nur für die Geschichte, sondern auch für das Theaterleben der Gegenwart interessierte, verdeutlicht sein Engagement im Berliner ›Akademisch-literarischen Verein‹ und dem daraus 1899 hervorgegangenen ›Akademischen Verein für Kunst und Literatur‹, einer der zahlreichen, mehrheitlich von Studenten getragenen akademisch-dramatischen Vereinigungen der Jahrhundertwende.[13] Der Berliner Verein hatte sich vor allem eine Wiederaufführung der antiken Dramen auf der Bühne zum Ziel gesetzt. Unter der Leitung des Herrmann-Schülers Hans Oberländer und unter Mitwirkung zahlreicher junger, später so berühmter Schauspieler und Regisseure wie Louise Dumont, Friedrich Kayssler und Max Reinhardt unternahm der Verein 1900 die erste Gesamtaufführung der aischyleischen ›Orestie‹ in Deutschland, die in den vorangegangenen Jahrhunderten nur in Bruchstücken auf der Bühne zu sehen gewesen war.[14] Auch dem modernen Theater gegenüber zeigte sich Herrmann aufgeschlossen. In einem Brief vom 19.05.1890 an den nach Marburg berufenen Edward Schröder, der über die Berliner Verhältnisse informiert werden wollte, schrieb Herrmann:»Unsere ›litterarischen‹ Ereignisse – an der Spitze die herrlichen Thaten der Freien Bühne – verfolgen Sie ja wohl von draußen.«[15]

---

[10] Vgl. die selbstverfaßte Vita von Max Herrmann im Anhang zu seiner Dissertation.
[11] Zur Geschichte informieren umfassend: *Das Germanische Seminar der Universität Berlin, 1937*; *100 Jahre Germanisches Seminar in Berlin, 1987*; Höppner, *Eine Institution wehrt sich/Das Berliner Germanische Seminar und die deutsche Geistesgeschichte*, 1993. Neben Literaturgeschichte lehrte Herrmann auch Gotisch, Alt-, Mittel-, und Frühneuhochdeutsch, und seit 1900 Theatergeschichte. Vereinzelt hielt er auch Veranstaltungen zur Erziehungs- und Schulgeschichte ab.
[12] In: Goethe-Jahrbuch 11 (1890), S. 185–193.
[13] Vgl. Wenig, *Der Beitrag der akademisch-dramatischen Vereinigungen zur Entwicklung des deutschen Theaters von 1890–1914*, 1954. Zu Herrmanns Mitwirkung vgl. ebd., S. 61f., 67.
[14] Wenig (ebd.) zufolge hatte der Berliner Verein damit maßgebliche Bedeutung für die Durchsetzung antiker Dramen in den deutschen Spielplänen; die akademisch-dramatischen Vereinigungen (u.a. der Neue Verein in München unter Mitwirkung Artur Kutschers, in Leipzig und Wien) waren insgesamt wichtig für die Herausbildung der Brettl- und Kleinkunstbühnenbewegung um 1900.
[15] GöSU, Ms. E. Schröder 375.

Nach seiner Habilitation[16] beschäftigte sich der junge Privatdozent Herrmann in zahlreichen kleineren und in einigen umfangreicheren Aufsätzen vor allem mit der deutschen und lateinischen Literatur des Frühhumanismus, er editierte eine zweibändige Neuausgabe der deutschen Schriften des Albrecht von Eyb und fungierte als Herausgeber der Reihe *Lateinische Litteraturdenkmäler des 15. und 16. Jahrhunderts.* Ein großangelegtes Projekt waren auch die von Herrmann in Zusammenarbeit mit zwei anderen jungen Germanisten, Siegried Szamatólski und Julius Elias, seit 1892 herausgegebenen *Jahresberichte für neuere deutsche Litteraturgeschichte,* wobei der aus einer vermögenden jüdischen Bankiersfamilie stammende Elias in erster Linie als Geldgeber fungierte und beträchtliche Mittel investierte.[17] Die Jahresberichte waren als »kritisch berichtend[es]« bibliographisches Periodikum nicht nur für »strenge Specialisten« gedacht, sondern sollten auch »dem Schulmann, dem populären Schriftsteller und dem Studenten«[18] dienen. Als Mitautoren konnte man zahlreiche namhafte Fachgelehrte wie Albert Köster, Wilhelm Creizenach und Erich Schmidt gewinnen; Herrmann und Szamatólski schieden als Herausgeber allerdings nach den ersten beiden Jahrgängen wieder aus.[19] In den Briefen an den Göttinger Germanisten Gustav Roethe, der als Herausgeber der *Zeitschrift für Deutsches Altertum und Deutsche Literatur* eine Schlüsselstelle in einer der wichtigsten Fachperiodika innehatte, und für die Herrmann des öfteren Rezensionen verfasste, klagt Herrmann relativ offen über die Unfähigkeit von Elias und die eminente Arbeitsbelastung, welche die Herausgabe der *Jahresberichte* für ihn bedeutete.[20] Für beträchtliches Aufsehen in der germanistischen Fachwelt

---

[16] HUA, UK-Personalia H 258 I.

[17] Zu Elias siehe Kaemmel, *Leben für Bild, Buch und Bühne*, 1991.

[18] *Jahresberichte für neuere deutsche Literaturgeschichte*, 1 (1892) –26 (1919f); hier Band 1, S. III–IV. Diesem Anspruch zum Trotz waren die Jahresberichte ein reines Fachorgan für akademische Kreise.

[19] Zur Bedeutung der *Jahresberichte* als theaterwissenschaftliche Bibliographie (sie enthielten von Anfang an eine eigene Rubrik ›Theatergeschichte‹, die allerdings nicht durch Herrmann, sondern von wechselnden Bearbeitern betreut wurde) siehe Zielske, *Periodische Bibliographien zur Theaterwissenschaft*, 1972, S. 222–225.

[20] GöSU, Cod. Ms. G. Roethe 85, Brief an Roethe v. 19.5.1891. Der vom Ton her freundschaftliche und regelmässige Briefwechsel mir Roethe bricht 1894 plötzlich ab, zumindest sind im Nachlaß Roethe keine weiteren Herrmann-Autographen mehr erhalten geblieben. 1902 wurde Roethe als Ordinarius für deutsche Sprache und ältere deutsche Literatur nach Berlin berufen, wo er bis zu seinem Tod 1926 lehrte. Roethe galt nicht erst seit dem Sturz der deutchen Monarchie als der Prototyp des rechtskonservativ-völkischen und antisemitischen Hochschullehrers, der die Weimarer Demokratie erbittert bekämpfte und als energischer Gegner des Frauenstudiums bekannt war. Der Unterschied zu dem liberal-sozialdemokratisch eingestellten Max Herrmann ist größer kaum denkbar.

sorgte die Auseinandersetzung von Herrmann mit dem Wiener Germanisten Jakob Minor. Herrmanns Arbeit über die von Hans Sachs verwendeten Vers- und Reimformen[21] stieß auf Minors heftigen Widerspruch und bot Anlaß für eine scharf geführte Kontroverse.[22]

1889 wird Herrmann in den Akten des Berliner Polizeipräsidiums erwähnt. Im Kampf gegen die strenge Theaterzensur in Berlin versuchten liberale Kreise, einen Zensurbeirat ins Leben zu rufen, der die Polizei literarisch beraten sollte. Der preußische Innenminister schlug als Kandidaten hierfür unter anderen auch Max Herrmann vor. Die Antwort des Polizeipräsidenten von Kindheim wirf erneut ein grelles Licht auf die antisemitische Einstellung der staatlichen Behörden im wilhelminischen Deutschland:

> Wenn Herrmann gleich wegen seiner Vorbildung recht befähigt erscheint, als litterarischer Sachverständiger für die Zensur beschäftigt zu werden, so habe ich doch gegen seine Persönlichkeit wegen seiner Konfession und seiner politischen Richtung erhebliche Bedenken und vermag ihn für das gn. Amt nicht zu empfehlen.[23]

1898 heiratete Herrmann die zwölf Jahre jüngere Helene Schlesinger, der 1904 als einer der ersten Frauen und als erster verheirateten Frau in Berlin überhaupt die ordentliche Promotion zum Dr. Phil. gelang.[24] Neben ihrer Dissertation über *Die psychologischen Anschauungen des jungen Goethe* verfaßte Helene Herrmann auch zahlreiche Aufsätze zur deutschen Literaturgeschichte. 1915 legte sie die Staatsprüfung für das höhere Lehramt ab und unterrichtete während des Krieges am Falk-Realgymnasium und am Kleist-Lyzeum in Berlin, später an verschiedenen Privatschulen unter anderm Deutsch, Französisch und Latein.[25] Max Herrmann selbst bezeichnete sich als

---

[21] *Stichreim und Dreireim bei Hans Sachs und anderen Dramatikern des 15. und 16. Jahrhunderts*, 1894.

[22] Minor, *Stichreim und Dreireim bei Hans Sachs*, 1896–97. Vgl. auch die Beiträge von Herrmann und Minor in Deutsche Litteraturzeitung 24 (1896), Sp. 765f.; 25 (1896), Sp. 799f.; 26 (1896), Sp. 829. Im Briefwechsel mit Erich Petzet (Sekretär der Königlichen Hof- und Staatsbibliothek München) beklagt Herrmann die Heftigkeit des Streits und die unfairen Angriffe, denen er sich ausgesetzt sieht. MüBS, Petzetiana IV b.

[23] Vgl. Ebert, *Die Praxis der preußischen Theaterzensur von 1888–1914*, 1957, S. 42–64. Auch der Kieler Germanist und Theaterwissenschaftler Eugen Wolff wird vom Polizeipräsidenten für das Amt eines Zensurbeirates abgelehnt, denn dieser sei Anhänger der deutschen Fortschrittspartei und zudem Mitglied der Kieler Freien Bühne. Ebd.

[24] Zur Promotion von Helene Herrmann vgl. *Promotion der Gattin eines Berliner Universitätsprofessors*, 1904.

[25] Zu Helene Herrmann siehe: Lebenslauf Helene Herrmann, MHS 3.2; Mövius, *Helene Herrmann*, 1984; *»Hier ist kein Bleiben länger«, Jüdische Schulgründerinnen in Wilmersdorf*, 1992. Einige ihrer Aufsätze wurde neu herausgegeben von Joachim Biener: *H. Herrmann, Einfühlung und Verstehen*, 1988. Der in der Stichting Castrum Peregrini

»ausgesprochener Freund des Frauenstudiums«,[26] was Anfang des 20. Jahrhunderts nicht der Regel entsprach; in Preußen war ein ordnungsgemäßes Frauenstudium erst seit 1908 möglich.

Das Jahr 1900 wird häufig als ›Geburtsstunde der Theaterwissenschaft‹ bezeichnet, weil Herrmann im Sommersememester 1900 erstmals eine Vorlesung zur Geschichte des Theaters in Deutschland hielt und seit diesem Zeitpunkt regelmäßig Vorlesungen und Übungen zur Theatergeschichte und Theatertheorie abhielt; die Bezeichnung ›Theaterwissenschaft‹ findet sich in den Vorlesungsverzeichnissen der Berliner Universität allerdings erst ab dem Wintersemester 1920/21. Ebenfalls im Jahr 1900 veröffentlichte Herrmann seine Untersuchungen über Goethes Jugendwerk *Jahrmarktsfest zu Plundersweilern,* in dem Herrmann innerhalb der Germanistik insofern Neuland betrat, als er neben der Entstehungs- auch die Aufführungsgeschichte untersuchte und dabei den möglichen Einfluß anderer Jahrmarktstheaterformen wie der Commedia dell'arte mit einbezog. Dabei ist zu berücksichtigen, daß es sich beim *Jahrmarktsfest* noch nicht um eine hauptsächlich theaterwissenschaftliche Arbeit Herrmanns handelt, das Erkenntnisinteresse des Verfassers konzentriert sich ganz eindeutig auf die literarische Entstehung.

Die Ernennung zum Professor 1903 bedeutete keine dienstrechtliche Veränderung. Da mit ihr keine Professur verbunden war, blieb Herrmann als Privatdozent ohne Bezahlung weiterhin auf die Hörergelder angewiesen.[27] 1906 wurde der Antrag der Philosophischen Fakultät, Herrmann auf eine außerordentliche Professur für deutsche Literatur und Sprache zu berufen, von der Preußischen Regierung abgelehnt.[28]

Seinen Lebensunterhalt bestritt Herrmann hauptsächlich durch eine Vielzahl anderer Tätigkeiten: Seit der 1906 erfolgten Gründung der Berliner Handelshochschule lehrte er dort als nebenberuflicher Dozent, eine Verdienstmöglichkeit für zahlreiche jüdische Wissenschaftler, die an einer deut-

---

(Amsterdam) befindliche Nachlaß von Vera Lachmann enthält eine größere Anzahl von Briefen Helene Herrmanns an Vera Lachmann.

[26] SBPK, Nachlaß F. v. Luschan; Brief an Luschan v. 18.4.1903.

[27] »Dem Privatdozenten Dr. Max Herrmann habe ich in Anerkennung seiner wissenschaftlichen Leistungen durch Patent vom heutigen Tage das Prädikat ›Professor‹ beigelegt. Im Auftrage. Althoff.« HUA Phil. Fak. 1437,244.

[28] HUA Phil. Fak. 1438,43f. (handschriftl.), maschinenschriftliche Abschrift in HUA Phil. Fak. 1468,48b-c. Im Zusammenhang mit den Erfahrungen der langjährigen Benachteiligung dürfte auch Herrmanns Engagement für die ›Privatdozentenvereinigung der Universität Berlin‹ und den ›Verband deutscher Privatdozenten‹ (Herrmann war mehrere Jahre Vorsitzender beider Organisationen) zu sehen sein. Vgl. Mitteilungen des Kartells deutscher Nichtordinarien-Organisationen, I (1912); II (1914); Herrmann, Die Privatdozenten, 1919. Zu den Aktivitäten der Nichtordinarienvereinigungen vgl. vom Bruch, Wissenschaft, Politik und öffentliche Meinung, S. 122–127.

schen Universität keine akademische Karriere machen konnten.[29] Zwanzig Jahre lang hielt Herrmann dort wöchentlich eine einstündige Literatur-Vorlesung. Gleichzeitig engagierte er sich in der Volkshochschulbewegung; er schrieb Einführungen zu bekannten Theaterstücken, verfaßte Rezensionen von Arbeiterlyrik und wirkte als Mitarbeiter des Volksbildungsarchivs.[30] Daneben hielt Herrmann seit den neunziger Jahren konstant eine außerordentlich große Anzahl von Vorträgen in den verschiedensten wissenschaftlichen und lokalhistorischen Gesellschaften, die meisten zu literaturhistorischen Themen. Allein im Rahmen der Gesellschaft für Deutsche Literatur – gegründet 1888 nach der Berufung Erich Schmidts nach Berlin – hielt Herrmann, der von 1916 bis zur erzwungenen Auflösung der Gesellschaft 1938 auch das Amt des Ersten Vorsitzenden ausübte, 43 nachgewiesene Vorträge.[31] Einer dieser Vorträge Herrmanns, ›Die deutsche Literatur der Gegenwart und ihre Erhaltung für die Zukunft‹,[32] bot Anlaß für die Gründung der von Herrmann betreuten und zum Teil eigenhändig katalogisierten ›Bibliothek deutscher Privat- und Manuskriptdrucke‹, die zum Zeitpunkt ihrer Übergabe an die Preußische Staatsbibliothek 18.000 Titel umfasste; davon waren circa 2/3 Bühnenmanuskripte.[33] Es ist kaum möglich, alle wissenschaftlichen Gesellschaften zu verfolgen, in denen Herrmann Mitglied war.[34] Am aktivsten mitgearbeitet hat er zweifelsohne neben der Gesellschaft

---

[29] HUA UK-Personalia H 258, II: Akten der Korporation der Kaufmannschaft von Berlin. 1926 löste die Handelshochschule aufgrund finanzieller Engpässe den Vertrag mit Herrmann auf.

[30] Vgl. Münz, *Zur Begründung der Berliner theaterwissenschaftlichen Schule Max Herrmanns*, 1974, S. 343f.

[31] Die wirkliche Anzahl dürfte wohl noch höher liegen, da ab März 1934 keine Zeitungsberichte mehr von den Versammlungen der Gesellschaft, die sich zum Refugium für jüdische Wissenschaftler und Freunde entwickelte, erscheinen durften. Vgl. 50 Jahre Gesellschaft für Deutsche Literatur 1888–18. November 1938, Chronik nach den Quellen zuammengestellt v. Bruno Th. Satori-Neumann, Typoskript, MHS 2.1. Zur Gesellschaft vgl. auch Weitz, *Mit Dank für geleistete Dienste gestorben in Theresienstadt*, 1965. Mitglieder der rennomierten Gesellschaft waren unter anderen: Otto Brahm, Ernst Cassirer, Wilhelm Dilthey, Georg Ellinger, Arthur Eloesser, Ferdinand Gregori, Helene und Max Herrmann, Monthy Jacobs, Hans Knudsen, Richard M. Meyer (dem wie Herrmann als jüdischer Privatdozent am Berliner Germanischen Seminar eine Karriere verwehrt blieb), Julius Petersen, Erich Schmidt, Walther Unruh und Hans Joachim Weitz.

[32] Gehalten am 15.12.1897.

[33] Vgl. Gollmitz, *Unlösbar mit deutschem Geistesleben verbunden*; unveröffentl. Beitrag zum 50. Todestag Herrmanns, 1992; Osborn, *Eine Bibliothek versteckter Bücher*, 1904.

[34] Darunter so typisch akademische Vereinigungen wie etwa die Goethe-Gesellschaft und die Vereinigung der Bibliophilen.

für Deutsche Literatur in der Gesellschaft für Theatergeschichte[35] (Erster Vorsitzender von 1919 bis 1934) und der Gesellschaft für deutsche Erziehungs- und Schulgeschichte, für die er von 1910–1929 als Schriftleiter fungierte.[36] Hier kam er in Kontakt zur Reformpädagogik der Jahrhundertwende – mit Männern wie Karl Kehrbach, Friedrich Dittes, Jürgen Bonna Meyer und Alfred Rebhuhn.[37] Herrmanns Tätigkeit für diese Gesellschaft war aber keineswegs ausschließlich von wissenschaftlichem Interesse geprägt, auch wenn er in der Zeitschrift der Gesellschaft mehrere Beiträge veröffentlichte; es waren vor allem finanzielle Gründe, die Herrmann zur Übernahme und Beibehaltung der Schriftleitung bewogen. Verbunden mit seiner Tätigkeit als Schriftleiter und Herausgeber der Zeitschrift der Gesellschaft war auch die Betreuung der umfangreichen *Monumenta Germania Paedagogica*, einer nach dem Vorbild der *Monumenta Germania Historica* konzipierten Quellensammlung von Dokumenten zur Geschichte des Erziehungs- und Schulwesens.[38] Die mit dem Amt des Schriftführers verbundenen Einnahmen bedeuteten für Herrmann zumindest während der Zeit des Ersten Weltkrieges, in der seine Hörergelder stark zurückgingen, eine existentiell notwendige Einnahmequelle. In einem Brief an den Königsberger Germanisten Gustav Baesecke gibt Herrmann Einblick in die schwierige finanzielle Situation und seine unsichere Zukunft:[39]

---

[35] Siehe 3.3 Die Institutsgründung. Den Vorsitz der 1918 gegründeten ›Deutschen Dramatischen Gesellschaft‹ hatte Herrmann nur für kurze Zeit inne. Vgl. Münz, *Zur Begründung der Berliner theaterwissenschaftlichen Schule Max Herrmanns*, 1974, S. 341.

[36] Vgl. Zeitschrift für Geschichte der Erziehung und des Unterrichts, 20 (1930), S. 177.

[37] Typoskript eines Vortrags von Gerd Hohendorf, »In Memoriam Prof Dr. Max Herrmann«, MHS 5.1.

[38] Vgl. hierzu auch den Bericht über Herrmanns Vortrag über die Arbeiten der Gesellschaft für deutsche Erziehungs- und Schulgeschichte, 1912.

[39] Baesecke bemühte sich für Herrmann trotz antisemitischer Vorurteile an der Königsberger Universität um ein Extraordinariat, wofür Herrmann ihm in einem Brief vom 13.11.1917 nachdrücklich dankte:
»Lieber Herr Kollege,
Ihr gewichtiges Kärtchen kam heute früh in meine Hände und bereitet mir eine große und herzliche Freude. Eine rein sachliche: daß sich an einer deutschen Universität ein Mann findet, der so tapfer ist, den Kampf gegen das wahrhaftig nicht kleine Vorurteil aufzunehmen und eine persönliche: daß aber ich es bin, dem diese wahrhaft männliche Denkart noch aufwärts helfen soll. Seien Sie überzeugt, daß ich Ihnen diesen Entschluß *niemals* vergessen werde, zu welchem Ergebnis es am Ende so auch immer führen mag.« [...] GöSU, Codex Ms. Baesecke 80.

Lieber Herr Kollege,

seien Sie von neuem herzlich bedankt! Die Verhältnisse liegen nach ihren freundlichen Auskünften ungefähr so wie ich sie mir gedacht habe, d.h. für mich nicht eben einfach. Ich habe hier jetzt durchschnittlich gegen 7000 Mark Kolleggeld, dazu 800 Mark an der Handelshochschule, also zusammen etwa 8000 Mark – ungefähr ebenso viel demnach wie in Königsberg die Universität bringen würde. Dagegen würd ich an dem, nicht eben bedeutenden, Vermögen, das im wesentlichen nur aus dem ja jetzt leider sehr [?] Hause besteht, resp. von den Zinsen jährlich 2000 Mark einbüßen, nämlich den Nichtertrag meiner eigenen Wohnung. Ich habe öfter schon, um billiger zu wohnen, den Versuch gemacht, meine Wohnung zu vermieten, aber stets gesehen, daß es unmöglich ist, solange kein Fahrstuhl im Hause ist, und den anzulegen hab ich leider kein Geld. Angesichts des so bevorstehenden betrüblichen Rückgangs meiner Einnahmen mußt ich um so entschiedener darauf bedacht sein, diejenige Quelle weiter fließen zu lassen, durch die ich auch hier in Berlin nur durchhalten kann: meine Bezüge als Schriftleiter der ›Gesellschaft für deutsche Erziehungs- und Schulgeschichte‹.

Sie sehen also, lieber Herr Kollege, die Möglichkeit, ja zu sagen, hängt also für mich davon ab, ob ich diese Schriftleitung auch künftig behalten kann. Rein sachlich halte ich das durchaus für möglich, das Amt auch von Königsberg aus zu verwalten; ich müßte nur in den Ferien ein paarmal auf längere Zeit nach Berlin fahren. Es fragt sich nur, ob der Vorstand der gleichen Meinung ist, und um das zu ermitteln, müßte ich in allernächster Zeit mit dem maßgeblichen Leuten: dem Vorsitzenden und dem Schatzmeister Rücksprache nehmen. Sie haben doch nichts dagegen?: eine Verletzung der gebotenen Diskretion wäre es doch nicht, da ich natürlich nichts davon sagen werde, daß es sich um Königsberg handelt – das werden die Leute doch unmöglich heraus bekommen: der Vorsitzende ist gerne im Kultusministerium (Geh. Rat Reinhardt), aber im UM und steht den Dingen in der Abteilung UT im ganzen doch recht fern. Vielleicht sagen Sie mir aber doch erst mit einer Zeile, daß ich nichts diskretionswidriges begehe, wenn ich sage, es wäre nicht unmöglich, daß ich in absehbarer Zeit einen Ruf nach außerhalb erhielte.

Nun aber noch zu dem Schwanz Ihres Briefes. Ich hoffe zuversichtlich, daß man mir die ›Exspektenz‹ noch anbieten wird – denn ich habe ja wohl lange genug ›exspektiert‹: über 26 Jahre! Käme dieser Vorschlag eben doch, – dazu könnt ich nicht Ja sagen. Denn erstens: ich wüßte nicht, wie ich es pekuniär anstellen sollte, und zweitens: wir haben augenblicklich, glaub ich, kein antisemitisches Ministerium. Aber wer bürgt dafür, daß, wenn meine ›Exspektenz‹zeit zu Ende wäre, nicht ein anderer Name und eine andere Richtung am Ruder ist und man mich dann lebenslänglich in der ›Exspektenz‹ ließe! Was sollte ich dann noch anfangen? Ich hoffe also, daß Ihr durchaus berechtigter Wunsch von vorn herein mein Ja zu geben, sich nicht auch auf dieses hypothetische Extraordinariat bezieht. Die Fakultät macht ja doch nur Vorschläge, die sich auf die Besetzung des Ordinariats beziehen.

Herzliche Grüße, auch von meiner Frau, die auch für die auf sie bezüglichen Auskünfte bestens dankt, und Empfehlungen an die verehrte Gattin.

Der Ihrige

Max Herrmann
Berlin W 50
Augsburgerstr. 34
18.11.17

Nach jahrelangen Umarbeitungen und Verzögerungen konnte 1914 Herrmanns theaterwissenschaftliches Hauptwerk, die *Forschungen zur deutschen Theatergeschichte des Mittelalters und der Renaissance,* erscheinen. Die Arbeit verschaffte ihm auch in breiteren Kreisen der Öffentlichkeit den Ruf eines herausragenden Spezialisten für Theatergeschichte und Vorkämpfers für eine Disziplin Theaterwissenschaft. Gestärkt durch dieses Renommee, richtete Herrmann Anfang 1919 einen offiziellen Antrag an das Preußische Ministerium für Wissenschaft, Kunst und Volksbildung auf Errichtung eines theaterwissenschaftlichen Instituts, dessen Realisierung sich bis Ende 1923 hinziehen sollte.[40] Im April 1919, nach 28 Jahren als Privatdozent, im Alter von 54 Jahren, wurde Herrmann als Nachfolger des verstorbenen Ludwig Geiger endlich zum außerordentlichen Professor ernannt. In der Ernennungsurkunde wird Herrmann beauftragt, sich in seinen »Vorlesungen und Übungen der Darstellung des Zeitalters des Humanismus und der Renaissance zu widmen, sowie das Fach Theatergeschichte zu vertreten.«[41]

Zwischen 1920 und 1924 sorgte die Auseinandersetzung mit dem Leipziger Germanisten und Theaterhistoriker Albert Köster um die Rekonstruktion der Meistersingerbühne[42] – abgesehen von ihrem wissenschaftlichen Streitwert – auch für ein hohes Maß an Publizität. Auch wenn dies von Herrmann nicht unbedingt beabsichtigt gewesen sein dürfte, kam die Gründung des Berliner Instituts nicht zuletzt auf Druck der Öffentlichkeit zustande. Nach mehrjährigen finanziellen und hochschulpolitischen Schwierigkeiten konnte am 10. November 1923 das ›Institut für Theaterwissenschaft an der Universität Berlin‹ eröffnet werden, das erste selbständige theaterwissenschaftliche Institut weltweit.[43] In den Jahren zuvor waren bereits verschiedene theaterwissenschaftliche Seminare und Abteilungen gegründet worden: in Kiel, Frankfurt und Köln, wo 1936 auch der erste Lehrstuhl für Theaterwissenschaft geschaffen wurde. Der Selbständigkeit in Berlin waren allerdings enge Grenzen gesetzt. Eine der Hauptforderungen Herrmanns, nämlich die Durchführung eines eigenständigen theaterwissenschaftlichen Doktorexamens, hatte sich gegen den Widerstand der Philosopischen Fakultät nicht durchsetzen lassen. Zwar konnten die Studenten eine theaterwissenschaft-

---

[40] Hierzu ausführlich 3.3 Die Institutsgründung.

[41] Bestallungsurkunde zum außerordentlichen Professor der Friedrich-Wilhelms-Universität Berlin; GStA PK I, HA Rep. 76 Va Sekt. 2 Tit. IV Nr. 68 B Bd I Bl. 83–84. Die Bemühungen um die Königsberger Professur waren damit natürlich hinfällig geworden.

[42] Siehe hierzu 4.1.2 Rekonstruktion.

[43] Auch das 1921 gegündete ›Institut für Literatur- und Theaterwissenschaft an der Universität Kiel‹ war formell selbständig, aber nur, weil es sich dabei um eine Privatgründung des Kieler Literatur- und Theaterwissenschaftlers Eugen Wolff handelte.

liche Dissertation einreichen, im mündlichen Examen wurde Theaterwissenschaft – anders als in Kiel, Frankfurt und Köln – formal jedoch nicht einmal im Nebenfach berücksichtigt.[44] Max Herrmann und Julius Petersen übernahmen alternierend jeweils für ein Jahr die Direktion des Instituts, behielten aber gleichzeitig ihre Lehrverpflichtungen in Germanistik bei. Während Petersen, der auch einer der geschäftsführenden Direktoren des Germanischen Seminars blieb, die Theaterwissenschaft eher als Nebentätigkeit ansah, war es an Herrmann, die eigentliche organisatorische und inhaltliche Ausgestaltung des Instituts voranzutreiben. Die Leistung Herrmanns wurde im In- und Ausland anerkannt, zum 60. Geburtstag Herrmanns 1925 wurden seine Verdienste für die Theaterwissenschaft in zahlreichen Glückwunschadressen gewürdigt.[45] Bereits ein Jahr zuvor hatte das Leningrader ›Russische kunsthistorische Institut‹ unter der Leitung von A.A. Gvozdev Max Herrmann zu seinem Ehrenmitglied ernannt.[46]

Noch im 65. Lebensjahr wurde Herrmann zum ordentlichen Professor ernannt; allerdings bei unveränderten Bezügen, denn es handelte sich um ein sogenanntes ›persönliches Ordinariat‹.[47] Im gleichen Jahr hielt Herrmann anläßlich des ›IV. Kongresses für Ästhetik und allgemeine Kunstwissenschaft‹ in Hamburg einen Vortrag über das wechselseitige Verhältnis von Dramatiker, Schauspieler, Regie und Zuschauer,[48] in dem er die aktive Rolle des Publikums noch ausdrücklicher als bisher betonte. 1932 bezog das Institut neue, großzügigere Räumlichkeiten im ehemaligen Marstall,[49] gleichzeitig wurde Winfried Klara[50] als Nachfolger der bisherigen ehrenamtlichen Assistenten Hans Knudsen und Bruno Th. Satori-Neumann zum neuen ehrenamtlichen (unbesoldeten) Assistenten bestimmt.

Die Ernennung Adolf Hitlers zum Reichskanzler am 30. Januar 1933 und die folgende Zerschlagung der schon stark geschwächten Weimarer Demokratie durch die Nationalsozialisten wurde für das Ehepaar Herrmann als deutsche Staatsbürger jüdischer Konfession zur persönlichen Katastrophe. Die in ihrer

---

[44] Vgl. Theaterwissenschaftliche Blätter 1, 1925, S. 2f.

[45] Vgl. Theaterwissenschaftliche Blätter 5, 1925, ›Max-Herrmann-Heft‹.

[46] Brief des Russischen Kunsthistorischen Instituts v. 16.7.1924; MHS 3.1. Der Brief nennt als Datum der Ehrung den 27. Oktober 1922, die allerdings erst im Januar 1924 vom Wissenschaftlichen Rat der Sowjetunion betätigt wurde. Zu Gvozdev vgl. 5.2.1 Sowjetunion/Rußland: A.A. Gvozdev und die ›Leningrader Schule‹.

[47] HUA, Phil. Fak. 38,448.

[48] *Das theatralische Raumerlebnis*, 1931 [im Anhang].

[49] Vgl. auch Frenzel/Frenzel, *Aus Endstationen betrachtet*, 1977.

[50] Zu Klara vgl. 4.3.2 Kostüm und Maske. Später wurden Klara, der 1936 an einer schweren Krankheit starb, 50 RM monatlich gewährt. BAP, 1450,134.

Mehrheit schon lange offen nazistisch agierende Deutsche Studentenschaft verbreitete gegen jüdische Studenten und Dozenten eine gezielte und vom Reichsministerium für Volksaufklärung und Propaganda unter Joseph Goebbels geleitete und unterstützte Hetzpropaganda, die in den Bücherverbrennungen vom 10. Mai 1933 ihren ersten traurigen Höhepunkt erreichen sollte.[51] Als Vorbereitung der Bücherverbrennungen diente der von der Deutschen Studentenschaft unterzeichnete Aufruf ›Wider den undeutschen Geist‹, der in allen deutschen Universitäten öffentlich aushing. In zwölf Thesen wurde unter anderem eine besondere Kennzeichnung der deutschsprachigen Werke jüdischer Wissenschaftler als Übersetzung aus dem Hebräischen gefordert.[52] Max Herrmann reichte beim Preußischen Ministerium ein Protestschreiben mit der Bitte um vorläufige Beurlaubung ein, das seine Zivilcourage kennzeichnet, zugleich aber auch sein Dilemma als preußischer Beamter verdeutlicht:[53]

Berlin-Schlachtensee
Luisenstr. 17
1. Mai 1933

[54]

Hochgeehrter Herr Minister,

hierdurch spreche ich die ergebene Bitte aus, mich freundlichst noch auf kurze Zeit zu beurlauben: so lange nämlich, wie in der Universität die von der deutschen Studentenschaft erlassene Erklärung ›Wider den undeutschen Geist‹ aushängt. Meinem Ehrgefühl, daß in meiner allezeit gehegten und bekundeten nationaldeutschen Gesinnung tief verwurzelt ist, widerstrebt es auf das entschiedenste, meine akademische Tätigkeit in einem Hause auszuüben, in welchem über die Angehörigen meiner Gemeinschaft, zu der ich durch meine Geburt gehöre, öffentlich gesagt wird: ›Der Jude kann nur jüdisch denken, schreibt er deutsch, dann lügt er‹ – widerstrebt mir um so entschiedener,

---

[51] Zu den Bücherverbrennungen vom 10. Mai 1933 siehe v.a.: Sauder, *Die Bücherverbrennung*, 1983; *»Das war ein Vorspiel nur«*, 1983.

[52] Vgl. Strätz, *Die studentische »Aktion wider den undeutschen Geist«*, 1968.

[53] GStA PK 1 HA Rep. 76 Va Sekt. 2 Tit. IV Nr. 53 Bd 20 Bl. 415. Herrmanns Brief ist bemerkenswert, da von universitärer Seite kaum Widerstand sowohl gegen die zwölf Thesen als auch gegen die Bücherverbrennung entgegengesetzt wurde; die große Mehrzahl der Dozenten unterstützte entweder bereits zuvor die NSDAP und ihre Organe oder hoffte, sich mit den neuen Machthabern arrangieren zu können. Als Ausnahmedokument ist der Brief Herrmanns bereits vielfach zitiert worden, allerdings häufig nur zur Hälfte. Aber gerade die oft weggelassenen letzten beiden Absätze des Briefes verdeutlichen das Dilemma des verbeamteten Hochschullehrers Herrmann, der zu diesem Zeitpunkt die studentische Aktion wohl noch als eine vorübergehende Episode ansah.

[54] Handschriftliche Vermerke des Ministeriums: »1. Ist auf das Gesuch von Ihm etwas veranlaßt? 2. Ist Ihnen bekannt ob das Plakat noch hängt? Dem Gesuch kann nicht entsprochen werden«.

als ich ja gerade das Wesen deutschen Geistes den Studenten zu verkünden habe. Ich schreibe deutsch, ich denke deutsch, ich fühle deutsch, und ich lüge nicht.

Ausdrücklich darf ich hervorheben, daß meine Bitte durchaus keinen Widerstand gegen die nationale Regierung bedeutet, von ihr ist ja jene mir völlig untragbare Erklärung keineswegs ausgegangen, sie verwehrt vielmehr immer wieder nicht autoritativen Stellen, eigenmächtig vorzugehen.

So hoffe ich zuversichtlich, daß Sie, hochgeehrter Herr Minister, meine Bitte verständlich, berechtigt und nicht illegal finden. Wenn ich bis zum Donnerstag, dem Tage an dem meine Vorlesungen beginnen sollten, keine andere Antwort erhalte, werde ich annehmen, daß meiner Bitte entsprochen ist, und werde an den mir angewiesenen Hörsälen folgenden Wortlaut anheften: ›Der Herr Minister hat mir auf meine Bitte noch einen kurzen Urlaub gewährt; ich werde später an diesen Stellen bekanntgeben, wann meine Vorlesungen und Übungen beginnen.‹

In ausgezeichneter Hochachtung
Herrn Dr. Rust
Minister für Wissenschaft, Kunst und Volksbildung

Dr. Max Herrmann
ordentlicher Professor der
deutschen Philologie
an der Friedrich Wilhelms-
Universität
Berlin W 8
Unter den Linden 4

Bereits am 7. April 1933 war von der deutschen Regierung das ›Gesetz zur Wiederherstellung des Berufsbeamtentums‹ verabschiedet worden, um die staatlich geförderte Ämterpatronage für Parteigenossen juristisch abzusichern, sowie politisch mißliebige und jüdische Beamte aus dem Staatsdienst zu entfernen.[55] Nach § 3 des Gesetztes wurden alle Beamten ›nichtarischer Abstammung‹ in den Ruhestand versetzt, sofern sie nicht im Ersten Weltkrieg an der Front gekämpft, dort Väter oder Söhne verloren hatten oder bereits vor Kriegsbeginn Beamte gewesen waren. In der Praxis wurden diese widersprüchlichen Regelungen jedoch oft zu ungunsten der Betroffenen ausgelegt. So wurde auch Herrmann zum 16. September 1933 zwangsweise in den Ruhestand versetzt, darüberhinaus ordnete das Ministerium die Einstellung der Emeritenbezüge zum Jahresende an;[56] danach bezog Herrmann nur noch ein gekürztes Ruhegeld.[57]

In den folgenden Jahren wurde das Ehepaar Herrmann immer stärker in die Isolation getrieben: Die Gesellschaft für Theatergeschichte drängte auf Initiative ihres Schatzmeisters Georg Elsner und mit aktiver Unterstützung

---

[55] Reichsgesetzblatt I (1933), S. 175–177. Zu den Schwierigkeiten bei der Ausführung des Gesetztes vgl. Mommsen, *Beamtentum im Dritten Reich*, 1966, Kap. 3: »Die Wiederherstellung des Berufsbeamtentums«.

[56] HUA UK-Personalia H 258; I, 6.

[57] HUA UK-Personalia H 258; III, 24 beziffert die verringerte Pension auf 8310 RM jährlich. Diese Summe scheint jedoch später noch weiter gekürzt worden zu sein. In einem Briefentwurf an das Bezirksamt Charlottenburg v. 21.6.41 beziffert Herrmann seine Jahrespension auf 6815 Mk 4 Pf. MHS 2.1.

des Schriftführers Hans Knudsen ihren langjährigen Ersten Vorsitzenden Max Herrmann im April 1934 zum Rücktritt.[58] Andere Organisationen wie die Gesellschaft für Deutsche Literatur und der Verband Nationaldeutscher Juden, zu dessen Gründungsmitgliedern Herrmann gehört hatte, wurden von Staats wegen zwangsweise aufgelöst.[59] Eine letzte Auszeichnung wurde Herrmann an seinem 70. Geburtstag am 14. Mai 1935 zuteil. Die Gesellschaft für Deutsche Literatur gab zu seinen Ehren eine Festschrift heraus mit Beiträgen u.a. von Julius Petersen (der das theaterwissenschaftliche Institut nun alleine leitete) und Bruno Th. Satori-Neumann.[60] Herrmann arbeitete seit den dreißiger Jahren an seiner letzten großen Untersuchung über *Die Entstehung der berufsmäßigen Schauspielkunst,* aber sukzessive wurden auch seine restlichen Arbeitsmöglichkeiten beschnitten. Das von Ruth Mövius verfaßte Nachwort zur posthumen Ausgabe des Werkes[61] schildert eindringlich die Kette von brutalen Diskriminierungen und Erniedrigungen, denen Max und Helene Herrmann in ihren letzten Jahren ausge-

---

[58] Der Bericht von der Hauptversammlung der Gesellschaft in den Mitteilungen der Gesellschaft für Theatergeschichte 75 (1934) gibt eine nicht ganz klare Darstellung der Begleitumstände. Die Mehrheit der dort anwesenden Mitglieder befürwortete – auch in der Hoffnung auf finanzielle Zuwendungen – den von Kurt Raeck eingebrachten Antrag, die Gesellschaft möge der Reichskulturkammer beitreten, und sprach sich damit gleichzeitig für Herrmanns Rücktritt aus. Vgl. auch Raeck, *Erinnerung an Max Herrmann,* 1976. Der Artikel ist in seinem absichtlichen Verschweigen der Rücktrittsumstände kennzeichnend für die langjährige Unwilligkeit der Gesellschaft, sich ihrer Vergangenheit zu stellen. Die von der Gesellschaft für Theatergeschichte getragene und vom Verfasser [S.C.] mitorganisierte Ausstellung zum 50. Todestag Max Herrmanns,»Max Herrmann und die Anfänge der deutschsprachigen Theaterwissenschaft« Berlin et al. 1992–93 kann nur als erster Schritt gelten und nicht beanspruchen, diese Aufarbeitung eingelöst zu haben.

[59] Der Verband Nationaldeutscher Juden, gegründet 1921 und geleitet von Herrmanns Vetter Max Naumann, trat als nationalliberale Vereinigung für die Gleichberechtigung und Integration der deutschen Juden ein, in der Hoffnung, den Antisemitismus sukzessive abzubauen. Zugleich bekämpfte der Verband erbittert den Zionismus, die Einrichtung von Religionsschulen, und wandte sich scharf gegen den verstärkten Zuzug von Juden aus Osteuropa nach Deutschland. Vgl. das Mitteilungsblatt des Verbandes nationaldeutscher Juden e.v. 1 (1921)–13 (1934) (ab 1925 unter dem Titel ›Der nationaldeutsche Jude‹). »Unser Programm läßt sich in einem Satz zusammenfassen: Wir wollen die Grundlage schaffen für gemeinsame Arbeit nationaldeutscher Juden und nationaldeutscher Nichtjuden zum Wiederaufbau des armen, zerschlagenen Vaterlandes.« (Ebd., 1 (1921), N. 1); Vgl. auch Gollmitz, *Max Herrmann, ein jüdischer Germanist an der Berliner Universität,* 1989, S. 81.

[60] *Festgabe der Gesellschaft für Deutsche Literatur zum 70. Geburtstag ihres Vorsitzenden Max Herrmann,* 1935.

[61] Mövius, *In memoriam Max Herrmann,* 1962. Ihren eigenen Angaben zufolge sah Ruth Mövius das Ehepaar Herrmann in den letzen Jahren fast täglich. Da für Herrmanns letzte Jahre sonst auch fast keine Quellen vorliegen, stütze ich mich im folgenden, wenn nicht anders gekennzeichnet, auf ihre Aussagen.

setzt waren.[62] Als prominenter Wissenschaftler hätte Herrmann zumindest noch in der ersten Zeit ins Exil gehen können, Mövius zufolge war ihm seine wissenschaftliche Arbeit zunächst wichtiger.[63] Spätestens seit der Reichspogromnacht am 9. November 1938, die Herrmann auch gesundheitlich schwer angriffen hatte, war er – allerdings eher widerwillig – zu einer Emigration bereit. Dr. Labus, eine Verwandte, bemühte sich 1939 bei ihrem Arbeitgeber Martin Bodmer um eine Aufenthaltsgenehmigung für die Herrmanns in der Schweiz; dieser riet jedoch zum vorläufigen Abwarten.[64] Die Bemühungen um ein Affidavit für die Ausreise in die USA hatten keinen Erfolg, vor allem, weil das Ehepaar Herrmann Helenes Schwester Käthe Finder, mit der sie die letzten Jahre in einer kleinen Wohnung zusammen lebten, nicht alleine zurücklassen wollte.[65] Die zögernde Haltung Herrmanns wird noch deutlicher in einem sehr persönlich gehaltenem Brief an die 1939 in die Vereinigten Staaten emigrierte Vera Lachmann, die zum (kinderlosen) Ehepaar Herrmann seit den zwanziger Jahren eine tochterähnliche Beziehung hatte.[66] Dieser Brief ist zugleich das traurige Bekenntnis und Vermächtnis eines Mannes, der von Deutschland nicht lassen will und doch in Deutschland nicht länger leben kann:[67]

> Meine liebe liebe Vera, Du hast mir einen wunderschönen, einen ergreifend schönen Brief geschrieben! Ergreifend schön ist die Kraft Deiner Zuneigungen, ergreifend schön ist die Kraft, die der liebe Gott Dir gegeben hat, Deinen Zuneigungen den hinreissendsten Ausdruck zu geben. Rührend die Fürsorge, die Du für die Zukunft verheissest – um so rührender, als man im tiefsten Herzen fühlt, daß es eine tiefe

---

[62] In Erinnerung an die menschenverachtende Behandlung, die Herrmann nach 1933 in der Staatsbibliothek erfuhr, stiftete die Deutsche Staatsbibliothek Unter den Linden 1979 einen ›Max-Herrmann-Preis‹, der jährlich am 10. Mai, dem Jahrestag der Bücherverbrennung, an einen Bibliothekar des Hauses für Freundlichkeit gegenüber den Bibliotheksbenutzern verliehen wurde. Vgl. Knobloch, *Sei freundlich zu den Lesern/ Zum Ableben des Max-Herrmann-Preises*, 1991; sowie die kurzen Beiträge von Renate Gollmitz in *Das Stichwort/Nachrichten aus der Staatsbibliothek*. Aufgrund von finanziellen Schwierigkeiten verfaßte Herrmann in den späten dreißiger Jahren eine Anzahl von Werbesprüchen für die Firmen Medicus-Schuhe (»Der Tausendfuß trüg voll Genuß 500 Paare Medicus«) und Bullrich (»Brennt Dir's im Herzen, nimm sie um den Hals, brennt Dir's im Magen, dann nimm Bullrich-Salz«), die jedoch nicht angenommen wurden. MHS 2.2.

[63] Mövius, *In memoriam Max Herrmann*, 1962, S. 292.

[64] Brief von Bodmer an Dr. Labus vom 27.4.1939. Leo-Baek-Institute New York, Hannah L. Katz Sammlung 3367/9–12. Abschrift in der MHS, 3.1. Angefügt sind die Lebensläufe von Helene und Max Herrmann.

[65] Vgl. die Briefe von Helene Herrmann an Vera Lachmann, Nachlaß Vera Lachmann, SCPA.

[66] Siehe »*Hier ist kein Bleiben länger*«/Jüdische Schulgründerinnen in Wilmersdorf, 1992.

[67] SCPA, Nachlaß Vera Lachmann. Brief vom 18.07.1941.

Notwendigkeit für Dich selbst ist, all das zu verheissen und wenn es soweit ist zu erfüllen. Und was mich mit besonderer Freude erfüllt hat, ist Dein Bekennen, daß Du das Widerstreben meiner Gedanken gegen das Fortgehen durchaus begreifst (Du schreibst ›Gedanken‹ aber mein ›*Fühlen*‹ ist viel viel mehr und entscheidender bei dem Widerstreben beteiligt), und ich weiss auch, daß Du für alle anderen Punkte, die Du nicht aufzählst, völliges Verständnis hast. Oder daß Du, um einen anderen Ausdruck zu gebrauchen, der nicht in dem Brief an mich, sondern in dem an Hella[68] steht, daß Dir meine ›Starrheit‹ durchaus begreiflich ist.

Da aber dein tiefes und echtes Gefühl das so ganz versteht, mußt Du auch begreifen, daß ich diese ›Starrheit‹ unmöglich aufgeben kann, *innerlich* und nun gar nicht mit einem ›freudigen Ja‹ aufgeben kann. Wenn das irgend möglich wäre, dann hätte ich den Entschluß dazu Hella und auch Dir zu Liebe längst gefaßt. Aber der Entschluß und seine praktische Konsequenz bedeutet ja einen völligen Bruch mit den innersten Seiten meines Wesens, ein Aufgeben all meiner Lebensmöglichkeiten, so daß ich mich gegen das ›Ja‹ mit aller Kraft sträuben mußte. Nun habe ich das ›Ja‹ gesagt, aber nur mit Rücksicht auf *Hellas* Lebensnotwendigkeiten. Und diese Zusage werde ich auch halten; für den Fall, daß die äußeren Auswanderungsmöglichkeiten sich einstellen. Damit müßt Ihr nun schon zufrieden sein und nicht erwarten, daß Ihr drüben den Euch wohlbekannten Buschi[69] haben werdet.

Dieser Brief ist *nur* für Dich bestimmt, und ich bitte Dich auch herzlich, Hella von dem zweiten Absatz keine Mitteilung zu machen: sonst würde sie am Ende glauben, ich hätte das alles nur geschrieben, um sie zu veranlassen, mir mein Ja zurückzugeben. Liebe liebe Vera, wenn irgend etwas in der Welt im Stande wäre, mein äußerliches Ja in ein innerliches umzuwandeln, so wäre es Deine rührende Zuneigung, wären es solche Worte, wie sie dein Brief mir gebracht hat. Immer, so lang ich noch lebe, werde ich an Deinem Leben und Streben den innerlichsten Herzensanteil nehmen. Wie sollte ich da ›verbittert‹ sein, wo so viel Liebe mir entgegengebracht wird.

Und so grüß ich Dich mit innigem Dank von ganzem Herzen als
Dein alter Buschi.

Seine Arbeit konnte Herrmann nicht mehr fertigstellen. Am 6. September 1942 erfuhr er von der bevorstehenden Deportation, am 7. September mußte das Ehepaar eine ausführliche Erklärung über ihr noch verbliebenes, bescheidenes Vermögen abgeben, das wenige Tage später von der Gestapo vollständig beschlagnahmt wurde.[70] Am 8. September wurden sie zusammen mit Helene Herrmanns Schwester Käthe Finder in ein Durchgangslager gebracht, und zwei Tage später mit dem Zug in das Konzentrationslager Theresienstadt. Zehn Wochen darauf, in der Nacht vom 16. auf den 17. November, starb Max Herrmann dort im Alter von 77 Jahren.[71]

---

[68] Rufname von Helene Herrmann.
[69] Spitzname Max Herrmanns, der wohl auf seine dichten Kopf- und Gesichtshaare anspielt.
[70] Vermögenserklärung Max »Israel« und Helene »Sarah« Herrmann, LAB. Vgl. auch Knobloch, *Aus Herrmanns letzten Berliner Tagen*, 1983.
[71] Auf dem Grabstein von Louis Herrmann auf dem Berliner jüdischen Friedhof in Weißensee ist eine Gedenkinschrift für Helene und Max Herrmann eingraviert, Herrmanns Todesdatum wird dort mit dem 17.11.42 angegeben. Nach Recherchen von Ruth Mövius, die sich auf Aussagen von Überlebenden in Theresienstadt stützen, starb Max

Helene Herrmann begleitete Käthe Finder im Mai 1944 freiwillig auf ihre Deportation nach Auschwitz, wo sich die Spuren verlieren.

3.3 Die Institutsgründung

Im Januar 1919 richtete der Privatdozent für Germanische Philologie Max Herrmann einen Antrag an das Preußische Ministerium für Wissenschaft, Kunst und Volksbildung auf Errichtung eines theaterwissenschaftlichen Instituts an der Berliner Universität.[72] Als zentrale Aufgabe des zukünftigen Instituts sah es Herrmann, künftigen Dramaturgen, Regisseuren, Intendanten und Kritikern eine »wissenschaftliche Vorbildung« zu verschaffen, weswegen er neben der Theatergeschichte und -theorie vor allem auch die Theaterpraxis in den Lehrplan mit einbezogen wissen wollte:

> Während aber die Universitätsinstitute, die der wissenschaftlichen Beschäftigung mit der Bild-, Ton- und Wortkunst dienen, der gegenwärtigen Art des Unterrichts auf diesen Gebieten entsprechend so gut wie ausschließlich historisch orientiert sind, würde ich vorschlagen, in einem neu zu begründenden theaterwissenschaftlichen Institut neben der Theatergeschichte auch die Theaterpraxis gebührend zu berücksichtigen: dem Studium der Theatergeschichte wird das Verständnis für die modernen Theaterverhältnisse, der Erfassung dieses gegenwärtigen Lebens wieder die Berücksichtigung nach der historischen entscheidend zu gute kommen, und aus der wechselseitigen Durchdringung beider Elemente wird ein wahrhaftes Eindringen in das Wesen der Theaterkunst sich ergeben.[73]

Die Aufzählung der geplanten Lehrinhalte verdeutlicht diesen Praxisbezug genauer:

> 1) allgemeine Theaterkunstwissenschaft, 2) Dramaturgie, 3) Theatergeschichte, 4) Regie, 5) Schauspielkunst, *soweit sie der Regisseur beherrschen muß*, insbesondere: Rollenstudium, 6) Kostümkunde, 7) Dekorationswesen, 8) Beleuchtungswesen, 9) Maschinenwesen.[74]

Während Herrmann die ersten drei Gebiete selbst lehren wollte, sollten für die anderen Bereiche Lehrbeauftragte aus der Praxis herangezogen werden.

Herrmann in der Nacht vom 16. auf den 17. November; der Tod wurde offiziell am 17. November festgestellt.

[72] BAP R 4901; 1450, 1–3RS (Antrag auf Errichtung eines theaterwissenschaftlichen Instituts an der Universität Berlin) [im Anhang].

[73] Ebd.

[74] Ebd. Die beiden letztgenannten Punkte scheinen nicht durch besondere Lehraufträge abgedeckt worden zu sein, sie dürften auch kaum die Billigung des Ministeriums gefunden haben.

Kostümkunde und Dekorationswesen wurden später, wie von Herrmann vorgeschlagen, von dem Kunsthistoriker Oskar Fischel übernommen. Das Institut sollte auch eine Übungsbühne erhalten,[75] Herrmann dachte dabei sogar an die Installation einer kleinen Drehbühne. Als weiteres Unterrichtsmaterial hielt Herrmann eine Bühnenausstattung, Bühnenmodelle, Abbildungen und Photos, eine Handbibliothek sowie eine Sammlung von Regiebüchern für unabdingbar. Die Verhandlungen mit dem Ministerium gerieten jedoch bald ins Stocken. Obwohl man Herrmanns Vorschlägen gegenüber prinzipiell nicht abgeneigt zu sein schien, stieß gerade der von Herrmann gewünschte Praxisbezug im Ministerium, vor allem aber in der Philosophischen Fakultät, auf heftigen Widerstand. Darüberhinaus litt das Vorhaben der Institutsgründung in den ersten Jahren der Nachkriegszeit auch infolge der steigenden Inflation unter massiven finanziellen Problemen. Herrmann und Bruno Th. Satori-Neumann, der in den ersten Jahren für die Organisation der Berliner Theaterwissenschaft verantwortlich zeichnete,[76] bemühten sich um die Unterstützung einer breiteren Öffentlichkeit. Zu diesem Zweck gründeten sie 1920 eine ›Gesellschaft der Freunde und Förderer des theaterwissenschaftlichen Instituts an der Universität Berlin‹. In einem schriftlichen Aufruf sicherten zahlreiche prominente Vertreter des öffentlichen Lebens, darunter viele Berliner Intendanten und Regisseure, dem Unternehmen ihre ideelle und finanzielle Unterstützung zu.[77] Im Rahmen der Gründungsversammlung hielt Herrmann einen Vortrag ›*Über die Aufgaben eines theaterwissenschaftlichen Instituts*‹,[78] in dem er die wichtigsten Punkte des Antrags nochmals

---

[75] Die Kosten für ein Bühnenpodium von 7 x 5 Meter übernahm der Deutsche Bühnenverein. Brief an das Ministerium vom 22. Juni 1922; BAP R 4901; 1450, 27f.

[76] Vgl. Corssen, *Die Anfänge der Theaterwissenschaft in Deutschland*, 1992, Kap. 4.4: Bruno Th. Satori-Neumann und die ›Vereinigung künstlerischer Bühnenvorstände (V.k.B.). Satori Neumann gründete auch eine ›Akademische Vereinigung für Theaterwissenschaft‹ und gab mit den – allerdings kurzlebigen – kleinen Zeitschriften *Theaterwissenschaftliche Berichte* 1 (1921) – 4 (1922) sowie den *Theaterwissenschaftlichen Blättern* (1–6/1925) die beiden ersten theaterwissenschaftlichen Fachperiodika heraus.

[77] Ein im Nachlaß Gerhart Hauptmanns (SBPK, Sig. GH Br NL B III, K. 3) befindlicher Aufruf der Gesellschaft ist unterzeichnet von u.a.: Julius Bab, Viktor Barnowsky, Ferdinand Gregori, Maximilian Harden, Carl Hagemann, Felix Hollaender, Monty Jacobs, Siegfried Jacobsohn, Leopold Jessner, Friedrich Kayssler, Alfred Klaar, Isidor Landau, Max Martersteig, Max Reinhardt, Max von Schillings. Gerade auch die Bereitschaft zur finanziellen Unterstützung des Instituts wurde im Kultusministerium außerordentlich positiv aufgenommen.

[78] Manuskript des Stenogramms im Institut für Theaterwissenschaft an der Humboldt-Universität Berlin. Veröffentlicht in: Wissenschaftliche Zeitschrift der Humboldt-Universität zu Berlin, Ges.-Sprachwiss. R. 23.3/4 (1974), S. 351–353. Wiederabgedruckt in Klier (Hrsg.), *Theaterwissenschaft im deutschsprachigen Raum*, 1981, S. 15–22; S. 22–24 ebd. findet sich der zusammenfassende Bericht des Vortrags, der erstmals in der ›Scene‹ 10 (1920), S. 130f. abgedruckt wurde.

verdeutlichte: Theaterwissenschaft beinhalte die Auseinandersetzung mit dem Theater der Vergangenheit und der Gegenwart in den verschiedenen Ländern, sie umfasse fachübergreifende historische Forschung und Lehre ebenso wie die Beschäftigung mit den juristischen, ökonomischen und technischen Grundlagen des Theaters. Aus all diesen genannten Gründen könne Theaterwissenschaft erfolgreich nur innerhalb einer selbständigen Institution betrieben werden. In einem weiteren Brief an das Ministerium formulierte Herrmann geschickt ein dreifaches Interesse an einem zukünftigen Institut für Theaterwissenschaft: Die Studenten benötigten einen entsprechenden Unterricht, das Theater verlange gut ausgebildete Fachleute, und schließlich habe auch der Staat eine besondere Verpflichtung gegenüber einem so bedeutsamen Faktor der Kunst und der Volksbildung.[79]

Im Mai 1921 forderte das Ministerium eine offizielle Stellungnahme der Philosophischen Fakultät an. Mittlerweile war jedoch der Germanist Julius Petersen als Nachfolger des 1913 (!) verstorbenen Ordinarius Erich Schmidt nach Berlin berufen worden, was die Positionen in Berlin erheblich veränderte.[80] Von 1915–1919 war Petersen, der noch bei Herrmann studiert hatte, als Ordinarius in Frankfurt tätig gewesen, wo er zusammen mit Wilhelm Pfeiffer-Belli auch eine theaterwissenschaftliche Abteilung gegründet hatte.[81] In Berlin verlangte er, an der Leitung des zu gründenden Instituts für Theaterwissenschaft beteiligt zu werden.[82] In ihrer Sitzung am 14.7.1921 beriet die Philosophische Fakultät das weitere Vorgehen:[83] Zunächst verlas Petersen den Bericht der eigens eingerichteten Kommission. Gustav Roethe beharrte auf dem Zusatz, daß Petersen zu entscheidender und leitender Mitwirkung am theaterwissenschaftlichen Institut herangezogen werden müsse. Der mit Herrmann befreundete Max Dessoir schlug hingegen vor, Petersen und Herrmann als gleichberechtigt zu bezeichnen, womit sich Roethe ausdrücklich nicht einverstanden erklärte. Petersen berichtete, daß die Verhandlungen mit dem Ministerium de facto wohl auf eine Gleichberechtigung hinauslaufen

---

[79] Brief an das Ministerium für Wissenschaft, Kunst und Volksbildung v. 1.8.1922; BAP, R 4901; 1450, 25–26R.

[80] Zu den jahrelangen Querelen um die Neubesetzung des Ordinariats, in denen sich vor allem Gustav Roethe vehement gegen die Stellenbesetzung duch einen Vertreter der neueren Geistesgeschichte wehrte und mit antisemitischen Ausfällen gegen den Kandidaten des Ministeriums, Friedrich Gundolf, hervortrat, siehe die Beiträge von W. Höppner und P. Boden in: König/Lämmert (Hrsg.), *Literaturwissenschaft und Geistesgeschichte 1910–1925*, 1993.

[81] Theaterwissenschaftliche Blätter 3 (1925), S. 17–19.

[82] Vgl. Knudsen, *Begründung und Entwicklung der Theaterwissenschaft an der Friedrich-Wilhelms-Universität*, 1960.

[83] HUA, Phil. Fak. 36,51.

würden. Schließlich wurde mit 15 gegen 13 Stimmen der von Roethe geforderte Zusatz beschlossen, Dessoirs Antrag dagegen mit 12 zu 11 Stimmen abgelehnt.

Die von der Philosophischen Fakultät der Berliner Universität verfaßte Stellungnahme vom 20.07.1921[84] ist unter diesen veränderten Prämissen zu sehen. Während man die Einrichtung eines Instituts für Theaterwissenschaft dem Wortlaut nach begrüßte, ist der Tonfall durchgängig von Mißtrauen geprägt. Man befürchtete, die Fördergesellschaft könne versuchen, Einfluß auf die Institutsgestaltung zu nehmen, weiterhin, daß die Theaterwissenschaft zur »Spielerei« ausarten könne, weswegen nur Studenten zugelassen werden sollten, deren »ernstes wissenschaftliches Interesse erprobt ist«. Herrmanns Plan der Ausbildung zukünftiger künstlerischer Theatervorstände und -kritiker stand man ablehnend gegenüber; die Universität sei kein Ausbildungsbetrieb, schon gar nicht für künstlerische Berufe.[85] Ferner sei die Theaterwissenschaft zu wenig geschlossen, als daß man ein eigenes theaterwissenschaftliches Universitätsexamen ins Auge fassen könne. Um schließlich »das geplante Institut in den Grenzen strenger Wissenschaft« zu halten, sollte die Leitung Julius Petersen übertragen werden. Herrmann, dem als Extraordinarius keinerlei Mitspracherechte eingeräumt wurden, und auf dessen Idee und Energie das gesamte Projekt ›Theaterwissenschaftliches Institut an der Universität Berlin‹ beruhte, wird in dem Gutachten überhaupt nicht erwähnt.

Das Ministerium ernannte wie vorausgesehen Petersen und Herrmann zu gleichberechtigten Direktoren.[86] Bis zur Eröffnung des Instituts vergingen aufgrund der rapide steigenden Inflation, die alle finanziellen Vorausplanungen zunichte machen sollte, weitere zwei Jahre.[87] Noch im Oktober 1922

---

[84] Gutachten der Phil. Fak. vom 20.07.1921. Wiederabgedruckt in: Wissenschaftliche Zeitschrift der Humboldt-Universität zu Berlin. Ges. Sprach. R. 23.3/4 (1974), S. 355f. Die folgenden Zitate ebd. Die ablehnenden Argumente der Philosophischen Fakultät zu Herrmanns Vorschlägen sind bereits mehrfach publiziert worden, weswegen ich nur die allerwichtigsten Punkte kurz zusammenfasse. Vgl. hierzu auch Corssen, *Die Anfänge der Theaterwissenschaft in Deutschland*, 1992, S. 51–54; Kirsch, *Zur Geschichte des Instituts für Theaterwissenschaft an der Freien Universität Berlin*, 1991, S. 9–12.

[85] Erstaunlicherweise wird dieses Argument bis heute gegen ein theorie- *und* praxisorientiertes Studium vorgebracht.

[86] Die gesamte vorbereitende organisatorische Arbeit bis zur Eröffnung des Instituts dürfte allerdings in den Händen von Max Herrmann gelegen haben, zumindest sind sämtliche Briefe und Anträge an das Ministerium von Herrmann eigenhändig geschrieben und von Petersen nur mitunterzeichnet.

[87] BAP, R 4901; 1450. So werden während des Höhepunktes der Inflationszeit für die Anschaffung von zwei Bücherregalen sieben Milliarden Mark veranschlagt. Ebd. Bl. 65. Daneben (Bl. 22–23R) ist auch ein Brief (15.06.1922) von Herrmann an den Reichstagsabgeordneten Dr. Mittelmann (einem früheren Studenten Herrmanns) zu

lehnte der Preußische Finanzminister die eindringliche Bitte des Kultusministers um Bereitstellung von Mitteln im Haushaltsplan 1923 für das zu schaffende Institut ab.[88] Erst nachdem der Höhepunkt der Inflation im Oktober 1923 überwunden war, konnte das Institut am 10. November 1923 schließlich eröffnet werden.[89]

Die Satzungen des Instituts[90] verdeutlichen wiederkehrend die strengen Vorgaben. Das theaterwissenschaftliche Seminar setzte sich aus einem größeren Kreis von Hospitanten sowie maximal 24 ordentlichen Mitgliedern zusammen.[91] Die Mitgliedschaft konnte nur erwerben, wer zwei Semester als Hospitant ordnungsgemäß studiert hatte (wobei der Nachweis von einem Jahr praktischer Bühnenerfahrung ein Semester ersetzen konnte), eine schriftliche Arbeit vorlegte und eine mündliche Prüfung absolvierte.[92] Für die ordentlichen Mitglieder bestand Präsenzpflicht bei allen theaterwissenschaftlichen Lehrveranstaltungen, darüberhinaus sollte in jedem Semester wahlweise eine schriftliche Arbeit verfaßt oder ein Vortrag gehalten werden. Ferner regelt die Satzung die Rechte von Doktoranden und Senioren, aber auch solche Ephemera wie die Benutzung des Lesesaals und die Höhe der Pfandgebühren für die Garderobenschlüssel.

Die mangelhafte finanzielle Ausstattung des Instituts, das keinen eigenen Etat besaß, nur gelegentliche Zuwendungen der Universität erhielt und ansonsten auf Spenden angewiesen war,[93] erwies sich als weniger folgenschwer als man zunächst vermuten könnte.[94] Die Bezahlung der Lehrbeauftragten

---

finden, in welchem Herrmann um finanzielle und ideelle Unterstützung bittet, da das Ministerium zur Zeit keine größeren finanziellen Mittel gewähren könne.

[88] BAP, R 4901; 1450, 38.

[89] Vgl. den Artikel in der Dezemberausgabe 1923 der ›Scene‹ von Heinrich Kahane: *Zur Eröffnung des Theaterwissenschaftlichen Instituts an der Universität Berlin.*

[90] BAP, R 4901; 1450, 69–72 [im Anhang].

[91] Die Studentenzahlen (ordentliche Mitglieder und Hospitanten) schwanken zwischen 1923 und 1933 beträchtlich. Während die Zahl der ordentlichen Mitglieder bis 1930 kontinuierlich sank (von 24 im WS 1923/24 auf 8 im WS 1932/33), verlief die Entwicklung bei den Hospitanten fast konträr: (75 im WS 1923/24; 153 im WS 1930/31; 104 im WS 1932/33). Siehe Kirsch, Zur Geschichte des Instituts für Theaterwissenschaft an der Freien Universität Berlin, 1991, Anhang S. V. Die organisatorische Struktur des Instituts war eng am Vorbild des Berliner Germanischen Seminars orientiert.

[92] Diese Regeln wurden auch in der Praxis strikt gehandhabt: Ein Student von Artur Kutscher wurde aufgrund einer fehlenden schriftlichen Arbeit nicht als ordentliches Mitglied aufgenommen. Brief von Herrmann an Kutscher v. 7.11.1926. DSNM: A. Kutscher 57.4701.

[93] Theaterwissenschaftliche Blätter 1 (1925), S. 2.

[94] Im Sommer 1922 setzte die Hyperinflation (mehr als 50% im Monat) ein. In einem Schreiben vom 1. August 1922 an das Ministerium betonen Herrmann und Petersen immer wieder ihre Bereitschaft zum Sparen: »Wir gestatten uns dabei zu bemerken,

wurde durch die Hörergelder abgedeckt; Unterstützung erhielt das Institut vor allem durch die ›Gesellschaft für Theatergeschichte‹ und die ›Vereinigung künstlerischer Bühnenvorstände‹ (V.k.B.).[95] Herrmann selbst hatte nach dem Tod von Ludwig Geiger 1919 den Vorsitz der ›Gesellschaft für Theatergeschichte‹ übernommen und sie von einer Vereinigung theatergeschichtlich interessierter Laien zu einer wissenschaftlichen Gesellschaft ausgebaut.[96] Ebenso wie die 1911 gegründete ›V.k.B.‹ stellte die ›Gesellschaft für Theatergeschichte‹ dem Institut ihre umfangreiche Bibliothek als Leihgabe zur Verfügung. Beide Vereinigungen waren sowohl miteinander als auch mit dem Institut organisatorisch und personell eng verflochten, durch Männer wie Max Herrmann, Bruno Th. Satori-Neumann, Hans Knudsen, Ferdinand Gregori und Leopold Jessner.[97]

Neben Herrmann und Petersen waren auch einige Lehrbeauftragte am Institut beschäftigt. Der ehemalige Leiter der Polizeizensursstelle, Kurt Glasenapp, gab Kurse in Theaterrecht, Georg Droescher, der frühere Direktor der Königlichen Oper bzw. der Staatsoper, hielt Übungen zur Opernregie, und der Schauspieler und Regisseur Ferdinand Gregori veranstaltete bis zu seinem Tod 1928 regelmäßig Übungen zur Dramaturgie und Schauspielregie. In einem kleinen Aufsatz über *Die Universitäten und das Theater*[98] faßte Gregori, der sowohl am Wiener Burgtheater als auch am Deutschen Theater in Berlin gearbeitet hatte, seine Auffassungen und seine Erfahrungen als Lehrbeauftragter für Regie und Dramaturgie zusammen. Während Petersen und Herrmann Vorlesungen etwa zur Inszenierung des ›Hamlet‹ oder ›des

---

daß wir mit Rücksicht auf die schwierige Finanzlage des Staates unsere Ansetzungen in ganz bescheidenen Grenzen halten: in der Überzeugung, daß es jedenfalls besser ist, nur auf dem Allernotwendigsten den Anfang zu machen als ganz auf das wichtige Werk zu verzichten.« BAP, R 4901; 1450, 25–26R. Beantragt wurde (am 1. August) eine einmalige Summe von 40.000 Mark für Bücher, Bühnenmodelle und Schreibunterlagen; für den jährlichen Unterhalt wurden 10.000 Mark angesetzt. Zum Vergleich: Im Juli 1922 betrug das wöchentliche Existenzminimum einer vierköpfigen Familie in Berlin ca. 1.800 Mark, im August 1922 bereits ca. 3.000 Mark! Holtfeltrich, *Die deutsche Inflation 1914–1923*, 1980, S. 39f.

[95] Zur V.k.B. siehe: Satori-Neumann, *Die Vereinigung künstlerischer Bühnenvorstände*, 1927; ders., *Gesellschaft für Theatergeschichte und Vereinigung künstlerischer Bühnenvorstände*, 1927; ders., *Zwanzig Jahre Vereinigung künstlerischer Bühnenvorstände*, 1931; ders., *Die Mitgliederbewegung in der Vereinigung künstlerischer Bühnenvorstände*, 1933; Schulz, *Vereinigung künstlerischer Bühnenvorstände*, 1971. Die Dissertation von Ebert, *Die ›Vereinigung künstlerischer Bühnenvorstände‹ und deren Organ ›Die Scene‹* (1967) ist unzuverlässig und fehlerhaft im Detail, und teilweise von Satori-Neumanns Publikationen abgeschrieben.

[96] Siehe 2.2.6 Theaterhistorische Sammlungen/Theaterhistorische Gesellschaften.

[97] Satori-Neumann, *Gesellschaft für Theatergeschichte und Vereinigung künstlerischer Bühnenvorstände*, 1927.

[98] Erschienen 1928.

Theaterstücks‹ hielten, wurden parallel dazu in den Übungen einzelne Szenen sowohl von den Studenten als auch von Gregori einstudiert; die verschiedenen Ergebnisse wurden miteinander verglichen, um so die theatralische Struktur des Dramas zu erarbeiten und praktische Bühnenerfahrungen zu sammeln. Gregoris Nachfolger, der Wiesbadener Intendant und Herrmann-Schüler Carl Hagemann – ausgewiesen durch seine Arbeiten über Regie und Schauspielkunst – äußerte sich nach seinen Berliner Erfahrungen im Rückblick dagegen kritisch über die Möglichkeiten eines Regieunterrichts im Rahmen der Universität, vor allem, weil die als Darsteller agierenden Studenten nicht für ihre Tätigkeit ausgebildet waren, und Schauspielschüler oder Nachwuchsschauspieler nur vereinzelt für die Mitarbeit gewonnen werden konnten.[99] Lehraufträge mußten in jedem Fall vom Ministerium vorab genehmigt werden, was zu Problemen führte, wenn der geplante Lehrbeauftragte nicht promoviert war. So wurde etwa 1924 der Intendant des Preußischen Staatsschauspiels, Leopold Jessner, als Lehrbeauftragter für Regie abgelehnt mit der Begründung: »Gegen die Zuziehung von Praktikern, die nicht bereits durch litterarische Tätigkeit oder besondere Lehrbefähigung ausgewiesen sind, bestehen grundsätzlich Bedenken.«[100] 1929 konnte der durch seine spätexpressionistischen Inszenierungen bekannt gewordene Frankfurter Intendant Richard Weichert als Lehrbeauftragter für Regie gewonnen werden;[101] gegen ihn scheinen keine Einwände vorgebracht worden zu sein.

Bis 1933 hatte sich das Institut auf einem bescheidenen Niveau etabliert, wenngleich die Theaterwissenschaft von anderen Fächern keineswegs immer als vollwertig anerkannt wurde. Nach Herrmanns erzwungener Versetzung in den Ruhestand leitete Petersen, der der Theaterwissenschaft nach wie vor skeptisch gegenüberstand,[102] das Institut allein weiter. Als Nachfolger Herrmanns vertrat zunächst Gerhard Fricke das Extraordinariat in Germanistik, 1935 wurde der NS-Germanist Franz Koch als Ordinarius nach Berlin berufen.[103] Einen Lehrauftrag für Theaterwissenschaft erhielt gleichzeitig der

---

[99] Hagemann, *Bühne und Welt*, 1948, S. 227–238.
[100] BAP, R 4901, 1450, Bl. 84.
[101] FSU, Nachlaß Weichert, 365a3: Brief von Herrmann an Weichert vom 8. Juni 1929.
[102] Petersen, *Die Stellung der Theaterwissenschaft*, 1935. Der Aufsatz beginnt mit den Worten: »Die Theaterwissenschaft, wenn es eine solche gibt ...«.
[103] In einer Sitzung der Philosophischen Fakultät, an der auch Herrmann teilnimmt, wird über seine Nachfolge beraten. Max Dessoir wirft die Frage auf, wie es um die Vertretung der Theaterwissenschaft bestellt sei. Herrmann weiß nur Hans Heinrich Borcherdt zu nennen, den er aber nur als durchschnittlich einschätzt. Die Leistungen des ebenfalls genannten Heinz Kindermann (Danzig) werden von Herrmann und dem Altger-

Germanist Robert Stumpfl, der sich ein Jahr später mit seiner Arbeit über die *Kultspiele der Germanen als Ursprung des mittelalterlichen Dramas* profilierte, indem er im Sinn der NS-Regierung eine nicht nachweisbare germanisch-völkische theatrale Kontinuität konstruierte. Stumpfl kam 1937 bei einem Autounfall ums Leben, Petersen starb 1941. Unter dem als Nachfolger Petersens berufenen Germanisten Hans Pyritz fristete die Theaterwissenschaft nur noch ein Schattendasein an der Berliner Universität. Gleichzeitig bemühte sich Hans Knudsen seit längerem um eine Professur für Theaterwissenschaft: Gegen das Votum der Universität, aber mit massiver Unterstützung des Reichsdramaturgen Reinhold Schlösser,[104] wurde Knudsen 1943 – zunächst in Vertretung – mit einer theaterwissenschaftlichen Professur und der Institutsleitung betraut, bevor er noch im August 1944 zum außerordentlichen Professor ernannt wurde.

---

manisten Arthur Hübner als »*nicht ausreichend*« bezeichnet. HUA, Phil. Fak. 1477, 330.

[104] Die Auseinandersetzung um Knudsen ist vergleichsweise gut aufgearbeitet; siehe ausführlich Kirsch, *Zur Geschichte des Instituts für Theaterwissenschaft an der FU Berlin*, 1991; Wulf, *Theater und Film im Dritten Reich*, 1983; Seelinger, *Braune Universität IV*, 1966.

4. Die Matrix des Theaterwissenschaftlers –
Elemente der Aufführung, Subjekte der Wahrnehmung

Die frühe Theaterwissenschaft – Herrmanns Werk inbegriffen – bildet kein geschlossenes System.[1] Sie läßt sich nicht unter einem oder wenigen gemeinsamen Oberbegriffen subsumieren; dadurch ist es schwierig, wenn nicht fast unmöglich, einheitliche Bewertungskriterien zu bilden, unter denen man diese Arbeiten darstellen, analysieren und kritisch bewerten kann. Eine Gliederung, die sich streng an der zeitlichen Abfolge einzelner Aussagen orientiert, würde es erleichtern, stattfindende Veränderungen herauszukristallisieren, wäre jedoch mit dem Nachteil behaftet, ständig zwischen verschiedenen thematischen Bereichen hin und her wechseln zu müssen. Darüberhinaus lassen sich die meisten veröffentlichten Werke und Vorlesungen nur ungenau datieren. So hat Herrmann an den *Forschungen* über 10 Jahre gearbeitet;[2] das Jahr der Veröffentlichung (1914) bildete nur den (vorläufigen) Abschluß der umfangreichen Studien. Vorlesungsverzeichnisse geben lediglich Auskunft über den Titel und das Jahr einer Lehrveranstaltung, bieten aber kaum Informationen über den tatsächlichen Inhalt des Stoffes.[3] Aus diesen Gründen bietet sich ein systematisches Herangehen an, das chronologische Sequenzen integriert.

Eine Matrix im wissenschaftstheoretischen Sinn ist ein zunächst neutrales Raster, das mit Informationen aufgeladen wird und dadurch seine Bedeutung erhält.[4] Die Matrix muß in der Lage sein, die verschiedensten thematischen Bedeutungsebenen im ›input‹ einzulassen, sie durchzusieben und im ›output‹ gegliedert wieder auszugeben. Die Bedingungen für eine Aufnahme bzw. für ein Durchfallen von Information sollten möglichst einheitlich und für jeden Benutzer nachvollziehbar sein; das bedeutet, daß die einzelnen Segmente des Rasters zueinander in Beziehung stehen, ohne sich direkt zu überschneiden

---

[1] Hier nicht als autopoietisches System im Sinn Luhmanns verstanden.

[2] *Forschungen*, S. V.

[3] Überdies sind Vorlesungsverzeichnisse eine Quelle von zweifelhafter Authentizität, da sie nur über die Planung des kommenden Semesters unterrichten.

[4] Der Begriff ›Matrix‹ kann sehr unterschiedlich gebraucht werden, unter anderem als: a) Muttertier, Uterus (biol.), b) rechteckiges Zahlenschema mit bestimmten Regeln (math.), c) Muttergestein (geol.), d) System, das zusammengehörende Einzelfaktoren darstellt (EDV).

oder Leerstellen zu hinterlassen. Sie – die Matrix – dient lediglich als Werkzeug zur Untersuchung einer Geschichte der Wissenschaften, und beansprucht damit nicht den Rang einer übertragbaren historiographischen Methodologie, da sie auf den konkreten Untersuchungsgegenstand hin konzipiert ist, was vor allem an den Untergliederungen der einzelnen Segmente (der Überpunkte) deutlich wird. Für eine Analyse von historischen Aussagen zur Theaterwissenschaft ziehe ich aus dem Gesagten Konsequenzen, indem ich eine Matrix entwerfe, die sich vom Objekt der Darstellung hin zum Subjekt der Wahrnehmung aus sechs als konstitutiv erkannten Segmenten zusammensetzt.

a. Der Raum
b. Der Text
c. Die Szenographie
d. Der Schauspieler
e. Die Regie
f. Das Publikum

Innerhalb der Matrix findet eine zunehmende Verschiebung statt: vom passiven Objekt hin zum aktiven Subjekt der perzeptiven und apperzeptiven Wahrnehmung. Dem Schauspieler kommt dabei eine Doppelfunktion zu, er ist gleichermaßen Projektionsfläche und gestaltendes Ich.

Die Matrix des Theaterwissenschaftlers erlaubt eine detaillierte Analyse von inhaltlich unterschiedlichen Segmenten unter stringenten Gesichtspunkten. Sie bildet einen erkenntnistheoretisch weitgefaßten Rahmen für die Formulierung eines spezifischen Problems, das lautet: Wie lassen sich verschiedene Diskursebenen innerhalb der Theaterwissenschaft auf eine überschaubare Anzahl gemeinsamer Nenner bringen? Daß mit dem gewählten Verfahren keine wie auch immer zu definierende Vollständigkeit nur annähernd erreicht werden kann, liegt auf der Hand; aber nachdem sich auch die Theaterhistoriographie mittlerweile nicht mehr scheut,»ausdrücklich von der Partialität als der Bedingung der Möglichkeit einer Theatergeschichte«[5] auszugehen, muß dieses Recht auch einer Untersuchung zugestanden werden, die sich mit Metahistorie und -theorie auseinandersetzt. In der Mehrzahl der Segmente lassen sich zwei Hauptbereiche festhalten: ein theatertheoretischer und ein theaterhistorischer Bereich, die sich selbstverständlich nicht streng voneinander separieren lassen, sondern wie die einzelnen Segmente vielmehr

---

[5]   Fischer-Lichte, *Kurze Geschichte des deutschen Theaters*, 1993, S. 5.

ineinander und untereinander verschränkt sind. Diese Zusammenhänge lassen sich in einer Darstellung als interdependente Matrix angemessen erschließen.

Der theatrale Prozeß ist gebunden an Raum und Zeit, wie an Darsteller und Zuschauer; dieses Axiom gilt für die Betrachtung der Theatergeschichte genauso wie für die Analyse einer aktuellen Aufführung.[6] Entscheidende Unterschiede für den untersuchenden Theaterwissenschaftler bestehen jedoch in der Qualität und Quantität des zur Untersuchung verfügbaren Materials sowie in der zwangsläufig subjektiven Anteilnahme des Theaterzuschauers. Diese basalen Faktoren theatraler Kommunikation werden häufig – nicht notwendigerweise – ergänzt durch weitere Elemente, wie dem dramatischen Text und der szenischen Ausstattung, die unter Verantwortung eines Regisseurs arrangiert werden; das Verhältnis der Faktoren zueinander ist abhängig von der jeweiligen Funktion theatraler Kommunikation als Medium für bestimmte soziale Gruppen. Nur allzu leichtfertig übertragen wir unbewußt ein durch eigene Theatererfahrungen der Gegenwart geprägtes Theatermodell auf die Vergangenheit und übersehen, daß die wechselseitige Beeinflussung der Faktoren ihrerseits historisch gebunden ist und ihre jeweilige Bedeutung sich nahezu beliebig interpretieren läßt. Jede theaterwissenschaftliche Untersuchung muß für sich klären, was sie unter ›Theatralität‹ subsumiert und welche impliziten Faktoren sie berücksichtigt bzw. vernachlässigt.[7]

Von solchen methodischen Skrupeln war die Theaterwissenschaft in ihrer Geburts-Phase nur selten geplagt. Ein an den ästhetischen Erfahrungen des ausgehenden 19. Jahrhunderts geprägter Theaterbegriff war zunächst verbindlich für die Erforschung der theatralen Vergangenheit. Fragestellungen nach der Funktion von Theater für bestimmte Zuschauer-Gruppen konnten sich erst allmählich mit der Etablierung der Soziologie in den zwanziger Jahren entwickeln. Auch die Bedeutung des modernen Regietheaters wurde von den zeitgenössischen Gelehrten kaum wahrgenommen; dazu waren die akademischen Berührungsängste zu stark und die historistischen Ideale noch zu lebendig. Indem die hier verwendete Matrix aus einem heutigen Wissenschaftsverständnis heraus konzipiert wurde und seinerzeitige Selbstverständlichkeiten problematisieren will, entbehrt sie nicht einer gewissen Künstlichkeit und Willkür. Eine Rekonstruktion des Wissenschaftsbildes kann jedoch keine Wiederherstellung der Mentalitäten anstreben oder bewirken.

---

[6] Vgl. Fischer-Lichte, *Theatre history and Performance Analysis – Different Fields, Common Approaches*, 1994.

[7] Vgl. 1.1 Das Begriffsfeld ›Theater‹.

Im einzelnen wird zu zeigen sein: 1) In welchem Maße die sich nur zöger-
lich ausformende Theaterwissenschaft bereits auf vorhandenes Basiswissen
und theoretische Reflexion zu den verschiedenen Bereichen zurückgreifen
konnte, 2) wodurch sich die zahlreichen höchst unterschiedlichen Beiträge
von Max Herrmann als dem Zentrum dieser Untersuchung auszeichnen,
3) welche hiervon abweichenden Beobachtungen – aufgezeigt anhand von
Einzelbeispielen – durch andere Theaterwissenschaftler ausformuliert wurden
und 4) welche Folgen für die weitere Entwicklung der Theaterwissenschaft
entstanden – Folgen, deren unmittelbare Auswirkungen bis zum heutigen Tag
spürbar sind.

4.1 Der Raum des Theaters

4.1.1 Theater als Raumkunst

Wesentliches Kennzeichen allen Theaters ist die Darstellung von Bewegung
im Raum. Während bis an die Wende zum 20. Jahrhundert Fragen nach
Theaterraum, Architektur, Bühnenbau und Bühnenbild kaum voneinander
getrennt wurden, spezialisierte sich die Theaterreformbewegung um 1900 auf
raumtheoretische Überlegungen. Danach verwirklicht sich das Wesen des
Theaters erst in der Inszenierung, in der Umsetzung eines zeitlich abfolgen-
den dramatischen Stoffes in eine räumliche Ebene.[8] Galt bis dahin das Drama
als künstlerisches Zentrum des Theaters,[9] die Aufführung vorrangig als Realisierung einer dichterischen Idee, so forderten die Theaterreformer eine
›Retheatralisierung‹ des Theaters, die nach dem Körper des Schauspielers als
autonomes Medium verlangt. Die postulierte Überwindung der Rampe beinhaltete darüber hinaus auch ein neues Modell intratheatraler Kommunikation,
indem sie den Gemeinschaftscharakter von Aufführungen, das symbiotische
Verhältnis von Zuschauern und Schauspielern betonte und den Fest- und
Feiercharakter einer Theateraufführung emphatisch vertiefen wollte. Im Gefolge der Lebensphilosophie wurde Theater als gesteigertes Leben, als

---

[8] Appia, Darsteller, Raum, Licht, Malerei. In: Lazarowicz/Balme (Hrsg.), *Texte zur
Theorie des Theaters*, S. 437–442. Eine konzentrierte Auswahl der wichtigsten Arbeiten zur Theaterreformbewegung bietet die von Christopher Balme zusammengestellte
und eingeleitete Anthologie *Das Theater von Morgen*, 1988.

[9] Vgl. hierzu ausführlicher 4.2.1 Differenzierung zwischen Drama und Theater.

rauschhafte Mystik empfunden und mit religiösen bis hin zu völkischen Attributen versehen.

> Ganz von dem gewöhnlichen abweichend ist die Gestalt des Kunstwerks, aber wenn es sich auch um Gebilde aus einer anderen Welt handelt, wir wissen doch, was *Leben heißt, Kraft und Bewegung, und die sind im Kunstwerk vorhanden, wie im Wirklichen, nur gesteigert und erhaben, darum also noch mehr. Zum selbständigen, rein aus sich verständlichen Ausdruck gekommenes Lebensgefühl ist künstlerisch wertvoll,* ist schön.[10]

> Die Schaubühne der Zukunft wird für die körperliche Entwicklung und Verfeinerung der Rasse von ungeheurer Bedeutung sein, von ähnlicher Bedeutung, wie sie andere Sports für die angelsächsische Rasse haben.[11]

Wie aktuell und leidenschaftlich die Debatte um eine grundlegende Reform des Theaterwesens geführt wurde, läßt sich auch an den Schriften der ersten Theaterwissenschaftler ablesen. Obgleich die akademischen Zirkel in ihrer überwiegenden Mehrheit weit davon entfernt waren, mit avantgardistischen Neuerern in engeren Kontakt zu treten oder gar Zusammenarbeit zu suchen, hinterließ die Debatte um die Erneuerung des Theaters deutliche Spuren auch in der Theaterhistoriographie. In dem Bemühen, den akademischen Fächerkanon um eine Wissenschaft vom Theater zu bereichern – ein in weiten Kreisen der Öffentlichkeit schlecht angesehenes, halbseidenes Gewerbe – war von Mitgliedern des universitären Lehrkörpers große Vorsicht im Umgang mit Gegenwartskunst und -künstlern erforderlich. So haben die freundschaftlichen Beziehungen zu Frank Wedekind und sein Einsatz für dessen Würdigung dem Münchner Privatdozenten Artur Kutscher vielfältigen Ärger mit Hochschulverwaltung und Kollegen eingebracht.[12] Ein lebender Bohemien war an den deutschen Universitäten als Vorlesungsstoff indiskutabel, als pathologischer Sonderfall allenfalls aus der historischen Distanz zu betrachten, wie etwa Christian Dietrich Grabbe.[13]

Insofern ist es nicht weiter verwunderlich, daß zwischen Vertretern der Avantgarde und der Wissenschaft vom Theater in Deutschland nur zaghafte Kontakte geknüpft wurden. Direkte Belege für eine unmittelbare Auseinandersetzung mit den Theaterreformern sind nur selten auszumachen, was angesichts der Tätigkeit der meisten Theaterwissenschaftler als hauptberufliche Philologen kaum verwunderlich ist. Die Aussage von Georg Fuchs: »Die

---

[10] Kutscher, *Die Kunst und unser Leben*, 1909, S. 17–18.

[11] Fuchs, *Die Schaubühne der Zukunft*, 1905, S. 68.

[12] Kutscher, *Der Theaterprofessor*, 1960. In seiner Autobiographie ist Kutscher deutlich bemüht, sich als unschuldiges Opfer universitätsinterner Querelen und Intrigen darzustellen.

[13] Vgl. Kutscher, *Hebbel und Grabbe*, 1913.

Bühne schafft die Literatur, nicht umgekehrt«[14] bildete den direkten Anlaß für Albert Kösters Abhandlung über *Das Bild an der Wand*, in der er anhand einer spezifischen Requisite das Wechselverhältnis von Drama und Theaterkonvention während der letzten 150 Jahre untersuchte. Artur Kutscher beteiligte sich mit seiner Studie *Die Ausdruckskunst der Bühne/Grundriß und Baustein zum neuen Theater*[15] unmittelbar an der Diskussion um die Stilbühne und dem unter Mitwirkung von Georg Fuchs gegründeten Münchner Künstlertheater. In der Regel lassen sich Einflüsse der Theaterreformdiskussion jedoch nur indirekt verfolgen. Die Breite der Debatte macht es schwer, sie präzise abzugrenzen. Bereits vor 1848 entstanden zahlreiche Beiträge zu einer möglichen Theaterreformation und -gesetzgebung, die nach der gescheiterten März-Revolution Makulatur geworden waren.

Die geforderte ›Revolution des Theaters‹[16] um 1900 knüpfte über die Auseinandersetzung mit Nietzsche und Wagner, der sich an der 48er Debatte aktiv beteiligt hatte, als antihistoristische und antinaturalistische Strömung zwar an der alten Nationaltheateridee an, verstand sich jedoch als eine primär ästhetische Bewegung. Die Ideen der Theaterreformer waren nicht ohne Wirkung auf die sich konstituierende Theaterwissenschaft. Wie groß oder klein diese Einflußnahme genau war, läßt sich nicht generell feststellen, sondern nur am Einzelfall überprüfen.

Max Herrmann ist eine Beschäftigung mit den Ideen und Schriften der Theaterreformbewegung nur mittelbar nachzuweisen. In seinen Schriften und Vorträgen lassen sich keine direkten Verweise auf bestimmte Vertreter oder spezifische Ideen der Theaterreformbewegung finden, aber deutliche Parallelen zu deren Leitgedanken. Inwiefern bei Herrmanns Überlegungen Anregungen von außen eine Rolle gespielt haben mögen, läßt sich nur schwer einschätzen, sein besonderes Interesse gilt jedoch immer den Bühnenverhältnissen; und so ist es nur folgerichtig, daß der Theater- und Bühnenraum in seinen Überlegungen eine zentrale Rolle einnimmt. Die Definition: »Theater ist eine Raumkunst – in erster Linie kommt es darauf an, den Raum der Vorstellung und die Art seiner Benutzung genau zu kennen«,[17] zieht sich wie ein roter Faden durch Herrmanns Werk.

Die *Forschungen* waren die erste umfassende Fallstudie, in der theatertheoretische Erkenntnisse über die Bedeutung des Bühnenraumes in vermeintlich konkrete theaterhistorische Ereignisse umgesetzt wurden. Daß

---

[14] Köster, *Das Bild an der Wand*, 1909, S. 269.
[15] Erschienen 1910.
[16] Fuchs, *Die Revolution des Theaters*, 1909.
[17] *Forschungen*, S. 6.

dem Raum als Ort des Theaters eine so einzigartige Bedeutung zugeschrieben wird, ist Ergebnis sowohl theoretischer Reflexion wie historiographischer Tradition. Von der Theaterwissenschaft kaum bemerkt, lieferte Herrmanns Arbeit zahlreiche Ansätze zu einer Theorie des theatralen Raumes, welche für die Startphase der Theaterwissenschaft von nicht zu unterschätzender Bedeutung waren. Es handelt sich dabei nicht um eine konsequent durchgeführte theoretische Maxime, sondern um disparate Sätze, die jedoch – und das ist entscheidend – zusammengenommen eine logische Verbindung bilden. Aufgrund der Verstreutheit dieser Sätze und Äußerungen haben sich in die Herrmann-Rezeption zahlreiche Mißverständnisse eingeschlichen.

Der Begriff ›Raum‹ besitzt in der Theatertheorie eine doppelte Bedeutung: Zum einen meint er den physischen Raum des Theaters, das Theatergebäude, den Zuschauerraum und insbesondere die Bühne.[18] Darüberhinaus kann der Terminus ›Raum‹ aber auch eine metaphorische Bedeutung annehmen, wenn sich der reale Bühnenraum während der Aufführung in einen Kunstraum verwandelt.[19]

Während die erste, gegenständliche Definition von (Bühnen-)Raum als Basis einer vorrangig historisch orientierten Theaterforschung fungiert, läßt sich eine kunsttheoretische Raumauffassung weniger deutlich einordnen. Sowohl in der Literatur- als auch in der Kunstwissenschaft ist die Raumgestaltung eine Kategorie des Kunstwerks. Dabei handelt es sich vor allem um die Frage, mit welchen Mitteln der jeweilige Künstler solche Kunsträume konstruiert und inwieweit diese überzeugend mit anderen Größen (z.B. in der Literatur mit Charakteren, Handlung, Sprache) harmonieren. Besondere Bedeutung gewann der Raumbegriff in der Kunstgeschichte seit dem letzten Drittel des 19. Jahrhunderts. Indem die Kunsthistoriker Erkenntnisse zur malerischen Tiefenwirkung und Perspektive mit entwicklungsgeschichtlichen Gedankengängen verbanden, konnten sie nach formgeschichtlichen Konstanten suchen. Fragen nach Raum, Form und Stil wurden ihrerseits durch die vor allem von Heinrich Wölfflin formulierten stilgeschichtlichen Prinzipien miteinander verknüpft und zu allgemeingültigen methodologischen Grundprinzipien der Kunstgeschichte ausgebaut.[20]

---

[18] Vgl. hierzu vor allem Carlson, *Places of Performance*, 1989: »The articulation of space is a phenomenon of particular importance to the theatre as a cultural system, since a certain spacial configuration is so basic to this system that it can almost be taken as a defining condition of theatre, even in the absence of *any* specific architectural structure.« Ebd, S. 128.

[19] Hierzu Herrmann, *Das theatralische Raumerlebnis*, 1931 [im Anhang].

[20] Vgl. Jantzen, *Über den kunstgeschichtlichen Raumbegriff*, 1938.

Für die Theaterwissenschaft blieben solche Reflexionen nicht folgenlos. In der Umsetzung vom dramatischen zum theatralischen Raum[21] wandelt sich die einer fiktiven Person zugeschriebene Sprache auf der Bühne zu einem real erlebbaren Ereignis: Der Sprecher gewinnt sicht- und hörbare Konturen, das gesprochene Wort wird durch theatrale Elemente interpretiert. Der Raum gewinnt an suggestiver Schärfe und büßt in den meisten Fällen – vor allem im traditionellen europäischen Theater – zugleich von seiner Freiheit als die Phantasie des Lesers ausfüllende ›Leerstelle‹ ein. Diese Transformation findet auf der Bühne statt, im theatralen Raum. Als labiler Raum ist er zeitgebunden, für die Beteiligten nur im Moment der Aufführung erfahrbar. Eine nur historisch ausgerichtete Theaterwissenschaft wäre nicht in der Lage, diese transzendentalen ästhetischen Erfahrungen nachzuvollziehen; sie würde sich erschöpfen in der bloßen Ansammlung überlieferter Fakten. Daß Theater aber weit mehr ist als nur ein bloßes Zuschauen, sondern ein Miterleben beinhaltet, und daß eine Theateraufführung nur unter Mitwirkung eines Publikums stattfinden kann, hatte Herrmann schon spätestens 1900 erkannt.[22]

Fragen nach der Wechselbeziehung zwischen dramatischer Wirkungsabsicht und deren kommunikativer Vermittlung über die Rampe bildeten für die Theaterreformbewegung und die sich formierende Theaterwissenschaft den Ausgangspunkt theatertheoretischer Überlegungen. Im Falle Herrmanns sind diese nicht zu trennen von den historischen Studien über das Theater des Mittelalters und vor allem über die Bühne des Hans Sachs. Stehen dort auch konkrete Recherchen über Einzelheiten einer bestimmten Bühnenform im Vordergrund, so sind diese zugleich Ergebnis theoretischer Reflexion. Der Versuch der Bühnen-Rekonstruktion einer imaginären oder tatsächlichen Aufführung des ›Hüernen Sewfried‹ von Hans Sachs in der Nürnberger St. Martha-Kirche kann als Hypostasierung der Theoriebildung gesehen werden. Dabei wollten die *Forschungen* keine methodologische Feldstudie sein,[23] sondern ein erstes Beispiel für die Anwendung einer spezifischen theaterwissenschaftlichen Methodik. Die Theorie des theatralen Raumes bildete somit den Untertext für die Erforschung der Theatergeschichte des 16. Jahrhunderts.

Herrmanns Überlegungen lassen sich wie folgt zusammenfassen: Die Bühne ist das Zentrum des Theaters; auf ihr vollzieht sich die Transformation

---

[21] Zu den Begriffen ›dramatischer‹ und ›theatralischer‹ Raum siehe Hintze, *Das Raumproblem im modernen deutschen Drama und Theater*, 1969.

[22] Indem Herrmann im *Jahrmarktsfest zu Plundersweilern* der Aufführungsgeschichte von Goethes Werk und dessen Vorläufern einen breiten Raum widmet, zeigt sich sein wirkungsgeschichtliches Interesse.

[23] *Forschungen*, S. 5–6.

des dramatischen Textes in mimische, gestische und proxemische Aktion. Die Rampe trennt Schauspieler und Zuschauer voneinander und ist doch für deren Interaktion verantwortlich und unentbehrlich. Gelingt es dem Theaterhistoriker, die für eine bestimmte Aufführung verwendete Bühnenform zu eruieren, können damit maßgebliche Aussagen über das Theater insgesamt getroffen werden. Alle am Theaterprozeß beteiligten Elemente sind in besonderem Maß abhängig von der jeweiligen Bühnenform: vom Drama über den Schauspieler, der Dekoration, dem Spielleiter oder Regisseur bis zu den Zuschauern. Zugleich spiegeln Bühne und Zuschauerraum auch die Gesellschaftsordnung wider; das griechische ›theatron‹ fungierte als Manifestierung der demokratischen Polis, die Anordnung der Logen im Hoftheater als absolutistische Machtentfaltung. »Ganz im Gegensatz zu dem demokratischen, das im Begriff Theater liegt, ist unser moderner Theaterbau kastenmäßig zergliedert«,[24] lautet Herrmanns Kritik, stattdessen empfiehlt er – in Übereinstimmung mit den Vorstellungen der Theaterreformer – die Arenabühne als Alternative.[25]

Herrmanns Überlegungen zu einer Theorie des Raumes sind heute nahezu unbekannt. Der 1930 gehaltene und 1931 veröffentlichte Vortrag über *Das theatralische Raumerlebnis* hat die Fachwelt kaum erreicht.[26] Im Zentrum dieses Aufsatzes stehen die raumbildenden Faktoren des theatralen Ereignisses, »der dramatische Dichter; der Schauspieler; das Publikum [...]; und endlich, in neuester Zeit wenigstens, auch noch der Regisseur mit seinen Gehilfen«[27]. Entscheidend ist, daß diese Elemente des Theaters nicht nur ein Raumgebilde erschaffen, sondern selbst – auf unterschiedlichen Ebenen – ein Erleben des Raumes durchlaufen. Indem der Dramatiker bei der Gestaltung seines Dramas Rollen erschafft, gestaltet er den Darstellern einen Raum zur Umsetzung in körperliche Aktion. Daß die Dichotomie dramatischer Raum – theatralischer Raum für den Autor oft nicht unerhebliche Schwierigkeiten in sich birgt, ist selbstverständlich. Der Schauspieler wiederum ist in seiner Bewegung abhängig sowohl vom vorgegebenen Text als auch von den äußeren

---

[24] Herrmann, *Über Theaterkunst* [im Anhang].

[25] Ebd. Die von Herrmann genannten Stichpunkte zu einem idealen Theaterbau deuten auch auf seine Mitarbeit in der Volksbühnenbewegung hin: »Großer, amphitheatralischer Zuschauerraum (so keine ungünstigen Plätze), Einheitspreis, Verlosung der Plätze«.

[26] Vortrag, gehalten auf dem Vierten Kongreß für Ästhetik und allgemeine Kunstwissenschaft, Hamburg 1930 [im Anhang].

[27] *Das theatralische Raumerlebnis*, 1931, S. 153. Der Herrmann-Schüler Ferdinand Junghans (*Zeit im Drama*, 1931) untersucht die »Problematik der empirischen und der dramatischen Zeit« (ebd. S. 1–10), die mit Fragen des dramatischen Raumes eng verknüpft ist.

Raumverhältnissen der Aufführung; eine große Freilichtbühne verlangt einen anderen Spielgestus als ein Zimmertheater, wobei laut Herrmann ein extrem naturalistisches Bühnenbild den Schauspieler in seiner Phantasie und Bewegungsfreiheit eher hemmt als fördert. Um die dramatische Illusion in eine für alle Beteiligten erlebbare räumliche Erfahrung zu transformieren, muß die Raumerfahrung der einzelnen Schauspieler vom Zuschauer nacherlebt werden können, dem Publikum kommt also eine »schöpferische, mitschöpferische Tätigkeit«[28] zu, indem es die schauspielerische Leistung durch Miterleben nachvollzieht.[29] Aufgabe des Regisseurs ist es schließlich, »alles Raumerleben unter einen Hut zu bringen«,[30] das ursprüngliche Raumerlebnis des Dramatikers auf die Bühne zu übertragen, die Schauspieler in ihrem Ausdruck zu fördern und das Publikum in seinem Erleben zu unterstützen.

Im Vergleich zu ähnlichen raumtheoretischen Konzepten und Ansätzen[31] zeichnet sich dieser Beitrag durch seine Geschlossenheit aus. Die als maßgeblich definierten Faktoren des Theaters werden unter einem zentralen Gesichtspunkt beobachtet: ihr Verhältnis zwischen dramatischem und theatralem Raum sowie die sich daraus ergebenden Wechselbeziehungen der einzelnen Faktoren zueinander. Der aufführungsanalytisch geschulte Theaterwissenschaftler von heute mag bezweifeln, ob unter Zuhilfenahme dieser Prämissen eine erkenntnistheoretisch praktikable Analyse in Vergangenheit und Gegenwart gefördert werden kann. Dabei sollte er jedoch berücksichtigen, daß Herrmann mit seinen Überlegungen zur Raumtheorie innerhalb der Theaterwissenschaft Neuland betrat.

Die Bedeutung einer (oder mehrerer) Theorie(n) des theatralen Raumes für wissenschaftliche und ästhetische Untersuchungen wird heute niemand mehr ernsthaft leugnen können. Vor allem für die seit Beginn des 20. Jahrhunderts operierenden Vertreter der Theateravantgarde stand die Neubewertung des Verhältnisses von Raum, Körper und Sprache an vorderster Stelle.[32]

---

[28] *Das theatralische Raumerlebnis*, 1931, S. 159 [im Anhang].

[29] Ebd. Es sei dahingestellt, ob – wie Herrmann behauptet – der Zuschauer unbewußt den Drang verspürt, die Bewegungen und Lautäußerungen selber auszuführen.

[30] Ebd., S. 161.

[31] Vgl. Lazarowicz/Balme (Hrsg.), *Texte zur Theorie des Theaters*, 1991, Kap. II. D Bühnenraum und Bühnenbild (S. 401–454), v.a. die (gekürzten) Beiträge von Martin Buber (Das Raumproblem der Bühne, ebd., S. 428–433) und Adolphe Appia (Darsteller, Raum, Licht, Malerei, ebd., S. 437–442) sowie Hintze, *Das Raumproblem im modernen deutschen Drama und Theater*, 1969.

[32] Als maßgebliche theatrale Kategorie hat der Raum auch in der gegenwärtigen Theaterkunst nichts von seiner Bedeutung verloren; so beruht etwa die Zeitlosigkeit von Peter Brooks *The Empty Space* nicht zuletzt auf nach wie vor aktuellen Fragestellungen zu den grundlegenden konstitutiven Faktoren des Theaters.

Das Beispiel Max Herrmann zeigt, daß die Neubewertung des theatralen Raumes auch in der Theaterwissenschaft ihre Spuren hinterlassen hat.

4.1.2 Rekonstruktion

Die Rekonstruktion[33] ist vorrangig eine Methode der Archäologie. Um übereinandergelagerte Ruinenschichten voneinander zu separieren, kann die Wiederherstellung einzelner Bauten auf dem Papier, als Modell oder in Originalgröße helfen, größere Klarheit über bau- und entwicklungsgeschichtliche Verläufe zu gewinnen. Archäologische Ausgrabungen können fast immer nur mehr oder weniger spärliche Überreste zu Tage fördern, deren fragmentarischer Charakter um des Ganzen willen der behutsamen Ergänzung bedarf. Der Wissenschaftler bleibt hierbei häufig genug auf Mutmaßungen angewiesen, bis neue, vorher unbekannte Quellen eine neue Interpretation ermöglichen oder bereits bekannte Quellen plötzlich unter neuen Gesichtspunkten zu anderen Deutungen verhelfen. Dabei versteht sich die Archäologie ausdrücklich als eine Wissenschaft, die sich auf die materiellen Seiten der Vergangenheit konzentriert.[34]

Ebenso wie die Archäologie versuchen die philologischen Wissenschaften, Lücken der historischen Überlieferung zu schließen. Mit Hilfe textkritischer Verfahren können fehlerhafte und/oder unvollständige Texte berichtigt und ergänzt werden. Mitte des 19. Jahrhunderts übertrug Karl Lachmann die Prinzipien der altphilologischen Textkritik auf die Germanistik und entwickelte sie zu einem präzisen Instrumentarium, das für lange Zeit konstitutiven Charakter annehmen sollte. Die Rekonstruktion eines Textfragments bietet selbstverständlich keine Gewähr auf absolute Richtigkeit, ist aber eine brauchbare Arbeitshypothese. Daß die um Anerkennung ringende Theaterwissenschaft in ihrem Bemühen, die Transitorik des theatralen Ereignisses zu überwinden, auf bewährte Methoden der unmittelbaren Nachbardisziplinen Geschichtsschreibung und Literaturwissenschaft zurückgriff, wird so nicht nur begreiflich, sondern fast selbstverständlich.

---

[33] Zum Begriff ›Rekonstruktion‹ als erkenntnistheoretisch fundierte ›rationale Rekonstruktion‹ in der Wissenschaftstheorie vgl. Mittelstraß, *Rationale Rekonstruktion der Wissenschaftsgeschichte*, 1981. Auf das Theater bezogen, ist der Terminus Rekonstruktion vereinzelt auch im Sinne eines ›remake‹ oder ›re-create‹ einer Aufführung oder Inszenierung gebraucht worden. Vgl. Drama Review 28.3 (1984), die sich schwerpunktmäßig in diesem Sinn mit ›reconstruction‹ beschäftigt.

[34] »Archäologie ist jener Zweig der Altertumskunde, der sich mit der materiellen Hinterlassenschaft der Menschen vergangener Zeiten beschäftigt«. Daniel, *Geschichte der Archäologie*, 1981, S. 9.

Neben dem Theater der Antike übte vor allem die Bühne des elisabethanischen Zeitalters einen unwiderstehlichen Reiz auf die Pioniere der Theatergeschichtsforschung aus. Die traditionsreiche Shakespeare-Forschung[35] interessierte sich seit jeher auch für Fragen der Aufführbarkeit der Dramen William Shakespeares. Im Mittelpunkt stand dabei meist nicht das autonom geleitete Interesse am Theaterbau. Ziel der zahlreichen Untersuchungen war vielmehr das dramatische Werk, über das man auf diese Weise größeres Verständnis zu gewinnen hoffte. Dabei verklärten romantische Klischeevorstellungen das Theater der englischen Renaissance als einen Ort der gesteigerten Kunstempfindung;[36] die primäre Unterhaltungsfunktion der Bühne wurde dagegen weitgehend verdrängt. Entscheidende neue Impulse erhielt die Debatte um die Form des elisabethanischen Theaters vor allem mit der Entdeckung der sogenannten ›de Witt-Zeichnung‹[37] 1888, die einerseits die Primitivität der Bühnenanlage unterstrich und andererseits auf Grund ihrer flüchtigen Ausführung selbst zum Gegenstand zahlreicher Abhandlungen wurde. Bis zum heutigen Tag bemühen sich Literaturwissenschaftler, Theaterhistoriker und Archäologen um eine entsprechende Rekonstruktion auf dem Papier, im Modell und als Neubau eines ›wooden O‹.[38]

Ausgehend vom Interesse an ›literarisch bedeutsamen‹ Bühnenformen, erstreckte sich die Neugier der ersten Theaterwissenschaftler auch bald auf Epochen, denen herkömmlicherweise keine glanzvolle literarische Vergangenheit zugemessen wurde. Während um die Jahrhundertwende einerseits das Bewußtsein um die Bedeutung der Untersuchung des Bühnenraumes

---

[35] Zur spannenden Geschichte der Shakespeare-Forschung siehe Taylor, *Reinventing Shakespeare*, 1990. (Der deutsche Titel *Shakespeare/Geschichte einer Plünderung* verfehlt das Thema.) Bemerkenswert ist vor allem die Konsistenz für die Hochachtung von Shakespeares Werken bei dem im Lauf der Jahrhunderte ständigem Wechsel von Motiven und Argumenten für diese Wertschätzung.

[36] »Die Geschichte der Erforschung des elisabethanischen Theaters zeigt, daß selbst in einem so sachbezogenen Forschungsbereich, wo es um Konstruktionen, Materialien und Abmessungen geht, das Ergebnis stark vom zeitbedingten Standpunkt und vom Wunschdenken des Rekonstrukteurs abhängt«. Ulrich Suerbaums (*Das elisabethanische Zeitalter*, 1989, S. 414) Aussage gilt auch für die Rekonstruktionsversuche in Deutschland seit Ludwig Tieck, in dessen Nachfolge sich eine umfangreiche, am Ideal Shakespeare orientierte Bühnenreformbewegung etablierte. Vgl. hierzu Orth, *Die Studien zur Rekonstruktion des elisabethanischen »public playhouses« seit 1888*, MA Erlangen o.J.; speziell zu Tiecks Rekonstruktion vgl. Hille, *Die Tieck-Sempersche Rekonstruktion des Fortuna Theaters*, 1929, S. 73–109.

[37] Vgl. Suerbaum, *Das elisabethanische Zeitalter*, 1989, S. 409–420.

[38] Zu den Rekonstruktionsversuchen der elisabethanischen Bühne in neuester Zeit, die sich primär auf archäologische Ausgrabungen stützen, siehe: Eccles, *The Rose Theatre*, 1990 sowie *The Design of the Globe/Conclusions from the Archeological Evidence for Shakespeare's Globe Theatre*, 1993.

sowohl für die Theatergeschichte als auch für die Literaturgeschichte wuchs, bildeten andererseits Untersuchungen über nicht auf einen literarischen Text fixierte Theaterformen weiterhin die Ausnahme. Geblendet vom (scheinbaren) Erfolg der Rekonstruktion einer historischen Bühnenform war der Schritt zur Postulierung der ›lückenlosen‹ Rekonstruktion einer singulären Aufführung nicht allzu fern.

> Wir stellen uns die Aufgabe, eine theatralische Aufführung der Vergangenheit bis ins kleinste dermaßen wieder lebendig werden zu lassen, daß man sie, wenn nur die finanziellen Mittel zur Verfügung stehen, ohne Furcht vor bedenklichen Verstößen tatsächlich einem modernen Publikum vor Augen bringen könnte.[39]

An keinem anderen Satz Herrmanns hat sich die Kritik der Theaterwissenschaft heftiger entzündet. Da sich, wie wir heute wissen, eine historische Zuschauerhaltung nicht reproduzieren läßt, scheint der Satz zu belegen, daß der Verfasser entweder die intratheatrale Kommunikation als Einbahnstraße versteht, in welcher der Zuschauer keine oder nur eine untergeordnete Rolle spielt, oder nicht imstande ist, zwischen realen Objekten und theatralen Ereignissen zu unterscheiden. Seit Dietrich Steinbecks *Erkenntniskritische[n] Bemerkungen zum Quellenwert*[40] ist die Unmöglichkeit der Aufführungsrekonstruktion theaterwissenschaftliches Allgemeingut geworden. Unzählige Arbeiten haben seither den vermeintlichen Teufelskreis Transitorik – Rekonstruktion diskutiert.[41] Die phänomenologische Kritik Steinbecks differenziert zu Recht zwischen den ›Sachen‹ des Theaters und dem Ereignis der Aufführung an sich, »gefordert ist die Transparenz der theoretischen ›Rekonstruktionen‹ für die semantischen Bezüge zwischen ›Sache‹ und Begriff. Jede ›Rekonstruktion‹ wird sich dann als ein System beantworteter und offener Fragen an die historische Theatergestalt darstellen.«[42] Seine Kritik an der Berliner theaterwissenschaftlichen Schule verweigert sich jedoch jeder Einzelfallprüfung. Die Auseinandersetzung mit Herrmann muß aber gezwungenermaßen einseitig ausfallen, solange sie lediglich systematisch zu operieren versucht, dabei aber die konkreten historischen Zusammenhänge übergeht; Steinbeck ist dafür nur ein Beispiel unter vielen. Die Entstehung der

---

[39] *Forschungen*, S. 13.

[40] In Steinbeck, *Richard Wagners Tannhäuser-Szenarium*, 1968, S. 24–25; vgl. auch ders., *Probleme der Dokumentation von Theaterkunstwerken*, 1981, vor allem S. 179f.

[41] Die wichtigsten Arbeiten hierzu: Steinbeck, *Einleitung in die Theorie und Systematik der Theaterwissenschaft*, 1970; Paul, *Aggressive Tendenzen des Theaterpublikums*, 1969; Goll, *Theorie theatralen Handelns*, 1981; Buhlan, *Theatersammlung und Öffentlichkeit*, 1983.

[42] Steinbeck, *Einleitung in die Theorie und Systematik der Theaterwissenschaft*, 1970, S. 161.

Theaterwissenschaft läßt sich nur unter vergleichenden wissenschaftshistoriographischen Gesichtspunkten adäquat darstellen. Um 1900 – soweit reicht die Arbeit an den Forschungen zurück[43] – war die historische Methode in den Geschichtswissenschaften eine conditio sine qua non; zum erkenntnistheoretischen Problemfall der Geisteswissenschaften mutierte der Historismus erst in den zwanziger Jahren.[44] Herrmanns Ansatz, der vor allem auf einer kritischen Analyse und Rekonstruktion der historischen Quellen gründet, kann nur in diesem Zusammenhang angemessen interpretiert werden.[45]

Interessanterweise ist es bislang kaum aufgefallen, daß die *Forschungen* gar nicht erst den Versuch der Rekonstruktion einer einmaligen Aufführung unternehmen und erst recht nicht eine Wiederaufführung der ›Tragedij vom hüernen Sewfried‹ implizieren.[46] Ein solches Vorhaben wäre dem streng nach quellenkritischen Prinzipien arbeitenden Theaterhistoriker Herrmann zurecht als dilettantisch erschienen. Vielmehr geht es ihm im ersten Teil der *Forschungen* darum, in kleinsten Schritten die spärlichen Quellen zusammenzutragen, zu ergänzen, zu analysieren und zu interpretieren und mittels einer Kette von logischen Beweisführungen[47] die für das Theater der Nürnberger Meistersinger rekonstruierbaren Elemente herauszuarbeiten; wobei die *Forschungen* keineswegs den Anspruch auf Einheit erheben, sondern komplementär gearbeitet sind. Insofern verbietet es sich von selbst, aus der programmatischen Einleitung der *Forschungen* einzelne markante Sätze als Zitate zu isolieren und diese zur Richtschnur für das gesamte Buch zu erklären.[48]

Teil I ›Das Theater der Meistersinger zu Nürnberg‹ umfaßt Kapitel über »Zuschauerraum und Bühne, Dekorationen, Requisiten, Kostüme, die Schauspielkunst« und als Anhang einen ausführlichen Exkurs über die Gestik und

---

[43] *Forschungen*, S. V.

[44] Troeltsch, *Der Historismus und seine Probleme*, 1922; vgl. auch Rüsen, Konfigurationen des Historismus, 1993.

[45] Eine erkenntnistheoretisch formulierte Kritik an bestimmten wissenschaftstheoretischen Kategorien einer Zeit, eines Fachs oder einer Person ist nur dann zulässig, wenn sie sich nicht in erster Linie auf im nachinein formulierte Maßstäbe stützt, sondern die Zeitlichkeit (und damit Endlichkeit) in ihre Kritik mit einbezieht.

[46] Theo Girshausen (*Zur Geschichte des Fachs*, 1991, S. 36, Anm. 8) erwähnt die Distanz zwischen »Herrmanns Forschungsergebnissen« [...] und dem »vorgeschalteten Programm«, und erkennt die Diskrepanz zwischen dem angestrebten individuellen »Erkenntnisziel« und dem allgemeinen »Erkenntnisgang« (ebd.) bei Herrmann.

[47] Das anschaulichste Beispiel für Herrmanns ›dedektivische‹ Vorgehensweise ist der 1905 veröffentlichte Vortrag *Ein feste Burg ist unser Gott*. Mit grenzenloser Akribie liefert Herrmann den Nachweis für die Fälschung eines angeblichen Luther-Autographen.

[48] Zu Recht kritisiert Rudolf Münz (*Zur Begründung der Berliner theaterwissenschaftlichen Schule Max Herrmanns*, 1974) diese isolierende Betrachtung bei Diedrichsen, *Theaterwissenschaft und Literaturwissenschaft*, 1966.

den Wandel der Schauspielkunst vom Mittelalter über die Meistersinger[49] bis zum Schultheater. Sämtliche verfügbaren Materialien durchlaufen im ersten Schritt ein quellenkritisches Prüfverfahren. Wenn ihre Authentizität nicht grundlegenden Zweifeln unterliegt, anderseits aber auch nicht mit absoluter Sicherheit für ihre Richtigkeit garantiert werden kann, werden Abwägungen getroffen. Dieses, von Diedrichsen[50] scharf kritisierte »einerseits – andererseits« ist in erster Linie nicht als Unentschlossenheit zu werten, sondern als Bemühen um größtmögliche Sachlichkeit. Eine Hypothesenbildung erfolgt erst nach eingehender Prüfung und Abwägung aller Aussagen als die am wahrscheinlichsten anzunehmende logische Schlußfolgerung. Auch in dem deutlichen Bemühen, die Ergebnisse historischer Forschung zu relativieren, ist Herrmanns resümierende Zurücknahme als Abneigung gegenüber vorschnellen Rückschlüssen, als angestrengte höchstmögliche wissenschaftliche Seriosität zu sehen.

Wenn in der Theaterwissenschaft von Rekonstruktion die Rede ist, so wird sie fast immer gleichgesetzt mit dem (unmöglichen) Versuch der Rekonstruktion einer Aufführung.[51] Nimmt man jedoch die Arbeiten Herrmanns näher in Augenschein, so erweist sich die an ihm geübte Kritik diesbezüglich als wenig substantiell. Die in der Einleitung geäußerte programmatische Forderung nach einer Wiederaufführung wird im Werk auch nicht ansatzweise eingelöst. Sie erweist sich eher als rhetorische Metapher, die primär den Exaktheitsanspruch Herrmanns dokumentieren will. Seine Aufmerksamkeit gilt denn auch weniger einer singulären Aufführung, sondern der Inszenierung eines beliebigen Dramas von Hans Sachs,[52] um auf diesem Weg

---

[49] Der Terminus ›Nürnberger Meistersingerbühne‹ oder ›Theater der Meistersinger‹ ist insofern irreführend, als dort kein Meistersang öffentlich aufgeführt wurde, sondern es sich um Aufführungen von Dramen (nicht Fastnachtsspielen) von (und wohl zum Teil mit und durch) Hans Sachs handelte, der seine größte Berühmtheit (vor allem seit Richard Wagners Oper) als Meistersinger erzielte. Über die Zusammensetzung der aufführenden Amateur-Truppen sind keine Einzelheiten bekannt. Ob und in welchem Maß die in Nürnberg agierenden Schauspieltruppen von Hans Sachs abhängig waren oder als Konkurrenzunternehmen weitgehend unabhängig agierten, war ein weiterer Streitpunkt zwischen Herrmann und Köster. Vgl. Köster, *Die Meistersingerbühne des sechzehnten Jahrhunderts*, 1920, S. 6–18; Herrmann, *Die Bühne des Hans Sachs*, 1921, S. 7–22.

[50] Diedrichsen, *Theaterwissenschaft und Literaturwissenschaft*, 1966.

[51] Als Beispiel der Unmöglichkeit einer Aufführungsrekonstruktion vgl. Kotte, *Warum rekonstruieren? ›Das Käthchen von Heilbronn‹, aufgeführt auf dem Theater an der Wien, den 17., 18. und 19. März 1810*, 1994.

[52] Der ›Hüerne Sewfried‹ ist lediglich der Ausgangspunkt Herrmanns, an dem die gewonnenen Erkenntnisse und Hypothesen im Einzelfall überprüft werden können. Herrmann betont:»Die Art dieser Inszenierung muß sich natürlich ebenso auf jedes andere der großen Hans Sachsischen Dramen (63 Tragödien, 65 Komödien) anwenden las-

exemplarisch Erkenntnisse über die Theaterpraxis der Nürnberger Meistersinger zu gewinnen, die wiederum in den größeren Kontext des deutschsprachigen Theaters des Mittelalters und der Renaissance eingebunden
werden. »Herrmann zeigt sich interessiert an allgemeinen, epochalen Formen
des Theaters – an der Meisteringerbühne und der Terenzbühne«,[53] bemerkt
Girshausen zu Recht.

Die Rekonstruktion als theaterwissenschaftliche Methode bezieht sich bei
Herrmann stets auf einzelne Elemente und noch nicht auf die Aufführung als
Einheit. Es gilt also genauer zu differenzieren zwischen den verschiedenen
Ausprägungen und Möglichkeiten theaterwissenschaftlicher Rekonstrukti-
onsarbeit. Ihrem Ursprung nach ist sie – wie betont – ein archäologisches
Verfahren, um eine Vorstellung vom Ganzen eines nur fragmentarisch erhaltenen Gebäudes zu erhalten. Je größer der noch vorhandene Anteil ist,
desto eher ist eine authentische Rekonstruktion möglich. Eine ›Zurückher-
stellung‹ setzt in jedem Fall ein materiell fixiertes Fragment voraus oder zumindest dessen weitgehend originalgetreue Aufzeichnung. Darüberhinaus ist
aber weiteres Vergleichsmaterial unabdingbar. Aufgrund der zahlreichen,
unterschiedlich gut erhaltenen Ruinen griechischer und römischer Theater
läßt sich für die Antike auch bei nur schlecht erhaltenen Überresten durch
Abgleichen mit anderen Exemplaren ein anschauliches Bild einzelner Theater
gewinnen. Für die im süddeutschen Raum nachgewiesenen Theateraufführungen von Meistersingern ist die Ausgangslage entschieden schlechter: Neben einer Vielzahl von Spielplätzen[54] sind aufgrund des provisorischen Charakters der Bühne keinerlei Reste davon vorhanden, noch existiert eine auch
nur halbwegs zuverlässige Skizze oder Abbildung einer solchen Bühne; wenn
es denn überhaupt je eine einheitliche Bühnenform gegeben hat.[55]

Es macht heute wenig Sinn, noch einmal den Auseinandersetzungen um
die Rekonstruktion der Meistersingerbühne im Detail nachzugehen. Der
Streit mit Albert Köster ist denn auch weniger substantiell als eher wissenschaftshistorisch von Interesse; eine Zusammenfassung der Diskussion findet
sich bei Wolfgang F. Michael: *Frühformen der deutschen Bühne*.[56] Die
Tatsache, daß die Grundannahme von Herrmann und Köster (der sie später

---

sen« (S. 13), jedoch nicht ohne sich rückzuversichern »Auf jedes andere – das wird
sich doch nicht aufrecht erhalten lassen« (ebd.).

[53] Girshausen, *Zur Geschichte des Fachs*, 1990, S. 36 Anm. 8.

[54] Allein in Nürnberg, des Zentrum des Meistersingertheaters, lassen sich von 1550–1576
zehn ganz unterschiedliche Aufführungsorte nachweisen. Vgl. Hampe, *Die Entwicklung des Theaterwesens in Nürnberg*, 1900, S. 232–245. In anderen Städten stellt sich
die Lage ähnlich dar.

[55] Vgl. Michael, *Frühformen der deutschen Bühne*, 1963, S. 141f., S. 158.

[56] Ebd., S. 138–160.

wieder relativierte), wichtigster Spielplatz der Meistersinger sei die säkularisierte Nürnberger St. Martha-Kirche gewesen, äußerst fragwürdig ist,[57] und sich darüberhinaus eine Aufführung des ›Hüernen Sewfried‹ nicht belegen läßt, zeigt nur, wie hypothetisch diese Bühnenrekonstruktion ist. Der abschließende Satz des ersten Kapitels der *Forschungen*, »die Bühne der Nürnberger Meistersinger ist rekonstruiert«,[58] muß unter diesen Prämissen schlichtweg als falsch gelten. Aber die Auswirkungen waren von höchster Tragweite: Jeder theaterhistorisch Arbeitende war bestrebt, seinen Forschungen eine materielle Basis zu verschaffen. Gerade für die Erforschung der Theatergeschichte des Mittelalters und der frühen Neuzeit lieferte Herrmanns – vom Ergebnis fehlerhafte – Bühnenrekonstruktion das entscheidende methodische Vorbild. Kösters Arbeiten zur Meistersingerbühne – obwohl sie zu einem gänzlich anderen Ergebnis gelangen – liegen dieselben systematischen Prinzipien wie bei Herrmann zugrunde. Nach der Bestimmung des bespielten Raumes werden alle in Frage kommenden schriftlichen und bildlichen Quellen auf ihre Zuverlässigkeit und Aussagekraft hin untersucht. Die dramatischen Texte von Hans Sachs, denen ein außerordentlich hoher Authentizitätsfaktor zugeschrieben werden kann, bilden jeweils die wichtigste Prüfungsstufe für die rekonstruierende Phantasie des Wissenschaftlers.

Die Suche nach dem ›Begreifbarmachen‹ von theatraler Vergangenheit führte die ersten wissenschaftlich argumentierenden Theaterhistoriker zu einer Materialisierung von Theatergeschichte, unter Zuhilfenahme von Bühnenmodellen und -skizzen. Die in der Tradition des Historismus noch fest verwurzelten Wissenschaftler waren überzeugt von der prinzipiellen Aussagekraft historischer Quellen und deren immanentem Wahrheitsgehalt. Durch logisches Kombinationsvermögen, durch ständige Permutationen glaubte man, Lücken im Prozeß der Geschichte aufdecken und überbrücken zu können. Herrmann selbst spricht von der zu leistenden Arbeit als »Sherlock-

---

[57] Wie schon Neil C. Brooks (*The Hans Sachs Stage in the Church of St. Martha*, 1917) festgestellt hat, geben die durch den Rat der Stadt Nünberg erteilten Spielgenehmigungen (vgl. hierzu Hampe, *Die Entwicklung des Theaterwesens in Nürnberg*, 1900) keinen zwingenden Hinweis, daß Hans Sachs seine Dramen in der Marthakirche zur Aufführung brachte. Sein Name als Spielleiter taucht nur in Verbindung mit dem Predigerkloster auf. Dessen Refektorium oder Remter hat Hans Sachs nachweislich regelmäßig als Aufführungsort benutzt; der rechteckige Saal (23,5 x 8 m) bietet allerdings kaum Anhaltspunkte für eine Bühnenrekonstruktion. Die von Herrmann rekonstruierte Bühne für die Marthakirche ließe sich dort jedenfalls nicht aufbauen, wie auch Köster schon festgestellt hat.

[58] *Forschungen*, S. 56.

Holmes-Kunst der historischen Kritik«.[59] Glaubte man den ›Fall‹ abgeschlossen, konnte man die Angaben im Modell nachvollziehen und verifizieren. »Vom Buchbinder anzufertigende Modelle der verschiedenen Bühnenformen aus Vergangenheit und Gegenwart«[60] sollten denn auch nach Herrmanns Vorstellungen zur Grundeinrichtung des Berliner Institus gehören, eine deutliche Referenz an Albert Köster, dessen Sammlung von Bühnenmodellen seinerzeit einen fast legendären Ruf hatte.[61] Diese Materialisierung des theatralen Raumes als Objektivierung der Theatergeschichte erweiterte sich zu einem außerordentlich folgenreichen ›positivistischen‹ Erkenntnisideal, dessen Wirkung bis zum heutigen Tag anhält.[62]

Zunächst setzten die *Forschungen* eine Welle von theaterhistorischen Rekonstruktionen in Gang. Julius Petersens Arbeit über das Frankfurter Passionsspiel[63] kann als weitgehend erfolgreiche Adaption des Herrmannschen Verfahrens für einen genau zu lokalisierenden Freilichtspielplatz gelten. Durch das Vorhandensein einer Art von Szenarium – der Frankfurter Dirigierrolle – war zwar eine grundsätzlich andere Quellensituation gegeben, die Prinzipien der philologisch-historischen Methode sind aber bei Petersen nahezu identisch: Auf einer sorgfältigen philologischen Quellensammlung und -kritik aufbauend, werden die so gewonnenen zeitlichen und geographischen Tatsachen miteinander verglichen, als Endergebnis steht eine vollständige Rekonstruktion der Bühne bzw. des Bühnenplanes.[64] Mit weittragenden Konsequenzen: Die Berliner theaterwissenschaftliche Schule unter Herrmann und (bedingt unter) Petersen wurde vor allem durch ihre Bühnenrekon-

---

[59] *Die Bühne des Hans Sachs*, 1923, S. 18.

[60] BAP, R 4901; 1450, 2, 2RS (Antrag auf Errichtung eines theaterwissenschaftlichen Instituts an der Universität Berlin) [im Anhang].

[61] Vgl. Jericke, *Kösters theatergeschichtliche Sammlung*, 1922. Hierzu auch Mitteilungen der Gesellschaft für Theatergeschichte 55/1924. (Nach einem Vortrag Max Herrmanns). »Kösters wesentliche Arbeit auf theatergeschichtlichem Gebiete liegt nicht in gedruckten Arbeiten, vielmehr hat er selbst gesagt, man müsse seine Theater-Sammlung an Stelle gedruckter Werke von ihm nehmen. In dieser wissenschaftlich aufgebauten Sammlung für Theatergeschichte liegt Kösters Lebenswerk«. Die Faszination einer solchen Sammlung läßt sich leicht nachzuvollziehen (so in der Sammlung der Schweizerischen Gesellschaft für Theaterkultur in Bern). Man wird Bühnenmodelle aber wohl höchstens in Ausnahmefällen zu Forschungszwecken einsetzen, sondern sie eher zur Veranschaulichung von Lehrinhalten heranziehen.

[62] Zur Problematik des Begriffs ›Positivismus‹ in der Theaterwissenschaft vgl. 6. Theaterwissenschaft übermorgen.

[63] Petersen, *Aufführungen und Bühnenplan des älteren Frankfurter Passionsspieles*, 1921. Vgl. hierzu auch Michael, *Frühformen der deutschen Bühne*, 1963, S. 26–36. Petersens Aufsatz will die Frankfurter Dirigierrolle nach »*theatergeschichtlicher methode*« (ebd., S. 83) lesen; die einzige ausformulierte Methode war zu diesem Zeitpunkt in den *Forschungen* zu finden; diese werden von Petersen nicht erwähnt.

[64] Ebd., S. 122.

struktionen zum methodischen Leitbild der Theaterwissenschaft im In- und Ausland. Direkte Einflüsse lassen sich nachweisen in den USA, der Sowjetunion bzw. Rußland, der Tschechoslowakei, Dänemark und Italien, um nur die wichtigsten Beispiele zu nennen.[65]

So bildete die Rekonstruktion der Bühne in der Geburtsphase der Theaterwissenschaft die materielle Basis jeglicher Theatergeschichtsforschung. Die Auswirkungen eines positivistischen Objektivitätsideals können dabei kaum hoch genug veranschlagt werden. Die vorsichtige Modifizierung des historiographischen Verständnisses, welches spätestens seit Ranke geprägt war durch den Glauben an die Möglichkeit einer wertfreien Darstellung, transzendierte von einer vermeintlich ideologiefreien theoretischen Basis hin zu einem exakt und detailliert rekonstruierbaren materiellen Fundament.

Die Rekonstruktion als Ideal einer vorrangig an Primärquellen orientierten Theaterhistoriographie kann keineswegs als endgültig überwunden gelten. Problematisch erweist es sich vor allem, wenn es auf jüngere Epochen der Theatergeschichte angewendet wird,[66] wohingegen besonders für das Theater der Antike und des Mittelalters aufgrund der lückenhaften Überlieferung jeder noch so spärliche Nachweis eine immens gewichtige Bedeutung gewinnen kann. So müssen sich die methodischen Präsumptionen in theaterhistorischer Forschung und Darstellung am jeweiligen konkreten Untersuchungsgegenstand orientieren.[67] Theaterhistoriker der jüngsten Zeit haben jedoch zurecht Zweifel erhoben an einer Geschichtsauffassung, die Faktivität aus bloßer Quellensammlung abzuleiten vermeint.[68] Von entscheidender Bedeutung für die Glaubwürdigkeit (nicht Wahrheit!) jeglicher historischer Verfahren ist das Wissen um deren Subjektivität, welche normative Gesetzmäßigkeiten nur in Ausnahmefällen anerkennt. Andererseits darf nicht übersehen werden, daß geschichtsphilosophische Konzeptionen – auch die der Gegenwart – keine zeitlich stabilen Konstruktionen sein können, sondern selbst dem ständigen Wandel des Diskurses unterliegen.

---

[65] Vgl. 5.2 Ausbreitung.

[66] Vgl. Bayerdörfer, *Probleme der Theatergeschichtsschreibung*, 1990.

[67] Einen wertvollen Ansatz hierzu liefert Fischer-Lichte, *Kurze Geschichte des deutschen Theaters*, 1993, wenngleich die Umsetzung der unterschiedlichen Ansätze noch auszubauen wäre.

[68] Bruce McConachies Aufsatz *Towards a Postpositivist Theatre History* (1985) ist konzipiert als programmatische Kritik an den »aims and methods of the current orthodoxy in theatre historiography« (ebd. S. 466), reicht jedoch weit über die Auseinandersetzung mit einem der profiliertesten Vertreter der traditionellen Theaterhistoriographie – Oscar Brockett – hinaus. Der Aufsatz gewinnt seine fundamentale Bedeutung aus der grundsätzlichen Gegenüberstellung von historistischer Faktengläubigkeit und phänomenologisch-postpositivistischer Suche nach funktionalen Fragestellungen für den Bereich Theatergeschichte.

4.2 Das Drama

4.2.1 Differenzierung zwischen Drama und Theater

Das Drama ist für die Theaterwissenschaft nach wie vor ein Problemkind. Durch seine Doppelfunktion als literarischer Text und als Spielvorlage gehört das Drama als Gegenstand der wissenschaftlichen Analyse in zwei – mitunter heftig verfeindete – Lager: zur Literaturwissenschaft und zur jüngeren Theaterwissenschaft.[69] Zum Streitobjekt mutierte es vor allem im deutschsprachigen Raum, nachdem um 1900 einzelne Wissenschaftler sich nicht länger mit einer nur philologischen Herangehensweise an das Drama zufrieden gaben, sondern auch dramaturgische und rezeptionsästhetische Konsequenzen in ihre Überlegungen mit einbeziehen wollten. Die von der Mehrzahl der frühen Theaterwissenschaftler energisch verfochtene Trennung von Drama und Theater war umstritten, und sie ist es bis heute geblieben.[70] Wie im weiteren Verlauf gezeigt wird, war – insbesondere bei Max Herrmann – der postulierte Verzicht auf das Drama im Rahmen theaterwissenschaftlicher Betätigung keineswegs so rigide und ausschließlich, wie es das berühmte Zitat aus der Einleitung der *Forschungen* zunächst vermuten ließe:

> Das Drama geht uns aber in der Theatergeschichte nichts oder nur insoweit etwas an, als der Dramatiker bei der Abfassung seines Werkes auch auf die Verhältnisse der Bühne Rücksicht nimmt, und insofern also das Drama uns einen unbeabsichtigten Abdruck vergangener Theaterverhältnisse liefert; wir betrachten es ferner als Bestandteil des Theaterspielplans und als Gegenstand der Bemühungen nachgeborener Bühnenkünstler, es ihren veränderten Theaterverhältnissen zu eigen zu machen. Das spezifisch Dichterische aber bleibt für uns ganz außer Betracht; das völlig unkünstlerische ›Theaterstück‹ im engeren Sinne des Wortes ist für unsern Gesichtspunkt unter Umständen wichtiger als das größte dramatische Meisterwerk der Weltliteratur.

---

[69] Die Schwierigkeiten, ›Drama‹ und ›dramatisch‹ genauer zu definieren, werden deutlich bei Esslin, *Die Zeichen des Dramas*, 1989; v.a. in Kap. 2, Das Wesen des Dramas. Hinzu kommt ein Übersetzungsproblem, da ›Drama‹ in der englischen Sprache auch als Synonym für ›Theater‹ verwendet wird.

[70] Zum Verhältnis Drama – Theater aus historischer Sicht und als aktuelles Problem der Theatertheorie siehe Höfele, *Drama und Theater/Einige Anmerkungen zur Geschichte und gegenwärtigen Diskussion eines umstrittenen Verhältnisses*, 1991. Der von Herta Schid und Hedwig Kràl herausgegebene Sammelband *Drama und Theater: Theorie – Methode – Geschichte* (1991) enthält vorwiegend semiotisch orientierte Beiträge eines von der Ruhr-Universität Bochum 1984 veranstalteten internationalen Symposions mit slavistischen Schwerpunkten.

Die Tatsache, daß die ersten Theaterwissenschaftler nahezu ausnahmslos geschulte Literaturwissenschaftler waren,[71] zu einer Zeit als die Höherwertigkeit des Dramas gegenüber dem Theaterstück noch geradezu normative Gesetzteskraft besaß, erschwerte den unvoreingenommenen Umgang mit Spieltexten, gleich welcher literarischen Kategorie, auch innerhalb der Theaterwissenschaft.[72] So bildeten Fragen nach dem Wechselverhältnis von Drama und Theater einen der ersten Kernpunkte theaterwissenschaftlicher Theoriebildung: als unmittelbare Diskussionsbasis zwischen Literatur- und Theaterwissenschaft, sowie im weiteren Verlauf der Fachgeschichte als zunehmende Rechtfertigung der inhaltlichen und methodischen Abgrenzung von der Germanistik.[73]

Obwohl sich die Theaterwissenschaft ihre Legitimation zunächst in der Abkehr vom ›literarisch wertvollen‹ Drama erkämpfte, verdankt sie ihre Existenzberechtigung paradoxerweise auch der Hochschätzung des Kunstwerkes Drama. Eine wesentliche Voraussetzung für die enorme Popularisierung von Theatergeschichte gegen Ende des 19. Jahrhunderts ist begründet in der veränderten Haltung des Bildungsbürgertums – eine der in dieser Periode kulturgeschichtlich wirksamsten gesellschaftlichen Gruppen – zum Drama und Theater. Der weitgehend synonyme Gebrauch beider Vokabeln in der deutschen Sprache ist kennzeichend für das 19. Jahrhundert und letztendlich mitverantwortlich für den ›Aufstieg‹ des Theaters in den Olymp der etablierten ›Hochkünste‹.

---

[71] Neben den ›Vorarbeitern‹ Litzmann und Köster gilt dies auch für Herrmann, Kutscher, Niessen, Petersen, Wolff, Pfeiffer-Belli, Kindermann, Borcherdt und Stumpfl. Die einzige Ausnahme im deutschsprachigen Raum bildete Hugo Dinger, der als Ästhetiker das Theater als raum-zeitliches ästhetisches Problem und nicht als literarische Gattung behandelt wissen wollte. Bis heute haben ›Quereinsteiger‹ aus der Literaturwissenschaft einen nicht unwesentlichen Anteil der theaterwissenschaftlichen Lehrstühle und Professuren inne.

[72] Es ist auffällig, daß bei der Fülle von Rekonstruktionsversuchen, die infolge der *Forschungen* in Angriff genommen wurden, sich kein Beispiel finden läßt, welches sich der von Herrmann in der Einleitung vertretenen Forderung, ein »völlig unkünstlerisches Theaterstück« [*Forschungen*, S. 4] sei für die Theaterwissenschaft unter Umständen wichtiger als jedes »dramatische Meisterwerk« [ebd.], anschließt und zum Ausgangspunkt seiner Rekonstruktion macht. Selbst den als literarisch weniger wertvoll erachteten dramatischen Texten des Mittelalters und der Renaissance ließ sich noch eine literaturentwicklungsgeschichtliche Bedeutung zuweisen.

[73] Wie Harald Zielske verdeutlicht hat (*Periodische Bibliographien zur Theaterwissenschaft/zur bibliographischen Situation einer jungen Wissenschaftsdisziplin*; 1972), ist die Abhängigkeit der Theaterwissenschaft von der Germanistik in bezug auf biobliographische Grundlagenwerke noch keineswegs überwunden.

Untersucht man die dramaturgischen Traditionen im deutschen Sprachraum während dieses Zeitraumes,[74] so tritt die Sonderrolle, welche Hegels Ästhetik hierin einnimmt, nur allzu deutlich hervor. Wie bei so vielen Werken des Berliner Philosophen war ihre Wirkung nicht bloß auf den Adressatenkreis der Philosophie und Ästhetik im engeren Sinn begrenzt, sondern weit über dessen Grenzen hinaus. Die für die Ästhetik des Dramas zentralen Aussagen erwiesen sich als folgenreich wie kaum ein anderes dramaturgisches Konzept – und ihre direkten und indirekten Auswirkungen sind noch aufzuspüren, lange, nachdem weite Teile der Hegelschen Philosophie, wenn auch nicht in Vergessenheit, so doch ins hintere Glied gerückt waren.

Vor allem zwei Befunden Hegels kam dabei eine besondere Bedeutung zu. Zum einen, daß

das Drama [...], weil es seinem Inhalte wie seiner Form nach sich zur vollendeten Totalität ausbildet, als die höchste Stufe der Poesie und der Kunst überhaupt angesehen werden [muß].[75]

Und zum anderen seine Bevorzugung der dramatischen Poesie gegenüber der Schauspielkunst, der Hegel lediglich die Rolle einer »begleitenden Kunst« zuerkannte:

Der Schauspieler soll gleichsam das Instrument sein, auf welchem der Autor spielt, ein Schwamm, der alle Farben aufnimmt und unverändert wiedergibt.[76]

Beide Textpassagen waren mitverantwortlich für eine aus heutiger Sicht einseitige Glorifizierung der dramatischen Poesie, sowohl gegenüber dramatischen Gebrauchstexten wie auch der schauspielerischen Einzel- und Ensembleleistung. Sie schufen damit zugleich die Grundlage für eine erstaunlicherweise bis in die Gegenwart erhobene Forderung nach der Verwirklichung einer vermeintlichen Autorintention und der damit verbundenen ›werkgetreuen‹ Inszenierung.[77]

Innerhalb der gattungsimmanenten poetologischen Tradition wurde dem Dramatischen fast immer eine Sonderrolle zugeschrieben. Aus der Hegel-

---

[74] Vgl. v.a. *Dramaturgische Schriften des 19. Jahrhunderts* I, II, 1987.

[75] Hegel, *Vorlesungen über die Ästhetik III/Werke 15*, 1970, S. 474.

[76] Ebd., S. 513.

[77] Zur vielschichtigen Problematik des Begriffs ›Werktreue‹ siehe u.a.: Berg, *Werktreue: eine Kategorie geht fremd*, 1982; Fischer-Lichte, *Was ist eine ›werkgetreue‹ Inszenierung?*, 1985. Die Forderung nach Werktreue im Theater wird vollends ad absurdum geführt, verdeutlicht man sich die völlig unterschiedlichen Kommunikationswege und -inhalte der verschiedenen Medien; sie erweist sich als ein vorrangig ideologisch motiviertes Konstrukt zur Abwehr von unliebsamen Überraschungen auf der Bühne, oder, wie im Fall der Brecht-Erben, als ein finanzieller und kulturpolitischer Machtfaktor.

schen Triade These, Antithese und Synthese entwickelten seine Schüler und Nachfolger das entsprechende literarische Modell der Vereinigung von Lyrik und Epik im Drama.[78]

So markiert der Ruf nach einer formalen Trennung von dramatischem Text und Theater, wie sie sowohl von der Theaterreformbewegung um 1900 als auch von den ersten Theaterwissenschaftlern energisch eingefordert wurde, einen radikalen Bruch im kulturellen Selbstverständnis des Wilhelminismus, der keineswegs auf allgemeine Zustimmung stoßen konnte. Für die ersten Theaterwissenschaftler bedeutete die Trennung von Drama und Theater jedoch nicht nur ein ästhetisches oder erkenntnistheoretisches Problem, sondern ebenso eine hochschulpolitische Notwendigkeit. Chancen auf eine auch nur bescheidene Institutionalisierung der Theaterwissenschaft als eigenständige wissenschaftliche Disziplin konnten nur dann bestehen, wenn sich das neue Fach weniger methodisch, sondern vor allem inhaltlich von bereits etablierten Disziplinen, vor allem von der Germanistik, abgrenzen konnte. So ist es auch nicht weiter verwunderlich, daß die schärfsten Gegner der Theaterwissenschaft, vor allem einer selbstständigen Theaterwissenschaft, aus den Reihen der Literaturwissenschaft kamen. Den Forderungen von Dinger, Herrmann und später auch Kutscher und Niessen nach einer methodisch und institutionell unabhängigen Theaterwissenschaft widersprachen Vertreter der Literaturwissenschaft vor allem mit dem Agument der Untrennbarkeit von Drama und Theater, wobei das künstlerische Primat allein dem Text zuerkannt werden sollte. Das Theater galt ihnen bestenfalls als Erfüllungsgehilfe, als sekundäres Werkzeug der literarischen Schöpfung.[79] Noch Albert Köster warnte: »Das Schicksal behüte uns vor Lehraufträgen, die nur auf Theatergeschichte lauten«;[80] sein Ziel hieß vielmehr: »Drama, als dargestellte Theaterstücke die Dramen aller Zeiten und Völker zu begreifen, müßte eines Tages das Ziel der eigentlichen Theaterforschung werden.«[81]

Am Beispiel von Max Herrmann läßt sich exemplarisch verdeutlichen, welche Kluft sich durch die postulierte Trennung von Text und Theater zwischen den beiden Lagern auftat, welche Argumentationsmuster auf beiden Seiten angeführt wurden, und wie unsicher sich die Theaterwissenschaft in ihren eigenen theoretischen Implikationen bewegte.

---

[78] So etwa Friedrich Theodor Vischer in seiner *Ästhetik oder Wissenschaft des Schönen*. Vgl. *Dramaturgische Schriften des 19. Jahrhunderts*, 1987, Band II, S. 1242.

[79] Vgl. Höfele, *Drama und Theater/Einige Anmerkungen zur Geschichte und gegenwärtigen Diskussion eines umstrittenen Verhältnisses*, 1991, S. 3–23, insb. S. 7–8.

[80] Köster, *Ziele der Theaterforschung*, 1923, S. 486.

[81] Köster, *Theatergeschichte*, 1916.

Wie Rudolf Münz[82] grundlegend konstatiert hat, standen sich zum Zeitpunkt der Gründung des Berliner Instituts zu Beginn der zwanziger Jahre mehrere höchst verschiedene Positionen zum Verhältnis von Drama und Theater gegenüber, die sich grob gesprochen in drei prinzipielle Haltungen aufteilen lassen:[83] a) die der traditionellen Germanistik und Ästhetik, welche das Theater vorrangig als Erfüllungsgehilfen der dramatischen Kunst ansah, b) eine daraus abgeleitete, modifizierte Haltung, die vor allem das Wechselseitige der Beziehung beider Bereiche betonte, vertreten vor allem durch Albert Köster, und c) eine mystisch-völkisch orientierte, geistesgeschichtlich und häufig offen theaterfeindlich argumentierende Richtung, die schließlich auch der nazistischen Theaterwissenschaft den Boden bereiten sollte. Hinzu kam die Herrmannsche Auffassung von der grundsätzlichen Disparatheit von Drama und Theater.[84] Wie Münz zu Recht betont, bilden Herrmanns theoretische Vorstellungen zwischen der Veröffentlichung des *Jahrmarktsfest zu Plundersweilern* (1900) und seiner letzten Arbeit über *Die Anfänge der berufsmäßigen Schauspielkunst* (bis 1942) eine wechselvolle, keineswegs linear verlaufende Entwicklung.

Herrmanns Untersuchung über das Jugendwerk Goethes ist in einem doppelten Kontext zu sehen. Zum einen bildete es einen kleinen Baustein der Goethe-Philologie,[85] die vor allem durch neue Archivfunde um die Wende

---

[82] Münz, *Zur Begründung der Berliner theaterwissenschaftlichen Schule Max Herrmanns*, 1974. Zu den folgenden Punkten siehe ebd., v.a. S. 337–341.

[83] Natürlich verlaufen die Trennlinien zwischen den verschiedenen Richtungen fließend, und es ließen sich bei genauerer Differenzierung auch noch mehr Positionen markieren. Ich konzentriere mich im folgenden vor allem auf Herrmanns Argumente und ziehe davon abweichende Überlegungen punktuell zum Vergleich heran.

[84] Es wäre allerdings falsch, wollte man die von Herrmann vertretene Position als völlig neu einordnen. Max Dessoir betonte die Eigenständigkeit des Theaters, vor allem der Schauspielkunst: »Den Personen des Dramas steht der Schauspieler beinahe so frei gegenüber, wie der Dichter der Wirklichkeit.« (*Ästhetik und allgemeine Kunstwissenschaft*, 1906, S. 345). Thomas Mann, der in München auch mit den Vertretern der Reformbühne Kontakt hatte, schrieb in seinem *Versuch über das Theater*, (1960): »Daß das Theater die Literatur nicht nötig habe, daß man ihm eine gewisse absolute Daseinsfähigkeit zuerkennen müsse, scheint auf den ersten Blick ein spielerisch widersinniger Satz; und doch ist es eine ganz respektable Wahrheit, die man im Auge behalten muß, wenn man, wie ich, den Wunsch hat, dem Theater gerecht zu werden.« [S. 40f.] Und weiter: »Es wurde anerkannt, ja betont, daß das Schauspiel eigentlich kein Literaturzweig sei, und sicherlich wäre es das Natürliche, das Gesunde, das Ideal, wenn man eine Unterscheidung zwischen Drama und Theater nicht zu machen brauchte. Aber die Trennung besteht, sie ist anerkannt von den Größten«. Ebd., S. 46.

[85] Das *Jahrmarktfest* ist dem ›Papst‹ der Goethe-Philologie, Erich Schmidt, »zugeeignet« (ebd., Vorsatzblatt). Zu Schmidt und der Berliner Germanistik im Wilhelminismus siehe Conrady, *Germanistik in Wilhelminischer Zeit*, 1978; sowie Höppner, *Wilhelm*

zum 20. Jahrhundert eine Blütezeit erlebte; und zum anderen behandelte es, indem es die Entstehungs- und Wirkungsgeschichte des Werkes mit einbezog, im Rahmen der Germanistik erstmals nichtliterarische Formen des Theaters wie Commedia dell'arte und Jahrmarktsspiel. Im Vergleich zu Herrmanns primärer Absicht, »so tief wie möglich in die Seele des jungen Goethe hinabzutauchen«[86] und zu versuchen, die »thatsächliche Entstehungsgeschichte [...] zu rekonstruieren«,[87] geriet die historische Untersuchung theatraler Spielformen, welche vor allem die vielschichtigen Einflüsse auf Goethes schriftstellerische Arbeit aufzeigen wollte, zwangsläufig zur Nebensache.[88] Damit steht Herrmanns Arbeit zugleich in der Tradition einer literaturwissenschaftlich inspirierten Theaterhistoriographie, die sich seit den achtziger Jahren des 19. Jahrhunderts einer zunehmend wachsenden Beliebtheit erfreute, dabei jedoch Theater immer als eine Unterabteilung der

---

Scherer, Erich Schmidt und die Gründung des Germanischen Seminars an der Berliner Universität, 1988.

[86] *Jahrmarktfest*, S. V. Zugleich antizipiert diese Stelle eine Annäherung an das von Dilthey geforderte ›Einfühlen‹ in das dichterische Werk, wie auch die geäußerte Kritik am »Biographismus in der Goethe-Philologie« (S. 2ff.) ein vorsichtiges Abrücken von streng positivistischer Faktengläubigkeit verrät.

[87] *Jahrmarktfest*, S. 161. Albert Köster charakterisierte Herrmanns Arbeitsweise im *Jahrmarktfest* wie folgt: »Ein pädagogischer Zug, manchem vielleicht zu aufdringlich, geht durch das Buch. Wir mögen auf H.s Unterrichtsweise schliessen: scharfsinnig, Umständlichkeiten nicht scheuend, äussert besonnen, bisweilen etwas tiftelig, stets Herr seines Temperaments, ein ausgezeichneter Organisator, so steht er vor uns. Und wir alle sitzen in seinem Seminar und vertrauen uns, dankbar für die unermüdliche Anregung, solch sicherer Führung – Geduld freilich muß man haben.« Köster, *Rez.: Max Herrmann: Jahrmarktsfest zu Plundersweilern*, 1901.

[88] Münz (*Zur Begründung der Berliner theaterwissenschaftlichen Schule Max Herrmanns*, 1974) ist der Auffassung, das *Jahrmarktfest* habe eine »nicht historisch[e], sondern eher ›phänomenologisch[e]‹« Bestimmung des Wechselverhältnisses zwischen Drama und Theater zum Ziel, wobei er die von Herrmann vorgenommene negative Bewertung des Theatralen gegenüber dem ›Dichterischen‹ als »Überraschung« (S. 336) empfindet. Zwar erkennt Münz hierin zu Recht die starke Abhängigkeit Herrmanns von zeitgenössischen Positionen, indem er jedoch darauf beharrt, »daß die Ausgangsposition für die Begründung einer Wissenschaft vom Theater eine theatertheoretische war« (S. 335), skizziert er für Herrmann einen theatertheoretischen Stammbaum, dessen Wurzeln er im *Jahrmarktfest* verankert sieht. Dagegen bin ich der Meinung, daß Herrmanns theatertheoretische Aussagen hier noch zu inkonsistent sind, um sie überhaupt genauer bestimmen zu können. Zwar ist die Dichotomie Drama–Theater schon in der Gliederung angelegt und im Text immer wieder erkennbar, sie wird aber nicht theoretisch reflektiert, eben weil sie nicht den Schwerpunkt von Herrmanns Erkenntnisinteresse bildet. Die theaterhistorische Seite des Werkes, seine in Anbetracht der mangelnden Vorarbeiten nur erstaunlich zu nennende Wissensakkumulierung, vor allem zum Jahrmarktstheater, bleiben davon völlig unberührt. Vgl. auch Kröll, *Theatrum mundi versus Mundi Theatri: A study of Fairground Arts in Early Modern Times*, 1989, v.a. S. 58–62.

vermeintlich künstlerisch wertvolleren Literatur behandelt wissen wollte. Exemplarisch für diese Haltung ist Julius Petersens Aussage: »[...] die Tatsache, daß ein Goethe es für keine Kraftverschwendung hielt, sich für mehr als ein Vierteljahrhundert in den Dienst der Bühne zu stellen, gibt dem deutschen Theater für alle Zeiten Weihe und Heiligung«.[89] Die ästhetische und historische Auseinandersetzung mit dem Phänomen Theater bedurfte erst einer Rechtfertigung; diese sah man erfüllt durch eine unlösbare Verbindung von Drama und Bühne, welche seit der Antike ununterbrochen existiere. Wie bereits betont, hat Herrmann im Lauf der Institutionalisierung der Theaterwissenschaft seine theoretischen Präsumptionen mehrfach modifiziert. Während die Auffassung von der grundsätzlichen Disparatheit zwischen Drama und Theater um 1900 erst in Ansätzen ausformuliert vorlag, läßt die studentische Nachschrift einer 1918 gehaltenen Vorlesung »Über Theaterkunst«[90] eine sehr viel präzisere Bestimmung zu. Ergänzend wird die im Sommer 1918 mit dem einflußreichen Theaterkritiker Alfred Klaar[91] geführte Debatte zum Verhältnis von Bühne und Drama[92] herangezogen. Letzterer charakterisierte – im Rahmen traditioneller Dramaturgien argumentierend – die Relation als »organische [...] Verbindung« und als »Ehe«[93]

---

[89] Petersen, *Das deutsche Nationaltheater*, 1919, S. 1. Allerdings hat auch Petersen seine hier noch vertretene Auffassung von der dienenden Rolle des Theaters in seinem 1935 erschienenen Beitrag über *Die Stellung der Theaterwissenschaft* revidiert, indem er sich gegen die Auffassung von dem Theater als bloße »Reproduktionsmaschine dramatischer Dichtkunst« (S. 35) wendet und sich Albert Köster anschließt mit der Aussage, »[...] daß das Theater nicht der Dichtung folgt, sondern die Dichtung dem Theater.« (S. 35).

[90] Vgl. Anhang. Von der Vorlesung »Über Theaterkunst«, welche Herrmann seit 1902 in unregelmäßigen Abständen immer wieder gehalten hat, besitzt die Staatsbibliothek Preußischer Kulturbesitz (Nachlaß Johannes Günther) eine Hörer-Mitschrift: Max Herrmann/Über Theaterkunst. Lessing-Hochschule Februar–März 1918. Mitschrift von Johannes Günther [im Anhang].

[91] Klaar, Alfred (1843–1927), seit 1901 Theaterkritiker und Feuilletonleiter bei der Vossischen Zeitung, vertrat eine an den Meiningern und dem Realismus geprägte Theaterauffassung.

[92] Herrmann, *Deutsche Dramatische Gesellschaft*, 1918; Klaar, *Bühne und Drama*, 1918; Herrmann, *Bühne und Drama*, 1918. Vgl. hierzu grundlegend Münz, *Zur Begründung der Berliner theaterwissenschaftlichen Schule Max Herrmanns*, 1974, S. 335–342.

[93] Klaar, *Bühne und Drama*, 1918. Als Versuch, das Verhältnis von Schauspielkunst und Drama als Symbiose darzustellen, kann Lorenz Kjerbüll-Petersens Arbeit über *Die Schauspielkunst/Untersuchungen über ihr Wirken und Wesen* (1925) gelten. Zwar betont er die Abhängigkeit beider Faktoren voneinander, unterstreicht zugleich aber auch, daß »innerhalb dieses Abhängigkeitsverhältnisses jeder Kunstgattung [Schauspielkunst und Drama, S.C.] relative Selbständigkeit und künstlerischer Eigenwert zukommt« (ebd., S. 78). Das Ziel der Schauspielkunst aber bleibt für ihn – wie für Klaar – »die künstlerische Realisierung des Dramas« (ebd.). Dagegen betont der mit Herrmann eng befreundete Max Dessoir den eigenständigen Charakter des Theaters gegen-

und warnte vor den Gefahren, welche durch das Infragestellen dieser Beziehung ausgelöst werden können:

> Die Handlung, die sich lebendig vor uns begibt, um uns ein geklärtes und erhöhtes Leben empfinden zu lassen, wächst nur aus beiden ineinander aufgehenden Elementen, aus der Dichtung und aus dem Theater empor. Diese Entwicklung ist nicht mehr rückgängig zu machen, wenn wir nicht ein großes Stück Kultur, ja noch mehr, wenn wir nicht die Einheit, die aus dieser Verbindung gewonnen ist, das Drama als Geistererbe und Geisterzukunft [! S.C.] verleugnen wollen. Die Bühne kann nur ihren vollen Wert behaupten, wenn ihr die Dichtung den Gehalt zuführt, und der vollwertige Dramatiker empfängt vom Theater her, von der ganzen Gestalt und von den Mitteln des szenisch belebten Vorgangs, der sich vor einer Versammlung abspielt, wichtige innere und äußere Gesetzte des Schaffens.

Klaar argumentiert in erster Linie historisch; als Zeugen führt er den bis in die Antike zurückreichenden Kanon dramaturgischer Schriften an, für die sich aus der Relation Drama – Theater keine besonderen Problemstellungen ergaben. Dagegen begründet Herrmann seine Auffassung vom »Widerspruch in den Aufgaben des Theaters«[94] zunächst phänomenologisch, mit der grundsätzlichen Verschiedenheit des vom künstlerischen Individuum erschaffenen literarisch-dramatischen Werkes und dem Gemeinschaftscharakter einer Theateraufführung, an dessen Realisierung immer mehrere schöpferische Faktoren beteiligt sein müssen. Aus der Sicht des Dramatikers (aus dessen Hand auch die überwiegende Mehrzahl von dramaturgischen Schriften der letzten Jahrhunderte stammt) ist die Auffassung von der submissiven Funktion des Theater nur allzu verständlich, »soll es den Traum des Dichters darstellen.«[95] Demgegenüber betont Herrmann das eigene Recht des Theaters auf Selbständigkeit; Theater ist für ihn auch ein »sociales Spiel [...], ein Genießen des ganzen Volkes oder einer ganzen Menge an Nachbildung der Wirklichkeit aus gemeinsamer Freude daran«.[96] Das Theaterkunstwerk wäre

---

über dem dramatischen Text. Nach seiner Auffassung besteht für jede Kunst ein zwingender immanenter Widerspruch zwischen ihren Zielen und Mitteln. So kann der Schauspieler die vorgegebenen Handlungen bestenfalls veranschaulichen, aber keinesfalls unmittelbar verwirklichen. Vgl. Dessoir, *Ästhetik und allgemeine Kunstwissenschaft*, 1906. Noch deutlicher hat dies Georg Simmel hervorgehoben: »Der Hamlet innerhab der Seele des Schauspielers ist nicht der literarische Hamlet, der im Buche steht und gelesen wird; auch nicht das realistisch-psychologische Bild einer Hamletnatur, das vielleicht durch die Lektüre angeregt wird; sondern ein eigenes Gebilde, ein Erlebnis innerhalb der Späre eines besonderen Künstlertums, die sinnlich ausgestattete Erscheinung noch nicht oder nur potentiell enthaltend.« Simmel, *Zur Philosophie des Schauspielers*, 1923, S. 240.

[94] Über Theaterkunst [im Anhang].

[95] Ebd.

[96] Über Theaterkunst [im Anhang]. Zur Definition von Theater als ›soziales Spiel‹ siehe 4.6.1 Massenpsychologie

somit nicht mehr Produkt eines einzelnen Künstlers, sondern entstünde erst in der Rezeption durch das Publikum. Das ästhetische Problem der künstlerischen Urheberschaft und des Kerns bedeutete auch für andere Theaterwissenschaftler eine schwer zu überwindende Hürde. So ist es nicht verwunderlich, daß einige Wissenschaftler auf der Suche nach dem Ursprung des Theaters den Mimus in die theoretische Diskussion einbrachten.[97] Wobei der ›Entdecker‹ des Mimus, Hermann Reich, den Mimus vor allem als literarische Gattung verstanden wissen wollte. Auch für ihn war Theater ohne Drama, ohne singulären Urheber nicht denkbar. Daß eine Masse ein künstlerisch ebenbürtiges Produkt hervorbringen kann, wie es etwa auch im Happening der Fall ist, war für die zeitgenössische Ästhetik und die Geisteswissenschaften schlichtweg unvorstellbar. So ist der Ansatz von Herrmann denn auch weniger radikal als es zunächst den Anschein hat: Denn der Gegensatz im Wesen von Drama und Theater kann überwunden werden, in sogenannten »Wunderstunden der Weltliteratur, im Zeitalter der Klassik«.[98]

In seiner Vorlesung skizziert Herrmann fünf Muster für die Vereinigung von Theater und Drama in den klassischen Perioden: bei den griechischen Tragikern, Shakespeare, Moliére, Lessing und Schiller. Kennzeichnend für diese ›klassischen‹ Epochen ist die Umsetzung der doppelten Aufgabe des Schauspielers »als Diener des Dichters« und »als Vertreter des Publikums«.[99] Die Besonderheit des perikleischen Zeitalters sieht Herrmann in dem engen Zusammenrücken von Individuellem und Sozialem, in dem ausgewogenen Verhältnis vom Schicksal einzelner handelnder Personen und dem Chor als Vertreter des Publikums. In der Folgezeit beherrschen Berufsschauspieler mit eigenen Rechten die Bühne, und die Aufspaltung in »Buchdrama« und »Theaterstück«[100] nimmt ihren Ausgang. Für die Blüte des elisabethanischen Theaters sieht Herrmann mehrere Gründe vorliegen; zum einen in der Rolle Londons als kulturellem Zentrum (ähnlich dem klassischen Athen), zum anderen in der Person Shakespeares, der dadurch, daß er selbst als Schauspieler tätig war, zu gleichen Teilen als Sprecher des Publikums wie als individueller dramatischer Künstler eine organische Einheit im Theater erschaffen konnte. Für Moliére, Lessing und Schiller sei bereits ein Niedergang zu beobachten. Während im Frankreich des absolutistischen Zeitalters das Publikum sich größtenteils nur noch aus Adel und Bürgertum zusammensetzte, die Masse des Volks hingegen aus dem Theater verdrängt worden war, seien für Lessing und Schiller die instabilen politischen Umstände

---

[97] Vgl. 2.3.4 Die Völkerpsychologie und der Mimus und 4.4.1 Theorie der Darstellung.
[98] Über Theaterkunst [im Anhang].
[99] Ebd.
[100] Ebd.

120

außerordentlich ungünstig gewesen; das Fehlen nationaler Größe habe Schiller dazu gezwungen, thematische Anleihen in Frankreich, der Schweiz und Spanien zu machen. »[...] Hätte er die Freiheitskriege miterlebt!«,[101] ruft Herrmann emphatisch aus. Mit Schiller sei die Klassik zu Ende gegangen, das Individuelle und das Theater drängten seitdem ununterbrochen stärker in den Vordergrund.[102]

Die Widersprüchlichkeit, ja Fragwürdigkeit von Herrmanns Theorie scheint offensichtlich: Wenn Drama und Theater ihrem Wesen nach Gegensätze waren oder sind, dann muß beiden ein eigener, von dem anderen Element unabhängiger künstlerischer Wert innewohnen. Wenn aber der künstlerische Höhepunkt nur in der Vereinigung erreicht werden kann, dann werden als letzte Konsequenz, wie in der klassischen Dramaturgie, literarische Maßstäbe auf das Theater übertragen, das heißt letzten Endes kann nur literarisch anspruchsvolles Theater auch den Anspruch erheben, künstlerisch wertvoll zu sein. Die scheinbare Überwindung literaturwissenschaftlicher Vorurteile gegen das Medium Theater erweist sich so gesehen nur als vorübergehende Episode, bei aller Sympathie für die »Theaterei«;[103] einen völlig eigenständigen und vor allem gleichwertigen künstlerischen Rang mochte Herrmann ihr nicht zugestehen.[104]

Unter dem Stichwort ›Theatralität‹ hat die Theaterwissenschaft in den siebziger Jahren begonnen, sich wieder intensiv mit dem Verhältnis von Text und Bühne auseinanderzusetzen, allerdings unter stark veränderten Prämissen.

---

[101] Ebd.

[102] In den *Forschungen* kürzt Herrmann seine Auffassung über »die klassische Verbindung des Dramatischen mit dem Theatralischen zu harmonischen Gebilden für die Ewigkeit« auf wenige Zeilen zusammen. Ebd., S. 510. Erstaunlicherweise ist diese evolutionistische Auffassung von ›großem dramatischen Theater‹ immer noch weit verbreitet: So schreibt Erika Fischer-Lichte (Was ist eine ›werkgetreue‹ Inszenierung? Überlegungen zum Prozess der Transformation eines Dramas in eine Aufführung, 1985): »Ein ›goldenes‹ Zeitalter hat das Theater daher immer erlebt, wenn Drama und Bühne sich gegenseitig beeinflußt, wenn große Dramatiker und Theaterleute wie Sophokles, Shakespeare, Molière die Entwicklung des Theaters vorangetrieben haben«.

[103] *Jahrmarktsfest*, S. 123. Vgl. Münz, *Zur Begründung der theaterwissenschaftlichen Schule Max Herrmanns*, 1974, S. 336.

[104] Vgl. auch in der Einleitung der *Forschungen* (S. 3): »[...] sie [die Theatergeschichte] stellt ferner ein eigenartiges Gebilde der allgemeinen Kunstgeschichte dar, das freilich den Gebieten der *eigentlichen Hochkünste* [Hervorhebung S. C.] der Literatur, Musik- und Bildkunstgeschichte nicht vollkommen ebenbürtig ist«. Soweit ich sehe, ist Herrmanns Klassifizierung der »wundersamen Vereinigungsstunden« [*Forschungen* S. 3] weitgehend ohne Resonanz geblieben. Eine Ausnahme bildet ein Beitrag des Herrmann-Schülers Lutz Weltmann (*Literatur und Theater*, 1924), der – ohne Herrmann zu erwähnen – nahezu identische Formulierungen benutzt und lediglich Lessing durch das Duo Otto Brahm/Gerhart Hauptmann ersetzt.

Die Blütezeit des Freien Theaters in den sechziger und siebziger Jahren als Folge der historischen Avantgardebewegung revolutionierte nicht nur den herkömmlichen Literaturtheaterbetrieb, sondern auch die Vorstellung, Theater müsse auf einem fixierten literarischen Text basieren. Der Eigenwert der theatralen Kommunikation im Konkurrenzverhalten der verschiedenen Medien, vom Buch bis hin zum Videofilm, wurde als entscheidende autonome Qualität erkannt und theoretisch herausgeabeitet; allerdings nicht ganz ohne Hilfestellung literaturwissenschaftlicher Arbeitsfelder, dem Strukturalismus und der darauf aufbauenden Textsemiotik.

4.2.2 Der dramatische Text als historische Quelle

Der methodische Rahmen der frühen Theaterwissenschaft wurden maßgeblich vom Vorbild der Literaturwissenschaft geprägt. Der häufig kritisierte ›Dilletantismus‹ [105] der Theatergeschichtsforschung resultierte nicht zuletzt aus der Überzeugung, Theater der Vergangenheit sei vor allem durch die Sammlung und Ausbreitung literarischer Quellen darstellbar, das Theater spräche aus den Quellen unmittelbar zur Gegenwart. Der Versuch, aus dramatischer Literatur theaterhistorische Fragestellungen zu beantworten, ohne besondere Rücksicht auf die Genese dramatischer Texte unter Mißachtung von theatralen Konventionen, war kennzeichnend für die Phase einer literaturwissenschaftlich orientierten Theaterforschung um 1900. Trotzdem sollte sie der institutionalisierten Theaterwissenschaft den Boden bereiten. Aber auch deren erste Vertreter hatten Schwierigkeiten, spezifisch theaterwissenschaftliche Fragestellungen zu entwickeln und sich vom »Terrorismus der Literatur über das Theater« [106] zu befreien. Am erfolgreichsten gelang dies im deutschen Sprachraum für Phasen des Mittelalters und der Frühen Neuzeit, Epochen, die nach Auffassung der zeitgenössischen Germanistik kein eigenständiges literarisches Drama hervorgebracht hatten. Je negativer bestimmte Epochen aus literaturwissenschaftlicher Sicht besetzt waren, desto

---

[105] »Aber auch wo die theatergeschichtliche Forschung unter Ausschaltung des Dramatischen sich im besonderen den Leistungen zuzuwenden bemüht, die ihr wirklich zukommen, befindet sie sich noch in einem vorwissenschaftlichen Zustande, es ist kein Zufall, daß auf diesem Gebiete der Wissenschaftler sich so ruhig mit dem Dilettanten verbündet: denn auch die allermeisten Wissenschaftler sind hier über den Dilettantismus noch nicht hinausgekommen. [...] Wir begnügen uns meist damit, glücklich aufgestöbertes Material: Aktennotizen, Kritikerurteile, Bilder zusammenzufügen, und nannten das Ergebnis Theatergeschichte. Ein Zustand, wie er einst in der Literaturgeschichte herrschte, als sie noch Literärgeschichte war.« (*Forschungen*, S. 4–5).

[106] Mann, *Versuch über das Theater*, 1960, S. 45.

mehr Raum bot sich dort für eine eher unvoreingenommene Annäherung an das Theater der Zeit. In ihrer Eigenschaft als Literaturhistoriker waren die meisten dieser Wissenschaftler jedoch vorrangig am Theater der ›Aufklärung‹ und der ›Klassik‹[107] interessiert. Als geradezu mustergültiges Beispiel und Vorbild für weitere Arbeiten ähnlichen Stils ist Julius Petersens Dissertation über *Schiller und die Bühne*[108] anzusehen. Ziel seiner Untersuchung ist es aufzuzeigen, in welchem Maße der Dramatiker Schiller in den Theaterkonventionen seiner Zeit verhaftet war, welche ästhetischen und literarischen Vorbilder ihn beeinflußt haben, und darüberhinaus auch allgemeine Informationen über den Stand der Schauspielkunst und des Theaters zu gewinnen. Neben allgemeinen Primär- und Sekundärquellen zur Literatur und zum Theater stützt sich Petersen vor allem auf Schillers Dramen, denen als unmittelbare Quelle – aus des Dichters Hand – nach Auffassung der traditionellen Textkritik ein besonders hoher Authentizitätsgrad zugeschrieben werden kann. Eine besondere Bedeutung kommt dabei dem nicht gesprochenen Nebentext[109] und vor allem den Bühenanweisungen zu, die, laut Petersen, »einen Gradmesser für die Theaterschulung seiner [des Dichters] Phantasie«[110] bilden. Zweifellos lassen sich aus Stücktiteln, Theaterzetteln und Bühnenanweisungen von aufgeführten Stücken[111] auch Aussagen über den Schauspielstil, die Inszenierungspraxis und die Gewohnheiten des Theaterpublikums ableiten; wenngleich die solcherhand gewonnenen Informationen sich nur durch vergleichende Studien verifizieren lassen.[112] Das grundlegende Problem solcher Literatur- und Theatergeschichte verknüpfenden Arbeiten liegt aber meist in der widersprüchlichen erkenntnistheoretischen Interessenlage des Verfassers. Im Fall von *Schiller und die Bühne* werden durchgängig

---

[107] Bis heute lehnt sich die Theaterhistoriographie weitgehend an der Epochenbildung der Literaturwissenschaft und (bedingt) der Kunstgeschichte an, was bis hin zu solch merkwürdigen Begriffsbildungen wie dem ›Theater des Impressionismus‹ (Band 8–10 in Kindermanns ›Theatergeschichte Europas‹) führt.

[108] Petersen, *Schiller und die Bühne*, 1904. Zur Kritik an dem Werk siehe: Berg, *Zur Geschichte und Theorie des spektatorischen Ereignisses/Einführung in die Theaterwissenschaft*, 1987, S. 129–133.

[109] Zur Definition von Haupt- und Nebentext vgl. Pfister, *Das Drama*, 1994, S. 35–37.

[110] Petersen, *Schiller und die Bühne*, 1904, S. 8.

[111] Diese Einschränkung ist bei Petersen ausdrücklich aufgehoben; die Aufführung ist also nur von sekundärer Bedeutung.

[112] Reinhart Meyer betont zurecht die fragwürdige Authentizität von überlieferten Dramentexten (Meyer, *Limitierte Aufklärung*, 1987, S. 150): »Die publizierte Textgestalt eines Dramas ist mithin nicht geeignet, aus ihr sozialgeschichtliche Aussagen über die Aufführungsumstände abzuleiten; sie ist, den anonymen Marktmechanismen entsprechend, ein bloßes Textkonstrukt, das an verschiedenen Bühnen nach den jeweiligen Bedürfnissen aufgefüllt, zusammengestrichen, mit anderen Stücken kombiniert, mit Musik geschmückt und von Vor- und Nachreden eingerahmt wurde«.

theatrale Konventionen nach aktuell gültigen literarischen Maßstäben bewertet, sie werden von Petersen als eindeutig negativ besetzte Kompromisse des Dichters an den ›Theatermann‹ Schiller gesehen und abgeurteilt.[113]

Für die Weiterentwicklung der Theaterwissenschaft waren solche Arbeiten, die sich vorrangig auf die poetische Qualität des Dramas fixierten, dennoch von keiner geringen Bedeutung. Sie weiteten den Blick auf das bislang vernachlässigte Gebiet der Theatergeschichte, auch wenn diese zunächst nur als Hilfswissenschaft zur Literaturgeschichte fungierte. Die Emanzipationsbestrebungen der ersten Theaterwissenschaftler konnten nur erfolgreich sein, weil schon zuvor, gewissermaßen durch die Hintertür, Theatergeschichte einen, wenngleich auch bescheidenen, Platz im akademischen Kanon eingenommen hatte.

Dieses Autonomiebestreben zielte zunächst vor allem auf eine institutionelle Abgrenzung von der Literaturgeschichte hin. Die methodischen Ansätze der ersten Theaterwissenschaftler unterschieden sich keineswegs grundsätzlich von bereits geübten Verfahren der Literatur- und Kunstgeschichte. Kennzeichnend für die Berliner Schule unter Herrmann und Petersen war eine auch als ›Theaterphilologie‹[114] bezeichnete Richtung der Theatergeschichtsforschung, die sich eng anlehnte an das Vorbild der Historischen Schule der Germanistik, vertreten vor allem durch Wilhelm Scherer und Erich Schmidt.

Das Drama dient dabei als Manifestierung der historischen Theatergestalt, anhand dessen sich die wechselseitige Beziehung von Drama und Theater studieren läßt. Am Drama lassen sich sowohl die grundsätzlichen Funktionen vom Theater einer bestimmten Epoche ablesen als auch die vom jeweiligen Dramatiker spezifisch verwendeten theatralen Stilmittel.[115] Dabei ging Herr-

---

[113] Die negative Bewertung des Theaters zieht sich wie ein roter Faden durch das gesamte Werk, von der Einleitung, in der Petersen das Drama gegenüber dem Epos als unvollkommene poetische Darstellung charakterisiert (S. 2–7), bis zum Schluß, in dem die Bühnenbearbeitungen des ›Fiesko‹ als poetisch destruktiv bezeichnet werden (S. 468). »Solche ›Theaterforschung‹, ganz im Bann der für das 19. Jahrhundert typischen Hypostasierung ›großer‹ Dichtung, ist weder Korrektiv der Literaturwissenschaft, die um 1900 häufig auf der Grenze zur reinen Dichtungs- und Dichtervergottung steht, noch bereitet sie ein theaterwissenschaftliches Problemverständnis vor«. Berg, *Zur Geschichte und Theorie des spektatorischen Ereignisses/Einführung in die Theaterwissenschaft*, 1987, S. 133. In der Tat ist *Schiller und die Bühne* vorrangig keine theaterhistorische oder gar theaterwissenschaftliche Arbeit, sondern die Dissertation eines Germanisten, der nach Maßstäben der Poetik und der literaturwissenschaftlichen Ästhetik »die grosse Gesamterscheinung des Dichters Schiller« (S. 467) behandelt wissen will; der theaterhistorischen Forschung kommt dabei lediglich eine untergeordnete Funktion zu.

[114] Knudsen, *Theaterphilologie*, 1916.

[115] Vgl. Srna, *Max Herrmann*, 1970, S. 12–13.

mann nicht soweit wie Albert Köster, der in Anlehnung an Georg Fuchs die unbedingte Priorität der Bühnenform gegenüber den darauf aufgeführten Dramen hervorhob.[116] Herrmann interessiert sich vielmehr für die Verwertbarkeit von Dramen als theaterhistorische Quellen, als »unbeabsichtigten Abdruck vergangener Bühnenverhältnisse«,[117] wobei weniger konkrete theaterhistorische Ergebnisse, als die Stringenz des gewählten methodischen Verfahrens im Mittelpunkt seiner Arbeit stehen: »Will die Theatergeschichte Wissenschaft werden, so muß sie ihre besondere Methode erhalten«.[118]

Als methodischer Bezugspunkt in der Geschichtswissenschaft bietet sich Ernst Bernheims *Lehrbuch der historischen Methode*[119] an. Als Standardwerk der Geschichtswissenschaft fand Bernheims Lehrbuch seit seiner ersten Auflage 1889 weiteste Verbreitung, als vorbildliche didaktische Anleitung wie auch als praxisnaher Leitfaden der Historischen Methode.[120] Das umfangreiche Werk steht am Ende der Entwicklung des Historismus und am zeitlichen Übergang zu geistesgeschichtlichen Ansätzen. Es ist eine der letzten tragenden Säulen der historistischen Theoriebildung, die ihre Traditionen verinnerlicht hat und sich zugleich gegen kritische Neuansätze (vorläufig) noch behaupten kann.

Nach den Regeln der Historischen Methode, wie sie durch Bernheims *Lehrbuch* kanonisiert wurden, ist die historische Auslegung das Ergebnis

---

[116] Köster, *Das Bild an der Wand*, 1909. Interessant an Kösters Aufsatz, der meiner Überzeugung nach bislang zu Unrecht keine Würdigung erfahren hat, ist vor allem die logische Herleitung der Problematik zwischen Drama und Theater. Dies geschieht anhand einer exemplarischen Studie über einen Gegenstand (das Bild an der Wand als dramaturgisches Mittel, abwesende Personen in die Handlung einzubeziehen und als theatrale Konvention), der auf unterschiedliche Weise verbale und nonverbale Darstellungsmittel verbindet. Fragen nach der spezifischen und allgemeinen ›Theatralität‹ dürften nach dem heutigen Stand der Theaterwissenschaft kaum überzeitlich lösbar sein, sondern sich eher und anschaulicher an bestimmten Phänomenen fixieren lassen, so wie Köster – der sich aber leider in der Masse von selbstgewählten Beispielen verirrt – dies intendiert hat.

[117] *Forschungen*, S. 4.

[118] Ebd., S. 5.

[119] Bernheim, *Lehrbuch der Historischen Methode und der Geschichtsphilosophie*, 1908. Erstmals 1889 erschienen als *Lehrbuch der Historischen Methode*, erreichte Bernheims Arbeit als methodologisches Standardwerk des ausgehenden Historismus außerordentliche Wirkung und Verbreitung. Vgl. Blanke, *Ernst Bernheims ›Lehrbuch der Historischen Methode‹*, 1990. In einem Gespräch mit dem Verfasser [S.C.] hat Herbert A. Frenzel, ein ehemaliger Student von Herrmann, erklärt, daß Herrmann in seinen Übungen des öfteren auf Bernheims Lehrbuch hinwies.

[120] Vgl. Blanke, Ernst Bernheims ›Lehrbuch der Historischen Methode‹, 1990.

eines (möglichst) theoriefreien Erkenntnisprozesses,[121] basierend auf der kritischen Sammlung von Quellen und deren wechselseitiger Interpretation, Kombination, Reproduktion und Darstellung.[122] Die sichere Beherrschung der methodischen Leitsätze bildet den absoluten Maßstab der jeweils erreichbaren Objektivität;[123] die schwierigste Aufgabe dieser objektiven Auslegung ist die von der jeweiligen subjektiven Individualität abstrahierende, voraussetzungslose Auffassung der geschichtlichen Tatsachen.[124] Als Kontrollinstanzen dient neben einer ausgefeilten Quellenkritik die »fortwährende Beziehung des Singulären zum Ganzen sowohl wie zum allgemeinen und die stete Rückkehr zu dem auf solche Weise bestimmten Singulären«.[125] Dieses hermeneutische Verfahren verfügt jedoch noch über keinen erkenntnistheoretischen Eigenwert; es ist nicht angelegt als wissenschaftstheoretisches Prinzip, welches über seine Möglichkeiten reflektieren kann, sondern unterstützt vorrangig die quellenkritische Handhabung.

Gestützt auf dieses Instrumentarium der Historischen Methode war Herrmann in der Lage, die weit verstreuten Informationsschnipsel über Bühne, Dekorationen und Kostüme, Schauspielkunst und Publikum zu sammeln, zu ordnen, und anhand von vergleichenden architektonischen, philologischen und ikonographischen Studien zu überprüfen und darzustellen. Von besonderer Bedeutung für die Erforschung des Theaters der Nürnberger Meistersinger sind die szenischen Bemerkungen von Hans Sachs, die nach Herrmanns Dafürhalten über eine spezifische Terminologie verfügen, und nicht als literarische Ausschmückung, sondern als theatrale Anweisung zu verstehen sind. Bezeichnend für diese Szenenanweisungen sind häufig wiederkehrende, nahezu monotone und floskelhafte, kurze Verhaltensmaßregeln, deren szenische Umsetzung sich aber nicht immer unmittelbar erschließen läßt. Aufgrund ihres repetitiven Charakters in verschiedenen Situationen sind sie für die Untersuchung bestimmter Direktiven des Autors und Spielleiters Hans Sachs besonders geeignet. Ihr dem heutigen Wissenschaftler häufig verborgener szenischer Sinn kann sich nur durch eine vergleichende Analyse näher bestimmen lassen, wobei vor allem den baulichen und räumlichen Vor-

---

[121] Folgerichtig polemisiert Bernheim wiederholt gegen die »sozialistisch-naturwissenschaftliche Auffassung in Zusammenhang mit den mächtigen materialistischen Strömungen unserer Zeit« (*Lehrbuch der Historischen Methode und der Geschichtsphilosophie*, 1908, S. III).

[122] Ebd., S. 562–566.

[123] Ebd., S. 753.

[124] Ebd., S. 757. »Nur wer so weit geht, zu behaupten, sein eigenes Leben sei ein Traum und die Mitwelt das Phantasiegebäude solchen Traumes, der wird die Wirklichkeit der Geschichte leugnen.« (Ebd., S. 191).

[125] Ebd., S. 186.

aussetzungen des Ortes der Aufführung eine besondere Bedeutung zukommt. Wie Herrmann festzustellen glaubt, lassen sich in den Dramen des Hans Sachs für Auftritte fast durchgängig zwei spezifische Termini feststellen: der Darsteller »get ein« oder er »kumpt«[126] auf den Schauplatz. Wie Herrmann weiterhin an einer Vielzahl von Beispielen dokumentiert, werden beide Ausdrücke in geradezu auffälliger Weise unterschiedlich verwendet: »eingehen«, wenn die auftretende Person aus dem Hintergrund die Bühne betritt, »kommen« für das Auftreten von vorne.[127] Die fragliche Bühne muß also über zwei verschiedene Auftrittsmöglichkeiten verfügt haben, von hinten (vermutlich durch einen die Bühne abschließenden Vorhang) und von vorne durch eine auf das Bühnenpodium führende Treppe. Diese Überlegungen projeziert Herrmann auf den von ihm angenommenen Aufführungsort, die Nürnberger St. Marthakirche,[128] und (re)konstruiert aus der Kombination von Ort und Anweisungen die in Frage kommende Bühne. Um die Stätte der Aufführung anschaulich werden zu lassen, muß Herrmann jedoch einen Schritt weiter gehen und sich in die Lage eines (potentiellen) Beteiligten einfühlen.

Wie Bernheim im *Lehrbuch der historischen Methode* ausführt, beruht die menschliche Erfahrung in der Geschichtswissenschaft größtenteils auf Analogieschlüssen, mittels derer wir überhaupt erst in die Lage versetzt werden, Handlungen und Motive der uns umgebenden Menschen richtig zu verstehen: »[...] Die Identität der Menschennatur ist das Grundaxiom jeder historischen Erkenntnis«.[129] Bernheim zufolge können die hinter den Handlungen verborgenen »seelischen und geistigen Anlagen«[130] verschiedener Kulturkreise verschiedener Zeiten überzeitliche Gültigkeit beanspruchen, so daß ein heutiger Mensch ohne größere Einschränkungen in der Lage ist, sich in »die Vorstellungs- und Empfindungswelt entfernter Zeiten und Individuen zu versetzten.«[131] Die absolute Gewißheit dieser überzeitlichen Gültigkeit von Mentalitäten läßt sich am ehesten erklären, wenn man berücksichtigt, daß die historistische Theoriebildung darauf abzielt, im Verlauf der Geschichte sich wiederholende Gesetzmäßigkeiten aufzuzeigen, um so die Geschichtswissenschaft auf den Stand einer den Naturwissenschaften ebenbürtigen expli-

---

[126] *Forschungen, S. 29.* Die folgenden Ausführungen vgl. ebd., S. 28–43.

[127] Herrmanns Auffassung von der terminologischen Verwendung von »eingehen« und »kommen« ist zumindest zweifelhaft. Vgl. Brooks, *The Hans Sachs Stage in the Church of St. Martha*, 1917, S. 215–217.

[128] Zur Fragwürdigkeit dieser Vermutung vgl. 4.1.2 Rekonstruktion.

[129] Bernheim, *Lehrbuch der Historischen Methode und der Geschichtsphilosophie*, 1908, S. 192.

[130] Ebd., S. 193.

[131] Ebd., S. 194.

kativen Wissenschaft zu heben. Ohne die Möglichkeit von Analogieschlüssen bestünde keine Aussicht, objektives und überprüfbares historisches Wissen zu erlangen.

Zwar geht es Herrmann kaum darum, im Verlauf der Theatergeschichte Gesetzmäßigkeiten aufzudecken, dennoch arbeitet er in den *Forschungen* mit einer an den Historismus des späten 19. Jahrhunderts angelehnten, weitgehend induktivem Verfahren, welches unbekannte Einzelheiten materieller oder menschlicher Natur durch das Abgleichen mit einer möglichst großen Vielzahl ähnlicher bekannter Phänomene gewinnen will, um sich dann, in einem zweiten Schritt, dem Phänomen durch Einfühlung zu nähern:

> Das Wichtigste wird doch immer sein, den papierenen Ermittlungen dadurch zum Leben zu verhelfen, daß man sie in die Praxis der eigenen Stimme, des eigenen Körpers, der eigenen Seele überträgt und so in unwillkürlicher Ergänzung aus der lückenhaften Überlieferung ein blutvolles Gesamtbild herstellt, so wie der Literaturhistoriker schließlich doch eine größtenteils verlorere Dichtung nur dadurch herstellt, daß er die kritisch hergerichteten Reste in seine eigene Seele aufnimmt und zum Zwecke der Neuschöpfung des Verlorenen sich in den alten Dichter verwandelt.[132]

Deutlich erkennbar werden in dieser Spätphase des Historismus die ersten Anzeichen der Geistesgeschichte, die – sich auf Dilthey berufend – ein einfühlendes Verstehen an Stelle einer bloß rekonstruierenden Erkenntnis setzen will.[133]

In den *Forschungen* stehen Raum und Wort (im weiteren Verlauf werden auch Bildquellen herangezogen) miteinander in Wechselwirkung; eine historische Sinngebung erfahren beide erst in der wechselseitigen Verknüpfung durch den die Quellen und die Bedingungen rekonstruierenden Wissenschaftler. Die Theatergeschichtsforschung ist also nicht mehr, wie noch bei Petersen, ein primär auf die Intentionen des Dramatikers abzielendes Studium von verschiedenen Formen der schriftlich überlieferten Tradition, sondern bezieht auch die architektonischen Überreste sowie das räumliche Erleben aller an der Aufführung beteiligten Personen mit ein: den Schauspieler, den Spielleiter und den Zuschauer.

---

[132] *Forschungen*, S. 6.
[133] Vgl. 1.2 Die Geisteswissenschaften unter dem Paradigma des Historismus.

4.3 Die Szenographie

4.3.1 Theaterwissenschaft und bildende Kunst

Verglichen mit der Bedeutung der Interpretation schriftlicher Quellen fristet die Theaterikonographie bis heute innerhalb der Theaterwissenschaft und der Theaterhistoriographie ein Randdasein. Daß Bilddokumente aber keineswegs nur die verschiedenen Elemente der Theaterdekoration illustrieren, sondern eine autonome Aussagekraft besitzen, die sich sowohl isoliert als auch in Zusammenhang mit Textdokumenten untersuchen läßt, hat die Berliner Schule um Max Herrmann als erste erkannt und sich dieses Wissen systematisch zu Nutzen gemacht. Während für sie, entsprechend ihrer quellenkritischen Tradition, vor allem die Möglichkeiten der wechselseitigen Erhellung von Text und Bild im Vordergrund standen und die ikonographische Analyse von Bildinhalten in den Dienst der philologischen Methodik gestellt wurde, haben Vertreter einer kunstgeschichtlichen Richtung sich primär von Fragen nach stilgeschichtlichen Traditionen und Parallelen zwischen Theater und bildender Kunst leiten lassen.

Die *Forschungen* bilden einen Markstein der Theaterikonographie, aber ihre Bedeutung für die methodische Fundierung der theaterhistorischen Bildanalyse ist bislang nicht hinreichend gewürdigt worden.[134] Herrmanns Interesse galt in besonderem Maß den Dramenillustrationen, die mit der Erfindung des Buchdrucks als Holzschnitte größere Verbreitung fanden. Zwischen 1486 und 1497 erschienen nacheinander in Ulm, Lyon, Straßburg, Basel und Venedig illustrierte Terenz-Ausgaben, anhand derer Herrmann die Bezüge von Bildquellen zu einer möglichen Aufführung nachweisen wollte.[135] Hierbei unterschied er drei Abstufungen: a) Es besteht kein Bezug zwischen einer Aufführrung und der Abbildung, das heißt diese hat einen rein dekorativen Charakter; b) bestimmte Elemente einer Aufführung lassen sich im Bild nachweisen, der Illustrator hat sie bewußt oder unbewußt eingearbeitet; und schließlich c) der Illustrator hat eine tatsächlich stattgefundene Aufführung abgebildet, er war selbst Zuschauer oder hat unmittelbare Informationen erhalten. Falls sich Verbindungen zwischen Aufführung und Bild nachweisen

---

[134] Vgl. Härle, *Zur Ikonographie der Berliner Schauspielkunst/I. Teil: Das Bild in der neueren Theaterforschung*, 1925, S. 9f.

[135] Zur Terenzbühne und den Holzschnitten vgl. v.a. Pochat, *Theater und bildende Kunst im Mittelalter und in der Renaissance in Italien*, 1990, S. 214–219.

lassen, so können die Abbilder wiederum in eine doppelte Abhängigkeit gesetzt werden: Einmal läßt sich der Bildinhalt mit bereits bekannten Details dieser oder verwandter Aufführungen vergleichen, zum anderen kann man die Illustration mit Abbildungen konfrontieren, die über ähnliche Gestaltungsmittel, aber außertheatrale Inhalte verfügen. Mit diesem System von Bezügen verfügt der Forscher über eine Skala von Bewertungskriterien für die Überprüfung der theatralen Authentizität von Bildquellen. Für die oben genannten Terenz-Holzschnitte mußte Herrmann einen fast durchweg negativen Befund konstatieren. In ihrer überwiegenden Anzahl weisen sie auf keine oder höchstens sehr schwache Berührungspunkte zu zeitgenössischen Aufführungen hin; sie haben rein illustrative Eigenschaften. Einen Sonderfall bildet die Lyoner Terenz-Ausgabe von 1493 aus der Offizin von Johannes Trechsel, für die der Humanist Jodocus Badius als Herausgeber verantwortlich zeichnete. Dieser hatte nachweislich in Ferrara studiert und möglicherweise in Rom Kontakt zu Pomponius Laetus.[136] Die auf einem eindrucksvollen künstlerischen Niveau stehenden Holzschnitte zeigen in bemerkenswerter Übereinstimmung Szenen auf der sogenannten Terenz- oder Badezellenbühne. Eine Ausnahme bildet dabei eine Gesamtansicht des ›theatrum‹, die, möglicherweise abgesehen von der Unterbringung eines Bordells im Untergeschoß des Gebäudes, kaum Bezüge zu einem realen Theaterbau haben dürfte.[137] Spätere Terenz-Ausgaben sind von den Illustrationen der Trechsel-Drucke nachweislich beeinflußt worden, können also kaum für sich in Anspruch nehmen, ein unmittelbares Bild von zeitgenössischen Theateraufführungen wiederzugeben. Aufgrund seiner systematischen Vorgehensweise hat Herrmann die Möglichkeit, daß die Holzschnitte der Lyoner Ausgabe auf Anschauungen aus erster Hand zurückzuführen sind, sehr viel vorsichtiger

---

[136] Zu Pomponius Laetus vgl. v.a. Herrmann, *Die Entstehung der berufsmäßigen Schauspielkunst im Altertum und in der Neuzeit*, 1962; sowie Dietrich, *Pomponius Laetus' Wiedererweckung des antiken Theaters*, 1957. Herrmanns Einschätzung, der Verdienst der Pomponianer bestehe vor allem in der ›Renaissance‹ der berufsmäßigen antiken Schauspielkunst, muß aus heutiger Sicht korrigiert werden. Zweifelsohne waren die Aufführungen der Römischen Akademie unter Pomponius Laetus eine entscheidende Anregung für das europäische Humanistentheater, aber als ein von Amateuren betriebenes Theater mit überwiegend rhetorischem Charakter. Für die Ausbildung der Commedia dell'arte, einer der ersten Theaterformen der Neuzeit mit ausschließlich professionellen Darstellern, waren neben dem Humanistentheater auch zahlreiche andere theatrale Traditionen von Bedeutung (Formen des Karnevals, die höfischen Intermedien, das von Handwerkern betriebene Theater und möglicherweise Relikte des römischen Mimus und der Attelane).

[137] Borcherdt (*Das europäische Theater im Mittelalter und in der Renaissance*, 1935, S. 77–79) vermutet, daß Jodocus Badius hierin den Angaben des Isidor (von Sevilla) folgte, demzufolge die Theater auch als Bordell dienten. Die Anordnung der Zuschauer erinnere dagegen stark an die Tribünen bei Mysterienspielen.

eingeschätzt als die überwiegende Mehrzahl der heutigen Wissenschaftler, welche die dort abgebildete Terenzbühne als weitgehende historische Realität auffassen.[138]

Sehr viel positiver fiel Herrmanns Urteil über einen zwischen 1515 und 1518 erschienenen Baseler Druck aus. Der Schriftsteller und Drucker Pamphilius Gengenbach schuf eine mit Holzschnitten illustrierte Ausgabe seiner dramatischen Werke, unter denen die ›Zehn Alter dyser Welt‹ besonderes theaterhistorisches Interesse beanspruchen können: Eine Serie von zehn Holzschnitten stellt einen jeweils um zehn Jahre älter gewordenen Mann und einen mit ihm kommunizierenden Einsiedler dar. Entgegen aller bildkünstlerischen Tradition stehen die beiden Akteure auf einem blanken Dielenboden, und der Hintergrund ist nicht mit Details einer Landschaft ausgestaltet, sondern leer und ohne Ausschmückung geblieben. Ließe sich dies noch mit einem möglichen Mangel an künstlerischem Gestaltungswillen erkären, so lösen die lebhafte Gestik der beiden Akteure und vor allem die dynamische Körperhaltung des Einsiedlers beim Betrachter die unmittelbare Vorstellung einer Theateraufführung aus.[139] Die Besonderheit der Illustrationen zu den ›Zehn Altern‹ wird erst deutlich im Vergleich zu anderen Bildserien, die theaterhistorisch eher unergiebig sind. Die charakteristische Systematik von Herrmanns Analysen, »dieser ganzen mehr abbauenden als aufbauenden Untersuchung«[140] ist eng orientiert am methodologischen Instrumentarium der kunstgeschichtlichen Ikonographie oder Ikonologie. Ervin Panofsky, der in Anlehnung an Aby Warburg[141] die ikonologische Methodik systematisiert und zu einem eigenständigen Forschungsgebiet aufgebaut hat, unterscheidet zwischen drei grundsätzlichen Stufen:[142] Die

---

[138] Vgl. Pochat, *Theater und bildende Kunst im Mittelalter und in der Renaissance in Italien*, 1990, v.a. S. 214–219; dort auch umfangreiche Angaben zur Sekundärliteratur. Herrmanns Skepsis gegenüber der Badezellenbühne dürfte auch in der Tatsache begründet liegen, daß dem Förderer der Pomponianer, Kardinal Raffaele Riario, die Einführung von »picturatae scenae« im Rahmen von Aufführungen zugesprochen wurde. Gemalte Dekorationen lassen sich in den Illustrationen zu Terenz-Drucken aber nirgends nachweisen. Für den Philologen Herrmann hatten schriftliche Dokumente einen höheren Authentizitätsgrad als bildliche Darstellungen. Vgl. *Forschungen*, S. 295.

[139] *Forschungen*, S. 419–434.

[140] Ebd., S. 411.

[141] Zu Warburg siehe: Gombrich, *Aby Warburg/eine intellektuelle Biographie*, 1981. Der Hinweis auf ähnliche Vorgehensweisen in der frühen Theaterwissenschaft und der Warburg-Schule soll selbstverständlich keinerlei direktes Abhängigkeitsverhältnis konstruieren. Eine Auseinandersetzung und Kooperation der Theaterwissenschaft mit der Warburg-Schule ist bis heute ein Desiderat; sie wäre dringend zu wünschen.

[142] Panofsky, *Studien zur Ikonologie/Humanistische Tendenzen in der Kunst der Renaissance*, 1980. Erstmals veröffentlicht als *Studies in Iconology*, 1939. Zu Panofskys Systematik vgl.: Straten, *Einführung in die Ikonographie*, 1989, S. 15–36.

vorikonographische Beschreibung widmet sich den reinen Formen als Tatsache und Ausdruck und setzt lediglich eine Bekanntschaft mit den Gegenständen voraus. Die ikonographische Analyse im engeren Sinn untersucht das konventionale Sujet, das Bilder, Anekdoten oder Allegorien bildet. So können wir etwa die Darstellung einer Frauengestalt mit verbundenen Augen und einer Waage in der Hand aufgrund unseres kulturgeprägten Wissens ohne Schwierigkeiten als Justitia identifizieren. Die dritte und anspruchsvollste Schicht, die ikonologische Interpretation, muß die tiefere Bedeutung der symbolischen Werte dechiffrieren. Sie setzt voraus, daß der Interpret mit den Grundeinstellungen der Epoche, ihren nationalen und lokalen Traditionen und der individuell künstlerischen Ausprägung vertraut ist. Vergleicht man Panofskys Systematik mit dem Herrmannschen Versuch, so fällt vor allem die Mehrschrittigkeit und die Analogie der Kontrollinstanzen ins Auge. Die Einbeziehung der Korrelationen von Form und Inhalt in der Auseinandersetzung von stilgeschichtlichen, thematischen und kulturellen Traditionen bildet hier wie dort die Basis ikonographischer Analyse und Interpretation.

Unter den frühen Theaterwissenschaftlern hat sich vor allem Hans Heinrich Borcherdt mit dem Wechselverhältnis von bildender Kunst und Theater beschäftigt.[143] Die eigentliche Aufgabe der Theatergeschichte sah Borcherdt nicht in der Sammlung und Auswertung von theaterhistorischen Quellen, sondern in der »Beschreibung und Wertung vom ästhetischen Standpunkte«.[144] Elemente der Kunstgeschichte lassen sich vor allem im Theaterbau, in der Szenerie und in der Schauspielkunst festmachen, wobei im Gegensatz zur reinen Kunst die angewandte Kunst im Theater zweckgebunden sei und sich dem Gesamtzusammenhang unterordnen müsse. Borcherdts Ansatz zielte vor allem darauf ab, die Parallelität von Stilentwicklungen in der bildenden Kunst und in der Theatergeschichte zu veran-

---

[143] Borcherdt, *Der Renaissancestil des Theaters*, 1926; ders., *Das europäische Theater im Mittelalter und in der Renaissance*, 1935; ders., *Theater und bildende Kunst im Wandel der Zeiten*, 1931. Zu Borcherdt siehe: Groenewold/Halm, *Verzeichnis der literarhistorischen und theaterwissenschaftlichen Schriften Hans Heinrich Borcherdts*, 1937; *Hans Heinrich Borcherdt zum 75. Geburtstag*, 1962; Corssen, *Die Anfänge der Theaterwissenschaft in Deutschland*, 1992, S. 94–96. Gleichzeitig haben sich jedoch auch Kunsthistoriker wie Hans Tintelnot mit Theatergeschichte auseinandergesetzt. Vgl. Tintelnot, *Barocktheater und barocke Kunst/Die Entwicklungsgeschichte der Fest- und Theaterdekoration in ihrem Verhältnis zur barocken Kunst*, 1939.
[144] Borcherdt, *Der Renaissancestil des Theaters*, 1926, S. 2.

schaulichen.[145] Besonders deutlich wird dies in Stilbrüchen. Der Übergang von der Renaissance zum Barock veränderte die Formensprache der Kunst grundlegend: Die Kunst der italienischen Renaissance stellt den Menschen ins Zentrum künstlerischer Reflexion, an die Stelle einer verklärten Darstellung biblischer und religiöser Inhalte tritt eine an das Vorbild der Natur angelehnte realistische Form- und Farbgebung, welche weltliche und später auch alltägliche Motive bevorzugt. Die Entdeckung der Perspektive in der Malerei und der Architektur verbinden sich mit den Rekonstruktionen des römischen Theaterbaus zur Bildbühne der Renaissance, das Theater empfängt von der bildenden Kunst entscheidende Anregungen. Das Ideal harmonischer Ruhe in der Szenographie wandelt sich in der barocken Kunst und im Theater vollständig; alles strebt zur Bewegung und ist von Dynamik erfaßt. Die Entwicklung der barocken Bühnenmaschinerie spiegelt die sinnliche Freude an Verwandlung und neuen technischen Errungenschaften wider. Das Theater wird zum Sinnbild der Kunst und des Lebens überhaupt: »Das theatralische Kunstwerk wird zum bewegten Bilde, die bildende Kunst aber wird theatralisch.«[146] Der künstlerische Stil einer Epoche und ihre allgemeinen Prinzipien lassen sich auch im Drama und in der Schauspielkunst verfolgen.[147] In der Entwicklung der Theaterdekoration ist er besonders gut aufzuschließen, da hier »die Individualität des Künstlers zurücktritt hinter einen allgemeinen Stilwillen, der den Bedürfnissen der jeweiligen Zeitrichtung entgegenkommt.«[148] Borcherdt war einer der profiliertesten Vertreter der geistesgeschichtlichen Richtung, die sich im Gegensatz zum Historismus Herrmannscher Ausprägung weniger für die Glaubürdigkeit und Objektivität der Quellen interessierte, sondern kulturhistorisch übergreifende Zusammenhänge aufzeigen wollte. Der theaterwissenschaftliche Generationswechsel wird deutlich; an die Stelle der älteren, ausgefeilten historischen Methode tritt die jüngere, geistesgeschichtlich bestimmte Schule.[149] Das Theater bildete für die Geistesgeschichte nur ein Subelement eines allgemeinen Stilwillens, der fächerübergreifend die epochalen, nationalen und lokalen Eigenarten in allen

---

[145] Wölfflins berühmte Dichotomie von Stil und Form und die von ihm erarbeiteten Gegensätze linear/malerisch, Fläche/Tiefe und offen/geschlossen (v.a. in *Kunstgeschichtliche Grundbegriffe*, 1915) hatte auch auf die Theaterwissenschaft maßgeblichen Einfluß, der vor allem in Kutschers *Grundriß der Theaterwissenschaft* (1932–36) hervortritt.

[146] Borcherdt, *Theater und bildende Kunst im Wandel der Zeiten*, 1931, S. 186.

[147] Vgl. *Der Renaissancestil des Theaters*, 1926.

[148] Borcherdt, *Theater und bildende Kunst im Wandel der Zeiten*, 1931, S. 186.

[149] Zur geistesgeschichtlichen Methode in der Kunstgeschichte vgl. Hedicke, *Methodenlehre der Kunstgeschichte/Ein Handbuch für Studierende*, 1924; v.a. Kap. 2, IV: Geistesgeschichtliche Methode, S. 132–176.

Bereichen der Kunst veranschaulichen sollte. Borcherdt übernahm einen von Wilhelm Worringer[150] konstruierten Gegensatz von »nordischer Geistigkeit und südlicher Sinnlichkeit«.[151] Borcherdt glaubte, ein unterschiedliches visuellen Bedürfnis der germanischen und der romanischen Völker als maßgeblichen Faktor für die verschiedenen Ausprägungen der National-theaterstile zu erkennen: Während in Deutschland und England für lange Zeit die dekorationslose Stilbühne vorgeherrscht habe, sei das Vordringen der Bühnenmalerei auf den Einfluß des Südens zurückzuführen; erst durch den Einfluß der französischen Mysterienspiele und den Kontakt der Humanisten mit Italien sei die Theaterdekoration nach Norden vorgedrungen.[152]

So wichtig manche Überlegungen und Anregungen der Geistesgeschichte waren, darf nicht übersehen werden, daß viele ihrer Anhänger in der Beto-nung nationaler Stilmerkmale den Boden für eine nationalsozialistische Kunstideologie vorbereiteten, die aus unterschiedlichen Stilformen eine völ-kische und rassistische Werteskala ableiten sollte.[153]

4.3.2 Maske und Kostüm

Kostüm- und Maskenforschung haben schon früh das Interesse der Theater-historiker hervorgerufen. Die im 19. Jahrhundert angelegten Theatersamm-lungen besaßen häufig einen umfangreichen Fundus an Figurinen und Illu-strationen. Speziell Berlin verfügte mit der Louis-Schneiderschen Sammlung und der Freiherrlich von Lipperheid'schen Kostümbibliothek zwei umfangrei-che Sammlungen für die Kostümforschung;[154] für die Berliner Schule bildeten beide eine unverzichtbare Basis.

Die frühe Theaterwissenschaft hat sich mit der Maske zunächst nur als Teilgebiet ikonographischer Untersuchungen und Unterabteilung der Ko-

---

[150] Worringer, *Formprobleme der Gotik*, 1918, S. 47. Bereits Worringers Dissertation (*Abstraktion und Einfühlung/Ein Beitrag zur Stilpsychologie*, 1908) hat sich ausführ-lich mit einer Dichotomie von »nordischem« Abstraktionswillen und griechischem Naturalismus beschäftigt.

[151] Borcherdt, *Das europäische Theater im Mittelalter und in der Renaissance*, 1935, S. 3.

[152] Vgl. Borcherdt, *Theater und bildende Kunst im Wandel der Zeiten*, 1931, S. 180.

[153] Artur Kutscher hat noch in seiner 1951/52 erschienenen *Deutschen Stilkunde* den Einfluß von »Rasse, Stamm, Volk und Landschaft« auf den literarischen Stil unter-sucht. Ebd. Band II, S. 95–99. Kutscher folgte darin der Tradition eines Josef Nadler und dessen *Literaturgeschichte der deutschen Stämme und Landschaften* (Band I–IV, 1912–1928).

[154] Zu den beiden Sammlungen siehe: Knudsen, *Die Louis Schneidersche Sammlung zur Geschichte des Theaters*, 1914; Doege, *Die Freiherrlich von Lipperheid'sche Kostüm-bibliothek zu Berlin*, 1922.

stümforschung auseinandergesetzt; eine eigene Maskenforschung überließ sie weitgehend der Völkerkunde.[155] In den *Forschungen* untersuchte Herrmann lediglich Darstellungen von Teufelskostümen und -masken, die dem Dramenmanuskript ›Der Weingarten des Herrn‹ des Schweizer Autors Jakob Ruof als Illustrationen beigegeben waren.[156] Herrmann glaubte, daß mehrere Charakteristika dieser Zeichnungen auf das unmittelbare Vorbild einer Aufführung hinweisen: Ein Drachenkopf steckt in einer Bretterbude, dieabgebildeten Frauengestalten sehen eher männlichen Darstellern ähnlich, und zudem kann der Inhalt des Stückes auf keine Tradition der Darstellung in der bildenden Kunst verweisen.

Die erste eigenständige theaterwissenschaftliche Untersuchung zum Phänomen der Maskierung stammt von Robert Stumpfl,[157] der sich vor allem mit der Frage auseinandersetzte, welche Verbindungen sich zwischen kultischen Masken (nachgewiesen vor allem im alpenländischen Raum) und der Verwendung von Theatermasken im Mittelalter und der frühen Neuzeit nachweisen lassen. So wie das Drama aus dem Kult entstanden sei, habe auch die kultische Maske den Eingang in das Theater gefunden. Was für die Antike als gesichert gelten kann, wird als Erklärung für das mittelalterliche Theater widersprüchlich. Die Verwendung von Masken in geistlichen Spielen stieß einerseits auf energischen Widerstand der Kirche, andererseits bezeugt aber gerade die häufige Wiederholung dieser kirchlichen Verbote[158] deren Wirkungslosigkeit und läßt auf eine ununterbrochene Tradition der Maskierung schließen. Stumpfl ist der Auffassung, daß am Ausgangspunkt dieser Überlieferung Tiermasken standen, deren Verwendung sich im keltogermanischen Siedlungsgebiet[159] vielerorts belegen läßt. Zwischen diesen theriomorphen Masken und den Teufelsmasken des Mittelalters sieht Stumpfl eine enge Verbindung; beide stünden in der gleichen heidnischen Tradition. In lokalen Maskenaufzügen wie dem Nürnberger Schembartlaufen kamen sowohl Tier- wie Teufelsmasken zum Einsatz; von dort lassen sich wiederum Verbindungen zum Fastnachtsspiel ziehen. Tierdarstellungen existierten möglicherweise auch schon im frühen geistlichen Spiel. Gesichert ist der Einsatz von Masken in der Kirche in Vermummungsspielen, die zwischen Weihnachten und dem

---

[155] Im *Handwörterbuch des deutschen Aberglaubens* (Band V) hat sich Karl Meuli unter dem Stichwort »Maske, Maskereien« auch mit der Theatermaske beschäftigt. Über antike Theatermasken haben vor allem Altphilologie und Archäologie gearbeitet.

[156] *Forschungen*, S. 474–500.

[157] Stumpfl, *Schauspielmasken des Mittelalters und der Renaissancezeit und ihr Fortbestehen im Volksschauspiel*, 1930.

[158] Vgl. Stumpfl, *Schauspielmasken des Mittelalters und der Renaissancezeit und ihr Fortbestehen im Volksschauspiel*, S. 36–41.

[159] Von Stupfl nicht genauer eingegrenzt.

Dreikönigstag als Travestie die bestehenden sozialen Verhältnisse karikierten. Um zu klären, ob im mittelalterlichen Theater auch anthropomorphe Masken regelmäßig verwendet wurden, untersucht Stumpfl die in Frage kommenden Texte, bildlichen Darstellungen, Rechnungsbücher und Requisitenverzeichnisse und schließt mit einem knappem Exkurs über zwei Theaterformen mit einer reichen Maskentradition, dem Theater der Renaissance und dem Volksschauspiel. Seine eigentliche Fragestellung nach der Provenienz von Schauspielermasken im Mittelalter konnte Stumpfl aufgrund der mangelhaften Quellenlage nur unzureichend beantworten. Einzelne Nachweise über die Verwendung von anthropomorphen Masken lassen offen, ob diese zum Grundstock des mittelalterlichen Theaters gehörten.

Die Ermittlung mußte vor allem deswegen unbeantwortet bleiben, weil aus der in Frage kommenden Zeit keine bildlichen Darstellungen von Masken mit menschlichem Antlitz überliefert sind,[160] ganz im Gegensatz zu Teufelsdarstellungen, für die sich nicht nur im theaterspezifischen Kontext, sondern in der gesamten bildenden Kunst des Mittelalters reichhaltige Beispiele finden lassen. Herrmanns wie Stupfls Arbeit demonstrieren, welche Bedeutung bildliche Darstellungen für die Untersuchung theaterhistorischer Einzelfragen gewinnen können, und wie das Ergebnis einer systematisch vergleichenden Analyse der verschiedenen Quellenarten durch anschauliche Illustrationen gefördert werden kann.

Eine theaterwissenschaftliche Kostümforschung läßt sich von einer allgemeinen Kostümforschung nicht trennen. Bühnenkostüme sind immer Ausdruck allgemeiner Modeerscheinungen. Sie lassen sich auch nicht isoliert von anderen Theaterelementen betrachten, insbesondere von Schauspielern und ihren Ausdrucksmöglichkeiten. Im Gebrauch von Bühnenkostümen spiegeln sich gleichfalls die Vorlieben eines Publikums. Der Herrmann-Schüler Winfried Klara betonte: »Es gilt vielmehr, das Theaterkostüm aus dem Theater und aus der Zeit herauszuheben und zu werten, d.h. den Versuch zu machen, mit dem damaligen Publikum zu sehen«.[161] Klaras grundlegende Arbeit über *Schauspielkostüm und Schauspieldarstellung* ordnet die Entwicklung des Bühnenkostüms im 18. Jahrhundert in Deutschland ein in den Kontext von

---

[160] Eine Ausnahme bildet die Ansicht eines ›theatrum romanorum‹ in einer französischen Terenzhandschrift um 1400, die das Mißverständnis um den angeblichen Vorleser Calliopius illustriert. Um ihn herum tanzen vier maskierte Pantomimen, die jedoch nicht als repräsentativ für das mittelalterliche Theater gesehen werden können. Vgl. *Forschungen*, S. 283–289 und Stumpfl, *Schauspielmasken des Mittelalters und der Renaissancezeit und ihr Fortbestehen im Volksschauspiel*, S. 17–21.

[161] Klara, *Schauspielkostüm und Schauspieldarstellung/Entwicklungsfragen des deutschen Theaters im 18. Jahrhundert*, 1931, S. XIV.

allgemeiner Theatergeschichte, Schauspielertheorien und den verschiedenen Organisationsformen des deutschen Theaters.[162] Zu diesem Zweck nimmt Klara eine Zweiteilung vor: Zunächst werden die materiellen Prämissen der Kostümerstellung und die damit verbundenen künstlerischen Intentionen im fortschreitenden 18. Jahrhundert untersucht. Dabei stützt sich Klara vor allem auf Daten der bekannten Schauspielergesellschaften wie Ackermann und Döbbelin und namhafter stehender Bühnen wie in Mannheim und Berlin (vor allem unter Iffland). Wie sich die Praxis der Kostümierung bei der Masse der kleineren reisenden Gesellschaften und Hoftheater ausnahm, bleibt dagegen unerforscht. Die weniger bekannten Namen wurden in den Theatergeschichten von Löwen und Schmid bekanntlich weitgehend unterschlagen; die Quellenerhebung gestaltet sich für kleinere Truppen somit außerordentlich schwierig. Die Vorstellung, künstlerisch minderbedeutende Ensembles seien keiner Beachtung wert, weil man Theater nur als Kunstwerk analysieren könne, hatte zwar im Zuge der Etablierung der Theaterwissenschaft von ihrer normativen Gesetzeskraft eingebüßt, war aber auch bei Klara noch nicht völlig überwunden.

Besonders ergiebig erweist sich Klaras vergleichende Untersuchung von 14 Aufführungen zwischen 1774 und 1799 in Berlin unter den Direktionen von Koch, Doebbelin, Engel und Iffland, zu denen der berühmte Berliner Kostümmaler Johann Wilhelm Weil die Kostüme zumindest der Hauptdarsteller entworfen hatte, und für die sich einige Figurinen erhalten haben.[163] Aus der Diskrepanz zwischen Kostümentwürfen und Theaterkritiken läßt sich schließen, daß Weil wohl keinen oder nur geringen Einfluß auf die künstlerische Ausgestaltung der Inszenierung hatte, sondern nur erste Entwürfe ablieferte, die dann je nach Geschmack und Bedarf des Trägers bzw. der Direktion umgearbeitet wurden. Vor allem aber verdeutlicht die chronologische Nebeneinanderstellung der Aufführungen die sukzessiven Veränderungen in der Kostümgestaltung und der Praxis der Kostümierung im auslaufenden 18. Jahrhundert. Während in den frühen Inszenierungen noch das allgemein übliche stilistische Durcheinander der verschiedenen historischen Kostüme herrschte, gab es unter Ifflands Direktion genaue Kostümierungsvorschriften, die stärker auf einheitliche Wirkung hin ausgelegt waren und die die individuelle psychologische Nuancierung unterstützen sollten. Für Klara liegen hier die Anfänge einer eigenständigen Schauspielregie:

---

[162] Vgl. Münz, *Schauspielkunst und Kostüm*, 1992.
[163] Klara, *Schauspielkostüm und Schauspieldarstellung/Entwicklungsfragen des deutschen Theaters im 18. Jahrhundert*, 1931, S. 43–53.

Der Regisseur als Künstler erscheint in dem Augenblick, als die Ausstattung im Schauspiel selbständige Bedeutung zu erlangen beginnt. [...] Der Gedanke der einheitlichen persönlichen Spielregie ist erst die Konsequenz aus der einheitlichen Ausstattungsregie.[164]

Die so gewonnenen Kenntnisse über die Entstehung und Verwendung eines spezifischen Schauspielkostüms bilden die Grundlage für dessen stilistische Einordnung und seiner ästhetischen Wirkung im zweiten Teil der Arbeit. Dort zergliedert Klara die Erscheinung der verschiedenen Rollentypen, vom antiken Helden bis hin zu zeitgenössischen Charakterrollen. Die zunehmende Charakterisierung durch das Kostüm stellt es als Mittel zunehmend in den Dienst der Inszenierung – Kostümierung auf der Bühne ist kein bloßer Selbstzweck mehr, sie bleibt aber an allgemein verbindliche Regeln von Anstand und Sitte gebunden und hat keineswegs eine naturalistische Ausstattung zum Ziel. Haltung und Bewegung im Kostüm und im Schauspielstil bedingen sich gegenseitig. So wandeln sich die auf Tiefenwirkung bedachte barocke Plastizität und gestische Stabilität gegen Ende des 18. Jahrhunderts zu einem gemäldeartigen Klassizismus mit einer realistischeren Körpersprache, wobei in dieser Beziehung große Unterschiede zwischen den einzelnen Schauspielern und Theaterleitern bestanden.

Bis heute werden Ekhof und Iffland von der Theatergeschichtsschreibung als Begründer der realistischen Schauspielkunst herausgehoben und gewürdigt; davon abgeleitet wird der sehr viel später auftretende Naturalismus und Realismus eines Otto Brahm oder Konstantin S. Stanislawski zum maßgeblichen Ideal aller darstellerischen Gestaltung erhoben. Bei der theaterwissenschaftlichen Bewertung eines individuellen oder allgemeinen Schauspielstils müßten aber erweiterte Maßstäbe gelten. Vor allem wäre zu berücksichtigen, in welcher Art und Weise die stilistischen Eigenarten dem Erwartungshorizont eines spezifischen Publikums gerecht werden konnten, und wie diese Erwartungshaltung reflektiert wird und sich verändert. Klara kommt diesem Ansatz insofern entgegen, als er Modeformen aus der zweiten Hälfte des 18. Jahrhunderts als Zeiterscheinung untersucht und ihren Einfluß auf das Bühnenkostüm anhand von Kostümillustrationen belegt. Die Mode hat nicht nur das Bühnenkostüm und die Gestensprache beeinflußt, sondern auch den Geschmack der Handelnden und der Zuschauenden geprägt. Die Zeitgebundenheit von ästhetischen Ansichten wird damit zumindest ansatzweise berücksichtigt, der Schauspieler und Regisseur Iffland bildet jedoch auch für Klara das künstlerische Maß.[165]

---

[164] Ebd., S. 58–59.
[165] Ebd., v.a. S. 196. Die Brühlschen Kostümreformen waren Thema einer weiteren Dissertation eines Herrmann-Schülers: Hermann Schaffner (*Die Kostümreform unter der*

Das von Herrmann formulierte ikonographische Problem, wie stark sich Illustrationen von Theater an ein reales Vorbild anlehnen, spielt auch bei der Untersuchung von Bühnenkostümen eine zentrale Rolle. Die bereits erwähnten Terenzillustrationen des ausgehenden 15. Jahrhunderts boten wenig Anhaltspunkte für Bühne und Szenographie, und die darin abgebildeten Kostüme waren selbstverständlich zeitgenössischen Ursprungs. Um jedoch zu klären, ob bereits spezielle Theaterkostüme existierten, vergleicht Herrmann diese Holzschnitte mit spätmittelalterlichen Trachten und allgemein mit Kostümdarstellungen in der bildenden Kunst.[166] Bedauerlicherweise gestaltet es sich als außerordentlich schwierig, sichere Aussagen über die Alltagstracht des 15. Jahrhunderts zu machen. Die überwiegende Anzahl von Personenbildnissen zeigt besonders herausgehobene Festgewänder, im Bereich der Trachten kommt es zu beträchtlichen lokalen Unterschieden, und schließlich müssen auch die individuellen Mal- und Darstellungsweisen berücksichtigt werden. Auch der Vergleich zwischen den Kostümdarstellungen der Lyoner Terenzausgabe von 1493 mit den farbigen Illustrationen von Lebenden Bildern, die anläßlich des Einzugs der spanischen Prinzessin Johanna 1496 in Brüssel in Szene gesetzt wurden, bleibt relativ unergiebig.[167] Die Kostümierung fällt in Lyon und Brüssel relativ ähnlich aus, allein der Gesamteindruck ist sehr uneinheitlich. Kopfbedeckungen, Kleiderärmel und Schuhe variieren in beiden Fällen in den unterschiedlichsten Formen und (in den Brüsseler Illustrationen) Farben.

Die Ergebnisse von Herrmanns Untersuchung des spätmittelalterlichen Theaterkostüms mußten spärlich bleiben. Für die Kostüme der Nürnberger Meistersingerbühne zeigt sich die Situation etwas günstiger, da in den Szenenanweisungen der Sachs'schen Dramen gelegentlich auch allgemein gehaltene Kostümvorschriften enthalten und in den Dialogen indirekte Informationen zum Kostüm zu finden sind.[168] Zusätzlich können die Abbildungen im sogenannten Codex Heldt, ein um 1560 in Nürnberg zusammengetragenes handschriftliches Trachtenbuch,[169] eine Vorstellung von zeitgenössischen

---

Intendanz des Grafen Brühl an den Kgl. Theatern zu Berlin 1814–1828, o.J. [1926]) hat lediglich »eine Ueberschau über das Brühlsche Werk an sich« [ebd. S. 105] zum Ziel, um die Prinzipien von Brühls Streben nach dem historischen Kostüm aufzuzeigen.

[166] *Forschungen*, S. 356–359.

[167] Ebd., S. 401–409.

[168] Zum Theaterkostüm der Meistersinger s. ebd., S. 102–136.

[169] Ebd, S. 104–113. In seiner Ambition um größtmögliche Genauigkeit der Quellenbehandlung konzentriert sich Herrmann in diesem Zusammenhang auf das Aufkommen von Trachtenbüchern und die Entstehung des Codex Heldt im besonderen, obwohl die Trachtenillustrationen sich für die Frage nach dem Kostüm der Meistersinger als nicht

Trachten vermitteln. Im Ganzen vermag Herrmanns Arbeit hinsichtlich der Ergebnisse der Kostümforschung nicht zu befriedigen, für die weitere Entwicklung der Theaterwissenschaft war sie aufgrund ihres übergreifenden Ansatzes,[170] der die Bedeutung der Kostümforschung für die Theaterwissenschaft herausstellte, eine unverzichtbare Basis. Winfried Klara hat diesen Einfluß Herrmanns hervorgehoben:

> Er, der als erster auch die Heranziehung des Bildes der theaterwissenschaftlichen Methode eingefügt hat, wies auf die Aufgabe hin, die Schauspielkunst der deutschen klassischen Epoche vom Kostüm aus zu betrachten, d.h. also letzten Endes: vom Bildlichen aus.[171]

4.4 Der Schauspieler

Theatertheorie ist keine Erfindung der Theaterwissenschaft; dies gilt vor allem für den Diskurs über den Schauspieler. Während der Epoche der europäischen Aufklärung setzte sich um die Mitte des 18. Jahrhunderts die Auffassung durch, Schauspielkunst sei nicht nur als moralisches, sondern auch als ästhetisches Problemfeld zu behandeln. Wie hinlänglich bekannt, stand dabei die Diskussion um den ›kalten‹ Schauspieler im Zentrum theatertheoretischer Reflexion, eine Diskussion, die im deutschsprachigen Raum vor allem vorangetrieben wurde durch Lessings Übertragungen von Rémond de

---

besonders ergiebig erweisen. Bedingt durch die sukzessive Ausarbeitung der *Forschungen* (vgl. ebd., Vorwort) sind in den Text des öfteren Exkurse eingeflochten, deren Aufwand in keinem angemessenen Verhältnis zur theaterhistorischen ›Ausbeute‹ steht.

[170] Der Wert eines solchen methodischen Vorgehens für die Theaterkostümforschung wird deutlich, wenn man die Vorgehensweise der *Forschungen* mit dem in stärkerem Maß populärwissenschaftlichen Werk von Max von Boehn, *Das Bühnenkostüm in Altertum, Mittelalter und Neuzeit*, 1921 vergleicht. Boehn bietet einen Rundgang durch 2500 Jahre Theater- und Kostümgeschichte, die aber nur unzulänglich miteinander verknüpft werden. Die zahlreichen Abbildungen haben vor allem illustrative Bedeutung; sie werden nur zum geringen Teil im Text behandelt, noch sind sie vom Verfasser kritisch auf ihren Aussagewert hin überprüft worden. Gleiches gilt eingeschränkt auch für Joseph Gregor, *Wiener szenische Kunst/Band II: Das Bühnenkostüm*, 1925. Gregor kommt etwa zu folgenden ›bemerkenswerten‹ Ergebnissen: *»Das Bühnenkostüm deckt sich nicht mit dem Kostüm des täglichen Lebens. Das Bühnenkostüm ist das Kostüm des täglichen Lebens, jedoch verändert nach a) Zweckmäßigkeit seines Bühnengebrauches, b) nach dem Charakter der in ihm vorzustellenden Gestalt und c) nach der Zeit, in die jene Gestalt geschichtlich zu versetzen ist.«* Ebd., S. 131.

[171] Klara, *Schauspielkostüm und Schauspieldarstellung/Entwicklungsfragen des deutschen Theaters im 18. Jahrhundert*, 1931, S. VII.

Sainte-Albine und Francesco Riccoboni, der Hamburgischen Dramaturgie sowie den Schriften von Denis Diderot.

Die Theaterforschung und die frühe Theaterwissenschaft haben sich schwerpunktmäßig in zwei Richtungen mit dem Darsteller auseinandergesetzt: a) mit dem Schauspieler als künstlerischem Problem und b) mit seiner Biographie. Während der erste Weg als Vorläufer einer neueren Schauspieltheorie Ansätze zum theatralen Handeln, zur Verständigung von Schauspielern und Zuschauern lieferte, hat die zweite Richtung ihre wissenschaftliche Bedeutung weitgehend eingebüßt. Nicht daß etwa die Biographie von Schauspielerindividuen für die Theaterwissenschaft ohne jegliche Bedeutung wäre, aber eine Zusammenstellung von Lebensdaten und Rollenverzeichnissen, eventuell ergänzt um Auszüge aus zeitgenössischen Theaterkritiken, macht noch kein theaterwissenschaftliches Erkenntnisinteresse aus. Auch hier ist die Frage nach den Folgen wissenschaftshistorischer Entwicklungen nicht von der Hand zu weisen. Der Versuch der ›Rekonstruktion‹ der Schauspielkunst einzelner Darsteller führte aus heutiger Sicht die Theaterwissenschaft in eine Sackgasse.

4.4.1 Theorie der Darstellung

Die Bedeutung von Hegels Schriften und der in ihrem Gefolge operierenden Ästhetik für den Diskurs über den Schauspieler und seine Kunst ist bereits erörtert worden; geklärt werden muß noch, auf welche zeitgenössischen theoretischen Grundlagen zur Arbeit des Schauspielers die ersten Theaterwissenschaftler zurückgreifen konnten und welchen Eingang diese Vorstellungen in die Theaterwissenschaft gefunden haben.[172] Zwei divergierende Versuche werden vorgestellt: 1) Eine psychophysiologische Deutung des Verhältnisses von Schauspieler und Rolle, die im begrenzten Umfang auch die Funktion des Rezipienten mit einbezog und 2) die sich von positivistischen Erklärungsmustern bewußt distanzierende Mimus-Theorie, welche sich in Anlehnung an die Völkerkunde herausbilden sollte und die Theaterwissenschaft bis in die fünfziger Jahre maßgeblich geprägt hat.[173] Von beson-

---

[172] Die mögliche Beeinflussung von theatertheoretischen Ansätzen durch Aufführungen etwa von Stanislawski oder Reinhardt muß hier außer Betracht bleiben, ebenso wie die Parallelen zwischen der frühen Theaterwissenschaft und der Theatertheorie Meyerholds.

[173] Diese Zweiteilung ist gewollt künstlich und klammert diesen Rahmen sprengende Beiträge bewußt aus darunter so wichtige Arbeiten wie Georg Simmels Essay *Zur Philosophie des Schauspielers*, 1923.

derer Bedeutung war für beide Richtungen die Ausstrahlung neuer Disziplinen, die sich vor allem im letzten Drittel des 19. Jahrhunderts konstituierten,
darunter die Experimental- und die Völkerpsychologie, die Anthropologie
und die Ethnologie. Sie alle konzentrieren sich auf menschliche Verhaltensweisen als soziales Erscheinungsbild und als individuelle Ausprägung.

An der Wende zum 20. Jahrhundert interessierte der Schauspieler nicht
mehr ausschließlich als eine primär auf ästhetische Wirkung bedachte Person,
die einen dramatischen Stoff umzusetzten hatte, vielmehr suchte man auch
nach physiologischen und psychischen Konstanten, welche den Schauspieler
befähigen oder ihm helfen sollten, eine Wirkung beim Zuschauer hervor-
zurufen.[174] *Der Schauspieler: ein künstlerisches Problem*, heißt eine kleine,
von der Theaterwissenschaft weitgehend unbeachtet gebliebene Schrift des
Schauspielers, Regisseurs und Schriftstellers Max Martersteig,[175] die eben
jene Anlehnung der Theatertheorie an diese überwiegend anthropozentri-
schen Richtungen verdeutlicht. Martersteig bezog sich ausdrücklich auf
neuere physiologische Forschungen, vor allem von Wilhelm Wundt, und
wollte an Stelle der durch metaphysische Ideen geprägten Theorieansätze
von Hegel und Rötscher eine auf naturwissenschaftlicher Erkenntnis basie-
rende Begründung für die »künstlerische Zeugung«[176] aufdecken. Diese be-
ruhe auf »Suggestion und Hypnose«,[177] die eine »Transfiguration« des
Schauspielers – als vorübergehende Aufgabe des eigenen Ichs – zum Ziel
hätten. Die individuelle Transfigurationsfähigkeit des Schauspielers hält
Martersteig für den eigentlichen Prüfstein des schauspielerischen Talents.
Ähnliche Ansätze finden sich bei Theodor Lessing, der »Elemente der
›Bühnenpsychologie‹ (als eine neue Kategorie psychologisch-ästhetischer
Forschung«)[178] untersuchen will, und dabei den Begriff der Kon- oder Kon-

---

[174] Siehe auch 4.6.1 Massenpsychologie.

[175] Vgl. Greiner, *Max Martersteig/der Bühnenleiter und Schriftsteller*, 1938, S. 115.

[176] Martersteig, *Der Schauspieler/ein künstlerisches Problem*, 1900, S. 17.

[177] Ebd. Hypnose erklärt Martersteig als »Zustand, in welchem durch eine äußerliche Ver-
anlassung – also willkürlich – die ganze Aufmerksamkeit des Individuums auf eine
bestimmte Vorstellung gelenkt worden ist, während andere Vorstellungsreihen des
Cerebralsystems in zwangweise Unthätigkeit versetzt sind und in derselben verhar-
ren.« (Ebd., S. 27).

[178] Lessing, *Theater-Seele: Studie über Bühnenästhetik und Schauspielkunst*, 1907, S. 6.
Mit dem ›Schauspieler-Doppel-Ich‹ beschäftigt sich Lessing in *Der fröhliche Esels-
quell* (*Gedanken über Theater – Schauspieler – Drama*, 1912). Seiner Auffassung
nach besitzt jeder Mensch nicht nur ein ›empirisches Ich‹, sondern auch ein zielge-
richtetes, ideales Ich, das von unbewußten Leitvorstellungen gelenkt wird. Für den
Schauspieler übernimmt die Rolle den Part dieses zweiten, fordernden Ichs; in der
Rolle erlebt der Schauspieler sich selbst; Lessing spricht von der ›Suggestibilität‹ der
Schauspielerseele. Darüberhinaus erlebt der Mensch sich auch noch durch die Außen-
welt, die seine Ichs reflektiert. Der Schauspieler hat angesichts dieser Vielzahl von

trasuggestion verwendet. Nach Lessing ist es nicht möglich, ein Ding oder eine Person zu betrachten, ohne davon positiv oder negativ evoziert zu werden, da Menschen immer unwillkürlich »mitahmen«,[179] sie also auch künstlerische Vorführungen unbewußt selbst miterleben und mitdurchleben. In der »psychologische(n) Tatsache der Einsfühlung«[180] des Beobachters mit dem ihm vorgeführten Kunstwerk sieht Lessing die Basis jeglichen Kunstgenusses.

Mit den Begrifflichkeiten von Suggestion hat auch Max Herrmann versucht, dem Phänomen der Verwandlung des Schauspielers auf der Bühne näherzukommen. Darüberhinaus verwendet er in der schon mehrfach erwähnten Vorlesung *Über Theaterkunst*[181] ein Vokabular, welches stark an expressionistische Mystik und geistesgeschichtliche Totalitätsversuche erinnert.[182] Jede Kunst ist nach Herrmann eine Entladung des Gefühls; zu unterscheiden ist dabei zwischen Ausdruckskunst (das Gefühl wird direkt gezeigt) und Symbolkunst. Die Schauspielkunst sei ein kosmisches Gefühl, und das kosmische Gefühl des Schauspielers müsse mit dem des Dichters zusammenfallen. Ein Ausdrucks-Schauspieler »will unmittelbaren Seelenzustand darstellen oder besser, will dieser selbst sein«. Andere Schauspieler müssen sich bewußt in eine Rolle verwandeln. Der Transformationsvorgang geschehe in zwei Etappen: Zunächst soll der Schauspieler die »Fremdgestalt« vor sich hinstellen, um sich dann in diese zu verwandeln. Zu diesem Zweck muß der Schauspieler die eigene Individualität zugunsten der anderen aufgeben. Abschließend differenziert Herrmann in seiner Vorlesung zwischen a) »Verbal-, b) Real-, c) Mental-Suggestion«:[183] Die Suggestion durch Sprache scheint so offensichtlich zu sein, daß sie nicht näher erläutert werden muß. Um den Begriff der Real-Suggestion zu veranschaulichen, zitiert Herrmann aus dem Dritten Stück der Hamburgischen Dramaturgie, wo es heißt:

Ichs Schwierigkeiten, sich seine Identität zu bewahren. Zum Begriff des Doppel-Ich vgl. auch Dessoir, *Das Doppel-Ich*, 1890. Zu dem bis heute unterschätzten Theodor Lessing vgl. Marwedel, *Theoder Lessing: 1872–1933/Eine Biographie*, 1987.

[179] Lessing, *Theater-Seele/Studie über Bühnenästhetik und Schauspielkunst*, 1907, S. 23. Siehe auch 4.6.1 Massenpsychologie.

[180] Lessing, *Theater-Seele/Studie über Bühnenästhetik und Schauspielkunst*, 1907, S. 25.

[181] Im Anhang. Alle folgenden Zitate siehe ebd.

[182] Vgl. hierzu etwa Kornfeld, *Der beseelte und der psychologische Mensch*, 1919.

[183] Als Gastdozent der ›Schauspielschule des Deutschen Theaters zu Berlin‹ hielt Herrmann (u.a.) einen Vortrag über die »suggestiven Tätigkeiten der Schauspielkunst [...] und die bekannte Einteilung der Verbal-, Real- und Mental-Suggestion«. Theaterwissenschaftliche Blätter 5 (1925), S. 56. (Berthold Held in einer Glückwunschadresse zum 60. Geburtstag Max Herrmanns am 14.5.1925).

Wenn er [der Akteur] nun nur die allergröbsten Äußerungen des Zornes einem Akteur von ursprünglicher Empfindung abgelernet hat und getreu nach zumachen weiß – den hastigen Gang, den stampfenden Fuß, den rauhen, bald kreischenden, bald verbissenen Ton, das Spiel der Augenbrauen, die zitternde Lippe, das Knirschen der Zähne usw. – wenn er, sage ich, nur diese Dinge, die sich nachmachen lassen, sobald man will, gut nachmacht: so wird dadurch unfehlbar seine Seele ein dunkles Gefühl von Zorn befallen, welches wiederum auf den Körper zurückwirkt, und da auch diejenigen Veränderungen hervorbringt, die nicht bloß von unserem Willen abhängen; sein Gesicht wird glühen, seine Augen werden blitzen, seine Muskeln werden schwellen; kurz, er wird ein wahrer Zorniger zu sein scheinen, ohne es zu sein, ohne im geringsten zu begreifen, warum er es sein sollte.

Der Mental-Suggestion[184] schließlich spricht Herrmann die höchste Wirkung der Transformation zu: »Seele spricht zu Seele« – besondere Bedeutung komme ihr in den modernen Dramen zu, so bei Ibsen und Maeterlinck. Der Schauspieler müsse hier geradezu pantomimisch agieren.[185]

Die exemplarisch gezeigte, unmittelbare Verwandtschaft der Ansätze von Martersteig, Theodor Lessing und Herrmann ist offensichtlich, nicht nur in der Terminologie. Alle drei Forscher waren sich einig in ihrem Bemühen, Kausalzusammenhänge auf der Bühne mit Hilfe der Psychologie zu deuten, um allgemeingültige Prinzipien der Schauspieltheorie aufzeigen zu können. Das gewählte Verfahren blieb jedoch problematisch: zum einen, weil die Psychologie als junge Wissenschaft zu Beginn des zwanzigsten Jahrhunderts selbst noch kein hinreichend abgesichertes Begriffsinstrumentarium ausgebildet hatte (bei Herrmann sind zudem gewisse irrationale mystische Akzente mit Anklang an lebensphilosophische Stömungen der Jahrhundertwende nicht zu übersehen), zum anderen, weil physiologische oder empirische Ansätze in den traditionsverliebten Geisteswissenschaften sofort mit negativ besetzten Termini wie Positivismus und Psychologismus belegt und als materialistisch und ›undeutsch‹ gebrandmarkt wurden.[186] Die Grenzen zwischen empirisch untersuchenden Humanwissenschaften und den überwiegend historisch oder phänomenologisch orientierten Geisteswissenschaften sind im deutschen Sprachraum bis heute sehr starr geblieben. So hat der von Herbert Schälzky[187] unternommene Versuch, physiologische Meßdaten von Zuschau-

---

[184] In der Mitschrift ist hier als Anmerkung zu lesen »vgl. Mauthner: Psychologie der Sprache«. Gemeint ist wohl Fritz Mauthners dreibändiges Hauptwerk *Beiträge zu einer Kritik der Sprache/Band I: Zur Sprache und zur Psychologie*, 1906.

[185] In der Mitschrift findet sich hier der Hinweis »cf auch Kino«.

[186] Diese Schwierigkeiten galten im Deutschen Kaiserreich und in der Weimarer Republik auch für die Soziologie und die Psychologie.

[187] Schälzky, *Epirisch-quantitative Methoden in der Theaterwissenschaft*, 1980. Die Arbeit von Albin Hänseroth, *Elemente einer integrierten empirischen Theaterforschung* (1976), ist dem Bereich der Theatersoziologie zuzuordnen, die in der deutschsprachigen Theaterwissenschaft (Ausnahme: Uri Rapp) über keine breitere Basis verfügt.

ern und Schauspielern empirisch zu erfassen und auszuwerten, gerade in Deutschland nur eine sehr begrenzte Wirkung erfahren.

Die Mimus-Theorie unter den Bereich ›Schauspieler‹ einzuordnen, mag auf den ersten Blick verwunderlich erscheinen; handelt es sich doch nach allgemeiner Auffassung eher um eine Theorie, welche den Ursprung des Theaters und der zugehörigen Subelemente zu klären beabsichtigt. Indem ihre Vertreter jedoch die Utopie vertraten, einen die Grenzen von Zeit und Raum sprengenden Darstellungstrieb belegen zu können, handelt es sich sehr wohl auch um ein Problem der Schauspieltheorie. Abgesehen davon gibt es zumindest für den Bereich Theater keine ›reine‹ Theorie, die sich nur auf ein einziges Merkmal konzentriert und alle anderen ausschließen kann. Jede Form von Theater ist immer eine Summe verschiedener Einzelelemente, die sich nicht völlig isoliert voneinander analysieren lassen.[188] Im Gegensatz zu anderen theatertheoretischen Ansätzen läßt sich für die Mimus-Theorie eine Basis fixieren, von dem die Überlegungen zum mimetischen Ursprung des Theaters ihren Ausgangspunkt nahmen. Die Bedeutung von Hermann Reichs umfangreicher Studie *Der Mimus*[189] kann kaum hoch genug eingeschätzt werden. Ohne seine umfassende Quellenarbeit wären die ihm nachfolgenden Arbeiten zur Mimus-Theorie nicht denkbar gewesen. Obwohl das erste Buch des *Mimus* mit ›Die Theorie des Mimus‹ überschrieben ist, wird eine solche Theorie von Reich weder dargestellt noch aufgezeigt. Sein Verdienst lag darin, den Blick für die jahrtausendealte Tradition nichtliterarischen Theaters überhaupt geöffnet und die verschiedenen Arten dieser Theaterform in einen – allerdings sehr problematischen – Zusammenhang gebracht zu haben.

Im Unterschied zu Reich, der im Mimus vor allem eine literarische Gattung erblickte und demnach in den mimischen Dramen von Philistion und Epicharm den Höhepunkt des antiken Mimus erreicht sah, differenzierten die ersten Theaterwissenschaftler sehr viel strenger zwischen Mimus und Drama. Im deutschsprachigen Raum vertraten vor allem Artur Kutscher und Carl Niessen die Auffassung vom Ursprung des Theaters im Mimus. Ein vereinfachtes Schaubild kann die Gemeinsamkeiten und Unterschiede ihrer Vorstellungen am anschaulichsten verdeutlichen:

---

[188] Die Schwierigkeiten bei der Differenzierung zwischen Drama und Schauspielkunst (vgl. 4.2.1 Differenzierung zwischen Drama und Theater) bieten hierfür ein bestes Anschauungsmaterial.

[189] Reich, *Der Mimus/ein litteratur-entwicklungsgeschichtlicher Versuch*, 1903. Vgl. 2.2.4 Die Völkerpsychologie und der Mimus.

Artur Kutscher

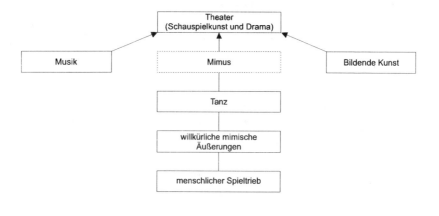

Carl Niessen

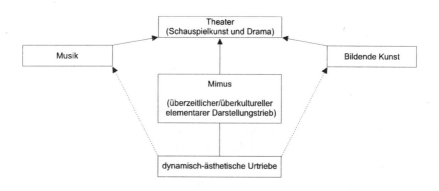

Vereinfachtes Schaubild zur Mimus-Theorie[190]

---

[190] Folgende Schriften wurden herangezogen: Kutscher, *Die Elemente des Theaters*, 1932 (Grundriß der Theaterwissenschaft; I); ders., *Stilkunde des Theaters*, 1936 (Grundriß der Theaterwissenschaft; II) ders., *Drama und Theater*, 1946; Niessen, *Aufgaben der Theaterwissenschaft*, 1926 (wiederabgedruckt in: Niessen, *Kleine Schriften zur Theaterwissenschaft und Theatergeschichte*, 1971); ders., *Handbuch der Theater-Wissenschaft:Teil I: Daseinsrecht und Methode/Ursprung und Wert der dramatischen Kunst*, 1949; *Teil II: Ursprung des asiatischen und griechischen Dramas aus dem Toten- und Ahnenkult*, 1953; *Teil III: Drama, Mimus und Tänze in Asien*, 1958; ders., *Theaterwissenschaft/Das Daseinsrecht eines jungen Faches*, 1956 (wiederabgedruckt in: Niessen,

Für Kutscher stellt der menschliche Spieltrieb die primitivste Stufe jeglicher Kunstäußerung dar; in Anlehnung an Karl Groos[191] drückt sich dieser Spiel- und Nachahmungstrieb bei Naturvölkern vor allem im Tanz aus. Weil der Tanz bereits das Gemeinschaftserleben im Theater vorwegnehme,[192] vor allem aber, weil sich die Ausdruckskunst des menschlichen Körpers im mimischen Tanz äußere, gilt für Kutscher: »Der Tanz ist die Urzelle des Theaters.«[193] Tanz und Pantomime führen wiederum geradlinig zum Mimus hin. Ihn hält Kutscher, indem er sich ausdrücklich auf Reich beruft, für die älteste überlieferte Bühnenhandlung, die ihre Wurzeln in prähistorischen Zeiten habe.[194] Vom Mimus aus führen direkte Verbindungen zum Theater, das sich aus nur zwei Elementen, nämlich der Schauspielkunst und dem Drama, zusammensetzt. Drama definiert Kutscher als ›höheres Bühnenstück‹ im Gegensatz zum Mimus oder Theaterstück.[195] Nicht zu den Elementen des Theaters rechnet er Dramaturgie, Regie und die Szene; Kunst und Musik haben für das Theater lediglich als unterstützende Hilfskünste Bedeutung. In bezug auf den Schauspieler orientierte sich Kutscher eng an dem Aufsatz *Theaterwissenschaftliche Grundbegriffe* von Oskar Eberle,[196] in dem dieser zwischen dem Laien und dem Dilettanten als Vertreter des Amateurtheaters differenzierte, den Mimen und den Künstler dagegen dem Berufstheater

---

Kleine Schriften zur Theaterwissenschaft und Theatergeschichte, 1971; gekürzte Fassung in Klier (Hrsg.), *Theaterwissenschaft im deutschsprachigen Raum/Texte zum Selbstverständnis*, 1981).
Ich danke Frau Dr. Simone Gojan für die Idee zu diesem Schaubild. Angesichts der uneinheitlich gebrauchten Terminologie von Kutscher wie auch von Niessen, in der präzise Definitionen und Begriffe den Ausnahmefall bilden, scheint mir das Rekurrieren auf ein zugegebenermaßen vereinfachtes Schaubild der gangbarste Weg, um eine übersichtliche Darstellung zu erreichen. Die chaotische Gliederung von Niessens *Handbuch der Theaterwissenschaft* sowie der Verzicht auf Literaturverzeichnis und Register machen ein Arbeiten mit dem Werk nahezu unmöglich.

[191] *Die Spiele der Menschen*, 1899.

[192] »Der Übergang von den Künsten der Ruhe zu den Künsten der Bewegung bildet der Tanz, der sich als lebendige Bildnerei auffassen lässt. Wir werden dieser Kunst eine besondere Aufmerksamkeit widmen; denn gerade das Studium des Tanzes, der bei den primitiven Stämmen eine wesentlich verschiedene und wesentlich höhere Bedeutung besitzt als bei den civilisierten Völkern, ist vor allem geeignet, die Erkenntnis der socialen Bedeutung der Kunst zu klären und zu vertiefen.« Grosse, *Die Anfänge der Kunst*, 1894, S. 50.

[193] *Die Elemente des Theaters*, 1932, S. 39.

[194] Vgl. Reich, *Der Mimus/ein litteratur-entwicklungsgeschichtlicher Versuch*, 1903, S. 475–478. Die gestrichelte Linie im Schaubild soll das ›Unsichtbarwerden‹ des Mimus in Kutschers eigener Argumentation verdeutlichen.

[195] Kutscher, *Die Elemente des Theaters*, 1932, S. 112.

[196] Erstmals veröffentlicht in: Das Vaterländische Theater/1. Jahrbuch der Gesellschaft für innerschweizerische Theaterkultur, 1928, S. 59–73. Wiederabgedruckt in Klier (Hrsg.), *Theaterwissenschaft im deutschsprachigen Raum*, 1981, S. 77–92.

zuordnete.[197] Kutscher seinerseits unterschied zwischen Laie, Mime und Schauspieler, wobei er – ähnlich wie Eberle – das Laientheater ungeachtet seiner persönlichen hohen Wertschätzung nur als »kunstähnliche Betätigung«[198] gelten lassen wollte.

Carl Niessen hingegen lehnte die Auffassung, das Theater sei vom Tanz herzuleiten, ausdrücklich ab: »Der Tanz, der aus einem mimischen Urtriebe quillt, ist an sich unmimisch, kann sich aber mit Mimesis verbinden und so zum mimischen Tanz werden.«[199] Den Begriff ›Mimus‹ erweiterte er zu einem allen Menschen gemeinsamen Darstellungstrieb: »Die Ganzheit des Mimischen aus den ästhetischen Urtrieben entfaltet zu sehen«[200] war das Ziel der von Niessen verfochtenen »totale[n] Theaterwissenschaft«.[201] In diesem Rahmen hielt er es für nebensächlich, ob die Theaterwissenschaft sich mit »primitiven Äußerungen des mimischen Darstellungstriebs bei Kindern oder Völkern auf niederer Kulturstufe, mit der kultischen Tragödie der Antike, dem frivol-robusten Mimus« [...] oder mit den »klassischen Dramen« der deutschen Nationalliteratur befaßt.«[202] Niessens besondere Vorliebe galt jedoch den Naturvölkern. Ihre Fruchtbarkeitsriten, vor allem aber ihre Totenriten hielt Niessen für die Ursubstanz des Theaters. In den Ländern, die ein eigenständiges Drama hervorgebracht haben (Niessen nennt als Beispiele China, Japan, Indien und Griechenland), seien diese »primitiven Phänomene des Animismus und Totemismus geschwunden«,[203] weil die Herausbildung einer dramatischen Kunst solche Bräuche überflüssig gemacht habe.

Ebenso wie Kutscher verfolgte Niessen die endgültige Abtrennung der Theaterwissenschaft von der Germanistik. Während das ›Institut für Theaterwissenschaft an der Universität Köln (Theatergeschichtliche Abteilung des

---

[197] Eberle ordnete den verschiedenen Typen nicht nur unterschiedliche Ausdrucks- und Gefühlsstärken zu, sondern vertrat zudem die Auffassung, daß sich jedem dieser vier Typen bestimmte Kategorien dramatischer Texte zuordnen ließen. Auch wenn man heute diese Einteilung nur noch als Kuriosum belächeln kann, so zeigt sie doch die Unsicherheit der frühen Theaterwissenschaft. Die Vertreter der Mimus-Theorie hatten allesamt eine auffällige Vorliebe für ›völkisches Brauchtum‹ bei gleichzeitiger stark negativer Bewertung des Regietheaters der zwanziger Jahre. Die antisemitischen Ausfälle Eberles in diesem Text lassen sich deswegen aber nicht nur als zeittypisches Phänomen erklären.

[198] *Die Elemente des Theaters*, 1932, S. 41.

[199] Niessen, *Theaterwissenschaft/Das Daseinsrecht eines jungen Faches*, 1971, S. 14.

[200] *Handbuch der Theater-Wissenschaft I*, 1949, S. 521.

[201] Ebd., S. XVI.

[202] Niessen, *Aufgaben der Theaterwissenschaft*, 1971, S. 2. Interessanterweise will Niessen (ebd.) auch ausdrücklich Feuerwerke, festliche Umzüge oder Reiterturniere in die Theatergeschichte mit einbeziehen, ein im Hinblick auf die gegenwärtige Diskussion um die Erweiterung des Theatralitätsbegriffs erstaunlich modern anmutender Ansatz.

[203] *Handbuch der Theater-Wissenschaft III*, 1958 , S. 657.

Deutschen Seminars)‹[204] schon 1920 gegründet und 1938 selbständiges Prüfungsfach wurde, blieb die Münchner Theaterwissenschaft bis nach Kutschers Tod ein unselbständiges Anhängsel der Germanistik. Mit Hilfe der Konstruktion ›Mimus‹ glaubten Theaterwissenschaftler wie Kutscher und Niessen, den eigenständigen Kern der Theaterwissenschaft fixieren zu können. Nicht mehr das aus kultischen Handlungen erwachsene Drama, sondern überzeitliche und überkulturelle Triebe sollten das Phänomen Theater als allgemein menschliches Grundbedürfnis fundamentieren.[205] Als Vorbild diente die Auffassung der Völkerkunde des 19. Jahrhunderts, kulturelle Entwicklung sei als teleologisches Stufenmodell anzusehen. Daneben sollte die Mimus-Theorie aber vor allem die Unabhängigkeit der Theaterwissenschaft von der Germanistik forcieren. Indem Kutscher und Niessen den Ursprung des Theaters in prähistorische Zeiten zurückverlegten, konnten sie behaupten, Theater sei wesentlich älter als Literatur oder sonstige Künste und somit unbedingt auf eine eigenständige Wissenschaftsdisziplin angewiesen.

Kein Wissenschaftler wird heute mehr auf die Idee kommen, nach ästhetischen Urtrieben zu suchen oder die Entstehung des Theaters ausschließlich auf einen allumfassenden Darstellungs- und Nachahmungstrieb zurückzuführen. Die Mimus-Theorie war eine in hohem Maß zeitgebundene Erscheinung, die sich zunächst auf völkerkundliche und völkerpsychologische Vorarbeiten des ausgehenden 19. und beginnenden 20. Jahrhunderts stützte, sich dann aber in ihrem generalisierenden Anspruch immer stärker in Spekulationen und Phantastereien verlor. Der Geschichtsskeptizismus der zwanziger Jahre, die geistesgeschichtliche Unbestimmtheit und die Vorliebe für ein voluntaristisch-mystisches Vokabular spiegeln sich auch in der Mimus-Theorie wider. Ihre Annährerung an die völkische und rassistische Ideologie des Nationalsozialismus vollzog sich zunächst in gemeinsamen begrifflichen und systematischen Präsumptionen zum Verlauf kultureller Entwicklung in Stufen. Die Mimus-Theorie war ursprünglich kein genuin nazistisches Gedankengut, aber in ihrer Verwendung von Termini wie ›Rasse‹ und ›Volk‹ konnte sie der nationalsozialistischen Agitation als willkommene Unterstützung dienen. Die Verfechter der Mimus-Theorie sahen wiederum die Chance, nach 1933 mit Unterstützung der neuen Machthaber die Theaterwissenschaft

---

[204] Knudsen, *Das Studium der Theaterwissenschaft in Deutschland*, 1926, S. 24.

[205] Der Germanist und Theaterwissenschaftler Willi Flemming wollte *Das Wesen der Schauspielkunst* (1927) als »organische Ganzheit« (ebd. S. 8) untersuchen, er führte die Schauspielkunst auf zwei Keime zurück, einen mimischen Urtrieb und eine magische Wurzel. Flemming war nach 1933 ein entschiedener Parteigänger der NSDAP.

auszubauen und zu etablieren, was jedoch nur teilweise gelingen sollte.[206] Einzelne Vertreter wie Carl Niessen scheuten auch nicht davor zurück, sich der nationalsozialistischen Propaganda anzudienen, in ihrem Sinn Partei zu ergreifen und für NS-Organe theaterhistorische Beiträge zu verfassen, die von antisemitischer und nationalistischer Hetze geprägt waren.[207]

In den letzten Jahrzehnten hat sich eine theateranthropologische Forschung entwickelt, die nur noch wenig mit den Vetretern der Mimus-Theorie gemeinsam hat. Die neuere Anthropologie stützt sich vor allem auf Feldforschung und bemüht sich, die eurozentristische Grundhaltung und den aufklärerischen Impetus der frühen Anthropologen zu überwinden und stattdessen eine möglichst unvoreingenommene Haltung zum Leben und zu Gebräuchen indigener Menschen einzunehmen. An die Stelle einer Stufenfolge von Kulturen tritt ein semantisches Feld gleichberechtigter Lebensformen. Nicht mehr der vouyeuristische Blick, der sich am Exotismus fremder Kulturen weidet, sondern das Bemühen um Verständnis für alternative Zivilisationen und ihre eigenen Maßstäbe bestimmen weitestgehend die heutige Anthropologie. Der ›unberührte Wilde‹ ist indes nur noch eine traurige Illusion. Die Vernichtung und Veränderung von Gebräuchen der Naturvölker ist gerade auch im Bereich von theatralen Formen unaufhaltsam. Damit entstehen zugleich neue Formen des synkretischen Theaters,[208] die ihrerseits nicht zu unterschätzende Auswirkungen auf die europäische und amerikanische Theaterszene haben.

4.4.2 Schauspielstil und Schauspielerbiographie

Theatergeschichte ist ohne eine Geschichte der Schauspielkunst undenkbar. Wie aber läßt sich Schauspielkunst systematisch untersuchen und darstellen? Das umfangreiche Werk von Eduard Devrient, die *Geschichte der Deutschen*

---

[206] 1943 wurde das Wiener ›Zentralinstitut für Theaterwissenschaft‹ unter Heinz Kindermann etabliert, 1944 erhielt Hans Knudsen eine außerordentliche Professur in Berlin. Die in den dreißiger Jahren neugegründeten theaterwissenschaftlichen Seminare in Jena und Königsberg waren eng an andere Fächer gekoppelt und hatten nur geringe eigenständige Bedeutung. In ihrer Anbiederung an die neuen Machthaber unterschied sich die Theaterwissenschaft nicht wesentlich vom Habitus bereits etablierter Fächer. Die Mehrzahl aller Professoren in der Weimarer Republik lehnte sich bereits in den zwanziger Jahren an völkische und nationalkonservative Strömungen an.

[207] Vgl. die Arbeit von Martin Paul, *Die Affinität zur nationalsozialistischen Ideologie in den Schriften von Carl Niessen*; unveröffentl. Seminararbeit, Erlangen 1993.

[208] Vgl. Balme, *Theater im postkolonialen Zeitalter/Studien zum Theatersynkretismus im englischsprachigen Raum*, 1995.

Schauspielkunst, konnte für die ersten Theaterwissenschaftler nicht als Vorbild gelten. Es war zu lückenhaft, zu ungenau und ohne methodische Folgerichtigkeit, dazu fehlerhaft in zahlreichen Details. Die Theatergeschichtsforschung versuchte sich zunächst an biographischen Einzelstudien. Berthold Litzmanns *Friedrich Ludwig Schröder* fand als Musterbeispiel biographischer Sammlertätigkeit zunächst allgemeine Anerkennung. Mit der Abkehr von positivistischen Erkenntnisidealen traten aber die methodischen Schwächen des Werkes, vor allem die mangelnde Aufarbeitung von Schröders Arbeit als Schauspieler und Regisseur, deutlich hervor. Dennoch entstand in der Folgezeit eine Vielzahl von Einzeluntersuchungen zum Leben und Werk berühmter Schauspieler, die den Versuch unternahmen, »die versunkenen Einzelleistungen wieder zum Leben«[209] zu erwecken. Zudem war die Theaterwissenschaft vor das Problem gestellt, wie sich darstellerische Leistungen der Theatergeschichte eruieren lassen sollten, wenn – wie für das europäische Theater von der Antike bis zur Renaissance – keine oder allenfalls unzureichende Quellen über einzelne Darsteller überliefert waren. Die Theaterwissenschaft benötigte ein methodisches Instrumentarium, das sowohl den Schauspielstil einer Epoche als auch den individuellen Stil einzelner Darsteller ›rekonstruieren‹ konnte, nicht im Sinn einer identischen Wiederherstellung, sondern als möglichst authentische Annäherung. Daß sich schauspielerische Ausdrucksmittel – die Gestik, die Mimik und die Sprache – nicht als lineare Kommunikationsformen verstehen lassen, sondern erst in der Konfrontation mit einem spezifischen Publikum einen konstituierenden Sinn ergeben können, war den Theaterwissenschaftlern der ersten Generation höchstens ansatzweise bewußt.

Max Herrmann und die Berliner Schule haben in beiden Richtungen gearbeitet und als Vorbilder gewirkt. Während Herrmann in den *Forschungen* versuchte, anhand von literarischen und bildlichen Quellen Aussagen über den Schauspielstil der Meistersinger und über die mittelalterliche Schauspielkunst (als deren Vorbedingung) zu treffen, untersuchte er in seinem Fragment gebliebenen Werk über *Die Entstehung der berufsmäßigen Schauspielkunst im Altertum und in der Neuzeit* mittels philologischer Analyse die griechische Tragödie auf ihre schauspielerischen Gestaltungsmöglichkeiten hin, und er begriff die szenische Realisierung römischer Dramen in der italienischen Renaissance als Wiedergeburt der antiken Schauspielkunst. Zahlreiche Herrmann-Schüler verfaßten Biographien berühmter Schauspieler des 18.

---

[209] Herrmann, *Über die Aufgaben eines theaterwissenschaftlichen Instituts,* 1920, wiederabgedruckt in: Klier (Hrsg.), *Theaterwissenschaft im deutschsprachigen Raum,* 1981, S. 18.

und 19. Jahrhunderts, indem sie bemüht waren, biographische Daten und künstlerische Identität miteinander in Einklang zu bringen.

Die wichtigste Quelle für die Untersuchung des Schauspielstils der Meistersinger bildeten die szenischen Bemerkungen der Dramen von Hans Sachs. Da Herrmann davon ausging, daß Sachs in seinen Stücken auch selbst Regie führte, lassen sich die Anweisungen nicht als textliche Verdichtung, sondern durchaus als konkrete Anleitung für die Schauspieler verstehen.[210] Problematisch erweist sich jedoch Herrmanns Anspruch, diese Anweisungen als nahezu ausnahmslose Vorschriften zu betrachten, demzufolge die Schauspieler in Fällen, in denen keine szenischen Bemerkungen vorlagen, den Text ohne eigene mimische oder gestische Ausgestaltung deklamiert hätten.[211] Umgekehrt erscheint auch Albert Kösters Analogieschluß, der Schauspielstil der Meistersinger müsse über die Spielanweisungen hinausgegangen sein, weil in früheren und späteren Theaterepochen ein lebhaftes Minen- und Gestenspiel die Regel war, als ebenso ungesichert.[212] Herrmann glaubte, den Szenenanweisungen einen terminologischen Charakter nachweisen zu können und in den Dramen von Sachs regelhafte und geradezu mechanische Darstellungsvorschriften zu finden. An die Stelle einer individuellen schauspielerischen Leistung tritt ein Kanon von überschaubaren, sich häufig wiederholenden Gesten. Ziel des Theaters der Meistersinger ist folglich nicht die Charakterisierung von unverwechselbaren Individuen, sondern vielmehr eine Typisierung und Standardisierung. Herrmann trennt hier zwischen »Aktion«, dem von den dramatischen Handlung ausdrücklich verlangten körperlichen Einsatz, und »Gestus«, der zum Verständnis des Dramas nicht unbedingt nötigen Ausmalung und Verstärkung des Dialogs. Dem rhetorischen Status des Meistersingertheaters entspricht eine deutliche Vorliebe für zeremonielle und symbolisch beladene Handlungen wie Hochzeit, Abschied, Sterben, aber auch für körperreiche Aktionen wie Kämpfe und Wutausbüche. Im Gegensatz zum Fastnachtsspiel werden tragische Stimmungen gegenüber heiteren deutlich

---

[210] Natürlich sind Termini wie Regisseur oder Regieanweisung für das Theater der frühen Neuzeit nur eingeschränkt anzuwenden; korrekter wäre in den meisten Fällen wohl Spielleiter und Spielanleitung. Die Tatsache, daß Hans Sachs als Antragsteller für Aufführungen in den Protokollen des Nürnberger Rats des öfteren genannt wird, muß nicht bedeuten, daß er in jedem Fall für die Inszenierung verantwortlich war.

[211] *Forschungen*, S. 141: »[...] von wenigen Stellen abgesehen, die wir durch Analogie leicht erkennen können, haben Hans Sachsens Schauspieler nur da ihren Körper irgendwie in Aktion treten zu lassen oder ihrem Vortrag eine bestimmte Färbung zu geben, wo die szenischen Bemerkungen das ausdrücklich vorschreiben«.

[212] Köster, *Die Meistersingerbühne des sechzehnten Jahrhunderts/Ein Versuch des Wiederaufbaus*, 1920, S. 101–111.

bevorzugt.[213] Die Charakterisierung dieses Schauspielstils als »*lyrisch-pathe-tisch*«[214] ist bezeichnend für das Fehlen einer adäquaten theaterhistorischen Terminologie und die Anlehnung an literaturwissenschaftliche Vorbilder. Um beantworten zu können, wie dieser Stil der Meistersinger theaterhistorisch einzuordnen ist, unternimmt Herrmann einen ausführlichen Exkurs in die Schauspielkunst des Mittelalters,[215] um dann mit einem Vergleich zum Schultheater des 16. Jahrhunderts die Klammer wiederum schließen zu können.

Wesentlich interessanter als die von Herrmann offen zugegebenen spärlichen Zusammenhänge zwischen mittelalterlicher und meistersingerhafter Schauspielkunst ist das methodische Vorgehen. Um herauszufinden, wie sich die Gebärdensprache in den szenischen Bemerkungen bei Hans Sachs entwickelt haben könnte, stellt Herrmann ein umfassendes System von möglichen Bezügen her: In welchem Verhältnis steht die mittelalterliche Schauspielkunst zur weltlichen und geistlichen epischen Dichtung ihrer Zeit, welche Zusammenhänge bestehen zwischen der Gestik in der Liturgie und der Gestik im Schauspiel, wie steht es um die Verwandtschaft zur bildenden Kunst, von der karolingischen Buchmalerei bis hin zur gotischen Plastik, welche für die Dramen von Sachs typischen Gesten (Händezusammenlegen, Händeaufheben, Händewinden, Händezusammenschlagen, Armeaufheben, Händeüberdemkopfzusammenschlagen) lassen sich in der bildenden Kunst der Zeit, etwa bei Albrecht Dürer, finden? Obwohl oder gerade weil die Befunde fast durchgehend negativ ausfallen, ist Herrmann um peinliche Präzision bemüht: keine Hypothesen, keine Theorie ohne vorheriges gründliches

---

[213] *Forschungen*, S. 162f.

[214] Ebd., S. 162.

[215] Die Aussagen Herrmanns zur Schauspielkunst des Mittelalters sind nicht ohne Anfechtung geblieben. Schon Walther Müller (*Der schauspielerische Stil im Passionsspiel des Mittelalters*, 1927) hat darauf hingewiesen, daß sich die Gebärdensprache keineswegs nur aus den Evangelien und der Marienepik herleiten läßt und später nicht mehr erweitert wurde, sondern daß in den geographisch und zeitlich unterschiedlich einzuordnenden Passionsspieltexten auch beträchtliche Differenzen in der Handhabung der Gesten bestehen. Anke Roeder (*Die Gebärde im Drama des Mittelalters*, 1974) hat betont, daß im Gegensatz zu Herrmanns Auffassung zwischen der Vorlage des biblischen Textes und dem Osterspiel sehr wohl Unterschiede in den Gebärden auszumachen sind und daß sich die Gebärdensprache der katholischen Liturgie und des mittelalterlichen Dramas gegenseitig beeinflußt haben (ebd. S. 10–18). Auch wenn Herrmanns Pauschalurteil von der »Gleichförmigkeit, Unfreiheit und Dürftigkeit der Schauspielkunst« im Gegensatz zur »großen epischen Dichtung des deutschen Mittelalters« (*Forschungen*, S. 178) abzulehnen ist, zeigt sie überdeutlich die ungebrochene germanistische Überzeugung von der prinzipiellen künstlerischen Minderwertigkeit des Theaters. Aber gerade auch wegen der forschungsimmanenten Einseitigkeiten haben Herrmanns Überlegungen zur mittelalterlichen Schauspielkunst eine fruchtbare Diskussion in die Wege geleitet.

Überprüfen aller nur denkbaren Quellen, äußerste Zurückhaltung in der Urteilsfindung[216] sowie ein möglichst umfassender Einbezug verwandter Forschungsergebnisse. Daß die hierzu nötige ungeheure Vorarbeit letztendlich nur einen verneinenden Befund liefert, kann zwar durchaus als Ergebnis gelten, vermag aber den Aufwand kaum zu rechtfertigen. Anstatt zu versuchen, ein möglichst vollständiges System von größtenteils schwachen Bezügen aufzubauen, hätte ein stärker theoriegeleitetes Vorgehen sich von vornherein auf bestimmte Aspekte konzentriert. Der vermeintlich theoriefreie historistische Ansatz lieferte eine beeindruckende, schwer zu überblickende und wenig befriedigende Materialfülle. So kommt es zu der paradoxen Situation, daß die Untersuchung auf Gemeinsamkeiten zwischen dem Theater der Meistersinger und dem Schultheater sehr viel fruchtbarer verläuft, obwohl die Quellenlage hier entschieden dürftiger ausfällt, kaum Sekundärliteratur[217] vorhanden ist, und die Texte des Schultheaters keine szenischen Bemerkungen enthalten. Herrmann ist der Auffassung, daß gerade die Aspekte der Lehrhaftigkeit und der Erlernbarkeit für Hans Sachs als Vorbild gewirkt haben müssen; der rhetorische Charakter des Theaters der Meistersinger und die unmittelbare zeitliche Nähe zum Schultheater machen in der Tat eine solche Verbindung höchst wahrscheinlich.[218]

Herrmanns abschließendes Verdikt über die Schauspielkunst der Meistersinger fällt vernichtend aus: »In der höchst primitiven Kunst der Meistersingerbühne allerdings fallen die spießbürgerlichen Persönlichkeiten der Darsteller und ihre stilisierten Leidenschaftsgebärden unorganisch auseinander«.[219] Kaum etwas könnte den noch zweifelhaften Rang der Theatergeschichte als Wissenschaft stärker verdeutlichen als die Unwilligkeit ihres profiliertesten Vertreters, der Schauspielkunst und dem Theater der Meistersinger eigene Maßstäbe anzulegen. Stattdessen projiziert Herrmann das Ideal einer realistischen, die Emotionen möglichst naturgetreu wiedergebenden Schauspielkunst im Zusammenhang mit einer ›dichterisch wertvollen‹ Dramatik als

---

[216] Was sich gelegentlich in Formulierungen niederschlägt wie: »Man wird diese Fragen schwerlich allzu energisch bejahen dürfen«. (*Forschungen*, S. 217).

[217] P. Expeditus Schmidts Studie über *Die Bühnenverhältnisse des deutschen Schuldramas* (1903) bildet bis heute einen mitunter fragwürdigen Kern der nicht sehr umfangreichen Forschungen zum Schultheater im deutschsprachigen Raum.

[218] Dagegen betont Hans Heinrich Borcherdt die Unterschiede im Schauspielstil von Schultheater (Sparsamkeit der Bewegungen in Verbindung mit Betonung der Mimik und stimmlicher Differenzierung) und dem Theater der Meistersinger (wenig abwechslungsreiche Mimik und stimmliche Gestaltung, aber expressive Körpersprache) und interpretiert die Schauspielkunst der Meistersinger als »volksmäßige Weiterbildung des Schultheaterstils«. Borcherdt, *Das europäische Theater im Mittelalter und der Renaissance*, 1935, S. 190.

[219] *Forschungen*, S. 270.

organisches Erlebnis der Kunst; unreflektiert wendet er die künstlerischen Normen der eigenen Gegenwart auf längst vergangene Theaterepochen an. Sein wesentlicher Anspruch an die Schauspielkunst ist der »Ausdruck seelischer Zustände«.[220] Somit entgehen ihm gerade die spezifischen Qualitäten des humanistischen Theaters als amateurhaftes oder semiprofessionelles Lehrtheater, für das eine nur eingeschränkte Gebärdensprache keineswegs ein Manko bedeuten mußte, sondern in erster Linie der Ausschmückung und Untermalung des Textes diente und sowohl einen unterhaltenden als auch einen didaktischen Zweck erfüllten. Mit seiner Überzeugung von den überzeitlichen Merkmalen ›großer Kunst‹ befand sich Herrmann in völligem Einklang mit der herrschenden Kunstauffassung des Wilhelminismus. Die Zeitgebundenheit der Herrmannschen Theaterphilologie war eine Reflexion ihrer wissenschaftsideologischen Basis. Für die Untersuchung der Theatergeschichte bedeutete dies auch, sich soweit wie möglich auf bereits gewonnene Erkenntnisse der Literaturwissenschaft und der Kunstgeschichte zu stützen und die Theatergeschichte hierzu in Bezug zu setzen.

Während Herrmann in den *Forschungen* noch vom Primat der Bühnenrekonstruktion ausging, kritisierte er in seinem letzten, Fragment gebliebenen Werk über *Die Entstehung der berufsmäßigen Schauspielkunst im Altertum und in der Neuzeit* diese »nicht zu verkennende[n] Einseitigkeit«[221] und stellte die Forderung auf, im Zentrum der Theatergeschichte müsse die Geschichte der Schauspiel*kunst* stehen. Dementsprechend wollte er auch nur das berufsmäßige Schauspielertum berücksichtigt wissen; Laien oder gar Dilettanten seien zu einer eigenständigen künstlerischen Leistung nicht fähig. Erst dort, wo sich ein professioneller Schauspielerstand herausgebildet und etabliert habe, lägen die Bedingungen für eine Theaterkunst vor. Wie in den *Forschungen* bildeten die dramatischen Texte den Ausgangspunkt und die wichtigste Quelle für Herrmanns Überlegungen; denn erhaltene oder rekonstruierbare antike Theaterbauten und Vasengemälde bieten keine Antwort auf die Frage nach Professionalität. Aufgrund seiner eingeschränkten Fragestellung war Herrmann für seine Ermittlungen fast ausschließlich auf philologische Textanalyse angewiesen. Da die ältesten erhaltenen Texte des griechischen Theaters die Tragödien des Aischylos sind, müssen diese im Hinblick auf ihre schauspielerischen Anforderungen genau untersucht werden. Die Analyse gründet auf drei Schritten: Als erstes vergleicht Herrmann

---

[220] Ebd., S. 160.
[221] *Die Entstehung der berufsmäßigen Schauspielkunst im Altertum und in der Neuzeit*, 1962, S. 13.

die sieben vollständig erhaltenen aischyleischen Tragödien in bezug auf ihre Rollengestaltung und schauspielerischen Anforderungen und kommt dabei zu dem Ergebnis, daß sich in den älteren Werken kaum individuelle Gestaltungsmöglichkeiten finden, ganz im Gegensatz zu den späteren Werken, vor allem in der Orestie.[222] Im zweiten Schritt werden in einer entwicklungsgeschichtlichen Untersuchung genauere Daten festgehalten. Während ›Die Perser‹ (UA 472 v. Chr.) noch eher an ein Oratorium erinnerten und vom Chor dominiert werden, seien in ›Sieben gegen Theben‹ (UA 467 v. Chr.) vor allem in der Rolle des Eteokles individuelle Züge deutlich erkennbar. Herrmann glaubte, hier »die erste schauspielerisch angelegte Rolle des attischen Theaters«[223] nachweisen zu können. Auf der Suche nach den Gründen für diesen Wandel forscht er in einem dritten Schritt nach konkreten historischen Zusammenhängen. Zwischen 472 und 467 hielt sich Aischylos einige Zeit als Gast am Hofe Hierons in Syrakus auf, und dort könnte er mit dem sizilianischen Mimus (von dem Herrmann annimmt, er habe einem Tragiker wie Aischylos schwerlich imponiert), aber vor allem mit dem Komödiendichter Epicharm in Kontakt getreten sein. Dessen Stücke weisen bereits auf das Vorhandensein professioneller Schauspieler hin, und diese wiederum könne Aischylos nach Athen ›importiert‹ haben. Drei maßgebliche Vorbedingungen für die Entstehung einer berufsmäßigen Schauspielkunst sind somit erfüllt:

Das Vorhandensein eines kunstmäßigen Dramas, die Existenz einer volkstümlichen, mimischen Vor-Kunst und die Bereitschaft eines der Kunst geneigten Mäzenatentums, die Mittel für den Unterhalt der Schauspieler bereitzustellen.[224]

Wie Manfred Fuhrmann herausgestellt hat, muß Herrmanns Arbeit als gescheitert gelten:[225] Weniger aufgrund der oftmals spekulativen Hypothesen (etwa in bezug auf den möglichen Kontakt zwischen Aischylos und Epicharm) und einer mittlerweile anerkannten Neudatierung der ›Hiketiden‹ – von Herrmann noch als unreifes Frühwerk von Aischylos eingestuft – die wohl nicht vor 463, also später als ›Sieben gegen Theben‹, uraufgeführt wurden. Der grundlegende Mangel von Herrmanns philologischer Methodik wurzelt vielmehr in seiner festen Überzeugung, nur literarisch ›wertvolles‹ Drama könne eine Schauspielkunst hervorgebracht haben. Aufgrund dieses

---

[222] Fuhrmann (*Rez.: Max Herrmann: Die Entstehung der berufsmäßigen Schauspielkunst im Altertum und in der Neuzeit*, 1964) hebt zurecht hervor, daß auch die Chorpartien große Anforderungen an die Schauspieler stellten (ebd., S. 538).

[223] *Die Entstehung der berufsmäßigen Schauspielkunst im Altertum und in der Neuzeit*, 1962, S. 77.

[224] Ebd., S. 112.

[225] Fuhrmann, *Rez.: Die Entstehung der berufsmäßigen Schauspielkunst im Altertum und in der Neuzeit*, 1964.

Standpunktes konnte Herrmann es sich leisten, den sizilianischen Mimus und verwandte Formen des Volkstheaters als nicht vollwertige ›Vorkunst‹ zu mißbilligen und das Ableben des griechischen Dramas in der Spätantike mit dem Ende des griechischen Theaters gleichzusetzen. Die zentrale Fragestellung Herrmanns, seit wann sich eine professionelle Schauspielkunst nachweisen läßt, spielt für das Theaterleben der Antike keine herausragende Rolle. Die idealistische Haltung des 19. Jahrhunderts, die in den Uraufführungen der attischen Tragödien einen nie wieder erreichten Höhepunkt der abendländischen Kultur erblickte, erwies sich bei Herrmann nach wie vor lebendig und wirksam.

Biographische Studien besitzen für die Geschichte der Schauspielkunst eine herausgehobene und zugleich eine besonders problematische Bedeutung. Briefe, Tagebücher, Theaterakten, Rezensionen, Memoiren, eine Vielzahl von unterschiedlichen Quellen bieten sich dem Theaterhistoriker dar, und so scheint es auf den ersten Blick nicht schwierig, eine lebensnahe Vorstellung von Leben und Werk einzelner, mehr oder weniger berühmter weiblicher und männlicher Schauspieler zu gewinnen. Als diffizil zu handhaben erweist sich jedoch die Parteilichkeit der meisten Quellen, deren Verfasser häufig bemüht sind, einzelne Darsteller in einem besonders gutem Licht oder – im Falle eines mißliebigen Konkurrenten – in besonders schlechtem erscheinen zu lassen.[226] Auch die Theaterkritik ist keinesfalls immer vorbehaltlos an einer möglichst objektiven Darstellung der schauspielerischen Leistung interessiert, die zudem von Vorstellung zu Vorstellung großen Schwankungen unterworfen sein kann. Dessen ungeachtet hat die Schauspielerbiographie ihre Berechtigung in der Theatergeschichtsschreibung. Wenn politische Biographien über die Person hinaus auch noch einen Abschnitt der allgemeinen Geschichte beleuchten und erhellen können, so müßten Biographien von Darstellern in der Lage sein, ein anschauliches Bild eines kulturgeschichtlichen Abschnitts zu zeichnen.

Da berühmte Schauspieler oft umfangreiche Sammlungen persönlicher Erinnerungen hinterlassen, haben die vielfältigen Möglichkeiten der Schauspielerbiographie auf Theaterhistoriker seit jeher einen besonderen Reiz aus-

---

[226] Leigh Woods (*Actors' Biography and Mythmaking/The Example of Edmund Kean*, 1989) veranschaulicht exemplarisch die Star-Mythifizierung, zu der gerade auch Schauspielerbiographien beitragen. Für den Darsteller bedeutet die Mythos-Bildung kostenlose Werbung und Imagepflege, für den Biographen bildet sie häufig den äußeren Anlaß seiner Arbeit, die den Mythos dann weiterstrickt. Zu den spezifischen Problemen der Autobiographie von Schauspielern vgl. Postlewait, *Autobiography and Theatre History*, 1989.

geübt. Max Herrmann selbst hat keine solche Biographie verfaßt, aber aus der von ihm begründeten Berliner Schule sind mehrere solcher Studien hervorgegangen, die seinen maßgeblichen Einfluß nicht verleugnen.[227] Herrmanns Kritik der älteren Theaterhistoriographie, der er Dilettantismus und fehlende methodische Stringenz vorwarf, richtete sich nicht zuletzt gegen den nur biographischen Ansatz der Theaterforschung.[228] In diesem Kontext lassen sich die methodischen Prologe in den verschiedenen Arbeiten der Herrmann-Schule als Antwort auf die von Herrmann formulierten Fragestellungen nach dem Vorgehen bei der Analyse von Leistungen historischer Darsteller lesen.

Den gemeinsamen Ausgangspunkt der Arbeiten bildet die Erkenntnis, daß gerade beim Schauspieler sich der Künstler nicht vom menschlichen Individuum trennen läßt, denn »der Schauspieler ist sich selbst gleichzeitig künstlerisches Subjekt und Objekt«:[229] Die Kenntnis der Biographie bilde eine unabdingbare Vorbedingung für die Analyse des schauspielerischen Stils, da beide Bereiche untrennbar miteinander verknüpft seien. Um die Subjektivität der Quellen, vor allem von Selbstdarstellungen, zu mindern, und eine möglichst objektive Beschreibung zu ermöglichen, schlagen die Arbeiten einen erweiterten kombinatorischen Weg ein: Nicht nur die unmittelbaren Quellen in ihrer Verschiedenheit sollen sich gegenseitig überprüfen und ergänzen helfen, es werden darüberhinaus auch mittelbare Informationen über das schauspielerische Selbstverständnis herangezogen. Johannes Klopfleisch hat in seiner Dissertation über *Johann Christian Brandes* herausgestellt, daß dieser zwischen 1767 und 1787 nicht nur als Schauspieler in Leipzig, Weimar, Mannheim und Hamburg wirkte, sondern außerdem als Regisseur und Verfasser von Theaterstücken tätig war. Aus den erhalten gebliebenen

---

[227] Klopfleisch, *Johann Christian Brandes, ein Angehöriger der deutschen Bühne zur Zeit Lessings/Ein Beitrag zur Geschichte der deutschen Schauspielkunst aus der zweiten Hälfte des achzehnten Jahrhunderts*, 1906; Knudsen, *Heinrich Beck, ein Schauspieler aus der Blütezeit des Mannheimer Theaters im 18. Jahrhundert*, 1912; Groß, *Johann Friedrich Ferdinand Fleck/Ein Beitrag zur Entwicklungsgeschichte des deutschen Theaters*, 1914; Witzig: *Johann David Beil, der Mannheimer Schauspieler*, 1927; Laskus, *Friederike Bethmann-Unzelmann/Versuch einer Rekonstruktion ihrer Schauspielkunst auf Grund ihrer Hauptrollen*, 1927. Die Arbeit von Laskus will keine Biographie sein, sondern »auf Biographisches nur so weit eingehen, als es für die Entwicklung ihres Künstlertums von Bedeutung erschien«. Ebd., Vorwort. Mehrere thematisch verwandte Dissertationen von Herrmann-Schülern konnten infolge der Papierknappheit und der damit verbundenen hohen Druckkosten in den Jahren nach 1918 nur als maschinenschriftliche Einzelexemplare erscheinen. Vgl. Satori-Neumann, *Die theatergeschichtlichen und dramaturgischen Schriften aus der Berliner theaterwissenschaftlichen Schule Max Herrmanns (1898–1933)*, 1935.

[228] *Forschungen*, S. 3–5.

[229] Groß, *Johann Friedrich Ferdinand Fleck/Ein Beitrag zur Entwicklungsgeschichte des deutschen Theaters*, 1914, S. 12.

Stücken versuchte Klopfleisch, Aussagen über den Regisseur und Schauspieler Brandes abzuleiten: wie er die Spielvorschriften handhabe, ob und welche bestimmte Gesten er bervorzugte, und wie er allgemein mit Sprache umging.[230] Irmgard Lakus konnte sich dagegen für ihre Rollenanalyse von Friederike Bethmann-Unzelmann auf eine Reihe von Zeichnungen und Kupferstiche der Gebrüder Henschel stützen, so die gestischen, mimischen und proxemischen Aussagen interpretieren und in einer Anzahl von Fällen diese mit Angaben in Kritiken vergleichen.[231] Die Quellenkombinatorik wird wie bei Herrmann zum wichtigsten Kriterium wissenschaftlicher Objektivierbarkeit, die nach erfolgreichem Einsatz auch persönliche Werturteile erlaubt.

> Und so hat die Schauspielerbiographie ein vielseitiges, farbiges Bild zu liefern. Indem sie seelische Prozesse zergliedert und aus subjektiven Berichten historische Entwicklungen abzuleiten versucht, dient sie sowohl der *Kulturgeschichte*, wie auch der *künstlerischen Stilgeschichte*. In dieser Hinsicht versucht sie belehrend und begeisternd auf den Liebhaber, auf den ausübenden Künstler und auf die Fortbildung der gegenwärtigen Bühne zu wirken.[232]

Die euphorische Diagnose von Edgar Groß[233] hat sich höchstens ansatzweise erfüllt. Bis heute sind Untersuchungen, die sowohl der individuellen Schauspielergestalt als auch dem kulturellen Umfeld Rechung tragen und dabei eine anschauliche und sachliche Art der Darstellung erreichen, ein Desiderat. So bleibt die Frage offen, ob die Schauspielerbiographie das geeignete Medium ist, um theaterwissenschaftliche Erkenntnis zu befördern. Die Gefahr, rein biographische Züge auf die jeweilige Ausgestaltung von Rollen zu übertragen und aus der besonderen Neigung für ein bestimmtes Charakterfach oder für bestimmte Rollen Rückschlüsse auf den Charakter der Person zu ziehen, läßt sich nur schwer gänzlich vermeiden. Die Einseitigkeit der biographischen Methode spiegelt sich häufig auch in kaum verbrämter persönlicher Wertschätzung der behandelten Schauspieler. Adjektive wie ›genial‹, ›einzigartig‹, ›unvergleichlich‹ mögen in Kritiken eine Berechtigung haben, in einer wissenschaftlichen Arbeit zeugen sie kaum von Sachlichkeit, sondern tragen eher zu einer Mytifizierung bei. Weil Darsteller eine Rolle stets für ein bestimmtes Publikum spielen, müßte dessen Zusammensetzung, Sozialisation und Erwar-

---

[230] Vgl. Klopfleisch, *Johann Christian Brandes, ein Angehöriger der deutschen Bühne zur Zeit Lessings*, 1906, S. 54–91.

[231] Laskus, *Friederike Bethmann-Unzelmann/Versuch einer Rekonstruktion ihrer Schauspielkunst auf Grund ihrer Hauptrollen*, 1927.

[232] Groß, *Johann Friedrich Ferdinand Fleck/Ein Beitrag zur Entwicklungsgeschichte des deutschen Theaters*, 1914, S. 15.

[233] Siehe hierzu auch Groß, *Wege und Ziele der Theatergeschichte*, 1919. Wiederabgedruckt in Klier (Hrsg.), *Theaterwissenschaft im deutschsprachigen Raum*, 1981, S. 40–50.

tungen bei der Beurteilung für die Gründe schauspielerischen Erfolgs oder Mißerfolgs ebenso herangezogen werden wie die individuelle Disposition von Schauspielern.[234]

4.5 Regie

4.5.1 Die Freiheit des Regisseurs

Wie kaum zu übersehen, fallen die Anfänge der Theaterwissenschaft in eine Zeit, in der sich auch das moderne Regietheater auszubilden beginnt. Spätestens seit den Erfolgen der Meininger begann sich nach und nach die Überzeugung durchzusetzen, der Regisseur sei der eigentliche ›Schöpfer‹ des Theaterkunstwerks. Dieser Wandel im theaterästhetischen Diskurs läßt sich am deutlichsten in den Schriften der Theaterreformbewegung ablesen, die in ihren verschiedenen Ausprägungen, von völkisch-konservativen Kreisen bis hin zu Vertretern einer sozialutopisch-kommunistischen Überzeugung, einmütig Kritik übte sowohl am erstarrten Hoftheater als auch am florierenden kommerziellen Unterhaltungswesen der Zeit. Die Aufnahme der vielfältigen Theaterreformansätze war aber gerade in Deutschland keineswegs einmütig positiv; eine Tatsache, die von Theaterhistorikern oft und gerne übersehen wird. Im Gegenteil! Die weit überwiegende Mehrzahl der Theater im deutschen Kaiserreich und in der Weimarer Republik blieb einer konservativen Kunstauffassung treu, die sich weniger an avantgardistischen Neuerungen als am Kanon des Bewährt-Beliebten orientierte. Zweifelsohne haben zahlreiche Vertreter der Theateravantgarde außerordentlich wirksame Stimuli entdeckt und verbreitet, am Theater ihrer Gegenwart sind jedoch die meisten der neuen künstlerischen Ideen zunächst abgeprallt. Eine Theaterwissenschaft, die ihren Anspruch als rezeptionsorientierte Kunst- und Kommunikationswissenschaft ernst nimmt, darf bei aller Wertschätzung für das künstlerisch Aufregende und Neue nicht den Blick für den Theater-Alltag und die Bedürfnisse des Publikums verlieren.

---

[234] Auf die ständigen Veränderung der Publikumsrezeption und die daraus resultierenden Schwierigkeiten für die Theatergeschichtsschreibung in bezug auf die schauspielerische Leistung haben John Stokes, Michael R. Booth und Susan Bassnett in ihrer Studie: *Sarah Bernhardt, Ellen Terry und Eleonore Duse* (1991) hingewiesen. Ebd., S. 1–17.

Die frühe Theaterwissenschaft hat sich bemüht, das Verhältnis der einzelnen Faktoren einer Aufführung in ihrem Wechselverhältnis zu analysieren – so die Relation von Drama und Bühne, Kostüm und Schauspieler, Darsteller und Publikum – und dabei die Bedeutung des Regisseurs zurückgestellt. Man wird in erster Linie zwei Motive für diese Zurückstellung heranziehen können. Offensichtlich besaßen die ersten Theaterwissenschaftler eine sehr eingegrenzte Vorstellung von Regie, die gebunden war an die Persönlichkeit eines Regisseurs, der als höchste Autorität den Intentionen des Dramatikers gemäß eine künstlerische Vision verwirklichte. Für allgemeine Prinzipien der Dramaturgie und der Regie hatte sich dagegen noch kein spezifischer Fokus entwickelt, entsprechend der zentralen Rolle, die der Erforschung und Darstellung von Theatergeschichte zugeschrieben wurde. Über den individuellen Regisseur des antiken und mittelalterlichen Theaters lassen sich aber kaum quellenfundierte Aussagen machen. Das Berufsbild Regisseur bildete sich erst gegen Ende des 18. Jahrhunderts zaghaft aus, das moderne Regietheater frühestens im letzten Drittel des 19. Jahrhunderts. In 2.500 Jahren europäischer Theatergeschichte schien der Regisseur somit eine zu vernachlässigende Größe zu sein. In den *Forschungen* werden Fragen der Regie nur am Rande behandelt, dort wo Herrmann die Szenenanweisungen des ›Dichterregisseurs‹ Hans Sachs als streng naturalistische Vorschriften für die Schauspieler deutet. In seiner Abhandlung über *Das theatralische Raumerlebnis*[235] gesteht Herrmann dem Regisseur neben der bestimmenden Trinität von Dramatiker, Schauspieler und Publikum lediglich eine additive Funktion zu. Ähnlich hat auch Carl Hagemann, Regisseur und Lehrbeauftragter für Regie am Berliner Institut, die Funktion des Regisseurs eingegrenzt, den er als »Stellvertreter und Verweser des Dramatikers auf der Bühne: [...] sein ausführendes, nachschaffendes Organ«[236] einstuft. Die überwiegend historische Ausrichtung der

---

[235] *Das theatralische Raumerlebnis*, 1931, S. 161f. [Anhang]. Siehe auch 4.1.1 Theater als Raumkunst.

[236] Hagemann, *Die Kunst der Bühne*, 1922, S. 53. Hagemanns Schriften zur Regie (v.a. *Regie/Die Kunst der szenischen Darstellung*, 1904) erreichten eine erstaunliche Verbreitung mit immer neuen Auflagen. Das *Theaterlexikon* (1983, Sp. 573) charakterisiert Hagemanns Werk treffend: »Regie, Die Kunst der szenischen Darstellung [...] faßt in einem nüchtern-befehlshaberischen Ton den damals erreichten Stand der Entwicklung des Regie-Th.s als ziemlich plattes Anweisungswerk zusammen.« Ähnliches ließe sich auch über Hagemanns Referat *Regie als Kunst* (1925) sagen, gehalten anläßlich des 2. Kongresses für Ästhetik und allgemeine Kunstwissenschaft. Eine *Geschichte der Regie* hat 1925 Adolf Winds veröffentlicht, die sich über weite Teile jedoch eher wie eine sehr allgemeine und stark geraffte theaterhistorische Zusammenfassung liest, ohne auf die Regie oder den Regisseur im besonderen einzugehen. Goethe ist ihm der erste Regisseur im engeren Sinn, die besondere Vorliebe von Winds gilt Max Reinhardt.

Theaterwissenschaft, die sich an einer weitgehend traditionellen Dramenästhetik orientierte, wurde durch die unsichere Situation der Theaterwissenschaft innerhalb der Universitäten zusätzlich gefördert.[237]

Seitens der frühen Theaterwissenschaftler kam es nur zu einem bescheidenen Diskurs über die Aufgaben und Möglichkeiten des Regisseurs, maßgeblich unter dem Dach der Vereinigung künstlerischer Bühnenvorstände (VKB).[238] So tagte die VKB anläßlich ihrer Hauptversammlung 1925 unter ihrem Ersten Vorsitzenden Leopold Jessner zu dem Thema »*Die schöpferische Tätigkeit des Regisseurs und seine Freiheit gegenüber dem Autor*«.[239] An der Debatte beteiligten sich mit Beiträgen neben Jessner u.a. Max Herrmann, Berthold Viertel, Richard Weichert, Adolf Winds und Eugen Wolff. Zwei Grundpositionen lassen sich dabei deutlich gegeneinander abgrenzen. Herrmann vertritt die Auffassung vom »Drama als Organismus«, dem nichts Entscheidendes genommen werden darf. Ein – allerdings unerreichbares – Ideal wäre in der Personalunion zwischen schöpferischem Dichter und schöpferischem Regisseur erfüllt, denn ein Kunstwerk sei immer nur von einem einzelnen Schöpfer zu verantworten, und so wie ein Musiker Tempoangaben nicht willkürlich verändere, müsse auch der Regisseur die vom Dichter intendierte Grundstimmung beibehalten. Allerdings solle der Regisseur theatralisch unwirksam gewordene Passagen behutsam modernisieren, aber nur im Rahmen der vermeintlichen Autorintention.[240] Diese künstlerische Einschränkung für den Regisseur wollte Herrmann nur auf das Drama im engeren Sinn angewandt wissen und nicht auf das eigentliche Theaterstück, das kein organisches Kunstwerk sei und dem Regisseur daher alle Freiheiten lasse. Um sich in die Lage des Dramatikers hineinversetzen zu können und seinen Intentionen gerecht zu werden, bedürfe der Regisseur in jedem Fall einer gründlichen philologischen Schulung.[241]

Gegen Herrmanns akademische Auffassung vom Primat des Dramas[242] betonten die Regisseure Berthold Viertel und Richard Weichert den intuiti-

[237] Vgl. 3.3 Die Institutsgründung.

[238] Zur VKB vgl. 3.3 Die Institutsgründung.

[239] Protokoll der Sitzung in: Die Scene 14 (1925), S. 124–164.

[240] Ähnlich Leopold Jessner: »Aber was auch Darstellung und Regisseure tun, immer ist es im Werke [d.h. im dramatischen Text] selbst enthalten«. Ebd., S. 163.

[241] Herrmanns Vorstellung von der künstlerischen Hegemonie des Dramas scheint auf den ersten Blick unvereinbar mit der in den *Forschungen* erhobenen Forderung, das Drama dürfe nicht zentraler Gegenstand der Theaterwissenschaft sein. Aber in der Betrachtungsweise Herrmanns bildet das Drama das künstlerische Skelett des Theaters, das vor Verfälschung oder gar ideologisch motivierter Interpretation geschützt werden muß.

[242] Dabei scheint Herrmann dem modernen Regietheater der zwanziger Jahre gegenüber durchaus aufgeschlossen gewesen zu sein, ansonsten wären die Versuche, Jessner und

ven Charakter der Regiearbeit: Das theatralische Kunstwerk sei von der Dichtung grundverschieden, und so habe auch der dramatische Autor kein Recht, in die Aufführung einzugreifen; der Regisseur als der für die Aufführung Verantwortliche könne auf den Autor keine besondere Rücksicht nehmen, sondern müsse auch die Belange seiner Mitarbeiter berücksichtigen; so wichtig Theaterwissenschaft sei, sie könne nur das Erlernbare zeigen, aber keine schöpferische Intuition vermitteln.[243]

Von der Generation der frühen Theaterwissenschaftler hat sich einzig Artur Kutscher etwas ausführlicher mit Regieproblemen auseinandergesetzt. Während er unter dem Einfluß der Theaterreformbewegung ursprünglich den Regisseur für den schöpferischen Urheber des Bühnenkunstwerks hielt,[244] hat er diese Ansicht später revidiert und betont: »Die Regie ist schöpferisch in verschiedenen Punkten ihrer Tätigkeit, aber sie ist kein Element des Theaters.«[245] Im *Grundriß der Theaterwissenschaft*[246] äußert sich Kutscher in Anlehnung an den Regisseur Friedrich Wolfgang Hoffmann-Harnisch ähnlich verhalten wie Herrmann: Das »Drama sei ein in seiner Ganzheit gegebener Organismus, der auch im Sinne seiner Entstehungszeit bedingt bleiben müsse. Man könne ihn nicht völlig hinüberreißen in die Gegenwart.«[247] Zugleich

---

Weichert als Dozenten für Regie am Berliner Institut zu gewinnen, kaum erklärbar. Leider bildet die in der Scene wiedergegebene Diskussion um die künstlerische Freiheit des Regisseurs die einzige und damit möglicherweise einseitige Quelle zu Herrmanns Regieverständnis.

[243] »*Die schöpferische Tätigkeit gegenüber dem Regisseur und seine Freiheit gegenüber dem Autor*«, 1925, S. 153. Dennoch hat Viertel als Leiter der Schauspielschule Max Reinhardts u.a. auch Herrmann und Julius Petersen, der bezüglich der Freiheit des Regisseurs vermutlich einen noch konservativeren Standpunkt einnahm, des öfteren als Gastdozenten an der Schauspielschule verpflichtet. Vgl. Ebert, *Schauspieler werden in Berlin*, 1987, S. 63; Theaterwissenschaftliche Blätter 5 (1925), S. 86.

[244] Kutscher, *Die Ausdruckskunst der Bühne*, 1910, S. 112f.

[245] Kutscher, *Stilkunde des Theaters*, 1936, S. 20. Zu den Elementen des Theaters rechnete Kutscher nur Schauspielkunst und Drama. Vgl. Kutscher, *Die Elemente des Theaters*, 1932, S. 118f.

[246] Ebd., *Stilkunde des Theaters*, 1936, S. 17–39.

[247] Ebd., S. 23. Einen üblen Beigeschmack hinterlassen Kutschers Tiraden über Regisseure in der Emigration: Max Reinhardt sei der Begünder des »Typus [...], der zu jedem Opfer [des Dramatikers] willig war« (ebd. S. 23), Leopold Jessners Regie »arbeitete für den sensationshungrigen, linksgeneigten Groß- und Weltstadtmenschen« (ebd. S. 23), Erwin Piscators technische Neuerungen werden von Kutscher als »theaterstürmerische Neigungen, als kultur- und volksfremder Bluff« (ebd. S. 60) vollends verdammt. Kutschers offensichtliche Anbiederung an die NS-Kulturpolitik konnte ihm aber dennoch keinen eigenen Lehrstuhl für Theaterwissenschaft verschaffen. Seine Auflistung der idealen Eigenschaften des Regisseurs, von einer »Elastizität des Geistes und Gemüts« bis hin zu »Theaterblut, mimischer Sinn, Bühneninstinkt«

betont Kutscher aber auch die Aufgabe des Regisseurs, dem Publikum das Drama mit den Augen seiner Zeit vor Augen zu führen.

Diese unterschiedlichen Pole verdeutlichen die Entfernung, die bereits in den zwanziger Jahren zwischen Theoretikern und Praktikern eingetreten war. Die Theaterwissenschaft nahm hierbei einen konservativen kunsttheoretischen Standpunkt ein und war überzeugt, die (vermeintlich) künstlerische Höherwertigkeit des literarischen Dramas müsse auf der Bühne ihre Entsprechung finden. Dagegen opponierten progressive Regisseure wie Weichert und Viertel, die im Regisseur den »brennenden Mittelpunkt« des Theaters auszumachen glaubten. Der Graben zwischen Vertretern der Theorie und der Praxis des Theaters ist seitdem nicht kleiner geworden, gegenseitiges Mißtrauen und Unverständnis vertiefen ihn.[248] Die Gründe hierfür sind vielfältig und nicht zuletzt historisch gewachsen.[249]

4.6 Das Publikum

Seit den Anfängen der Theaterwissenschaft vor knapp 100 Jahren hat die Publikumsforschung einen gewaltigen Auftrieb erfahren. Sie hat eigene Institutionen und Forschungsinstrumentarien entwickelt, die von verschiedenen Disziplinen wie der Literaturwissenschaft,[250] der Geschichtswissenschaft,[251]

(ebd., S. 36–37) ist heute nur noch von unfreiwilliger Komik. Frauen hielt Kutscher selbstverständlich als für den Regieberuf ungeeignet.

[248] Ein beredtes Beispiel hierfür bildet das vom Deutschen Bühnenverein und dem Bundesverband Deutscher Theater veranstaltete Symposion: *Der Wert des Studiums der Theaterwissenschaft für die Theaterpraxis vom 20./21. März 1989 in Köln*, 1989.

[249] Um so bedauerlicher ist die im Zuge der deutsch-deutschen Wiedervereinigung erfolgte Auflösung der ehemaligen Leipziger Theaterhochschule ›Hans Otto‹. Die dort bis 1992/93 unter einem gemeinsamen Dach betriebene theoretische und praktische Ausbildung von Schauspielern, Dramaturgen, Regisseuren und Theaterwissenschaftlern hätte diesem verhängnisvollen Auseinanderdriften zumindest Widerstand leisten können, wohingegen die sogenannte ›Bayerische Theaterakademie‹ nicht viel mehr als einen Annex des Bayerischen Staatsschauspiels bildet.

[250] Einen (knappen) Überblick einiger neuerer literaturtheoretischer und semiotischer Ansätze gibt: Carlson, *Theater Audiences and the Reading of Performance*, 1989. Natürlich war auch die literaturwissenschaftliche Rezeptionsästhetik von Wolfgang Iser und Hans Robert Jauß von großem Einfluß auf die Theaterwissenschaft.

[251] In erster Linie zu beobachten in Heinz Kindermanns Schriften zur Publikumsforschung.

der Soziologie[252] und der Psychologie[253] beeinflußt sind. Gemeinhin gilt Publikumsforschung immer noch als eine der neuesten und avanciertesten Richtungen der Theaterwissenschaft, obwohl bereits die Theaterwissenschaft der Frühzeit sich auf verschiedene Art und Weisen mit dem Theaterpublikum beschäftigt hat.[254]

4.6.1 Massenpsychologie

Von besonderer Bedeutung für die Ausbildung einer rezeptionsorientierten Herangehensweise war die frühe Massenpsychologie, die vor allem in Gestalt von Gustave Le Bons *Psychologie des Foules*[255] Anfang des 20.Jahrhunderts außerordentlich populär war. Le Bons Arbeit war geprägt von der bürgerlichen Angst einer zukünftigen kommunistischen Revolution und sollte dem machiavellistisch eingestellten Politikter helfen, die Massen zu lenken und den Intentionen der bürgerlichen Gesellschaft gemäß zu leiten.[256] Ein wichtiges Exempel der Massensuggestion bildete für Le Bon das Theater:

---

[252] Hier waren vor allem Paul, *Aggressive Tendenzen des Theaterpublikums/Eine strukturell-funktionale Untersuchung über den sog. Theaterskandal anhand der Sozialverhältnisse der Goethezeit*, (1969); sowie Rapp, *Handeln und Zuschauen/Untersuchungen über den theatersoziologischen Aspekt in der menschlichen Interaktion* (1973) von maßgeblichem Einfluß.

[253] V.a. in den Arbeiten von Henri Schoenmakers.

[254] Einen Überblick zur wichtigsten älteren Literatur vermittelt Kindermann, *Die Funktion des Publikums im Theater*, 1971, Anm. 1 u. 2.; entscheidende Anregungen für die Weiterentwicklung der Publikumsforschung gingen von den beiden theaterwissenschaftlichen Dozentenkonferenzen der FIRT (Fédération Internationale pour la Recherche Théâtrale) Venedig 1975 und Wien 1976 aus. Ein Großteil der dort gehaltenen Vorträge wurde veröffentlicht in: *Das Theater und sein Publikum*, 1977. Mit der ICRAR (International Confederation of Reception and Audience Research) existiert eine eigene Institution der internationalen Publikumsforschung. Ich konzentriere mich im folgenden ausdrücklich auf die Theaterwissenschaft im engeren Sinn und klammere dabei die zahlreichen Arbeiten der Ästhetik, der Philosophie und der Kunstwissenschaft bewußt aus; eine auch nur überblicksartige Zusammenfassung dieser Diskussion würde den gesetzten Rahmen vollständig sprengen. Als Einstieg vgl. hierzu Lazarowicz/Balme (Hrsg.), *Texte zur Theorie des Theaters*, 1991, Kapitel II e) Intratheatrale Kommunikation.

[255] Le Bon, *Psychologie der Massen*, 1895 ([15]1982). Zur Geschichte der Massenpsychologie vgl. Moscovici, *Das Zeitalter der Massen*, 1984.

[256] Dabei trägt Le Bons Massenpsychologie eine Reihe von präfaschistischen Zügen. Politiker wie Mussolini und Hitler haben Le Bons Theorie der Massensuggestion rezipiert und nicht gezögert, deren Erkenntnisse in die Praxis umzusetzen. Vgl. Moscovici, *Das Zeitalter der Massen*, 1984, v.a. S. 89–93. Wissenschaftlich hat die *Psychologie der Massen* die Soziologie (in Deutschland v.a. Weber und Simmel) und die Psychoanalyse Sigmund Freuds (u.a. Massenpsychologie und Ich-Analyse) stark beeinflußt.

Die Massen können nur in Bildern denken und lassen sich nur durch Bilder beeinflussen. Nur diese schrecken oder verführen sie und werden zu Ursachen ihrer Taten. Darum haben auch Theatervorstellungen, die das Bild in seiner klarsten Form geben, stets einen ungeheuren Einfluß auf die Massen. Für den römischen Pöbel bildeten einst Brot und Spiele das Glücksideal. Dies Ideal hat sich wenig geändert. Nichts erregt die Phantasie des Volkes so stark wie ein Theaterstück. Alle Versammelten empfinden gleichzeitig dieselben Gefühle, und wenn sie sie nicht sofort in Taten umsetzen, so geschieht das nur, weil auch der unbewußte Zuschauer nicht in Zweifel sein kann, daß er das Opfer einer Täuschung ist und über eingebildete Abenteuer geweint oder gelacht hat. Manchmal jedoch sind die Gefühle, die durch diese Bilder suggeriert werden, stark genug, um wie gewöhnliche Suggestionen danach zu streben, sich in Taten umzusetzen.[257]

Die Vorliebe der Massen für übersteigerte Empfindungen schlägt sich nach Le Bon ebenfalls deutlich im Theater nieder. Helden müssen im Theater Übermenschliches leisten, bestimmte Theaterstücke wirken beim Lesen schwach, entfalten aber vor einem Massenpublikum eine ganz außerordentliche Wirkung.[258]

Nach welchen Regeln wirkt der schauspielerische Ausdruck auf den Zuschauer? Theodor Lessing vergleicht die Wirkung von der Bühne herab mit einer Massensuggestion.[259] Eine Masse könne durch die entsprechende Vorbild-Aktion weniger Mitglieder in einen bestimmten emotionalen Zustand gebracht werden, etwa in Angst, Panik oder Euphorie. Allein das Wahrnehmen einer bestimmten Körperhaltung oder Bewegung, die typisch für eine dieser Emotionen sind, genüge, um beim Beobachter die gleiche Emotion auszulösen. Indem der Beobachter die entsprechende Bewegung nachvollzieht, zum Beispiel eine drohende Gebärde, gerate er selbst in eine aggressive Stimmung.[260] Äußerliche Gesten vermögen innere Affekte auszulösen, und je mehr Mitglieder einer Gruppe einen bestimmten emotionalen Zustand erreichen, desto leichter lassen sich auch die übrigen Mitglieder dieser Gruppe davon anstecken; denn der Mensch als soziales Wesen strebe nach Übereinstimmung mit seiner Umgebung. Lessings Ansatz bildete den wohl ersten, noch unsicheren Versuch, physiologische und psychologische Faktoren zu bestimmen, die das Theaterpublikum als soziale Gruppe beeinflussen.

Ganz ähnlich äußert sich Max Burckhard,[261] der das Theater als Stätte zur Erforschung der Psychologie des Zuschauers betrachten will: Burckhard legt

---

[257] Le Bon, *Psychologie der Massen,* 1982, S. 44.

[258] Ebd., S. 31f.

[259] Lessing, *Theater-Seele/Studie über Bühnenästhetik und Schauspielkunst,* 1907, S. 24–27.

[260] Herrmann bezeichnet dieses Phänomen als ›Realsuggestion‹. Vgl. 4.4.1 Theorie der Darstellung.

[261] Burckhard, *Das Theater,* 1907, v.a. S. 54–56.

besonderen Wert auf die Feststellung, daß die einzelnen Zuschauer sich im Theater gegenseitig beeinflussen und die ›Vergesellschaftung‹ in der Masse sowohl positive wie negative Eigenschaften des Individuums präge. Der Zuschauer gibt sich einerseits der Suggestion hin, andererseits leistet er ihr auch Widerstand.

> Hinzu kommt aber noch etwas, nämlich die natürliche Anlage zur Heuchelei, die, sobald der Einzelne sich beobachtet weiß, ihn, wo er sich dessen auch gar nicht bewußt wird, erfaßt und beeinflußt, und bestimmt, die äußeren Zeichen gewisser innerer Vorgänge, gewisser Anschauungen und Empfindungen so überzeugend vorzuführen, daß er von diesen äußeren Zeichen vielleicht sogar selbst überzeugt wird.[262]

Jeder Zuschauer wird somit zum Spieler für sich selbst und für andere. Die Reaktionen des einzelnen lassen sich nicht isoliert betrachten, sondern sind das Ergebnis einer sozialen Konfrontation mit dem Bühnengeschehen und dem Mitzuschauer.[263]

Für Max Herrmann ist Theater ein »sociales Spiel«, ein »Genießen des *ganzen Volkes* oder einer ganzen Menge an *Nachbildung der Wirklichkeit* aus gemeinsamer Freude daran.«[264] In der Vorlesung *Über Theaterkunst* untersucht Herrmann die »Gesamtseele des Theater-Publikums«, die aus vielen Einzelseelen zusammengesetzt sei.[265] Interessanterweise konstatiert er im folgenden, daß die Publikumsseele mehr sei als nur eine Addition dieser Einzelseelen, sondern sich vielmehr eine Verschiebung beobachten lasse, die sich nach Intensität der Suggestion und der jeweiligen Zusammensetzung des Publikums unterscheide: In der Publikumsmasse sinke das Niveau des Den-

---

[262] Ebd., S. 55f.

[263] Dies ist bis heute ein Problem der empirischen Zuschauerforschung: Einzelreaktionen lassen sich relativ problemlos erfassen und messen, der Grad von wechselseitiger Zuschauerbeeinflussung ist aber äußerst schwer festzulegen.

[264] Über Theaterkunst [im Anhang]. Die Auffassung von Theater als ›soziales Spiel‹ zieht sich durch Herrmanns gesamtes Werk; vom *Jahrmarktsfest* (1900) bis zur *Entstehung der berufsmäßigen Schauspielkunst* (posthum 1962). Leider hat Herrmann diesen Begriff, der ja eine rezeptionsorientierte Auffassung von Theater zumindest vorbereitet, in seinen Schriften nicht präzise definiert. Man wird ihn wohl am ehesten als anthropologische Aussage – in seinem Ursprung entsteht Theater aus einer Masse heraus – interpretieren können. In jedem Fall hat Herrmann neben der gemeinschaftsbildenden Kraft des Theaters stets auch dessen Aufgabe als ›Diener des Dramas‹ (*Über Theaterkunst*) hervorgehoben. Vgl. auch die Einleitung der *Forschungen*.

[265] Der auch von Theodor Lessing in diesem Zusammenhang verwendete Terminus ›Seele‹ hat gewiß keine religiöse Bedeutung, sondern läßt sich am ehesten als ›Psyche‹ (in der Vorlesung *Über Theaterkunst* verwendet Herrmann einmal den Ausdruck ›Massenpsyche‹) oder ›psychische Konditionierung‹ verstehen. Für einen in englischer Sprache gehaltenen Vortrag über Max Herrmann habe ich die Übersetzung ›mood‹ gewählt.

kens, das sittliche Wollen und die Prüderie steige, ebenso das gemein-schaftliche Gefühl. Die Anlehnung an Le Bons Vorstellung der nur emotional reagierenden, keinen rationalen Argumenten zugänglichen ›Massenseele‹ ist unverkennbar. Für besonders unberechenbar und bedenklich hält Herrmann das Premierenpublikum, das »phantasiemüde und ohne Wirkungsbereitwillig-keit«[266] sei, und dem somit alle Eigenschaften eines echten Theaterpublikums fehlten. Seit der griechischen Antike sei die Massenseele, die ursprünglich Zuschauer aller Volksschichten umfaßte, nach und nach auseinandergerissen worden.[267] Um die Wirkung der Massenseele bei nur teilweise gefülltem Haus nicht ganz verlorengehen zu lassen, schlägt Herrmann sogar vor, den Zu-schauerraum bei geringerem Andrang durch Vorhänge entsprechend zu ver-kleinern, so daß der unmittelbare Kontakt zum Sitznachbarn erhalten bleibt.[268]

Eine Synthese von Le Bons Massenpsychologie und Herrmanns Publi-kumscharakterisierung hat Julius Bab in seinem schon klassisch zu nennenden Werk *Das Theater im Lichte der Soziologie*[269] unternommen. Das Publikum hält Bab, neben dem Dramatiker und den Schauspielern für einen der drei bestimmenden Faktoren des Theaters,[270] die im Ursprung des Theaters eine homogene Einheit bildeten, um gemeinsam im »mimischen Rausch die eigene Lebensangst zu überwinden«.[271] Deutlichstes Zeichen dieser Kollek-tivbewältigung ist der Applaus, den Bab als Überwindung der Lebensangst interpretiert, im Gegensatz zur Panik. Im Applaus entrinne das Publikum der völligen illusionistischen Fusion mit dem Bühnengeschehen, er bilde dessen notwendige Bewältigung, weshalb auch die Darstellung von echtem, nicht gespieltem Leid auf der Bühne unerträglich sei. Nach Le Bon lösen sich die

---

[266] Über Theaterkunst [im Anhang]. Auch dieser Terminus wir leider nicht erklärt; man kann ihn wohl verstehen als notwendige unbewußte Fähigkeit des Publikums, den Schauspieler zu beeinflussen und zu motivieren.

[267] Die einseitige Idealisierung der griechischen Antike durch Herrmann verweist auf das noch weitgehend ungebrochene humanistische Selbstverständnis der Geisteswissen-schaften Anfang des 20. Jahrhunderts.

[268] Eine ähnliche Idee scheint auch Max Reinhardt, wenn auch nur kurzfristig, verfolgt zu haben. Vgl. Huesmann, Welttheater Reinhardt, 1983, S. 13f.

[269] Bab, *Das Theater im Lichte der Soziologie*, 1931. Im bibliographischen Anhang erwähnt Bab u.a.: Max Herrmann, Über Theaterkunst, Kollegheft aus dem Jahre 1902. Im Julius-Bab-Nachlaß der Akademie der Künste zu Berlin lassen sich (infolge Babs Emigration) jedoch praktisch keine Unterlagen aus der Studienzeit nachweisen. Bab hat seinerseits wiederum die tschechischen Strukturalisten um Jacobson und Muka-rovský beeinflußt, die ja bekanntlich von großem Einfluß für die Neuorientierung der Theaterwissenschaft nach 1970 waren. Vgl. Quinn, *Theaterwissenschaft in the History of Theatre Studies*, 1991, S. 126–130.

[270] Bab, *Das Theater im Lichte der Soziologie*, 1931, S. 43.

[271] Ebd., S. 113.

charakteristischen Merkmale des Individuums in der Masse auf, die Individuen verschwinden in einer Kollektivseele. Die Rationalität wird zurückgedrängt zugunsten einer allgemein gesteigerten emotionalen Empfindsamkeit und Anteilnahme. Bab ist der Überzeugung, daß die Massierung der Zuschauer im Theater beim einzelnen die »mimische Empfänglichkeit« fördere. Ebenso wie Herrmann schimpft der Theaterkritiker Bab über das Premierenpublikum, den »goldene[n] Sensationspöbel [...], der die Premiere zu einer so sinnlosen Qual für Dichter, Schauspieler, Bühnenleiter macht. Denn dieses Premierenpublikum kultiviert einseitig alle schlechten Instinkte der ›Masse‹, ohne ihre guten.«[272]

Die Diskussion über die Suggestibilität von ›Massen‹ hat sich vom Theater weg hin zu den (audiovisuellen) Medien verschoben; Ausdrücke wie ›Massenmedien‹ und ›Massenkommunikation‹ belegen dies deutlich.[273] Diese Entwicklung innerhalb weniger Jahrzehnte offenbart, daß Theater seine jahrtausende alte Funktion des Massenmediums für breite, auch analphabetische Bevölkerungskreise zumindest in den industrialisierten Ländern vollständig eingebüßt hat. Der Begriff ›Massenpsychologie‹ ist durch seine elitäre Konnotation und die totalitären Schreckensherrschaften des 20. Jahrhunderts gründlich desavouiert worden. Eine mit den Methoden der modernen Sozialpsychologie arbeitende Publikumsforschung, die auch Phänomene der gegenseitigen Einwirkung von Zuschauern untersucht, bleibt jedoch weiterhin ein wichtiges Arbeitsfeld.

4.6.2 Theatrale Interaktion

Nicht nur die Massenpsychologie, sondern auch andere Traditionen haben auf die Rezeptionsforschung der frühen Theaterwissenschaft eingewirkt: In der Schauspieltheorie des 18. und 19. Jahrhunderts wurde dem Zuschauer fast ausschließlich eine passive Funktion zugeschrieben, die unvorhersehbare Wankelmütigkeit des Publikums wurde von Kritikern und Schriftstellern häufig geschmäht und verachtet.[274] Diese Geringschätzung des Theater-Publikums hat sich in gewissen Teilen das gesamte 20. Jahrhundert hindurch

---

[272] Ebd., S. 130.

[273] Vgl. z.B. die Einträge »Massenmedien«, »Massenkultur«, »Massenkommunikation«, »Massengesellschaft«, »Masse/Massenverhalten«; in Silbermann, *Handwörterbuch der Massenkommunikation und Medienforschung Teil II: L–Z*, 1982.

[274] Als besonders nachhaltig kann man wohl die Publikumsschelte durch die Weimarer ›Dichtergötter‹ Goethe und Schiller einschätzen.

bis zur Gegenwart gehalten.[275] Aus seiner Überzeugung, Theater habe als Kunstäußerung einen inhärent überzeitlichen Wert, kam etwa Artur Kutscher unter dem Eindruck des Scheiterns der Arbeit von Georg Fuchs am Münchner Künstlertheater zu einem vernichtenden Urteil:

> Es gilt das Gute und Tüchtige festzuhalten, und von diesem das Gekünstelte, Unwahre, Unberechtigte zu scheiden, das auf der Bühne so leicht wuchert. Die öffentliche Wirkung, der Erfolg beim Publikum kann in keiner Weise in Betracht kommen; wen darin das gegenwärtige Erleben nicht belehrt, der würde sich leicht in der Geschichte des Theaters überzeugen können, wie wenig gerade dort ein Eindruck bedeutet und von wieviel verschiedenen äußeren und inneren und ganz verknoteten Dingen er abhängig ist. Die Zuschauerschaft ist inkompetent und hat, außer an Premierenabenden, nichts zu bedeuten, denn sie flutet heute so ins Theater und morgen so und ist jedesmal anders zusammengesetzt; sie verläuft sich, ihre Eindrücke beschwatzen und verschwatzen sich. Ich erlebte, daß Johannes Schlafs ›Meister Öltze‹ [! S.C.] am Abend der Erstaufführung durchfiel und vierundzwanzig Stunden später einen starken Erfolg hatte.[276]

Solange Theater primär als künstlerische Realisierung des Dramas verstanden wurde, konnte der Zuschauerreaktion bestenfalls nachgeordnete Bedeutung zukommen. Dementsprechend haben auch die ersten Theaterwissenschaftler die Position des Publikums als untergeordnet aufgefaßt. Bis in die sechziger Jahre hinein wurde Theater vorrangig verstanden als individuelle künstlerische Äußerung oder als anthropologische Kategorie und nicht als kommunikative Vermittlung oder soziales System. Für die individuelle Rezeption des Zuschauers und die Funktion des Publikums als Gesamtheit blieb wenig Raum. Theoretische Reflexionen über das Publikum sind in der Gründungsphase der Theaterwissenschaft dementsprechend rar und können kaum den Anspruch erheben, eine konsistente Theorie zur Rolle des Publikums zu bilden.

Daß sowohl der einzelne Zuschauer als auch das Publikum als Ganzes einen nicht zu vernachlässigenden Faktor jeder Aufführung darstellt, dem Zuschauer somit eine gestaltende Funktion zukommt, findet sich in Ansätzen

---

[275] Erika Fischer-Lichte hat wiederholt auf die ›Entdeckung des Zuschauers‹ durch die historische Theateravantgarde hingewiesen, zuletzt in *Die Entdeckung des Zuschauers/Paradigmenwechsel auf dem Theater des 20. Jahrhunderts*, 1997. Solange es aber an fundierten Untersuchungen über die (sich wandelnde) Kommunikation zwischen Bühne und Publikum im 19. Jahrhundert mangelt, steht diese ansonsten sehr stichhaltige Argumentation auf etwas ›wackligen‹ Füßen.

[276] Kutscher, *Die Ausdruckskunst der Bühne*, 1910, S. 4f. Auch in Kutschers theaterwissenschaftlichem Hauptwerk, dem *Grundriß der Theaterwissenschaft*, spielt das Publikum keine Rolle; im Sachregister sind weder ›Publikum‹ noch ›Zuschauer‹ als Einträge verzeichnet.

bereits bei Schopenhauer, Otto Ludwig[277] und Richard Wagner.[278] Max Herrmann hat diese Ideen aufgegriffen und verschärft. Seine oft zitierte Aussage »Das Publiukum ist sozusagen Schöpfer der Theaterkunst«[279] läßt schon an Manfred Wekwerths berühmte Sentenz »der primäre Spieler ist nicht der Schauspieler, sondern der Zuschauer«[280] denken. Aber obwohl Herrmann die aktive Bedeutung des Publikums zweifelsohne relativ hoch einschätzte, hat diese Überzeugung in seinen theaterhistorischen Werken nur eine magere Spur hinterlassen. Den ersten Theaterwissenschaftlern mangelte es, ähnlich wie für den Bereich Regie, an Möglichkeiten, vage ausformulierte theatertheoretische Überlegungen auf theaterhistorische Ereignisse und Epochen anzuwenden. Theatergeschichtsforschung – verstanden als historische Teildisziplin – rekurrierte auf die Grundlagen der Historischen Methode, insbesondere der Quellenkritik. Als Vertreter einer vermeintlich theoriefreien historischen Wissenschaft maßen die Theaterhistoriker des frühen zwanzigsten Jahrhunderts der Theatergeschichte die Funktion einer Grundlagendisziplin zu, auf der eine noch zu errichtende Theaterwissenschaft aufbauen sollte. Um das Quellenmaterial nicht etwa tendenziös zu beeinflussen, wurden Faktoren wie das subjektive Zuschauerinteresse zunächst weitgehend ausgeklammert. Die Quellen sollten für sich selbst sprechen, ihre Interpretation durch den Theaterhistoriker mußte unter äußersten Vorsichtsmaßnahmen vonstattegehen. So erscheint es nur natürlich, daß die ersten Theaterwissenschaftler nicht daran interessiert waren, ihre Präsumptionen zur sozialen Funktion von Theater grundlegend zu problematisieren, sondern sich an bewährten und allgemein anerkannten Mustern orientierten. Während heutzutage keine Theatergeschichte mehr ohne das Attribut ›Sozialgeschichte‹ auszukommen vermag,[281] standen Fragestellungen nach Funktionen und gesellschaftlichen

---

[277] »Am dramatischen Kunstwerke arbeiten drei Mann, der Dichter, der Schauspieler, der Zuschauer.« Ludwig, *Shakespeare-Studien*, 1891 (1871), S. 158.

[278] Vgl. Fischer-Lichte, *Die Entdeckung des Zuschauers/Paradigmenwechsel auf dem Theater des 20. Jahrhunderts*, 1997, v.a. die Einleitung.

[279] *Über die Aufgaben eines Theaterwissenschaftlichen Instituts*, 1920.

[280] *Theater und Wissenschaft*, 1974, S. 101.

[281] Wobei der Terminus ›Sozialgeschichte‹ gelegentlich den Charakter eines modischen Werbeslogans erhält, der im Klappentext angepriesen, im Werk selbst jedoch nicht oder kaum eingelöst wird. So etwa Manfred Braunecks opulent ausgestattete, auf drei Bände veranschlagte europäische Theatergeschichte, die sich zu großen Teilen mehr als Schauspielführer denn als Theatergeschichte präsentiert. Die wenigen sozialhistorischen Ansatzpunkte werden in den jeweiligen Epocheneinführungen sehr generell subsumiert; von einer eigenständigen sozialhistorischen Perspektive kann kaum die Rede sein.

171

Strukturen[282] von Theater in den Arbeiten der ersten Theaterwissenschaftler ganz im Hintergrund. Dennoch lassen sich etwa. in den *Forschungen* zumindest Ansätze einer Theaterhistoriographie entdecken, die auch die Position des Rezipienten mit einbezieht. Um grundlegende Änderungen in der Theaterkultur von der Antike bis zum 16. Jahrhundert erklären zu können,[283] mußte Herrmann zumindest punktuell die veränderten Publikumsstrukturen berücksichtigen, und zwar in bezug auf das Verhältnis von Zuschauer und Darsteller, auf bestimmte zeitgebundene Vorlieben in Text, Bühnenbild, Kostüm und Darstellung, auf die Modifikationen der räumlichen Verhältnisse von Bühne und dem Areal der Zuschauer.

Anhand seines einzigen veröffentlichten spezifisch theatertheoretischen Beitrages über *Das theatralische Raumerlebnis* läßt sich Herrmanns Haltung zum Publikum etwas präziser umreißen. Die mitschöpferische Aufgabe des Publikums besteht demnach vor allem in einem »heimlichen Nacherleben, in einer schattenhaften Nachbildung der schauspielerischen Leistung [...], in einem geheimen Drang, die gleichen Bewegungen auszuführen, den gleichen Stimmklang in der Kehle hervorzubringen.«[284] Das Raumerlebnis des Zuschauers ist Herrmann zufolge in starkem Maß abhängig vom schauspielerischen Raumerlebnis, wobei eine bewußt einfache Bühnenausstattung und die körperliche Nähe zwischen Darsteller und Zuschauer dieses Erlebnis fördern können, so wie dies etwa im elisabethanischen Zeitalter der Fall gewesen sei. Der Zuschauer lebt gewissermaßen von der Überzeugungskraft der schauspielerischen Illusion, die ihn befähigt, dessen Erlebnis nachzuvollziehen. Theater findet im Kopf des einzelnen Zuschauers statt. Gewiß eine banal klingende Aussage, die aber in ihrer Konsequenz eine Abkehr von einer rein werkimmanenten Kunstauffassung bedeutet. Auch wenn Herrmann durch sein Beharren auf dem dichterischen Erlebnis als Grundvoraussetzung diese Schlußfolgerung nur halbherzig vorangetrieben hat, war für die ›Berliner Schule‹ zumindest ein Richtung vorgegeben, in der progressiv weitergearbei-

---

[282] Rainer Warning (*Funktion und Struktur*, 1974) hat den Versuch unternommen, das geistliche Spiel des Mittelalters auf seine formalen Funktionen hin zu analysieren, indem er das geistliche Spiel als systemtheoretische Kategorie in bezug zu Mythen, Riten und anthropologischen Gesichtspunkten setzt.

[283] Vor allem im zusammenfassenden Schlußkapitel: ›Die theatergeschichtlichen Gesamtergebnisse und ihr geistiger Sinn‹, S. 501–524. Die dort zusammengetragenen Ergebnisse machen, gemessen am heutigen Wissensstand, einen eher bescheidenen Eindruck. Überblickt man jedoch die Theaterhistoriographie vor dem Erscheinungsjahr der *Forschungen* (1914), erhalten die methodische Stringenz des Werkes und seine zahllosen neuen Befunde für das Theater des Mittelalters und der Renaissance eine herausragende Bedeutung. Vgl. Corssen, *Das erste Standardwerk der Theaterwissenschaft*, 1995.

[284] *Das theatralische Raumerlebnis*, 1931, S. 159 [im Anhang].

tet werden konnte. Die Anklänge an die Geistesgeschichte, vor allem an Diltheys Kategorien ›Erleben‹ und ›Nacherleben‹, treten hier offen zutage.

Einen Meilenstein bedeutete die Arbeit des Herrmann-Schülers Rudolf Weil über *Das Berliner Theaterpublikum unter A.W. Ifflands Direktion*,[285] in welcher der Verfasser erstmals auf die Bedeutung einer historischen Publikumsforschung hinwies und eine Methodologie für eine spezifisch theaterwissenschaftliche Publikumsforschung konzipierte. Weil untersuchte das Publikum als aktiven Part der Aufführung und betonte, daß Theater sehr viel stärker als andere Künste von der Mitwirkung des Rezipienten abhängt. Die Interaktion zwischen dem Theater und seinem Publikum erstreckt sich auf nahezu alle Bereiche des Theaters.[286] Bereits der Verfasser von dramatischen Texten kalkuliert die Wirkung beim Publikum mit ein und orientiert sich häufig an populären Mustern. Die Aufteilung des Zuschauerraumes, ja die ganze Architektur des Theatergebäudes spiegeln gesellschaftliche Zustände wider, die Zusammenstellung eines Theaterspielplanes muß in nahezu allen Theatern die spezifischen Publikumsinteressen berücksichtigen, und schließlich sind auch die Schauspieler in ihrer Aktion in hohem Maß von der Reaktion und Mitarbeit des Zuschauers abhängig. Der Theaterleiter muß sich über diese vielfältigen Beziehungen im klaren sein und sie in seine Arbeit einbeziehen; denn da Theater ausschließlich im Moment der Aufführung stattfindet und keinerlei Ewigkeitswert besitzt, sind wirtschaftlicher wie künstlerischer Erfolg nur mit dem Publikum zu erreichen. Eine spätere Neubewertung der künstlerischen Leistung ist für das Produkt Theater selbst weitgehend sinnlos. Weils Zielsetzung lautet denn auch: »Eine Publikumsuntersuchung hat nach Richtung und Größe des Publikumseinflusses auf den Schöpfungsprozeß eines Theaterkunstwerks zu fragen«.[287] An die Massenpsychologie anknüpfend differenziert Weil a) zwischen der ›Masse‹ der einzelnen Zuschauer, die lediglich die Tätigkeit eines Theaterbesuchs vereint, diese können sich b) im Verlauf der Vorstellung durch gemeinschaftliche Erfahrungen, durch psychische und physische Nähe zu einem ›Publikum‹ vereinigen, welches c) unter bestimmten Umständen zu einer ›Masse‹ im Sinne Le Bons verschmilzt, die einheitlich fühlt und handelt. Das besondere Charakteristikum des Theatererlebnisses liegt für Weil in dem Phänomen begründet, daß diese verschiedenen Kategorien der Theaterbesucher aufgrund ihrer unterschiedlichen Sozialisation nie in ganz reiner Form auftreten. Während der einzelne Zuschauer eher

---

[285] Untertitel: Ein Beitrag zur Methodologie der Theaterwissenschaft, 1932.
[286] Siehe Kapitel I: Ziel und Weg einer theaterwissenschaftlichen Publikumsforschung, S. 7–22.
[287] Weil, *Das Berliner Theaterpublikum unter A.W. Ifflands Direktion*, 1932, S. 12.

imstande ist, eine kritische, die Illusion bewußt durchbrechende Haltung zu bewahren, tendiere die Masse zu einer rein emotionalen Beteiligung:

> Vielleicht liegt überhaupt der Reiz einer Theateraufführung für den einzelnen nicht nur in dem fortwährenden Wechsel von Bewußtsein und Illusion, sondern auch darin, daß er sich gleichzeitig damit bald als Einzelindividuum, bald als Glied einer Gemeinschaft fühlt.[288]

Weils Arbeit kommt in wissenschaftshistorischer Hinsicht die Rolle einer Schlüsselfunktion zu. Sie bildete einen der ersten Beiträge der Theaterwissenschaft, der gezielt neue theaterhistorische Erkenntnisse über die Bedeutung und Funktion des Theaterpublikums berücksichtigte und sie mit der quellenfundierten Basis der historischen Methode verband, in der Absicht, den Rahmen einer spezifisch theaterwissenschaftlichen Methodologie zu entwerfen. Die analytische Genauigkeit der Herrmann-Schule verbindet sich bei Weil mit einer problemgeleiteten Fragestellung. Theaterhistoriographie ist hier nicht mehr in erster Linie eine Aneinanderreihung von einzelnen Quellenbefunden, die zunächst jeder für sich auf ihre Entstehung, ihren Wahrheits- und Wahrscheinlichkeitsgehalt überprüft werden. Stattdessen werden aus dem verfügbaren Material fest umrissene theaterhistorische und theatertheoretische Fragestellungen abgeleitet, die ihrerseits das methodische Vorgehen steuern helfen. Die abschließenden konkreten Ergebnisse der räumlich und zeitlich eng begrenzten Untersuchung sind dabei eher von sekundärer Bedeutung, den entscheidenden Faktor bilden die Erkenntnis und die Darstellung des skizzierten Problembewußtseins. Solchermaßen verstanden könnte Weils Arbeit gerade der Theaterhistoriographie von heute wichtige Anregungen zu einer kritischen Auseinandersetzung mit dem Stand der Forschung liefern. Aus der Sicht einer quantitativen historischen Sozialforschung mag Weils Arbeit heute methodisch unzulänglich, ungenau und altmodisch erscheinen, in ihrer Verknüpfung von historischer Quellenforschung und theoretischen Implikationen ist sie nach wie vor anregend und beispielhaft.

Der Neubeginn der Publikumsforschung Ende der sechziger Jahre hat die herausragende Bedeutung von Weils Arbeit erkannt,[289] sich gleichzeitig jedoch abgewendet von einer auf das historische Kunstereignis fixierten traditionellen Theatergeschichtsforschung, um eine gegenwartsbezogene, gesellschaftskritische Theaterwissenschaft in die Wege zu leiten. Bei aller Notwen-

---

[288] Ebd., S. 16.
[289] Vgl. Paul, *Aggressive Tendenzen des Theaterpublikums*, 1969, S. 13–15.

174

digkeit für diesen Bruch wurde dadurch eine umfassende Auseinandersetzung mit den Leistungen der frühen Theaterwissenschaft bislang versäumt.

5. Rezeption

Um zu sondieren, welche Tragweite Herrmanns Vorstellungen und Ideen von Theaterwissenschaft besaßen, bieten sich verschiedene Möglichkeiten einer rezeptionsorientierten Herangehensweise an. Anhand der Lektüre von Rezensionen läßt sich ein Bild über die unmittelbare Aufnahme und Kritik von bestimmten Büchern im zeitgenössischen wissenschaftlichen Diskurs gewinnen. Die Arbeiten von Schülern geben Aufschluß über zentrale, übergreifende Schwerpunkte und Methoden einer bestimmten ›Schule‹. Und schließlich läßt sich, mit einem größeren räumlichen und zeitlichen Abstand, die Rezeption und Weitergabe bestimmter Forschungsansätze im Ausland entschlüsseln, wobei der in den jeweiligen Ländern unterschiedliche nationale Kontext zu sehr ungleichen Entwicklungen führen kann. Als Beispiele für die internationale Herrmann-Rezeption dienen deshalb zwei Länder, die in ihren politischen, ökonomischen und wissenschaftlichen Systemen nicht divergierender sein könnten: die Sowjetunion und die USA.[1]

---

[1] Wobei zu betonen ist, daß die Erforschung der Herrmann-Rezeption im In- und Ausland die Vorstufen noch nicht überschritten hat, und sich dieses Kapitel demzufolge nur als erste (und notwendigerweise grobmaschige) Anregung zu weiterer und vertiefter Forschung versteht. Zur Geschichte und Entwicklung der Theaterwissenschaft im internationalen Vergleich siehe v.a. die verschiedenen Publikationen von Ronald W. Vince; Arnott, *An Introduction to Theatrical Scholarship*, 1981; Quinn, *Theaterwissenschaft in the History of Theatre Study*, 1991. Speziell mit der Entwicklung der Theaterwissenschaft in Skandinavien (die durch Max Herrmann maßgeblich beeinflußt worden ist) beschäftigen sich mehrere Artikel in *Nordic Theatre Studies 2/3* (1989). Daneben hat Herrmanns Arbeit unter anderem auch in Italien und der (früheren) Tschechoslowakei ihre deutlichen Spuren hinterlassen. Zu den Gründen für die einseitige Herrmann-Rezeption in Deutschland vgl. 3.1 Der Problemfall Herrmann.

5.1 Die ›Berliner Schule‹

Die unmittelbarste Wirkung hatte Herrmann zweifelsohne auf seine Studenten. Zwischen 1898 und 1934 erschienen insgesamt 46 theaterwissenschaftliche Dissertationen von Herrmann-Schülern.[2] Überblickt man zunächst die Titel der Arbeiten im ganzen, so lassen sich mehrere Aussagen treffen: Es handelt sich praktisch ausschließlich um Arbeiten zur deutschen Theatergeschichte, die sich – mit einer Ausnahme – im Zeitraum vom 17. bis Anfang des 20. Jahrhunderts bewegen, wobei der weitaus überwiegende Teil sich mit dem Theater der zweiten Hälfte des 18. und des frühen 19. Jahrhunderts beschäftigt. Unter den personenbezogenen Arbeiten dominieren eindeutig die ›großen‹ Namen wie Iffland, Schiller und Hebbel. Viele der Dissertationen sind im Grenzbereich zwischen Theater und Drama angesiedelt, was Ende der zwanziger Jahre zur Gründung einer gleichnamigen Buchreihe führen sollte.[3] Gleich vier Arbeiten beschäftigen sich mit der ›verdeckten Handlung‹ bei bestimmten Dramatikern, worunter sowohl der Botenbericht (die Teichoskopie) als auch die im Nebentext enthaltenen Handlungsanweisungen fallen.[4] Die Untersuchung der individuellen Handhabung der verdeckten Handlung als dramaturgische Technik kann vor allem Aufschlüsse über das spezifische Verhältnis von dramatischem Text und theatraler Tradition verschaffen. Schließlich spielt das Musiktheater gegenüber dem Schauspiel praktisch keine Rolle.

---

[2] Satori-Neumann, *Die theatergeschichtlichen und dramaturgischen Schriften aus der Berliner theaterwissenschaftlichen Schule Max Herrmanns (1898–1933)*, 1935. Darüberhinaus umfaßt diese Bibliographie auch drei Arbeiten von Herrmann-Schülern, die keine Dissertationen sind. Die Theaterwissenschaftlichen Blätter 5 (1925), S. 72–84 enthalten ›abstracts‹ einiger Werke. Bis zu Herrmanns Ernennung zum außerordentlichen Professor 1919 konnten die Studenten nicht bei Herrmann selbst promovieren und waren deshalb häufig gezwungen, die Universität zu wechseln. Auch später haben einige seiner Doktoranden es vermieden, in Berlin zu promovieren; v.a., weil dort das Graecum eine unabdingbare Zulassungsvoraussetzung bildete. Nicht alle dieser Dissertationen sind auch veröffentlicht worden, sondern wurden z.T. nur als maschinenschriftliche Einzelexemplare eingereicht, da während der wirtschaftlich schwierigen Zeit Anfang der zwanziger Jahre der Veröffentlichungszwang für einige Jahre aufgehoben war. Anläßlich des 20-jährigen Jubiläums Herrmanns als Erster Vorsitzender der Gesellschaft für Deutsche Literatur erschien (hrsg. als Privatdruck von Satori-Neumann und Walter Unruh) eine Bibliographie der *Schriften aus der Berliner literaturwissenschaftlichen Schule Max Herrmanns (1895–1936)*; diese verzeichnet weitere 32 Arbeiten von Herrmann-Schülern.

[3] Theater und Drama. Unter Mitwirkung von Max Herrmann und Julius Petersen herausgegeben von Hans Knudsen.

[4] Es handelt sich im einzelnen um Arbeiten zur verdeckten Handlung bei Schiller, Kleist, Lessing und Hebbel.

Besonders wichtig ist hervorzuheben, daß es Herrmann offensichtlich schon zu einem relativ frühen Zeitpunkt daran gelegen war, eine eigene theaterwissenschaftliche ›Schule‹ zu begründen. Dafür lassen sich eine Reihe von Belegen finden. Im Frühjahr 1909 hatte Herrmann die Arbeit an den *Forschungen* weitestgehend abgeschlossen; in einem Schreiben an die Cottasche Buchhandlung sondierte er die Möglichkeiten zur Veröffentlichung eben dort.[5]

> Sehr gern möchte ich künftig noch andere nach der neuen Methode von mir oder anderen Forschern gearbeitete Untersuchungen folgen lassen, und Quellenpublikationen zukünftiger Art sich anschließen lassen.

Und in dem Antrag auf Errichtung eines Theaterwissenschaftlichen Instituts 1919 führte Herrmann aus:[6]

> Ich glaube in meinem Buche ›Forschungen zur deutschen Theatergeschichte des Mittelalters und der Renaissance‹ (Berlin Weidmann 1914, 541 S.) das erste umfangreiche Werk geliefert zu haben, in dem die Theatergeschichte aus einem vorwissenschaftlichen Zustand herausgeführt worden ist; ich habe eine ganze Anzahl von Schülern herangebildet, die die von mir aufgestellten Methoden der Theatergeschichte und der Theaterwissenschaft in ihren Dissertationen[7] und in praktischer Arbeit für das Theater bestätigt haben, eine so große Zahl, daß der Begriff ›Herrmannschüler‹ in den Kreisen nicht nur der Theoretiker, sondern auch der Praktiker des Theaterlebens sehr geläufig ist [...].

Ein besonderes Interesse Herrmanns galt Fragestellungen zur Methodologie der Theaterhistoriographie, und so ist es nicht verwunderlich, daß Fragen dieser Art häufig als Themen von Dissertationen vergeben wurden. Es handelt sich dabei vor allem um Arbeiten zur Rekonstruktion der Schauspielkunst, zu dramaturgischen Problemstellungen, zum Wert von ikonographischen Quellen, zur Kostümforschung und zur Publikumsforschung. Die Streuung der Themen verdeutlicht zum einen Herrmanns Anliegen, die methodische Basis der Theaterwissenschaft durch gezielte Grundlagenforschung zu verbreitern; zum anderen umgrenzt sie gleichzeitig den Horizont der Berliner Schule. Mittels einer vergleichenden Prüfung einer Auswahl von Dissertationen soll versucht werden, die spezifische Qualität und die methodische Basis der Berliner Schule in Ansätzen herauszuarbeiten.

---

[5] DSMN/CA: Brief vom 28.04.1909. Die *Forschungen* erschienen jedoch erst 1914 in der Weidmannschen Buchhandlung.

[6] BAP, R 4901; 1450, 2, 2RS (Antrag auf Errichtung eines theaterwissenschaftlichen Instituts an der Universität Berlin) [im Anhang].

[7] Aufgeführt werden einige Verfasser und Titel von Arbeiten, die (laut Herrmann) nur deshalb ausschließlich theaterhistorisch orientiert seien, weil sie ansonsten nicht im Rahmen der Germanistik unterzubringen gewesen wären.

Folgende Punkte werden dabei schwerpunktmäßig untersucht:

I. Welche Bezüge stellen die Verfasser selbst zu Herrmann her?
II. Welche allgemeinen methodischen Verwandtschaften lassen sich festmachen?
III. Gibt es trotz unterschiedlicher Forschungsschwerpunkte ein kollektives Interesse an themenübergreifenden Fragestellungen?
IV. Lassen sich die Arbeiten von einem gemeinsamen Idealbild von Theater leiten?

Dabei wähle ich vier Dissertationen aus, die sich a) relativ gleichmäßig über den gesamten Zeitraum von Herrmanns Lehrtätigkeit erstrecken, die b) einen nahezu identischen Zeitraum umfassen, dabei aber ganz unterschiedliche Themen behandeln und die sich c) allesamt durch ihre besonders stringente Vorgehensweise auszeichnen.[8] Es handelt sich im einzelnen um folgende Werke:

Hans Oberländer: *Die geistige Entwicklung der deutschen Schauspielkunst im 18. Jahrhundert* (1898)[9]
Bruno Voelcker: *Die Hamlet-Darstellungen Daniel Chodowieckis und ihr Quellenwert für die deutsche Theatergeschichte des 18. Jahrhunderts* (1916)
Bruno Th. Satori-Neumann: *Die Frühzeit des Weimarischen Hoftheaters unter Goethes Leitung 1781-98* (1922)[10]
Winfried Klara: *Schauspielkostüm und Schauspieldarstellung/Entwicklungsfragen des deutschen Theaters im 18. Jahrhundert* (1931).

Die Bindung zwischen Herrmann und seinen Doktoranden scheint relativ eng gewesen zu sein; jedenfalls hat es keiner der genannten Autoren versäumt, den Anteil Herrmanns von der Themenvergabe über die Mithilfe bei den Kor-

---

8 Darüberhinaus waren keineswegs sämtliche in Frage kommenden Dissertationen zugänglich; ein knappes Drittel wurde aus den oben genannten Gründen nicht veröffentlicht.
9 Um Druckkosten zu sparen, bestehen viele Dissertationsdrucke aus dieser Zeit häufig nur aus einem Auszug der gesamten Arbeit; die Buch-Fassungen stimmen also nicht immer mit dem Dissertationsdruckexemplar überein. Oberländers Arbeit bildet insofern eine Ausnahme, da es sich – laut Verfasser – um die Fortsetzung der Dissertation über *Die Theorie der deutschen Schauspielkunst im 18. Jahrhundert* (siehe Vorwort) handelt; diese dürfte aber in dem späteren Werk aufgegangen sein.
10 Satori-Neumanns Werk konnte infolge der astronomisch gestiegenen Druckkosten während der Inflation nur stark gekürzt erscheinen. Vgl. Vorwort, S. XVIIf.. Zum weiteren Schicksal des Werkes vgl. Frenzel, *Der unvollendete Satori-Neumann*, 1976.

rekturen bis hin zur Förderung des Drucks ausdrücklich hervorzuheben. Die Dankesworte gehen damit über den gewohnten Duktus solcher Vorworte hinaus; sie nehmen bei Bruno Voelcker schon geradezu überschwengliche Töne an.[11] Bruno Th. Satori-Neumann hat zudem die Geschlossenheit der Arbeiten der Berliner Schule hervorgehoben:

> Wertvolle Anregungen zu wissenschaftlicher und methodischer Behandlung boten besonders die aus dem Berliner theatergeschichtlichen Seminar von *Professor Dr. Max Herrmann* hervorgegangenen Studien und Monographien zur Bühnengeschichte des 18. Jahrhunderts. Auch diese, in Berlin begonnene, in Greifswald und Berlin zu Ende geführte Schrift wird des Meisters Einfluß nicht verleugnen können. Sie möge hingenommen werden, nicht nur als ein bescheidener Beitrag zur Goetheforschung, sondern auch als ein der Methodik unser jungen theaterphilologischen Wissenschaft dienender Versuch.[12]

Wie auch anderen Wissenschaftlern war Herrmann daran gelegen, eine eigene ›Schule‹ zu begründen. Für die Theaterwissenschaft, die erst in Ansätzen über ein eigenständiges methodisches Instrumentarium verfügte, war diese Aufgabevon zentraler Wichtigkeit. Die Arbeiten der Schüler sollten den Nachweis für die Korrektheit der von Herrmann eingeschlagenen Richtung liefern und diese zugleich ausbauen helfen.

Die vier genannten Dissertationen haben ganz unterschiedliche thematische Schwerpunkte: die Theorie der Schauspielkunst, die theaterikonographische Analyse einer Serie von Kupferstichen, die Geschichte und Organisation eines Hoftheaters und der Zusammenhang zwischen der Praxis der Kostümierung und der Schauspielkunst. Dennoch lassen sich unschwer Ähnlichkeiten in der Vorgehensweise ausmachen. Auffällig ist zunächst die systematische Aufarbeitung von Primärquellen. Mit Ausnahme von Oberländer, dessen Arbeit ja gerade den Diskurs über die Schauspielkunst zum Ziel hat, basieren alle anderen Dissertationen in erster Linie auf gründlichen und ausgedehnten Archivstudien. Eine weitere augenfällige Gemeinsamkeit besteht in dem kleinschrittig sukzessiven Vorgehen. Kaum eine Aussage ist zu unbedeutend, als daß sie nicht möglicherweise wertvolle Informationen enthalten könnte, und jede Fragestellung im größeren Rahmen wird in eine Vielzahl

---

[11] »Alles, was mich in meinem Innern mit meinem hochverehrten Lehrer, Herrn Professor Dr. Max Herrmann, verbunden hält, in Worte zu fassen, ist mir nicht möglich. Vom ersten Tage an – als mir vor drei Jahren Herr Professor Dr. Herrmann die Aufgabe der vorliegenden Arbeit zuteil werden ließ – hat er als Berater und Förderer in gütigster Bereitwilligkeit mir stets zur Seite gestanden. So kann ich nur immer wieder Worten des Dankes meinen Ausdruck geben!« (S. 4).

[12] Satori-Neumann, *Die Frühzeit des Weimarischen Hoftheaters unter Goethes Leitung 1781–98*, 1922, S. XVII. Vgl. auch Satori-Neumann, *Max Herrmann zum Gruß*, Theaterwissenschaftliche Blätter 5 (1925), S. 69–71.

von kleineren aufgeteilt. Daß über diese Detailfreudigkeit gelegentlich der Blick für das Ganze verlorengeht oder doch sehr erschwert wird, läßt sich ganz ähnlich schon in den umfangreicheren Arbeiten Herrmanns feststellen. Ein besonders deutliches Beispiel hierfür liefert Voelcker. Bei der Analyse der ersten Berliner Aufführung des ›Hamlet‹ etwa geht Voelcker insbesondere auf die spezifischen Charakteristika der einzelnen Darsteller ein. In dieser Aufführung spielte Johann Brockmann bekanntlich die Rolle des Hamlet. Zunächst beschreibt Voelcker allgemein Brockmanns äußeres Erscheinungsbild, überblickt dann die bekannten Brockmann-Bilder, davon abgeleitet die Stiche von Chodowiecki, um aus diesen auf die Verkörperung des Hamlet zu schließen und diese endlich mit den Aussagen der zeitgenössischen Theaterkritiken zu vergleichen. Bei der Untersuchung der Haartracht der Darsteller, die sich selbstverständlich am dem Mitte des 18. Jahrhunderts gültigen Modeideal orientierte und mit der englischen Renaissance oder gar dem mittelalterlichen Dänemark nicht das geringste zu tun hatte, kommt Voelcker schließlich zu der Feststellung, daß die Haarfarbe von Ophelias Perücke wahrscheinlich »nicht ganz weiß, sondern gelblich«[13] gewesen sei, ohne nach dem Sinn dieser Erkenntnis zu fragen oder sie in einen Zusammenhang zu stellen. Ähnliche Beispiele ließen sich – nicht nur bei Voelcker – zu Dutzenden finden.

Obwohl die vier genannten Dissertationen von unterschiedlichen Erkenntnisinteressen ausgehen, legen sie allesamt ein besonderes Augenmerk auf die Entwicklung der Schauspielkunst in Deutschland zwischen 1750 und 1800. Dabei wird vor allem den mimischen und gestischen Zeichen, die sich auf verschiedene Art und Weise betrachten lassen, besondere Beachtung geschenkt. Mit dem Versuch der Rekonstruktion der schauspielerischen Ausdrucksmittel glaubte die Berliner Schule, den Schlüssel zur Erforschung der Theatergeschichte gefunden zu haben. Diese Rekonstruktion findet auf verschiedenen Ebenen statt: auf einer Diskursebene bei Oberländer, die sich bei Satori-Neumann mit peniblen Archivstudien verbindet, und auf einer Verknüpfung der Analyse schriftlicher und bildlicher Quellen bei Voelcker und Klara. Hierin boten Herrmanns *Forschungen* einmal mehr das richtungsweisende methodische Vorbild. Die verschiedenen Abbildungen und Illustrationen werden daraufhin untersucht, inwieweit sie ein authentisches Abbild realer Vorgänge liefern und welcher Anteil der künstlerischen Freiheit darin zukommt. Auch wenn der Theaterhistoriker für das 18. Jahrhundert – im Gegensatz zum Mittelalter und der Reformationszeit – eher mit einem Überfluß als mit einem Mangel an Quellen zu kämpfen hat, bleibt das grundsätzli-

---

[13] S. 122, Anm. 7.

che Verfahren der vergleichenden Ikonographie in der Berliner Schule unverändert.

Den Ausgangspunkt der verschiedenen Untersuchungen bildet stets die Hypothese, daß sich erst im Lauf des 18. Jahrhunderts eine eigenständige Schauspielkunst entwickelte, die in enger Verbindung mit der zunehmenden Literarisierung des Theaters stand. Die schauspielerische Leistung wurde erst Gegenstand des theaterwissenschaftlichen Interesses, nachdem sie sich mit einem idealisierten künstlerischen Wollen verbunden hatte. Am stärksten ausgeprägt findet sich diese Überzeugung von der evolutionären Entwicklung der Schauspielkunst bei Oberländer, er koppelt sie mit dem Kampf um ein deutsches Nationaltheater und verschmäht dabei auch nicht nationalistisch-chauvinistische Töne:[14]

> Die Lessing-gewollte Wahrheit stieg, wie eine Leuchte empor, deren Kraft mit jedem neuen Jahre zunahm. Wo seine Apostel hinkamen, brach auch der Tag des nationalen Bewußtseins für die Kunst der Bühne an, denn ihre Entwicklung zur Natürlichkeit und ihre deutsche Tendenz gingen endlich Hand in Hand. Der Ekhof-Schrödersche Einfluß hat dies namentlich in Mannheim gewirkt. Das dortige Nationaltheater überflügelte zunächst alle Bühnen des Vaterlandes, weil Lessings Ideen nirgends stärker und eifriger vertreten wurden.

Die Hochschätzung dieses ›Natürlichkeitsideals‹ erinnert stark an Herrmanns Modell der Vereinigung von Drama und Theater in ›klassischen Perioden‹,[15] in dem scheinbar beide Elemente als gleichberechtigte Teile voneinander profitieren, tatsächlich jedoch die literarischen Maßstäbe den Ausgangspunkt bilden. Die augenfällige Vorliebe der Berliner Schule für das Theater der deutschen Aufklärung und der Klassik wurde vorbereitet durch ein literaturgeschichtliches Paradigma, das in den Jahrzehnten um 1800 den Gipfel der deutschsprachigen Literatur zu erkennen glaubte. Die von Herrmann apostrophierte Vereinigung von Drama und Theater schien hier ihren (vorläufig) letzten Höhepunkt erreicht zu haben. Als ästhetisches Werturteil nicht nur in der Germanistik, sondern eines fächerübergreifenden Konsenses behielt dieses Paradigma auch für die neue Disziplin Theaterwissenschaft ihren normativen Charakter bei.

Die Arbeiten der Berliner Schule zeigen gleichermaßen die Stärken und Schwächen von Herrmanns eigenen wissenschaftlichen Arbeiten. Einerseits handelt es sich um sehr gründliche und teilweise geradezu musterhaft durchgeführte Aufarbeitungen von sehr entlegenem Quellenmaterial, die bis heute

---

[14] S. 155. Oberländer wird nicht müde, die deutsche »Natürlichkeit« als Überwindung der französischen »Geziertheit« (S. 139) zu preisen.

[15] Vgl. 4.2.1 Differenzierung zwischen Drama und Theater.

dem Theaterhistoriker gute Dienste zu leisten vermögen. Auf der anderen Seite muß der theaterwissenschaftliche Fokus nach wie vor als recht begrenzt gelten, vor allem in seiner Orientierung an literarischen Leitbildern.

5.2 Ausbreitung

5.2.1 Sowjetunion/Rußland: A.A. Gvozdev und die ›Leningrader Schule‹

In keinem Land der Erde ist das Festhalten an der Herrmann-Tradition ähnlich stark ausgeprägt wie in Rußland. Bis heute nimmt der Begriff ›Rekonstruktion‹ (Rekonstrukzija) in der Methodologie der russischen Theaterwissenschaft[16] eine zentrale Bedeutung ein, und zwar sowohl in bezug auf die Aufführung als auch auf einzelne Elemente des Theaters in Geschichte und Gegenwart.[17] Die engen Bindungen zwischen der deutschen und der russischen Theaterwissenschaft reichen bis in die frühen zwanziger Jahre zurück. An erster Stelle verantwortlich für das Einleiten dieser Beziehungen war Alexej A. Gvozdev; in seinen Arbeiten finden sich immer wieder ausdrückliche Verweise auf Max Herrmann. Die von Gvozdev begründete ›Leningrader Schule‹,[18] die Theaterabteilung des ›Russischen Kunsthistorischen Instituts‹ (R.I.I.I.) knüpfte an die Arbeiten der Berliner Schule an, entwickelte sich jedoch aufgrund ihrer Traditionen und der politischen Rahmenbedingungen in eine ganz andere Richtung weiter. Im folgenden sollen einige dieser Besonderheiten der ›Leningrader Schule‹ und ihre Verknüpfungen zur deutschen Theaterwissenschaft aufgezeigt werden.[19]

---

[16] Ich verwende den Ausdruck ›russische Theaterwissenschaft‹ auch für die Zeit der Sowjetunion.

[17] Vgl. hierzu die russischen Beiträge in: *Performance Past and Present: Current Trends in Theatre Research*, 1994. Im Rahmen des Moskauer FIRT-Kongresses konnte ich ferner mit verschiedenen russischen Theaterwissenschaftlern Gespräche über die Anfänge der Theaterwissenschaft in Rußland und Deutschland führen.

[18] Bis 1924 die ›Petrograder Schule‹, häufig auch einfach als ›Gvozdev-Schule‹ bezeichnet. Oder sollte man heute von der ›St. Petersburger Schule‹ sprechen?

[19] Ohne damit einen Anspruch auf Vollständigkeit zu erheben, stütze ich mich im einzelnen auf folgende Werke, die mir ganz oder in Auszügen als Übersetzungsmanuskripte vorliegen: Gvozdev, Die deutsche Theaterwissenschaft (*Germanskaja nauka o teatre*), 1923; *Istorija Teatrovedenija Narodov SSSR 1917–1941* (Geschichte der Theaterwissenschaft der Völker der Sowjetunion), 1985; Pesočinskij, Der Anfang der Theaterwissenschaft: Die Gvozdevsche Schule (*Načalo Teatrovedenija: Gvozdevskaja Schola*), 1992. Folgende russische Arbeiten sind mir dem Titel nach bekannt geworden:

»Über die Methoden von Max Herrmann und über seine Schule erhielt ich auf der öffentlichen Sitzung der Konferenz des Russischen Instituts für Kunstgeschichte in dem Bericht ›Die Gravüre [gemeint sind wohl historische Stiche, S.C.] und das Theater‹ im Dezember 1920 zum ersten Mal Kenntnis«, schrieb Gvozdev in einem Aufsatz über die deutsche Theaterwissenschaft 1923.[20] Herrmanns *Forschungen* hält Gvozdev schlichtweg für vorbildlich, vor allem wegen der darin gezeigten stringenten Methodik. So wie Herrmann in der Einleitung der *Forschungen* den Dilettantismus in der Theatergeschichtsforschung beklagte, sieht auch Gvozdev den Stand der russischen Theatergeschichtsschreibung auf einem außerordentlich niedrigen Niveau angesiedelt, die sich im Anekdotischen und Biographischen erschöpft. Das wesentliche Hemmnis für eine Weiterentwicklung liegt nach Gvozdevs Überzeugung in der bisherigen Gleichsetzung von Theater und Drama; in dem fehlenden methodischen Bewußtsein: »Solange die [Theater] Wissenschaft keine eigene Methode ausgearbeitet hat und nicht über anleitende Arbeitsprinzipien verfügt, ist sie unfruchtbar und nicht imstande, irgendwelche Resultate zu ergeben.«[21] Die Bedeutung des Herrmannschen Werkes liegt also zunächst einmal in der Differenzierung zwischen Drama und Theater. Die von Herrmann durchgeführte Rekonstruktion des ›Hüernen Sewfried‹ erfüllt in vollem Maß Gvozdevs Anforderungen an exakte wissenschaftliche Arbeit (Gvozdev war selbst ausgebildeter Philologe), seine ausführliche Zusammenfassung der *Forschungen* fällt denn auch sehr positiv aus.[22] Neben der seiner Auffassung nach vollständig gelungenen Rekonstruk-

---

Gvozdev, *Teatralnaja Gravjura I Rekonstrukzija Starinnogo Teatra* (Theaterkupfer und die Rekonstruktion des älteren Theaters), o.J.; ders., *Itogi I Sadači Naucnoj Istorii Teatra* (Resultate und Aufgaben der wissenschaftlichen Theatergeschichte), o.J. Inwieweit sich die Arbeiten anderer sowjetischer Theaterwissenschaftler wie etwa Vsevolodskij-Gerngross und Mokulskij auf Herrmann beziehen, kann hier nicht berücksichtigt werden.

20 *Die deutsche Theaterwissenschaft* (*Germanskaja nauka o teatre*), Übersetzungstyposkript, MHS 5.1, Anm. 14, S. 8. Wer den von Gvozdev angesprochenen Bericht verfaßt hat, geht hier leider nicht hervor.

21 Ebd., S. 2.

22 Allerdings unterlief Gvozdev dabei ein folgenschweres Mißverständnis: In den *Forschungen* (S. 13) schrieb Herrmann: »[Wir] entscheiden uns für sein Nibelungendrama, die ›Tragedj des hüernen Sewfried‹ vom 14. September 1557.« Dieses Datum wird von Gvozdev so verstanden, als habe an diesem Tag in Nürnberg eine Aufführung des Hüernen Sewfried stattgefunden, die Herrmannsche Rekonstruktion beziehe sich also auf eine historisch nachweisbare Aufführung, was bekanntlich nicht der Fall ist. Hans Sachs sammelte seine Bühnenwerke in handschriftlicher Form in später so bezeichneten Spruchgedichtbänden; Band XI enthält den ›Sewfried‹, und dort ist als Datum der Fertigstellung des Dramas der 14.9.1557 verzeichnet. Sachs, *Werke Band XIII*, 1880, S. 377; *Band XXV*, 1902, No. 5060, S. 520. Zur Überlieferung der Handschriften von Sachs vgl. Könneker, *Hans Sachs*, 1971, S. 11f.

tion beschäftigt sich Gvozdev vor allem mit der theaterikonographischen Methodik bei Herrmann und dessen Schüler Bruno Voelcker, der die Hamlet-Kupfer von Daniel Chodowiecki analysiert hatte. Auch diese Ansätze hält Gvozdev für mustergültig durchgeführt, da mit ihrer Hilfe erstmals Verständnis »für die, wie es früher schien, ungreifbare Kunst des Schauspielers mit vorbildlicher Genauigkeit gelungen« sei.[23]

Welche Schlußfolgerungen lassen sich daraus für die russische Theaterwissenschaft ziehen? In erster Linie hält es Gvozdev für nötig, daß sich die russischen Theaterhistoriker stärker als bisher der bildenden Kunst zuwenden, die das Fundament für die Erforschung der Theatergeschichte liefere. Daneben sei eine Beherrschung der philologischen Kritik unabdingbare Voraussetzung, eine vergleichende Untersuchung der jeweiligen epischen, dramatischen und szenischen Merkmale könne die stilistischen Besonderheiten herausarbeiten.[24]

Kennzeichnend für die ›Leningrader Schule‹ war die scharfe Differenzierung zwischen dem literarischen Drama und den theatralen Mitteln.[25] Aber im Gegensatz zu Herrmann, der in den *Forschungen* an einer Rekonstruktion eines konkreten Bühnenraumes interessiert war, bemühte sich die Gvozdev-Schule, die epochenspezifischen Attribute der Theatralität näher zu definieren. Eine Anlehnung an die literarische Epochenbildung lehnte Gvozdev für die Theaterwissenschaft entschieden ab. Für ihn konstituierte sich das Theater in erster Linie in einem typischen Raum: in der Kirche, auf dem Jahrmarkt, dem Innenhof, im klassische Theaterbau und in den Raumexperimenten der Avantgarde. Grundlegende Mittel des Ausdrucks waren für Gvozdev neben den Bedingungen des Raumes die Spielstruktur, die Maske und das Kostüm. Hierin befand sich die ›Leningrader Schule‹ in Übereinstimmung mit den progressivsten russischen Theaterregisseuren, mit Jevreinov und Meyerhold; wie sich die Theaterabteilung des Russischen Kunsthistorischen Instituts in Leningrad (das R.I.I.I.) überhaupt durch eine enge Zusammenarbeit mit den wichtigsten Theaterdirektoren und Regisseuren auszeichnete.

Etwas vereinfacht kann man sagen, daß die Gvozdevsche Schule die im Theaterprozeß der *non-verbalen Theatralität* real existierenden Grundlagen und Quellen gefunden hat, zu einer Zeit, als die deutsche Theaterwissenschaft verlorengegangene szenische

---

[23] *Die deutsche Theaterwissenschaft* (*Germanskaja nauka o teatre*), S. 32.

[24] Ob hiermit die Besonderheiten des Theaters insgesamt oder einer bestimmten Aufführung gemeint sind, geht aus der Übersetzung nicht ganz klar hervor.

[25] Pesočinsky, *Der Anfang der Theaterwissenschaft: Die Gvozdevsche Schule*, 1992. Die folgenden Ausführungen stützen sich hauptsächlich auf diesen Beitrag. Ich danke Frau Christiane Corssen ganz herzlich für die Übersetzung des umfangreichen Aufsatzes.

Formen neu modelliert hat. Noch wichtiger ist der Unterschied, daß Gvozdev und seine Gefolgsleute bemüht waren, die Sprache des Theaters (sogar vergangener historischer Epochen) auf der Handlungsebene zu beschreiben, die durch materielle Faktoren bestimmt wird, aber keinesfalls mit ihnen identisch ist.[26]

Die von Herrmann angestrebte ›Vereinigung‹ der ursprünglichen Gegensätze Drama und Theater in sogenannten ›Klassischen Epochen‹ fand in der Gvozdev-Schule kein Echo. Diese orientierte sich stärker an den Ideen der Theaterreformbewegung von der ›Retheatralisierung des Theaters‹ (Georg Fuchs). Die Schriften von Fuchs und Edward Gordon Craig wurden von der russischen Avantgarde intensiv rezipiert und waren somit auch von nicht unbeträchtlichem Einfluß auf die ›Leningrader Schule‹. Aber erst durch die Auseinandersetzung mit Herrmanns theaterhistorischer Methodologie, die er für so beispielhaft hielt, gelangte Gvozdev zu der Idee der Einrichtung von theaterwissenschaftlichen Laboratorien, die als Diskussionsforen für Theaterwissenschaftler und Theaterpraktiker fungierten. Dabei wurden so unterschiedliche Themen wie »Das Spiel der Dinge im Theater«, »Der Zuschauer und die Schulen des darstellerischen Spiels«, »Hilfswissenschaften für die Theaterforschungen«, »Eine Einführung in die analytische Theaterwissenschaft« und »Das Studium der Zuschauer im Theater« behandelt.[27] Anläßlich eines Besuchs Meyerholds in Leningrad 1924 berichtete die lokale ›Prawda‹:

> Vor seiner Abreise trat Meyerhold mit einem Vortrag vor der Sitzung der Theaterabteilung des Instituts für Kunstgeschichte auf. Nach den glänzenden Aufführungen, Beispielen der schöpferischen Regie-Arbeit, erhob sich hier in ganzer Größe ein Theater-Theoretiker, der seine Sache auf das Fundament der exakten Wissenschaft stellte. Die wissenschaftliche Erforschung der Traditionen und Formen des globalen Theaters, die wissenschaftliche Untermauerung des darstellerischen Spiels als ein System von Reflexen, und ganz besonders die genaue Erforschung der Methoden der Einflußnahme auf die Zuschauer, das Studium ihrer Klassen-Natur-Bezogenheit – das ist es, was Meyerhold forderte. All das kann seiner Meinung nach nur eine neue Theaterschule tun, insbesondere eine gelehrte Theatervereinigung wie das Institut für Kunstgeschichte.[28]

Meyerholds Regie-Arbeit war in der frühen Sowjetunion nie unumstritten gewesen. Von Seiten der mehrheitlich ästhetisch konservativ eingestellten Theaterkritik wurde ihm immer wieder Eigenmächtigkeit in der Interpretation dramatischer Stoffe und eine Überbetonung der eigenen Regieeinfälle vorgeworfen. Der Kritiker V. Br'usov bekräftigte: »Das Theater ist nur die

---

[26] Ebd., S. 8.

[27] Ebd., S. 15 Somit hat Herrmann die Arbeiten der russischen Avantgarde (zumindest indirekt) stärker beeinflußt als die Theateravantgarde in Deutschland!

[28] »*Meyerhold im Institut für Kunstgeschichte*«. Leningrader Prawda v. 28.6.1924, S. 8; zit. n. Pesočinskij, *Die Anfänge der Theaterwissenschaft: Die Gvozdevsche Schule*, 1992, S. 15f.

Verkörperung der dramatischen Werke des Dichters [...] Die Aufgabe des Regisseurs ist es, das zu erraten, was der Dichter will.«[29] Die anfängliche Unterstützung durch die sowjetische Regierung nahm immer stärker ab; der Volksbildungskommisar Lunačarskij forderte schließlich energisch eine Rückkehr zum Realismus.[30] Anfang der dreißiger Jahre gerieten sowohl Meyerhold wie Gvozdev unter den Vorwurf des Formalismus, zumal den orthodox marxistischen Ästhetikern die progressive Richtung der ›Leningrader Schule‹ schon lange ein Dorn im Auge war. Nach Überzeugung der bolschewistischen Kritiker waren nicht die Form des Theaterstücks und seine Interpretation auf der Bühne, sondern das Stück selbst und sein politischer Inhalt das wesentliche Element des Theaters. Im Zuge der ›Großen Säuberungen‹ wurde das Meyerhold-Theater 1938 geschlossen, Meyerhold selbst starb zwei Jahre später im Gefängnis. Die Gvozdev-Schule wurde als ›unzuverlässig‹, ›geschmacklos‹ und ›formalistisch‹ gebrandmarkt. Erst in den fünfziger und sechziger Jahren war in der Sowjetunion eine vorsichtige Wiederaufnahme und Weiterführung von Gvozdevs Ideen möglich.

5.2.2 USA: Die Arbeit von A.M. Nagler

Der 1993 verstorbene Theaterhistoriker Alois Maria Nagler galt lange Zeit – ungeachtet seiner österreichischen Herkunft – als der ›Grand old man‹ der nordamerikanischen ›Theatre History‹.[31] Von 1946 an (bis 1976) lehrte Nagler ›Dramatic History‹ in Yale, wo das erste ›Graduate Department‹ für Theatergeschichte in den USA gegründet wurde. Als einer der Initiatoren und mehrjähriger Vorsitzender sowohl der ›International Federation for Theatre Research‹ (gegründet 1955) als auch der ein Jahr später ins Leben gerufenen ›American Society for Theatre Research‹ hatte Nagler maßgeblichen Einfluß auf die Entwicklung und den Ausbau von ›Theatre History‹ als

---

[29] Br'usov, *Was ist Theater?* In: *Das Leben der Kunst*, 2 (1924), S. 2f.; zit. n.Pesočinskij, *Die Anfänge der Theaterwissenschaft: Die Gvodevsche Schule*, 1992, S. 4.

[30] Lunačarskijs Begründung war die Rechtfertigung einer Politik ein, die in der Verfolgung, Inhaftierung und Ermordung zahlreicher Avantgardekünstler und Intellektueller enden sollte: »Denn das Proletariat liebt die Realität über alles. Warum? Weil das Proletariat seine eigene Kunst, sein eigenes Leben, seine eigene Wissenschaft und Politik ausschließlich auf die Wissenschaft aufbauen kann. Und die Wissenschaft ist doch eine vollkommen realistische Sache.«Lunačarskij, Pel'se R.A., Pletner V.F., *Die Wege des modernen Theaters*, 1926, S. 19; zit. n. Pesočinskij, *Die Anfänge der Theaterwissenschaft: Die Gvodevsche Schule*, 1992, S. 2.

[31] * 1907; 1930 mit einer Arbeit über Ferdinand von Saar an der Universität Graz promoviert; 1938 in die USA ausgewandert.

akademische Disziplin innerhalb den Vereingten Staaten.[32] Im Gegensatz zu George Pierce Baker (Harvard, Yale) und Brander Matthews (University of Columbia), die beide seit Ende des 19. Jahrhunderts ›Dramatic History‹ lehrten,[33] hat Nagler – wie Herrmann – stets zwischen ›Drama‹ und ›Theatre‹ differenziert.

Nagler, der in Österreich studierte und promovierte, hat selbst auf den Vorbildcharakter, den Herrmanns Werk für seine Arbeit und Überzeugungen hatte, deutlich hingewiesen. In der Einleitung zu seinem *Source Book of Theatrical History*[34] schrieb er:

> The principles formulated by Professor Herrmann have not lost their validity. In opposition to the general dilettantism of the nineteenth century, he called for philological exactitude: the facts must be ascertained before a synthesis can be made or even a pragmatic nexus established. Max Herrmann insisted that a method had to be developed that would allow for a scientific approach to theatrical facts. He did not write this methodology, but permitted a deduction of the principles of theatrical scholarship from his ›Forschungen zur deutschen Theatergeschichte des Mittelalters und der Renaissance‹ (Berlin 1914).

Ganz ähnlich wie Herrmann war Nagler bestrebt, sich in erster Linie auf Primärquellen zu stützen, in der Absicht, diese Quellen soweit wie möglich ›für sich selbst‹ sprechen zu lassen. Besonders deutlich läßt sich die Parallelität im Vorgehen in Naglers *The Medieval Religious Stage* nachvollziehen.[35] Schon die Einteilung des Buches ist in erster Linie am Material orientiert; je nachdem, ob Spieltexte (u.a. Jeu d'Adam, verschiedene Osterspiele) erhalten geblieben sind, ob die Aufführungen an einem heute noch zweifelsfrei lokalisierbaren Ort stattfanden (z.B. das Frankfurter Passionsspiel), oder ob der Theaterhistoriker auf einen Bühnenplan der Aufführungen zurückgreifen kann (wie etwa in Luzern). Schließlich untersucht Nagler auch die englischen ›Wagenspiele‹ sowie die Illustrationen zu französischen Passionsspielen – unter denen der 1547 aufgeführten Passion von Valenciennes aufgrund der erhaltenen umfangreichen Illustrationen eine Sonderrolle zukommt. Im Schlußkapitel schließlich diskutiert Nagler die Streitfrage, ob in erster Linie das mittelalterliche Theater die Bildkunst oder die bildenen Künstler das Theater ihrer Zeit beeinflußt haben.

---

[32] Sarlós, *A.M. Nagler and Theatre History in America*, 1984.

[33] Arnott, *An Introduction to Theatrical Scholarship*, 1981, S. 38.

[34] *A Source Book in Theatrical History*, 1959 (Die Erstausgabe 1952 erschien unter dem Titel: *Sources of Theatrical History*), S. XXI. Daneben verweist Nagler auf Herrmanns Vorreiterrolle bei dem Ringen um die institutionelle Etablierung der Theaterwissenschaft und auf die Bedeutung, die Herrmann bei aller philologischen Akribie dem Dialog mit Vertretern der Theaterpraxis beimaß. Ebd., S. XXI–XXIII.

[35] Untertitel: Shapes and Phantoms, 1976.

Nach Nagler besteht die wesentliche Aufgabe des Theaterhistorikers weder in der Rekonstruktion von Spieltexten, noch in der Aufarbeitung von soziologischen oder volkskundlichen Fragen: »The styles of performance and their more or less plausible reconstructions, these are our primary concern, and I shall be honored if this be called a purist's standpoint.«[36] Worin liegen die wesentlichen Gemeinsamkeiten und Gegensätze zwischen Herrmanns und Naglers Rekonstruktionen? Zunächst einmal verfügen beide über einen sehr unterschiedlichen Ausgangspunkt. Während Herrmann zu Anfang des 20. Jahrhunderts in fast allen Bereichen der *Forschungen* weitestgehend Neuland betreten mußte, konnte sich Nagler auf eine mittlerweile umfangreiche Sekundärliteratur zum Theater des Mittelalters stützen. Diese Differenz ist nicht ohne Folgen für das jeweilige methodische Vorgehen. Mit der Rekonstruktion der Meistersingerbühne in der Nürnberger St. Marthakirche unternahm Herrmann zunächst den Versuch, auf der Basis eines spezifischen Dramas von Hans Sachs, des ›Hüernen Sewfried‹ (wobei ihm die anderen Dramen von Sachs gewissermaßen als Folie dienten), die Bühne einer einzelnen Aufführung zu rekonstruieren, um daraus weitergehende Schlußfolgerungen abzuleiten. Herrmanns Vorgehen in den Forschungen ist eindeutig induktiv; vom Einzelfall ausgehend zum allgemeinen hin. Die individuelle Bühnenrekonstruktion bildet den Ausgangspunkt für weitergefaßte Überlegungen zum Bühnenbild, zu den Kostümen und zum Schauspielstil. Dagegen stellt Nagler seine Erörterungen von Anfang an auf eine sehr viel breitere Basis. Im Gegensatz zu Herrmann ist Nagler nicht so sehr an Ähnlichkeiten und Typisierungen (bei Herrmann ›die Meistersingerbühne‹, ›die Schauspielkunst des Mittelalters‹) interessiert, sondern eher an den Abweichungen der unterschiedlichen Aufführungen voneinander. Gestützt auf eine breite Basis an erschlossenen Primär- und Sekundärquellen gilt Naglers Interesse in *The Medieval Religous Stage* in erster Linie den möglichen Bühnenformen und ihren jeweiligen lokalen und zeitlichen Besonderheiten. Herrmann hingegen war vor allem bestrebt, neue methodische Ansätze der wissenschaftlich betriebenen Theatergeschichte exemplarisch aufzuzeigen und möglichst viele konstitutive Faktoren des Theaters im Mittelalter und der frühen Neuzeit zu bestimmen.

Den fundamentalen Unterschied zwischen den beiden Arbeiten bildet der jeweilige Zeitpunkt der Entstehung. Naglers Werk manisfestiert den End-

---

[36] *The Medieval Religous Stage*, 1976, S. XI. Robert Sarlós hat in in einem Brief an den Verfasser [S.C.] auf die zentrale Bedeutung und die Neuheit in der Verwendung des Terminus »style of performance« hingewiesen; dementsprechend hat Sarlós das methodische Bekenntnis von Nagler seinen eigenen Arbeiten – gewissermaßen als Motto – mehrfach vorangestellt.

punkt seiner Arbeit als Theaterhistoriker in Yale, es faßt die Ergebnisse von dreißig Jahren Forschertätigkeit und wissenschaftlichem Austausch im Seminar zusammen. Das Buch sollte, so Nagler, jüngeren Studenten als ›Studienausgabe‹ für ihre Arbeit zum mittelalterlichen Theater dienen.[37] Die *Forschungen* waren hingegen der entscheidende Ausgangspunkt von Herrmanns weiterer Arbeit als Theaterwissenschaftler; sie bildeten die grundlegende Voraussetzung für den Ausbau und die Etablierung der deutschen Theaterwissenschaft als eigenständige Disziplin und formten das methodische Gerüst zahlreicher Dissertationen der ›Berliner Schule‹.

In seinem Buch über *Shakespeare's Stage* (1958) geht Nagler von der Voraussetzung aus, daß aufgrund des lückenhaften Materials eine finale Rekontruktion dieser Bühnenform nicht möglich ist. Das Ziel lautet stattdessen, einen »Idealtyp« der Shakespeare-Bühne aufzubauen[38] und dessen typische Besonderheiten herauszuarbeiten. Ähnlich wie Herrmann in den *Forschungen* die in Frage kommenden Forschungsfelder nach allen Seiten hin sondiert, umkreist auch Nagler auf vielfältige Art und Weise sein theaterhistorisches Problemfeld. Den Ausgangspunkt bildet jeweils die Erörterung des Spielortes und der Bühnenform; und so wie sich Herrmann auf die Szenenanweisungen in den Dramen von Hans Sachs stützt, analysiert auch Nagler Shakespeares Haupt- und Nebentexte in bezug auf die darin enthaltenen Informationen zur Bühne, zur Dekoration, zu den Schauspielern und dem Schauspielstil, den Kostümen und dem Publikum. Mit seinem kleinen Shakespeare-Buch[39] verfolgte Nagler vor allem das Ziel, für die Studenten die wichtigsten Ergebnisse eines extrem umfangreichen Forschungsgebietes in konzentrierter Form zusammenzufassen.

Ganz zweifelsohne läßt sich Nagler als indirekter Herrmann-Schüler bezeichnen: Nach seiner Promotion hat Nagler für mehrere Jahre als Theaterkritiker in Berlin gearbeitet,[40] und vermutlich ist er dort mit Herrmann und den Arbeiten der ›Berliner Schule‹ in Berührung gekommen. Die theaterhistorischen Werke Naglers sind in starkem Maß von dem Herrmannschen Streben nach äußerster Präzision und Zurückhaltung erfüllt. Andreas Kottes Charakterisierung der *Forschungen* ließe sich auch auf Naglers Arbeiten übertragen: »Ein vollkommen nichtwissenschaftlicher Begriff drängt sich auf, wenn wir über Rekonstruktionen sprechen: Demut gegenüber dem Gegen-

---

[37] *The Medieval Religous Stage*, 1976, S. XII.
[38] *Shakespeare's Stage*, 1976 (1958), S. VII.
[39] Von Nagler selbst als »*this little book*« bezeichnet. Ebd., S. VII.
[40] Ich danke Robert K. Sarlós für diese Information.

stand, der Geschichte, als Schutz vor Rechthaberei.«[41] Herrmann hat sich Zeit seines Lebens bemühmt, die Basis der theaterwissenschaftlichen Methodologie zu erweitern und auszubauen. Nagler hat es jedoch, ähnlich wie Hans Knudsen – ein direkter Herrmann-Schüler – versäumt, wirklich innovative Wege zu beschreiten; beide haben sich auf die relative Sicherheit der Quellen zurückgezogen, aber kaum neue Fragen zu stellen gewagt.

Ist die theaterhistorische Rekonstruktion somit an ihrem Ende angelangt? Robert K. Sarlós, ein Nagler-Schüler, hat den Versuch unternommen, mit Hilfe von Computersimulationen und auf der Basis des detaillierten Bühnenplans von Renward Cysat das Luzerner Osterspiel von 1583 zu rekonstruieren.[42] Und eine internationale Forschergemeinschaft aus den USA und verschiedenen europäischen Ländern hat gerade die ersten Schritte unternommen, Theatergeschichte interaktiv auf CD-Rom und im Internet erfahrbar zu machen. Ob diese Versuche, der Rekonstruktion neue Impulse zu verleihen, Erfolg haben wird, muß die Zukunft entscheiden.

---

[41] Kotte, *Warum rekonstruieren? »Das Käthchen von Heilbronn«, aufgeführt auf dem Theater an der Wien, den 17., 18. und 19. März 1810*, 1994, S. 72.

[42] Sarlós, *Performance Reconstruction/The Vital Link between Past and Future*, 1989.

6. Theaterwissenschaft übermorgen

Diese Arbeit handelt von der Theaterwissenschaft der Vergangenheit. Läßt sich aus dem Blick auf die Theaterwissenchaft von gestern, heute und morgen eine zukünftige Perspektive entwerfen?[1] Sicher kann es sich dabei um keine allgemeingültige und unumstrittene Perspektive handeln, aber um eine Möglichkeit, die an das in den Vorbemerkungen dieser Arbeit zur ›Wissenschaftsgeschichte als Selbstreflexion‹ Gesagte anknüpft und zugleich darüber hinausgeht. Die ersten Schritte einer Theaterwissenschaft von übermorgen sind bereits getan. Die gegenwärtig florierende Theatralitätsforschung wird auch die Theaterwissenschaft der Zukunft beeinflussen, ja prägen. Von wesentlicher Bedeutung für die Erforschung des Theaters in Vergangenheit und Gegenwart ist der Perspektivenwechsel: Indem man Theater nicht länger als Monument versteht oder zu einem solchen rekonstruiert, sondern als einen zeitlich bedingten Prozeß analysiert. Nicht die statische Anschauung, sondern die dynamische Wahrnehmung wird zum entscheidenden Merkmal einer zukünftigen Theatralitätsforschung.[2]

An dieser Stelle kommt die Geschichte ins Spiel: Nur wenn es gelingt, die spezifische historische Distanz von theatralen Prozessen einzuschätzen, abzumessen und in unsere Überlegungen zum Status von Theater mit einzubeziehen, können wir einen sinnvollen Erkenntniszuwachs erwarten. Das soll nicht heißen, daß der historische Fokus für sich alleine genommen ausreichend wäre – aber er ist in jedem Fall unverzichtbar. Erst in der Kombination von theoretischen Modellen und historischen Perspektiven gestaltet sich ein sinnvolles Forschungsprogramm. Theatergeschichte darf nicht länger verstanden werden als eine bloße Aneinanderreihung von einzelnen Dokumenten und Quellen. Aufführungsanalyse bedarf eines Bewußtseins für die Transito-

---

[1] *Theaterwissenschaft heute/Eine Einführung*, 1990; *Theaterwissenschaft morgen?* Theaterzeitschrift 35 (1993). Mechthild Kirsch hat (ebd. S. 6) das Verhältnis der Theaterwissenschaft der Vergangenheit zur Gegenwart unter die schöne Überschrift »Gestern war heute noch morgen« gestellt.

[2] Vgl. hierzu die Arbeiten Helmar Schramms, der es auf höchst originelle Weise versteht, begriffsgeschichtliche, diskursanalytische und philosophische Fragestellungen bezüglich ›Theater‹ und ›Theatralität‹ miteinander zu kombinieren.

rik des Geschehens auf der Bühne, im Zuschauerraum und im Theatersystem als ganzes. Wir benötigen künftige »postpositivistische Erkenntnistheorien«, um mit Bruce McConachie zu sprechen.[3] Wie könnten diese aussehen? McConachie selbst verweist auf Kenneth Burkes Konzept des Rituals als soziales Gefüge und definiert davon abgeleitet Theater allgemein als »type of ritual which functions to legitimate an image of an historical social order in the minds of an audience. Such a definition will allow me [...] to outline some of the kinds of questions and methodologies appropriate to investigating the link beteween the social and the theatrical past.«[4] An anderer Stelle hat McConachie auf die Arbeiten des britischen Soziologen Raymond Williams hingewiesen, dessen neomarxistischer Ansatz es erlaubt, kulturelle Äußerungen vor allem als ein System der »modes of production, performance, and reception« zu analysieren.[5]

Überzeugt von der Zeitlichkeit der Wahrnehmung hat Joachim Fiebach vorgeschlagen, Theater nicht länger als ein isoliertes abstraktes Kunstgebilde zu begreifen, sondern als eine integrierte Teilmenge der allgemeinen Kulturgeschichte, vom Strafritual der Frühen Neuzeit bis zu multimedialen ›events‹.[6] So wie der Blick auf das Theater und das Erleben von Theater in höchstem Maß zeitlich und geographisch determiniert sind, gelten diese Prämissen auch für die Geschichte der Theaterwissenschaft und zwar in einem doppelten Sinn. Die Historizität der Wahrnehmung beschränkt sich nicht nur auf ein ›naives‹ Herangehen an Phänomene der Theatralität, die wissenschaftshistorischen und wissenschaftstheoretischen Implikationen sind ihrerseits ein Produkt der Zeit. Vor allem Michel Foucault hat versucht, diese doppelte Barriere mit diskursanalytischen Verfahren wenn nicht zu überwinden, so doch zumindest dagegen anzurennen.[7] Das Erscheinen von *Die Ordnung der Dinge* hat zunächst in Frankreich, später auch in Deutschland einen wahren Foucault-›Boom‹ ausgelöst, der zur Ausbildung der Diskursanalyse als strukturalistisches und poststrukturalistisches Verfahren wesentlich beigetragen hat. Diesen Weg weiterzuverfolgen bildet ein ebenso reizvolles wie

---

[3] *Toward a Postpositivist Theatre History*, 1985.
[4] Ebd., S. 466.
[5] McConachie, *Historising the Relations of Theatrical Production*, 1992.
[6] *Zur Geschichtlichkeit der Dinge und der Perspektiven/Bewegungen des historisch materialistischen Blicks*, 1990. In diesem Zusammenhang ist es außerordentlich aufschlußreich, einen Vergleich mit den 16 Jahre zuvor erstmals veröffentlichten *Thesen zu theoretisch-methodischen Fragen der Theatergeschichtsschreibung* von Fiebach und Rudolf Münz zu ziehen (wiederabgedruckt in: Klier (Hrsg.), *Theaterwissenschaft im deutschsprachigen Raum*, 1981).
[7] Foucault selbst spricht von den zwei Ebenen, auf denen der Wissenschaftshistoriker arbeitet. *Die Ordnung der Dinge*, 1994 (1971), S. 11f.

gefährliches Unterfangen. Je stärker wir gezwungen sind, unsere eigene Position als fragile und fragwürdige Konstruktion zu begreifen und je mehr wir versuchen, neue Metaebenen zu erklimmen, uns selbst zu ›dekonstruieren‹, desto weiter entfernen wir uns zugleich von einer allgemein verständlichen gesellschaftlichen Grundlage.

Die Aufspaltung der Wissenschaften in ›Geist‹, ›Natur‹ und ›Sozial‹ kann gewiß nicht rückgängig gemacht werden, und der Traum der Humanisten von einem einheitlichen und letzendlichen Wissen ist nur noch eine historisch erfaßbare Vision. Aber niemand kann und darf die Wissenschaft von ihrem gesellschaftlichen Auftrag entbinden, für ein besseres Verständnis der Welt zu kämpfen und wissenschaftliche Arbeit nicht als Elfenbeintürmerei zu begreifen, sondern als praktische Nutzbarmachung des menschlichen Geistes für eine lebenswerte Zukunft. Die gesellschaftliche Akzeptanz der Universitäten ist keine Gottgegebenheit, und die Autonomie des Denkens muß immer wieder neu errungen und verteidigt werden; andernfalls degeneriert menschliches Wissen zu einer bloßen Frage nach dem Profit. Am Ende dieser Diskussion könnte die öffentliche Meinung zu der Überzeugung gelangen, daß Streben nach individueller Erkenntnis in den Geisteswissenschaften ein kostspieliges und unsinniges Unterfangen darstellt. Es kann dem ›wilden Denken‹ nicht schaden, die Augen für gesellschaftliche Veränderungen und neue Anforderungen offenzuhalten.

Aus diesen und noch vielen weiteren Gründen möchte ich einen Schritt zurückgehen und die Frage nach der Historizität in der Theaterwissenschaft und den Aufgaben von Wissenschaftsgeschichte neu stellen. Mittlerweile liegt zwischen der ›Geburtsstunde‹ der Theaterwissenschaft um 1900 und der Theaterwissenschaft von heute fast ein Jahrhundert voller Ideen, Überzeugungen, Hoffnungen, Enttäuschungen und neuer Hoffnungen. Diese Studie hat sich bemüht zu verdeutlichen, daß einerseits viele Ansätze der ›Großväter‹ nur verständlich werden, wenn man die Zeitumstände der Entstehung berücksichtigt; und andererseits sich nicht scheut, einen klaren Standpunkt zu beziehen und den ›Abfallhaufen‹ der Geschichte weiter aufzuhäufen. Mittlerweile haben wir gelernt, daß Abfälle kein unnötiger Ballast sind, sondern häufig wertvolle Bestandteile enthalten, die recycelt werden können. Noch besser ist es freilich, die Abfallmenge von vornherein so gering wie möglich zu halten. Das ›Wühlen‹ im Abfallhaufen der Theaterwissenschaft kann gelegentlich den Ausgangspunkt spannender Entdeckungsreisen bilden, die nicht notwendigerweise zum Ziel der Verwendbarkeit führen, die in jedem Fall aber helfen, das kritische Bewußtsein zu schärfen.

Die Anfänge der Theaterwissenschaft drohen gelegentlich, einem Verdikt anheimzufallen, indem sie allesamt als ›blanker Positivismus‹ abgeurteilt werden. Was aber bedeutet ›Positivismus‹ in der Theaterwissenschaft? Ist es allein eine ungebrochene Quellengläubigkeit, ein Festklammern an materiellen Funden?[8] Ronald W. Vince hat die Präsumptionen der Theaterforschung an der Wende zum 20. Jahrhundert in vier Punkten zusammengefaßt:

1) the assumption that the truth and validity of history lies in the factual record of the past, recoverable through the accumulation of data;
2) the assumption that historical change is an evolutionary process;
3) the assumption that the object of study, theatrical performance, is a form of art;
4) the assumption that the central and the most constant evidence of that art is the dramatic text.[9]

Einige dieser Überzeugungen wird man ohne Zweifel als Positivismus oder zumindest als positivistisch geprägt bezeichnen können, andere tendieren zu einem allgemeinen Historismus und zu einem literaturwissenschaftlich geprägten Denken. Ist Positivismus, wie Bruce McConachie schreibt, 1) die Überzeugung, daß nur objektive Wahrheiten als Wissen zählen, 2) die Annahme, daß nur leidenschaftslos erhobene Fakten die Basis aussagekräftiger Wahrheit bilden können, und 3) die Verpflichtung zu einem ›theoriefreien‹ induktiven Ordnen von Fakten, so daß diese objektive Erklärungen liefern?[10] Ist bereits das Bauen auf Empirie und Statistik ein Zeichen von Positivismus? Dann würden nahezu alle Sozialwissenschaften ›positivistisch‹ arbeiten. Oder handelt es sich vielmehr um eine philosophische Fragestellung nach dem Wesen von Wahrheit und dem wissenschaftlichen Umgang mit ihr?[11] Letztendlich läßt sich die Frage wohl nicht allgemeingültig beantworten, und jeder Wissenschaftler ist gehalten, seine Haltung im Umgang mit dem Positivismus für sich zu klären und diese Haltung in den wissenschaftlichen Diskurs einzu-

---

[8] Wenn in dieser Arbeit der Begriff ›Positivismus‹ gebraucht wurde, so in diesem Sinn; nicht ohne daran zu erinnern, daß der Positivismus als Erkenntnisideal einer Generation von Wissenschaftlern zwischen 1850 und 1900 auch zahlreiche gute Dienste geleistet hat. Zum ›Positivismus-Vorwurf‹ vgl. auch Roach, *Introduction*, 1992.

[9] *Issues in Theatre Historiography*, 1990.

[10] *Towards a Postpositivist Theatre History*, 1985, S. 467. Ich habe diese Stelle nur übersetzt, um den Lesefluß nicht zu unterbrechen.

[11] Die Frage ›was ist Wahrheit‹ hat eine zentrale Rolle für jede wissenschaftliche Auseinandersetzung. Entweder sind wir von der Existenz einer letztendlichen Wahrheit überzeugt und glauben an die Möglichkeit, sie zu erringen; oder wir meinen, daß Wahrheit existiert, wir uns in den meisten Fällen aber irren; oder wir halten Wahrheit für ein bloßes Konstrukt: wahr ist, wovon eine jeweilige Mehrheit überzeugt ist, daß es wahr ist.

bringen.[12] Dies gilt auch für die Theaterwissenschaft und ihren Umgang mit Geschichte und Gegenwart, bei dem die Hilfe der Wissenschaftsgeschichte unverzichtbar wird. Zu diesem Zweck ist es nötig, daß die Wissenschaftsgeschichte und die Wissenschaftsforschung weitaus häufiger als bisher zu einem wirklichen interdisziplinären Arbeiten finden. Die Erforschung der jeweiligen Fachgeschichte kümmert viel zu häufig als Randexistenz dahin, und wenn – selten genug – eine Fachtagung zum Thema Disziplingeschichte abgehalten wird, so treffen meist nur wenige Spezialisten aufeinander.[13] Aber mit Tagungen allein ist es nicht getan: Will man die Rolle der Wissenschaftsgeschichte als ›historisches Gewissen‹ ernst nehmen, ist vor allem eine engere und dauerhafte Zusammenarbeit in Forschung und Lehre nötig.

Ein weiteres Desiderat liegt in der Wissenschaftsforschung. Dieses relativ neue Gebiet, das seine Anfänge in den USA hat, gewinnt auch in Deutschland zunehmend an Einfluß.[14] Bislang haben sich die Überlegungen der Wissenschaftsforschung allerdings in erster Linie um Problemkomplexe wie das Verhältnis von Wissenschaft und Öffentlichkeit, Wissenschaft und Geschlecht, und Wissenschaft als Sozialsystem bemüht. Aufgrund der US-amerikanischen Herkunft ist es auch nicht weiter verwunderlich, daß der Blick so gut wie ausschließlich den ›harten Disziplinen‹, der ›science‹, und den Sozialwissenschaften gilt, und die Geisteswissenschaften weitgehend vernachlässigt wurden. Wenn eine soziologische Wissenschaftsforschung und eine hermeneutisch-historisch ausgerichtete Wissenschaftsgeschichte auf der Basis von wirklicher Interdisziplinarität zusammenarbeiten, könnte daraus ein neues Selbst-bewußt-sein aller Disziplinen erwachsen. Die Theaterwissenschaft kann hierzu ihren Teil beitragen, indem sie den offenen Austausch mit anderen Fächern sucht, fördert und ausbaut.

---

[12] Heutzutage will niemand mehr ein Positivist sein, und Positivismus wird in der Regel als Vorwurf für ein naives Vorgehen gebraucht. Dennoch sollten wir uns angewöhnen, den Begriff ›Positivismus‹ etwas kritischer zu verwenden. Ron W. Vince hat es im Rahmen seiner Abschlußrede zum XII. World Congress der IFTR/FIRT in Moskau 1994 auf die einprägsame Formel gebracht: »You say positivist when you don't have to say anything else«.

[13] Eine lobenswerte Ausnahme bildete ein vom ›Interdisziplinären Institut für Wissenschaftstheorie und Wissenschaftsgeschichte‹ Erlangen (IIWW) 1995 abgehaltenes Symposion zum Thema ›Perspektiven der Disziplingeschichtsschreibung‹. Im Rahmen dieses Symposions dikutierten miteinander u.a. Vertreter aus Philosophie, Mathematik, Ingenieurswissenschaft, Medizin und Kunstgeschichte.

[14] Vgl. die ausgezeichnete Einführung von Felt, Nowotny und Taschwer, *Wissenschaftsforschung*, 1995.

Archivalia/Siglenverzeichnis

Amsterdam:
SCPA   Stichting Castrum Peregrini Amsterdam, Nachlaß Vera Lachmann

Berlin:
MHS   Slg. Max Herrmann, Staatsbibliothek zu Berlin/Preußischer Kulturbesitz
acc. ms. 1994.23

SBPK   Staatsbibliothek zu Berlin / Preußischer Kulturbesitz
Nachlässe: Johannes Bolte; Johannes Günther; Otto Hirschfeld; Felix v.
Luschan; Theodor Mommsen
Nachlaß Gerhart Hauptmann (Gesellschaft der Freunde und Förderer des
theaterwissenschaftlichen Instituts) GH Br NL B III, K. 3
Sturm-Archiv

HUA   Humboldt-Universität Berlin/Universitäts-Archiv UK-Personalia H 258 I–III
Phil-Fak. 36,51; 38,448; 1437,244; 1438,43f.; 1468,48b-c; 1477,330;
1477,336; 1477,353

GStA   Geheimes Staatsarchiv Preußischer Kulturbesitz (Abteilung Merseburg)
Ministerium für Wissenschaft, Kunst und Volksbildung PK I. HA Rep. 76
Va Sekt.2 Tit. IV:
Nr. 51 Bd 9 Bl. 33,34; Bd 17 Bl. 6, 6RS; Nr. 53 Bd 20 Bl 415,416; Nr. 68 B
Bd 1 Bl. 79-84; Bd 2 Bl. 352; Bd 3 Bl 81, 111, 112, 145, 145RS, 290-
291RS; Bd 4 Bl. 453

LAB   Landesarchiv Berlin: Vermögenserklärung Max und Helene Herrmann
GFT   Gesellschaft für Theatergeschichte: Protokollbuch der Gesellschaft
Brief von Georg Elsner an Max Herrmann v .5.2.1934

Frankfurt:
FSU   Frankfurt Stadt- und Universitätsbibliothek
Nachlaß Richard Weichert 365 a3; Nachlaß R. Presber 38/4777

Göttingen:
GöSU   Göttingen Staats- und Universitätsbibliothek
Cod. Ms. Baesecke 80; Cod. Ms G. Roethe 85; Cod. Ms. E. Schröder 375

Marbach:
DSNM   Schiller-Nationalmuseum / Deutsches Literaturarchiv
A: Kutscher 57.4701; A: Petersen 66.1319; A: Spiero 63.385 / 87-89

DSNM/CA   Schiller-Nationalmuseum / Deutsches Literaturarchiv, Cotta-Archiv (Stiftung der Stuttgarter Zeitung)
Briefwechsel G. Cottasche Buchhandlung Nachf. – Max Herrmann

München:

MüBS München / Bayerische Staatsbibliothek
Krausiana I; Krumbacheriana I; Laubmanniana II; Petzetiana IV b;
Rehmiana IV,D

Potsdam:

BAP Bundesarchiv Potsdam; Ministerium der geistlichen und Unterrichts-Ange-
legenheiten (Ministerium für Wissenschaft, Kunst und Volksbildung)
R 4901; 1450: Acta betreffend die Errichtung eines theaterwissenschaftlichen Instituts

Bibliographie

Arnott, James u.a. (Hrsg.): Der Raum des Theaters. Eine Untersuchung der Wechselwirkungen zwischen Raum, Technik, Spiel und Gesellschaft. Beiträge zum 8. Weltkongreß der FIRT/IFTR in München. München 1977.

Arnott, James: An Introduction to Theatrical Scholarship. In: Theatre Quarterly 39 (1981), S. 29–42.

Auerwald, Iris: Max Herrmann. Biographie eines Wissenschaftlers. Germanistik-Diplomarbeit HU Berlin 1986.

Bab, Julius: Das Theater im Lichte der Soziologie. Leipzig 1931. Nachdr. Stuttgart 1974.

– Das Theater der Gegenwart. Geschichte der dramatischen Bühne seit 1870. Leipzig 1928.

Balk, Claudia: Theatergöttinnen. Inszenierte Weiblichkeit Clara Ziegler – Sarah Bernhard – Eleonore Duse. Berlin 1994. (Schriften der Gesellschaft für Theatergeschichte e.V.; 72).

Balme, Christopher (Hrsg.): Das Theater von Morgen. Texte zur deutschen Theaterreform (1870–1920). Würzburg 1988.

– Kulturanthropologie und Theatergeschichtsschreibung: Methoden und Perspektiven. In: Erika Fischer-Lichte u.a. (Hrsg.): Arbeitsfelder der Theaterwissenschaft. Tübingen 1994 (Forum modernes Theater; 15), S. 45–57.

– Theater im postkolonialen Zeitalter. Studien zum Theatersynkretismus im englischsprachigen Raum. Tübingen 1995 (Theatron: Studien zur Geschichte und Theorie der dramatischen Künste; 13).

– Zwischen Artifizialität und Authentizität: Frank Wedekind und die Theaterfotographie. In: Andreas Kotte (Hrsg.): Theater der Region – Theater Europas. Kongreß der Gesellschaft für Theaterwissenschaft. Basel 1995 (Materialien des ITW Bern; 2), S. 175–187

Barisch, Theodor: Dem Gedächtnis Max Herrmanns. In: Theater der Zeit 8 (1955), S. 13–16.

Bayerdörfer, Hans Peter u.a. (Hrsg.): Literatur im Wilhelminischen Zeitalter. Tübingen 1978.

– Von der Verbindlichkeit der Theatergeschichte. In: Itw-Informationen aus dem Institut für Theaterwissenschaft der Universität München 17 (1986), S. 80–86.

– Probleme der Theatergeschichtsschreibung. In: Theaterwissenschaft heute. Eine Einführung. Hrsg. v. Renate Möhrmann unter wissenschaftlicher Mitarbeit von Matthias Müller. Berlin 1990, S. 41–63.

– Theater und Bildungsbürgertum zwischen 48er Revolution und Jahrhundertwende. In: Bildungsbürgertum im 19. Jahrhundert. Teil III: Lebensführung und ständische Vergesellschaftung. Hrsg. v. M. Rainer Lepsius. Stuttgart 1992 (Industrielle Welt. Schriftenreihe des Arbeitskreises für moderne Sozialgeschichte; 47. Hrsg. v. Reinhart Koselleck, M. Rainer Lepsius), S. 42–64.

Bayertz, Kurt: Wissenschaft als historischer Prozeß. Die antipositivistische Wende in der Wissenschaftstheorie. München 1980.

Behrendsen, Peter u.a.: Die Theatersammlungen des Instituts für Theaterwissenschaft der Universität Köln. Köln, masch. verv. 1973.

Bender, Wolfgang F. (Hrsg.): Schauspielkunst im 18. Jahrhundert. Grundlagen, Praxis, Autoren. Stuttgart 1992.

Berg, Chista/Ulrich Herrmann: Einleitung. Industriegesellschaft und Kulturkrise. Ambivalenzen des Zweiten Deutschen Kaiserreichs 1870–1918. In: Handbuch der deutschen Bildungsgeschichte. Band IV 1870–1918: Von der Reichsgründung bis zum Ende des Ersten Weltkriegs. Hrsg. v. Christa Berg. München 1991, S. 3–56.

Berg, Jan: Werktreue: eine Kategorie geht fremd. In: Theaterzeitschrift 1 (1982), S. 93–99.

–   Das Autonomie-Mißverständnis der Theaterwissenschaft. In: Theaterzeitschrift 8 (1984), S. 35–43.

–   Zur Geschichte und Theorie des spektatorischen Ereignisses. Einführung in die Theaterwissenschaft. Habil.-Schrift FU Berlin 1987.

Bergman, Gösta M.: Der Eintritt des Berufsregisseurs in die deutschsprachige Bühne. In: Maske und Kothurn 12.1 (1966), S. 63–91.

Bernheim, Ernst: Lehrbuch der historischen Methode und der Geschichtsphilosophie. Mit Nachweis der wichtigsten Quellen und Hilfsmittel zum Studium der Geschichte. [1889] Band I, II Leipzig 5/61908. Nachdr. New York 1960.

Bernstein, Eckhard: Die Literatur des deutschen Frühhumanismus. Stuttgart 1978.

Best, Heinrich, Schröder, Wilhelm Heinz: Quantitative historische Sozialforschung. In: Christian Meier, Jörn Rüsen (Hrsg.): Historische Methode. München 1988. (Theorie der Geschichte. Beiträge zur Historik; 5), S. 235–266.

Bieber, Margarete: Die Denkmäler zum Theaterwesen im Altertum. Berlin, Leipzig 1920.

Bildungsbürgertum im 19. Jahrhundert. Teil I: Bildungssystem und Professionalsierung im internationalen Vergleich. Hrsg. v. Werner Conze, Jürgen Kocka. Stuttgart 1985. (Industrielle Welt. Schriftenreihe des Arbeitskreises für moderne Sozialgeschichte; 38. Hrsg. v. Werner Conze).

Bildungsbürgertum im 19. Jahrhundert. Teil II: Bildungsgüter und Bildungswissen. Hrsg. v. Reinhart Koselleck. Stuttgart 1990. (Industrielle Welt. Schriftenreihe des Arbeitskreises für moderne Sozialgeschichte; 41. Hrsg. v. Reinhart Koselleck, M. Rainer Lepsius).

Bildungsbürgertum im 19. Jahrhundert. Teil III: Lebensführung und ständische Vergesellschaftung. Hrsg. v. M. Rainer Lepsius. Stuttgart 1992 (Industrielle Welt. Schriftenreihe des Arbeitskreises für moderne Sozialgeschichte; 47. Hrsg. v. Reinhart Koselleck, M. Rainer Lepsius).

Bildungsbürgertum im 19. Jahrhundert. Teil 4: Politischer Einfluß und gesellschaftliche Formation. Hrsg. v. Jürgen Kocka. Stuttgart 1989 ((Industrielle Welt. Schriftenreihe des Arbeitskreises für moderne Sozialgeschichte; 48. Hrsg. v. Jürgen Kocka).

Blanke, Horst Walter: Historiographiegeschichte als Historik. Stuttgart-Bad Cannstatt 1991 (Fundamenta Historica; 3).

–   Ernst Bernheims Lehrbuch der Historischen Methode: Drei Argumentationsebenen einer praxisbezogenen Historik. In: 125 Jahre Historisches Seminar/Sektion Geschichtswissenschaft der Ernst-Moritz-Arndt-Universität Greifswald 1988. Greifswald 1990, S. 33–44.

Blühdorn, Jürgen/Joachim Ritter (Hrsg.): Positivismus im 19. Jahrhundert. Beiträge zu seiner geschichtlichen und systematischen Bedeutung. Frankfurt a.M. 1971 (Studien zur Philosophie und Literatur des 19. Jahrhunderts; 16/»Neunzehntes Jahrhundert« Forschungsunternehmen der Fritz Thyssen Stiftung).

Blume, Horst Dieter: Einführung in das antike Theaterwesen. Darmstadt 1978.

Boden, Petra: Zur Entwicklung der literaturhistorischen Konzeption Julius Petersens. In: Zeitschrift für Germanistik 9 (1988), S. 72–86.

Boden, Petra/Bernhard Fischer: Der Germanist Julius Petersen (1871–1941). Bibliographie, systematisches Nachlaßverzeichnis und Dokumentation. Marbach a.N. 1993.

Boehn, Max von: Das Bühnenkostüm in Altertum, Mittelalter und Neuzeit. Berlin 1921.

Bohn, Rainer: Geist, Kunst, Trägheit. Kann man die Theaterwissenschaft evaluieren? In: Theaterzeitschrift 8 (1984), S. 44–58.

Borcherdt, Hans Heinrich: Theaterwesen als Lehrfach. In: Die Deutsche Bühne 14 (1922), S. 429–432.

– Der Renaissancestil des Theaters. Halle/S 1926.

– Theater und bildende Kunst im Wandel der Zeiten. In: Euphorion 32 (1931), S. 179–187.

– Das europäische Theater im Mittelalter und in der Renaissance. Leipzig 1935.

Borchmeyer, Dieter: Das Theater Richard Wagners: Idee – Dichtung – Wirkung. Stuttgart 1982.

Born, Friedrich: Ein Baustein zur Rehabilitierung der Schererschule. Zur 30. Wiederkehr von Berthold Litzmanns Todestag. Emsdetten 1956.

Boschan, Bärbel: In dubiis libertas? Die Entwicklung der Berliner Philosophischen Fakultät im Zeitraum 1870–1900. In: Bernhard v. Brocke (Hrsg.): Wissenschaftgeschichte und Wissenschaftspolitik im Industriezeitalter: Das ›System Althoff‹ in historischer Perspektive. Hildesheim 1991 (Edition Bildung und Wissenschaft), S. 267–285.

Brauneck, Manfred: Klassiker der Schauspielregie. Positionen und Kommentare zum Theater im 20. Jahrhundert. Reinbek bei Hamburg 1988.

– Theater im 20. Jahrhundert. Programmschriften, Stilperioden, Reformmodelle. Reinbek bei Hamburg 1988.

– Die Welt als Bühne. Geschichte des europäischen Theaters. Band I, II. Stuttgart 1993–1996.

Brockett, Oscar G.: History of the Theatre. [1968] Boston [4]1982, [7]1995.

Brook, Peter: Der leere Raum. [1969] Berlin 1994.

Brooks, Neil C.: The Hans Sachs Stage in the Church of St. Martha. In: Journal of English and German Philology 16 (1917), S. 208–225.

– The Mastersinger Stage. In: Journal of English and German Philology 22 (1923), S. 327–346.

Bürger, Christa: Einleitung: Die Dichotomie von hoher und niederer Literatur. Eine Problemskizze. In: Christa Bürger u.a. (Hrsg.): Zur Dichotomisierung von hoher und niederer Literatur. Frankfurt a.M. 1982, S. 9–39.

Buhlan, Harald: Theatersammlung und Öffentlichkeit: Vorüberlegungen für ein Konzept von »Theatermuseum«. Frankfurt a.M. u.a. 1983 (Studien zum Theater, Film und Fernsehen; 1).

Bulthaupt, Heinrich: Dramaturgie des Schauspiels. Band I–IV. Oldenburg 1902–1905 [1882–83 Band I–III unter dem Titel: Dramaturgie der Klassiker].

Burckhard, Max: Das Theater. Frankfurt a.M. 1907 (Die Gesellschaft; 18. Sammlung sozialpsychologischer Monographien. Hrsg. v. Martin Buber).

Burns, Elisabeth: Theatricality. A Study in Convention in Theatre and Every Day Life. London 1972.

Carlson, Marvin: Places of Performance. The Semiotics of Theatre Architecture. Ithaca, New York 1989.

– Theatre Audiences and the Reading of Performance. In: Thomas Postlewait, Bruce A. McConachie (Hrsg.): Interpreting the Theatrical Past. Essays in the Historiography of Performance. University of Iowa 1989, S. 82–98.

Conrady, Karl Otto: Germanistik in Wilhelminischer Zeit. Bemerkungen zu Erich Schmidt. In: Hans Peter Bayerdörfer u.a. (Hrsg.): Literatur im Wilhelminischen Zeitalter. Tübingen 1978, S. 370–398.

Conze, Werner/Jürgen Kocka: Einleitung. In: Bildungsbürgertum im 19. Jahrhundert. Teil I: Bildungssystem und Professionalisierung im internationalen Vergleich. Hrsg. v. Werner Conze, Jürgen Kocka. Stuttgart 1985 (Industrielle Welt. Schriftenreihe des Arbeitskreises für moderne Sozialgeschichte; 38. Hrsg. v. Werner Conze), S. 9–26.

Corssen, Meta: Zum Gedächtnis Max Herrmanns. In: Die Sammlung 2 (1947), S. 126-128.

Corssen, Stefan: Die Anfänge der Theaterwissenschaft in Deutschland. Magisterarbeit Erlangen 1992.

– Das erste Standardwerk der Theaterwissenschaft: Max Herrmann und die Forschungen zur deutschen Theatergeschichte des Mittelalters und der Renaissance. In: Andreas Kotte (Hrsg.): Theater der Region – Theater Europas. Kongreß der Gesellschaft für Theaterwissenschaft. Basel 1995 (Materialien des ITW Bern; 2), S. 201–209.

– »Liebhaben, was übriggeblieben ist«. Leben und Werk des Theaterwissenschaftlers Max Herrmann (1865–1942). In: Gesellschaft für Theatergeschichte e.V. (Hrsg.): Max Herrmann und die Anfänge der deutschsprachigen Theaterwissenschaft. Berlin 1992. [Ausstellungsführer der Universitätsbibliothek der Freien Universität Berlin; 26), S. 7–18.

Creizenach, Wilhelm: Geschichte des neueren Dramas. Band I–V. Halle 1893–1916.

– Rezension: Max Herrmann: Forschungen zur deutschen Theatergeschichte des Mittelalters und der Renaissance. In: Jahresberichte für Neuere Deutsche Literaturgeschichte 25 (1914), S. 482–484.

Daniel, Glyn: Geschichte der Archäologie. Bergisch Gladbach 1982.

Daniel, Ute: Hoftheater. Zur Geschichte des Theaters und der Höfe im 18. und 19. Jahrhundert. Stuttgart 1995.

»Das war ein Vorspiel nur«. Bücherverbrennung Deutschland 1933: Voraussetzungen und Folgen. Katalog der Ausstellung der Akademie der Künste vom 8. Mai bis 3. Juli 1983. Berlin 1983.

Datenhandbuch zur deutschen Bildungsgeschichte. Band I: Hochschulen, 2. Teil: Wachstum und Differenzierung der deutschen Universitäten 1830–1945. Von Hartmut Titze, unter Mitarbeit v. Hans Georg Herrlitz u.a. Göttingen 1995.

Dehn, Günther: Die alte Zeit, die vorigen Jahre. München 1962.

The Design of the Globe. Conclusions from the Archeological Evidence for Shakespeare's Globe Theatre. The International Shakespeare Globe Centre 1993.

Dessoir, Max: Das Doppel-Ich. Leipzig 1890.

– Ästhetik und allgemeine Kunstwissenschaft. Stuttgart 1906.

– Buch der Erinnerung. Stuttgart 1946.

Deutsche Thalia. Jahrbuch für das gesammte Bühnenwesen. Hrsg. v. Arnold Mayer. Band I. Wien, Leipzig 1902.

Das Deutsche Theater. Jahrbuch für Bühne und Drama. Hrsg. v. Paul Bourfeind, Paul Joseph Cremers u. Ignaz Gentges. Leipzig Band I 1922/23, Band II 1923/24, Band III 1927/28.

Deutsches Bühnenjahrbuch. Theatergeschichtliches Jahr- und Adressenbuch. Gemeinschaftlich hrsg. v. dem Deutschen Bühnenverein und der Genossenschaft Deutscher Bühnenangehöriger. Berlin 1919–1933.

Devrient, Eduard: Geschichte der deutschen Schauspielkunst von Eduard Devrient. Hrsg., bearbeitet und bis in die Gegenwart fortgeführt als Illustrierte deutsche Theatergeschichte von Willy Stuhlfeld. Berlin 1929.

– Geschichte der deutschen Schauspielkunst. In zwei Bänden neu hrsg. und mit einem Nachwort versehen von Rolf Kabel, Christoph Trilse. München, Wien 1967.

Devrient, Hans (Hrsg.): Archiv für Theatergeschichte. Im Auftrag der Gesellschaft für Theatergeschichte herausgegeben. Band I, II. Berlin 1904f.

Diebold, Bernhard: Das Rollenfach im deutschen Theaterbetrieb des 18. Jahrhunderts. Leipzig, Hamburg 1913 (Theatergeschichtliche Forschungen; 25). Nachdr. Nendeln/ Liechtenstein 1978.

– Das Theater der Meistersinger zu Nürnberg. In: Die Scene 7 (1917), S. 53–54; S. 75– 79.

Diedrichsen, Dietrich: Theaterwissenschaft und Literaturwissenschaft. In: Euphorion 60 (1966), S. 402–414.

Diemer, A[lwin]: Stichwort »Geisteswissenschaften«. In: Joachim Ritter (Hrsg.): Historisches Wörterbuch der Philosophie. Band 3: G–H. Basel, Stuttgart 1974, Sp. 211–215.

Dietrich, Margret: Pomponius Laetus' Wiedererweckung des antiken Theaters. In: Maske und Kothurn 3.3 (1957), S. 245–267.

– Europäische Dramturgie im 19. Jahrhundert. Graz, Köln 1961.

Dilly, Heinrich: Kunstgeschichte als Institution. Studien zur Geschichte einer Disziplin. Frankfurt a.M. 1979.

– Heinrich Wölfflin und Fritz Stich. In: Christoph König, Eberhard Lämmert (Hrsg.): Literaturwissenschaft und Geistesgeschichte 1910 bis 1925. Frankfurt a.M. 1993, S. 265–285.

Dilthey, Wilhelm: Das Erlebnis und die Dichtung. Lessing Goethe Novalis Hölderlin. [1905] Göttingen [12]1921.

– Einleitung in die Geisteswissenschaften. Versuch einer Grundlegung für das Studium der Gesellschaft und der Geschichte. [1883] Gesammelte Schriften I. Leipzig, Berlin [2]1923.

– Der Aufbau der geschichtlichen Welt in den Geisteswissenschaften. [1910] Frankfurt a.M. [4]1993.

Dinger, Hugo: Die Dramaturgie als theoretische Wissenschaft. Dramaturgie als Wissenschaft I. Leipzig 1904.

– Die Dramatische Kunst im System der Künste. Dramaturgie als Wissenschaft II. Leipzig 1905.

Doege, Heinrich: Die Freiherrlich von Lipperheid'sche Kostümbibliothek zu Berlin. In: Theaterwissenschaftliche Berichte 3 (1922), S. 14–17.

Dörpfeld, Wilhelm/Emil Reisch: Das griechische Theater. Beiträge zur Geschichte des Dionysos-Theaters in Athen und anderer griechischer Theater. Athen 1896. Nachdr. Aalen 1966.

Doerry, Hans: Das Rollenfach im deutschen Theaterbetrieb des 19. Jahrhunderts. Berlin 1926 (Schriften der Gesellschaft für Theatergeschichte; 35).

The Drama Review 28.3 (1984) »Reconstruction«.

Drescher,Karl: Die Meistersingerbühne. In: Deutsche Literaturzeitung N.F. 2 (1925), Sp. 307–318.

Dreyfus, Hubert L./Paul Rabinow: Michel Foucault. Jenseits von Strukturalismus und Hermeneutik. Mit einem Nachwort von und einem Interview mit Michel Foucault. [1987] Weinheim [2]1994.

Eberle, Oskar: Theaterwissenschaftliche Grundbegriffe. [1928] In: Helmar Klier (Hrsg.): Theaterwissenschaft im deutschsprachigen Raum. Texte zum Selbstverständnis. Darmstadt 1981 (Wege der Forschung; 548), S. 77–93.

– Theatergeschichte der inneren Schweiz. Das Theater in Luzern, Uri, Schwyz, Unterwalden und Zug im Mittelalter und zur Zeit des Barock 1200–1800. Königsberg 1929 (Königsberger deutsche Forschungen; 5).

– Cenalora. Leben, Glaube, Tanz und Theater der Urvölker. Olten, Freiburg i. Br. 1954.

Ebert, Gerhard: Schauspieler werden in Berlin. Von Max Reinhardts Schauspielschule zur Hochschule für Schauspiel Ernst Busch. Berlin 1987.

Ebert, Waltraud: Die Praxis der preußischen Theaterzensur 1888–1914. Staatsexamensarbeit HU Berlin 1957.

Ebert, Wolfgang: Die ›Vereinigung künstlerischer Bühnenvorstände‹ und deren Organ ›Die Scene‹. Dissertation FU Berlin 1967.

Eccles, Christine: The Rose Theatre. London, New York 1990.

Eckhardt, E.J.: Studien zur deutschen Bühnengeschichte der Renaissance. Leipzig 1931 (Theatergeschichtliche Forschungen; 41).

100 Jahre Germanisches Seminar in Berlin. In: Wiss. Zeitschrift der Humboldt-Universität zu Berlin Gesellschaftsw. R. 36.9 (1987), S. 765–916.

Engelhardt, Ulrich: ›Bildungsbürgertum‹. Begriffs- und Dogmengeschichte eines Etiketts. Stuttgart 1986 (Industrielle Welt. Schriftenreihe des Arbeitskreises für moderne Sozialgeschichte; 43. Hrsg. v. Werner Conze).

Engler, H.: Die Bühne des Hans Sachs. In: Zeitschrift für deutsche Philologie. 1–2 (1927), S. 2.

Epstein, Max: Das Theater als Geschäft. Berlin-Charlottenburg o.J. [1910].

Esslin, Martin: Die Zeichen des Dramas. Theater, Film, Fernsehen. Reinbek bei Hamburg 1989.

Fellman, Ferdinand: Lebensphilosophie. Elemente einer Theorie der Selbsterfahrung. Reinbek bei Hamburg 1993.

Felt, Ulrike/Helga Nowotny/Klaus Taschwer: Wissenschaftsforschung. Eine Einführung. Frankfurt, New York 1995.

Festgabe der Gesellschaft für deutsche Literatur zum 70. Geburtstag ihres Vorsitzenden Max Herrmann. Berlin 1935.

Feyerabend, Paul: Wider den Methodenzwang. [1976] Frankfurt a.M. ⁴1993.

Fiebach, Joachim: Zur Geschichtlichkeit der Dinge und der Perspektiven. Bewegungen des historisch materialistischen Blicks. In: Theaterwissenschaft heute. Eine Einführung. Hrsg. v. Renate Möhrmann unter wissenschaftlicher Mitarbeit v. Matthias Müller. Berlin 1990, S. 371–388.

– Von Craig bis Brecht. Studien zu Künstlertheorien des 20. Jahrhunderts. [1975] Berlin ³1991.

Fiebach, Joachim/Rudolf Münz: Thesen zu theoretisch-methodischen Fragen der Theatergeschichtsschreibung. [1974] In: Helmar Klier (Hrsg.): Theaterwissenschaft im deutschsprachigen Raum. Texte zum Selbstverständnis. Darmstadt 1981 (Wege der Forschung; 548), S. 310–326.

Fischer-Lichte, Erika: Theatergeschichte oder Theatersemiotik – eine echte Alternative? Versuch einer semiotischen Rekonstruktion der Theatergestik auf dem deutschen Theater im 18. Jahrhundert. In: Maske u. Kothurn 28.3/4 (1982), S. 163–184.

– Was ist eine ›werkgetreue‹ Inszenierung? Überlegungen zum Prozeß der Transformation eines Dramas in eine Aufführung. In: Erika Fischer-Lichte u.a. (Hrsg.): Das Drama und seine Inszenierung. Vorträge des internationalen literatur- und theatersemiotischen Kolloquiums Frankfurt a.M. 1983. Tübingen 1985, S. 37–49.

– Kurze Geschichte des deutschen Theaters. Tübingen, Basel 1993.

– Theatergeschichte und Wissenschaftsgeschichte: Eine bemerkenswerte Konstellation. Rede zur Eröffnung des Ersten Kongresses der Gesellschaft für Theaterwissenschaft e.V. in Leipzig. In: Erika Fischer-Lichte u.a. (Hrsg.): Arbeitsfelder der Theaterwissenschaft. Tübingen 1994 (Forum modernes Theater; 15) S. 13–24.

– Theatre Historiography and Performance Analysis: Different Fields, Common Approaches. In: Assaph/Studies in the Theatre 10 (1994), S. 99–112.

– Die Entdeckung des Zuschauers. Paradigmenwechsel auf dem Theater des 20. Jahrhunderts. Tübingen, Basel 1997.

– (Hrsg.): TheaterAvantgarde: Wahrnehmung – Körper – Sprache. Tübingen, Basel 1995.

– u.a. (Hrsg.): Das Drama und seine Inszenierung. Vorträge des internationalen literatur- und theatersemiotischen Kolloquiums Frankfurt a.M. 1983. Tübingen 1985

204

- u.a. (Hrsg.): Arbeitsfelder der Theaterwissenschaft. Tübingen 1994. (Forum Modernes Theater; 15).
- Flatz, Roswitha/Michaela Giesing: Das Theatermuseum der Universität zu Köln. In: Michaela Giesing (Hrsg.): Theatersammlungen in der Bundesrepublik Deutschland und Berlin (West). Berlin 1985 (Kleine Schriften der Gesellschaft für Theatergeschichte; 33), S. 69-81.

Flemming, Willi: Das Wesen der Schauspielkunst. Rostock 1927.

Fohrmann, Jürgen: Selbstreflexion der Literaturwissenschaft. In: Jürgen Fohrmann, Harro Müller (Hrsg.): Literaturwissenschaft. München 1995, S. 157–177.

Fohrmann, Jürgen/Wilhelm Voßkamp (Hrsg.): Wissenschaft und Nation: Studien zur Entstehungsgeschichte der deutschen Literaturwissenschaft. München 1991.

Foucault, Michel: Archäologie des Wissens. [1973] Frankfurt a.M. [3]1984.
- Die Ordnung der Dinge. Eine Archäologie der Humanwissenschaften. [1971] Frankfurt a.M [12]1994.

Franz Rapp (1885–1951) und das Münchner Theatermuseum. Aufzeichnungen seiner Mitarbeiterin Gertrud Hille. Zürich 1977. (Schriften der Schweizerischen Gesellschaft für Theaterkultur; 15).

Frenzel, Herbert A.: Der unvollendete Satori-Neumann. Bleibt Bd. 31 (1922) Torso? Hypothesen, Erkundungen. In: Kleine Schriften der Gesellschaft für Theatergeschichte 28 (1976), S. 52–59.
- Stichwort »Theatergeschichte, Deutsche«. In: Reallexikon der Deutschen Literaturgeschichte. Begründet v. Paul Merker, Wolfgang Stammler. Hrsg. v. Klaus Kanzog, Achim Masser. Band IV. Berlin 1984, S. 417–436.
- Geschichte des Theaters. Daten und Dokumente 1470–1890. [1979] München [2]1984.

Frenzel, Herbert A./Elisabeth Frenzel: Aus Endstationen betrachtet. Das Th. I. in Berlin um 1930 – Zu seiner Methode. In: Ingrid Nohl (Hrsg.): Ein Theatermann. Theorie und Praxis. Festschrift zu 70. Geburtstag von Rolf Badenhausen. München 1977, S. 115–120.

Freydank, Ruth (Hrsg.): Theater als Geschäft. Berlin und seine Privattheater um die Jahrhundertwende. Berlin 1995.
- Zur Einführung. In: Ruth Freydank (Hrsg.): Theater als Geschäft. Berlin und seine Privattheater um die Jahrhundertwende. Berlin 1995, S. 9–20.
- Das Hoftheater. Ein altgewordenes Kunstinstitut. In: Ruth Freydank (Hrsg.): Theater als Geschäft. Berlin und seine Privattheater um die Jahrhundertwende. Berlin 1995, S. 104–121.

Fütterer, Günther: Historische Phantasie und praktische Vernunft. Eine kritische Auseinandersetzung mit Diltheys Theorie historischer Rationalität. Würzburg 1985.

Fuchs, Georg: Die Schaubühne der Zukunft. Berlin 1905.
- Die Revolution des Theaters. Ergebnisse aus dem Münchner Künstlertheater. München 1909.

Gabler, Werner: Der Zuschauerraum des Theaters. Leipzig 1935 (Theatergeschichtliche Forschungen; 44).

Gadamer, Hans-Georg: Wahrheit und Methode. Grundzüge einer philosophischen Hermeneutik. [1960] Gesammelte Werke. Band 1, Hermeneutik I. Tübingen 1990.

Geisteswissenschaften heute. Eine Denkschrift. Mit Beiträgen von Wolfgang Frühwald u.a. Frankfurt a.M. 1991.

Genée, Rudolf: Die Entwicklung des szenischen Theaters und die Bühnenreform in München. Stuttgart 1889.

Gentges, Ignaz: Theaterwissenschaftliche Arbeit im Reich. Baden-Badener Bühnenblatt 4.38 (1924).

– Bibliographie der Theatergeschichte und des modernen Theaterwesens vom Jan. 1924–
   Dez. 1929. In: Thespis. Das Theaterbuch 1930. In Verbindung mit Kurt Karl Eberlein
   u. Oskar Fischer hrsg. v. Rudolf Roessler. Berlin 1930, S. 221–302.
Gentsch, Adolf: Die politische Struktur der Theaterführung. Dissertation Leipzig 1942.
Gering-Rook, Edward: Das Theater des XV.–XVI. Jahrhunderts. Versuch einer Betrach-
   tung der Theatergeschichte im Lichte der Geisteswissenschaft. Basel 1933.
Das Germanische Seminar der Universität Berlin. Festschrift zum fünfzigjährigen Beste-
   hen. Berlin, Leipzig 1937.
Geschichte der Mädchen- und Frauenbildung. Band II. Vom Vormärz bis zur Gegenwart.
   Hrsg. v. Elke Klein, Claudia Opitz. Frankfurt a.M., New York 1996.
Gesellschaft für Theatergeschichte e.V. (Hrsg.): Max Herrmann und die Anfänge der
   deutschsprachigen Theaterwissenschaft. Berlin 1992. [Ausstellungsführer der Uni-
   versitätsbibliothek der Freien Universität Berlin; 26).
Giesing, Michaela (Hrsg.): Theatersammlungen in der Bundesrepublik Deutschland und
   Berlin (West). Berlin 1985 (Kleine Schriften der Gesellschaft für Theatergeschichte;
   33).
Girshausen, Theo: Erkundungen im Konjunktiv. Über Geschichte und Perspektiven der
   Theaterwissenschaft. In: Theaterzeitschrift 1 (1982), S. 101–113.
– Zur Geschichte des Fachs. In: Theaterwissenschaft heute. Eine Einführung. Hrsg. v.
   Renate Möhrmann unter wissenschaftlicher Mitarbeit v. Matthias Müller. Berlin 1990,
   S. 21–37.
Glossy, Karl (Hrsg.): Internationale Ausstellung für Musik- und Theaterwesen Wien 1892.
   Wien 1892.
– (Hrsg.): Internationale Ausstellung für Musik- und Theaterwesen Wien 1892. Abthei-
   lung für Drama und Theater. Theatergeschichtliche Ausstellung der Stadt Wien. Hrsg.
   v. Karl Glossy. Wien 1892.
Goersch, Horst: Das Germanische Seminar in der literarischen Öffentlichkeit der Weima-
   rer Republik. In: 100 Jahre Germanisches Seminar in Berlin. Wiss. Zeitschrift der
   Humboldt-Universität zu Berlin Gesellschaftsw. R. 9, 26 (1987), S. 816–821.
Goll, Roland Martin: Theorie Theatralen Handelns. Überlegungen zur Konstitution und
   Legitimation einer Kunstgattung. Erlangen 1981 (Erlanger Studien; 32).
Gollmitz, Renate: Max Herrmann, ein jüdischer Germanist an der Berliner Universität. In:
   Beiträge zur Geschichte der Humboldt-Universität 23. Die Humboldt-Universität und
   ihre Geschichte. Aus der Arbeit der Universitätshistorischen Kolloquien 1987–89,
   S. 77–85.
– Zum 10. Mal: Max-Herrmann-Preis. In: Das Stichwort. Nachrichten aus der Staatsbib-
   liothek 32.2 (1988), S. 15f.
– Max-Herrmann-Preis 1989. In: Das Stichwort. Nachrichten aus der Staatsbibliothek
   33.2 (1989) S. 17f.
Gombrich, Ernst H.: Aby Warburg: Eine intellektuelle Biographie. Frankfurt a.M. 1981.
Graf, Ruedi: Das Theater in der wohlbestellten Republik. Zur Herausbildung eines lite-
   rarischen Theaters in Deutschland. In: Der innere Staat des Bügertums: Studien zur
   Entstehung bürgerlicher Hegemonie-Apparate im 17. und 18. Jahrhundert. Vier Be-
   reichsstudien/Projekt Ideologie–Theorie. Berlin 1986 (Argument Sonderband; III),
   S. 41–61.
Gregor, Joseph: Wiener szenische Kunst. Band II: Das Bühnenkostüm in historischer, äs-
   thetischer und psychologischer Analyse. Zürich, Leipzig, Wien 1925.
Gregori, Ferdinand: Schauspieler-Sehnsucht. Gesammelte Aufsätze. München 1903.
– Die Universitäten und das Theater. In: Zeitschrift für Deutschkunde 62 (1928), S. 207–
   211.
– Das gesprochene Wort. Gesammelte Aufsätze. Leipzig 1930.

Greiner, Wolfgang: Max Martersteig: Der Bühnenleiter und Schriftsteller. Emsdetten 1938 (Die Schaubühne; 24).

Greisenegger, Wolfgang: Die Realität im religiösen Theater des Mittelalters. Ein Beitrag zur Rezeptionsforschung. Wien 1978 (Wiener Forschungen zur Theater- und Medienwissenschaft; 1).

Grimm, Reinhold (Hrsg.): Deutsche Dramentheorien. Beiträge zu einer historischen Poetik des Dramas in Deutschland. [1973] Band I, II. Wiesbaden ³1980.

Groenewold, Eberhard/Hans Halm: Verzeichnis der literarhistorischen und theaterwissenschaftlichen Schriften Hans Heinrich Borcherdts. München 1937.

Grohmann, Walter: Das Münchner Künstlertheater in der Bewegung der Szenen- und Theaterreformen. Berlin 1935 (Schriften der Gesellschaft für Theatergeschichte; 47).

Groos, Karl: Die Spiele der Menschen. Jena 1899. Nachdr. Hildesheim, New York 1973 (Documenta Semiotica: Serie 3, Semiotik).

Groß, Edgar: Johann Friedrich Ferdinand Fleck. Ein Beitrag zur Entwicklungsgeschichte des deutschen Theaters. Berlin 1914 (Schriften der Gesellschaft für Theatergeschichte; 22).

– Wege und Ziele der Theatergeschichte. [1919] In: Helmar Klier (Hrsg.): Theaterwissenschaft im deutschsprachigen Raum. Texte zum Selbstverständnis. Darmstadt 1981 (Wege der Forschung; 548), S. 40–50.

Grosse, Ernst: Die Anfänge der Kunst. Freiburg i. Br., Leipzig 1894.

Grube, Ernst: Untersuchungen über den Quellenwert bildkünstlerischer Darstellungen für die Erforschung des Mittelalterlichen Theaters. Dissertation FU Berlin 1955.

– Die abendländisch-christliche Kunst des Mittelalters und das geistliche Schauspiel der Kirche. Eine kritische Untersuchung der theaterwissenschaftlichen Quellenforschung. In: Maske und Kothurn 3.1 (1957), S. 22–59.

Gründer, Karlfried: Die Bedeutung der Philosophie in der Bildung des deutschen Bürgertums im 19. Jahrhundert. In: Bildungsbürgertum im 19. Jahrhundert. Teil II: Bildungsgüter und Bildungswissen. Hrsg. v. Reinhart Koselleck. Stuttgart 1990 (Industrielle Welt. Schriftenreihe des Arbeitskreises für moderne Sozialgeschichte; 41. Hrsg. v. Reinhart Koselleck, M. Rainer Lepsius), S. 47–56.

Günther, Herbert: Drehbühne der Zeit. Freundschaften, Begegnungen, Schicksale. Hamburg 1957.

– Artur Kutscher. In: Dramaturgische Gesellschaft e.V. Jahresbericht 1960. Band I. Berlin 1960, S. 372–385.

– (Hrsg.): Für Artur Kutscher. Ein Buch des Dankes. Düsseldorf 1938.

– (Hrsg.): Erfülltes Leben. Festschrift für Artur Kutscher zu seinem 75. Geburtstage. Bremen-Horn 1953.

Günther, Johannes: Der Theaterkritiker Heinrich Theodor Rötscher. Mit besonderer Berücksichtigung seiner Kritik der theatralischen Darstellung. Leipzig 1921 (Theatergeschichtliche Forschungen; 31).

– Vom Werden und Wesen der Bühne. Dessau o.J. [1926].

Gvozdev, Alexsej A.: Germanskaja Nauka O Teatre: K Metodologij Istorij Teatra. (Die deutsche Theaterwissenschaft: Zur Methodologie der Theatergeschichte) In: Alexsej A. Gvozdev: Is Istorij Teatra I Dramy. Petrograd 1923, S. 5–24.

Haarmann, Herrmann: Theater und Geschichte. Zur Theorie des Theaters als gesellschaftlicher Praxis. Gießen 1974 (Argumentationen; 15).

Habermas, Jürgen: Erkenntnis und Interesse. [1968] Frankfurt a.M. ¹¹1994.

Hänseroth, Albin: Elemente einer integrierten empirischen Theaterforschung. Frankfurt a.M. 1976.

Härle, Heinrich: Zur Ikonographie der Berliner Schauspielkunst. I. Teil: Das Bild in der neueren Theaterforschung. In: Theaterwissenschaftliche Blätter 1 (1925), S. 9f.

Hagemann, Carl: Die Kunst der Bühne. Stuttgart, Berlin 1922.

– Regie als Kunst. In: Zeitschrift für Ästhetik und allgemeine Kunstwissenschaft 19 (1925), S. 199–215.

– Bühne und Welt. Erlebnisse und Betrachtungen eines Theaterleiters. Wiesbaden 1948.

Hahn, Ines: Das Thalia-Theater. Überlebensstrategien einer Possenbühne. In: Ruth Freydank (Hrsg.): Theater als Geschäft. Berlin und seine Privattheater um die Jahrhundertwende. Berlin 1995, S. 78–88.

– Das Metropol-Theater. Theater als sichere Geldanlage. In: Ruth Freydank (Hrsg.): Theater als Geschäft. Berlin und seine Privattheater um die Jahrhundertwende. Berlin 1995, S. 89–102.

Hammer, Klaus (Hrsg.): Dramaturgische Schriften des 18. Jahrhunderts. Berlin 1968.

– (Hrsg.): Dramaturgische Schriften des 19. Jahrhunderts. Band I, II. Berlin 1987.

Hammerstein, Notker (Hrsg.): Deutsche Geschichtswissenschaft um 1900. Beiträge von Rüdiger vom Bruch u.a. Stuttgart 1988 (Aus den Arbeitskreisen: Methoden der Geisteswissenschaften der Fritz Thyssen Stiftung).

Hampe, Theodor: Die Entwicklung des Theaterwesens ins Nürnberg. Nürnberg 1900.

Handbuch der deutschen Bildungsgeschichte. Band IV 1870–1918: Von der Reichsgründung bis zum Ende des Ersten Weltkriegs. Hrsg. v. Christa Berg. München 1991.

Handlexikon zur Wissenschaftstheorie. Hrsg. v. Helmut Seiffert, Gerard Radnitzky. München 1989.

Harms, Paul: Die deutschen Fortunas-Dramen und ein Kasseler Dichter des 17. Jahrhunderts. Leipzig, Hamburg 1892 (Theatergeschichtliche Forschungen; 5).

Hardtwig, Wolfgang: Die Verwissenschaftlichung der Historie und die Ästhetisierung der Darstellung. In: Reinhart Koselleck u.a. (Hrsg.): Formen der Geschichtsschreibung. München 1982 (Theorie der Geschichte. Beiträge zur Historik; 4), S. 147–191.

Hedicke, Robert: Methodenlehre der Kunstgeschichte. Ein Handbuch für Studierende. Straßburg 1924.

Hegel, Georg Friedrich Wilhelm: Vorlesungen über die Ästhetik III. In: Theorie-Werkausgabe; 15. Frankfurt a.M. 1970.

Herden, Werner: Zwischen Bücherverbrennung und Kriegseinsatz. In: 100 Jahre Germanisches Seminar in Berlin. Wiss. Zeitschrift der Humboldt-Universität zu Berlin Gesellschaftsw. R. 9, 36 (1987), S. 835–841.

Hermand, Jost: Literaturwissenschaft undf Kunstwissenschaft. Methodische Wechselbeziehungen seit 1900. [1965] Stuttgart ²1971.

– Geschichte der Germanistik. Reinbek bei Hamburg 1994.

Herrmann, Helene: Einfühlen und Verstehen. Schriften über Dichtung. Hrsg. v. Joachim Biener. Leipzig 1988.

Herrmann, Max: Albrecht von Eyb. Ein Bild aus der Zeit der deutschen Frührenaissance. Erster Teil. Dissertation Berlin 1889.

– Leipziger Theater während Goethes Studienzeit. In: Goethe-Jahrbuch 11 (1890), S. 185–193.

– Die letzte Fahrt Oswald von Wolkensteins. In: Vierteljahrsschrift für Literaturgeschichte 3 (1890), S. 602–608.

– Zur fränkischen Sittengeschichte des fünfzehnten Jahrhunderts. In: Germania. Vierteljahrsschrift für deutsche Alterthumskunde N.F. 23 (1890), S. 45–55.

– Albrecht von Eyb und die Frühzeit des deutschen Humanismus. Berlin 1893.

– Terenz in Deutschland bis zum Ausgang des 16. Jahrhunderts. In: Mitteilungen der Gesellschaft für deutschen Erziehungs- und Schulgeschichte 3 (1893), S. 1–28.

– Stichreim und Dreireim bei Hans Sachs und anderen Dramatikern des 15. und 16. Jahrhunderts. Nebst einer Untersuchung über die Entstehung des Hans-Sachsischen Textes. In: Hans Sachs Forschungen. Nürnberg 1894, S. 407–471.

– Unehrliche Fehde. In: Deutsche Litteraturzeitung 24 (1896), Sp. 765f.; 26; (1896). Sp. 829f..

- Historische Sprache im historischen Drama. In: Vossische Zeitung/Sonntagsbeilage Nr. 8 v. 23.02.1896 (bis 1911 unter dem Titel: Königlich-privilegierte Berlinische Zeitung von Staats- und gelehrten Sachen).
- Die Reception des Humanismus in Nürnberg. Berlin 1898.
- Jahrmarktsfest zu Plundersweilern. Entstehung und Bühnengeschichte. Berlin 1900.
- Die Überlieferung des Liedes vom hürnen Seyfried. In: Zeitschrift für deutsches Altertum und deutsche Literatur 46 (1902), S. 61–89.
- Ein feste Burg ist unser Gott. Berlin 1905.
- Zur Kritik der Sprachkunst. In: Kritik der Kritik. Zeitschrift für Künstler und Kunstfreunde 2 (1908), S. 294–298.
- Bilder aus dem Kinderleben des 16. Jahrhunderts. In: Mitteilungen der Gesellschaft für deutsche Erziehungs- und Schulgeschichte 20 (1910), S. 125–145.
- Über die Arbeiten der Gesellschaft für deutsche Erziehungs- und Schulgeschichte. (Zusammenfassung) In: Versammlung deutscher Philologen und Schulmänner in Posen vom 3.–6.10.1911. Leipzig 1912, S. 53–56.
- Forschungen zur deutschen Theatergeschichte des Mittelalters und der Renaissance. Berlin 1914.
- Die Bedeutung der Theatergeschichte für die Theaterpraxis. In: Die Scene 7 (1917), S. 31f.
- Deutsche Dramatische Gesellschaft. In: Vossische Zeitung v. 11.7.1918.
- Bühne und Drama. Antwort an Professor Dr. Klaar. In: Vossische Zeitung v. 30.7.1918.
- Akademische Reformbestrebungen zur Förderung der Theaterwissenschaften. Antwort auf einen Artikel von Georg Gustav Wießner. In: Die Scene 9 (1919), S. 192.
- Die Privatdozenten. In: Deutsche Akademische Zeitschrift 1 (1919/20), S. 427–433.
- Über die Aufgabe eines Theaterwissenschaftlichen Instituts. Protokoll des Vortrags vom 27.06.1920. In: Helmar Klier (Hrsg.): Theaterwissenschaft im deutschsprachigen Raum. Texte zum Selbstverständnis. Darmstadt 1981 (Wege der Forschung; 548), S. 15–24.
- Geistesgeschichte, Literaturgeschichte, Dichtungsgeschichte. Vortrag in der Gesellschaft für deutsche Literatur. In: Vossische Zeitung v. 5.11.1923.
- Die Bühne des Hans Sachs. Ein offener Brief an Albert Köster. Berlin 1923.
- Noch einmal: Die Bühne des Hans Sachs. Berlin 1924.
- Berichte der theaterwissenschaftlichen Institute an den deutschen Universitäten. Berlin. In: Das deutsche Theater. Jahrbuch für Drama und Bühne. Bonn, Leipzig 2 (1924), S. 134–137.
- Denkmäler des Theaters. In: Berliner Tageblatt Nr. 225 v. 13.5.1925.
- Die schöpferische Tätigkeit des Regisseurs und seine Freiheit gegenüber dem Autor. In: Die Scene 15 (1925), S. 125–131.
- Das Volksbuch von Till Eulenspiegel als theatergeschichtliche Quelle. In: Max Herrmann (Hrsg.): Neues Archiv für Theatergeschichte. Band I. Berlin 1929 (Schriften der Gesellschaft für Theatergeschichte; 39), S. 1–54.
- Wilhelm Meisters theatralische Sendung. In: Max Herrmann (Hrsg.): Neues Archiv für Theatergeschichte Band II. Berlin 1930 (Schriften der Gesellschaft für Theatergeschichte; 41), S. 127–162.
- Das theatralische Raumerlebnis. In: Vierter Kongreß für Ästhetik und allgemeine Kunstwissenschaft. Beilage zur Zeitschrift für Ästhetik und allgemeine Kunstwissenschaft 25 (1931), Band II, S. 152–163.
- August Langen: Anschauungsformen in der deutschen Dichtung des 18. Jahrhunderts. In: Zeitschrift für Ästhetik und allgemeine Kunstwissenschaft 30 (1936), S. 196–204.

- Forschungen zur deutschen Theatergeschichte des Mittelalters und der Renaissance. Gekürzte Ausgabe. Hrsg. und mit einem Vorwort v. Helmut Schiemann. Dresden 1954/55.
- Die Entstehung der berufsmäßigen Schauspielkunst im Altertum und in der Neuzeit. Hrsg. u. mit einem Nachwort v. Ruth Mövius. Berlin 1962.
- Schriftleiter: Zeitschrift für Geschichte der Erziehung und des Unterrichts. (= N.F. der Mitteilungen der Gesellschaft für deutsche Erziehungs- und Schulgeschichte.) 1 (1910) –19 (1929).
- (Hrsg.): Deutsche Schriften des Albrecht von Eyb. 2 Bände. Berlin 1890. (Schriften zur germanischen Philologie; 4/5).
- (Hrsg.): Lateinische Litteraturdenkmäler des 15. und 16. Jahrhunderts. Berlin 1890–1893.
- (Hrsg.): Jahresberichte für neuere deutsche Litteraturgeschichte. Band If. Stuttgart 1892f.
- (Hrsg.): Goethes sämtliche Werke. Jubiläumsausgabe. Band. 16. Die Leiden des jungen Werther. Kleinere Erzählungen. Stuttgart, Berlin o.J. [1902–1912].
- (Hrsg.): Mitteilungen des Kartells deutscher Nichtordinarien-Organisationen. Band I Leipzig 1912; Band II o.O. 1914 (als Manuskript gedruckt).
- (Hrsg.): Neues Archiv für Theatergeschichte Band I. Berlin 1929 (Schriften der Gesellschaft für Theatergeschichte; 39).
- (Hrsg.): Neues Archiv für Theatergeschichte Band II. Berlin 1930 (Schriften der Gesellschaft für Theatergeschichte; 41).

Herrmann, Max/Siegfried Szamatólski: Allgemeiner Teil: Litteraturgeschichte. In: Jahresberichte für neuere deutsche Litteraturgeschichte. Band I (1890). Stuttgart 1892, S. 1–8.
- Von der Mitte des 15. bis zum Anfang des 17. Jahrhunderts: Allgemeines. In: Jahresberichte für neuere deutsche Litteraturgeschichte. Band I (1890). Stuttgart 1892, S. 78–86.
- Von der Mitte des 15. bis zum Anfang des 17. Jahrhunderts: Humanisten und Neulateiner. In: Jahresberichte für neuere deutsche Litteraturgeschichte. Band I (1890). Stuttgart 1892, S. 121–138.
- Allgemeiner Teil: Litteraturgeschichte. In: Jahresberichte für neuere deutsche Litteraturgeschichte. Band II (1891). Stuttgart 1893, S. 1–19.
- Von der Mitte des 15. bis zum Anfang des 17. Jahrhunderts. Allgemeines. In: Jahresberichte für neuere deutsche Litteraturgeschichte. Band II (1892). Stuttgart 1893, S. 145–152.

Herrmann, Ulrich: Materialien und Bemerkungen über die Konzeption und die Kategorien der ›Geistesgeschichte‹ bei Wilhelm Dilthey. In: Christoph König, Eberhard Lämmert (Hrsg.): Literaturwissenschaft und Geistesgeschichte 1910 bis 1925. Frankfurt a.M. 1993, S. 46–57.

»Hier ist kein Bleiben länger«. Jüdische Schulgründerinnen in Wilmersdorf. Katalog zur Ausstellung im Wilmersdorf-Museum 18.3.–18.9.92. Berlin 1992.

Hille, Gertrud: Die Tieck-Sempersche Rekonstruktion des Fortuna Theaters. In: Max Herrmann (Hrsg.): Neues Archiv für Theatergeschichte Band I (1929) (Schriften der Gesellschaft für Theatergeschichte; 39), S. 73–109.

Hintze, Joachim: Das Raumproblem im modernen deutschen Drama und Theater. Marburg 1969.

Hiß, Guido: Zur Aufführungsanalyse. In: Theaterwissenschaft heute. Eine Einführung. Hrsg. v. Renate Möhrmann unter wissenschaftlicher Mitarbeit v. Matthias Müller. Berlin 1990, S. 65–80.
- Der theatralische Blick. Einführung in die Aufführungsanalyse. Berlin 1993

- Freiräume für die Phantasie! Neue Tendenzen in der Methodendiskussion. In: Theaterzeitschrift 35 (1993), S. 19–29.

Höfele, Andreas: Drama und Theater: Einige Anmerkungen zur Geschichte und gegenwärtigen Diskussion eines umstrittenen Verhältnisses. In: Forum Modernes Theater 1 (1991), S. 3–23.

Höppner, Wolfgang: Germanistik als Universitätswissenschaft und staatstragende Institution in Preußen – Zur Vorgeschichte und Gründung des Germanischen Seminars in Berlin. In: 100 Jahre Germanisches Seminar in Berlin. Wiss. Zeitschrift der Humboldt-Universität zu Berlin Gesellschaftsw. R. 9, 26 (1987), S. 771–777.

- Wilhelm Scherer, Erich Schmidt und die Gründung des Germanischen Seminars an der Berliner Universität. In: Zeitschrift für Germanistik 9 (1988), S. 545–557.

- Eine Institution wehrt sich. Das Berliner Germanische Seminar und die deutsche Geistesgeschichte. In: Christoph König, Eberhard Lämmert (Hrsg.): Literaturwissenschaft und Geistesgeschichte 1910 bis 1925. Frankfurt a.M. 1993, S. 362–380.

Holl, Karl: Die Meistersingerbühne von Hans Sachs. In: Zeitschrift für deutsche Philologie 51 (1926), S. 92–106.

Holtfeltrich, Carl-Ludwig: Die deutsche Inflation 1914–1923. Ursachen und Folgen in internationaler Perspektive. Berlin, New York 1980.

Huesmann, Heinrich: Welttheater Reinhardt. Bauten, Spielstätten, Inszenierungen. Mit einem Beitrag ›Max Reinhardts amerikanische Spielpläne von Leonhardt M. Fiedler. München 1983 (Materialien zur Kunst des 19. Jahrhunderts, 27).

Istorija Teatrovedenija Narodov SSSR 1917–1941. (Geschichte der Theaterwissenschaft der Völker der Sowjetunion). Moskau 1985.

Jaeger, Fritz, Rüsen Jörn: Geschichte des Historismus. Eine Einführung. München 1992.

Janell, Walther: Lob des Schauspielers oder Mime und Mimus. Berlin 1922.

Jansen, Christian: Im Kamopf um die geistig-ideologische Führungsrolle in Universität und Gesellschaft. Die zwischen 1910 und 1925 in Deutschland lehrenden germanistischen Hochschullehrer im politisch-wissenschaftlichen Spektrum. In: Christoph König, Eberhard Lämmert (Hrsg.): Literaturwissenschaft und Geistesgeschichte 1910 bis 1925. Frankfurt a.M. 1993, S. 385–399.

Jansen, Wolfgang: Glanzrevuen der zwanziger Jahre. Berlin 1987 (Stätten der Geschichte Berlins; 25)

Jantzen, Hans: Über den kunstgeschichtlichen Raumbegriff. Sitzungsberichte der Bayerischen Akademie der Wissenschaften, Phil.-Hist. Abteilung 5 (1938).

Jarausch, Konrad H.: Universität und Hochschule. In: Handbuch der deutschen Bildungsgeschichte. Band IV 1870–1918: Von der Reichsgründung bis zum Ende des Ersten Weltkriegs. Hrsg. v. Christa Berg. München 1991, S. 313–344.

Jahresberichte des Literarischen Zentralblattes über die wichtigsten wissenschaftlichen Neuerscheinungen des gesamten deutschen Sprachgebietes. Band XIII: Theatergeschichte und Musikwissenschaft. Hrsg. v. Wilhelm Frels. Leipzig 1925.

»Jede Ausartung in Spielerei ist auszuschließen«. Vor 70 Jahren hat Max Herrmann das erste theaterwissenschaftliche Institut der Welt gegründet. In: Humboldt. Die Zeitschrift der Alma Mater Berolinensis 38.1 (1993/94), S. 3.

Jericke, Alfred: Kösters theatergeschichtliche Sammlung. In: Die Scene 12 (1922), S. 102–108.

- Albert Köster und seine Schule. In: Leipziger Neueste Nachrichten Nr. 226 v. 20.07.1941.

Junghans, Ferdinand: Zeit im Drama. Berlin 1931 (Theater und Drama; 1).

Kaemmel, Thomas: Leben für Bild, Buch und Bühne. Vor 130 Jahren wurde der Kunstförderer Julius Elias geboren. In: Berliner Zeitung v. 11.07.1991.

Kahane, Heinrich: Zur Eröffnung des Theaterwissenschaftlichen Instituts an der Universität Berlin. In: Die Scene 13 (1923), S. 152f.

Kamlah, Wilhelm: Die Formierung der ›Geisteswissenschaften‹ in der Auseinandersetzung mit den Naturwissenschaften. In: Dietrich Harth (Hrsg.): Propädeutik der Literaturwissenschaft. Basel, Stuttgart 1973, S. 9–22.

Kallweit, Hilmar: Archäologie des historischen Wissens. Zur Geschichtsschreibung Michel Foucaults. In: Christian Meier, Jörn Rüsen (Hrsg.): Historische Methode. München 1988 (Theorie der Geschichte. Beiträge zur Historik; 5), S. 267–299.

Kaulfuß-Diesch, Karl: Die Inszenierung des deutschen Dramas an der Wende des sechzehnten und siebzehnten Jahrhunderts. Ein Beitrag zur älteren Bühnengeschichte. Dissertation Leipzig 1905.

– Rezension: Max Herrmann: Forschungen zur Theatergeschichte des Mittelalters und der Renaissance. Sonder-Abdruck aus den Göttingischen gelehrten Anzeigen unter der Aufsicht der Königlichen Gesellschaft der Wissenschaften Berlin. Berlin 1919.

Kilian, Eugen: Theaterwissenschaft und Theaterpraxis. In: Baden-Badener Bühnenblatt 4.40(1924).

Kindermann, Heinz: Theater und Nation. Leipzig 1943.

– Die europäische Sendung des deutschen Theaters. Wien 1944.

– Aufgaben und Grenzen der Theaterwissenschaft. Wien 1953.

– Theatergeschichte Europas. Band 1–10. Salzburg 1957–74.

– Theaterwissenschaft. In: Das Atlantisbuch des Theaters. Hrsg. v. Martin Hürlimann. Zürich 1965, S. 414–433.

– Die Funktion des Publikums im Theater. Österreichische Akademie der Wissenschaften; Philosophisch-historische Klasse. Sitzungsberichte, 273. Band, 3. Abhandlung. Wien 1971.

– Das Theaterpublikum der Antike. Salzburg 1979.

– Das Theaterpublikum des Mittelalters. Salzburg 1980.

– Das Theaterpublikum der Renaissance. Band I, II. Salzburg 1984–1986.

Kirchner, Thomas: Raumerfahrung im geistlichen Spiel des Mittelalters. Frankfurt a.M. u.a. 1985 (Europäische Hochschulschriften: Reihe 30, Theater- Film- und Fernsehwissenschaften; 25).

Kirsch, Mechthild: Zur Geschichte der Theaterwissenschaft an der Freien Universität Berlin. Magisterarbeit Berlin 1991.

– Die Anfänge der Theaterwissenschaft in Köln. Carl Niessen und die »totale Theaterwissenschaft«. In: Gesellschaft für Theatergeschichte e.V. (Hrsg.): Max Herrmann und die Anfänge der deutschsprachigen Theaterwissenschaft. Berlin 1992. [Ausstellungsführer der Universitätsbibliothek der Freien Universität Berlin; 26), S. 29–37.

– Gestern war heute noch morgen. Zur ursprünglichen Motivation der Forderung nach der Gegenstandserweiterung der Theaterwissenschaft auf Film und Fernsehen. In: Theaterzeitschrift 35 (1993), S. 6–18.

Kjerbüll-Petersen, Lorenz: Die Schauspielkunst. Untersuchungen über ihr Wirken und Wesen. Stuttgart, Berlin, Leipzig 1925.

Klaar, Alfred: Bühne und Drama. In: Vossische Zeitung v. 18.7.1918.

Klara, Winfried: Schauspielkostüm und Schauspieldarstellung. Entwicklungsfragen des deutschen Theaters im 18. Jahrhundert. Berlin 1931 (Schriften der Gesellschaft für Theatergeschichte; 43).

– Vom Aufbau einer Theatersammlung. Berlin 1936.

Klein, Robert: Heinrich Theodor Rötschers Theorie der Schauspielkunst. In: Zeitschrift für Ästhetik und allgemeine Kunstwissenschaft 14 (1919), S. 146–170.

Klein, Wilhelm: Der preußische Staat und das Theater im Jahre 1848. Ein Beitrag zur Geschichte der Nationaltheateridee. Berlin 1924 (Schriften der Gesellschaft für Theatergeschichte; 33).

Kleine Schriften der Gesellschaft für Theatergeschichte. Berlin 1906ff.

Klier, Helmar: Theaterkritik als Beruf? Zum Selbstverständnis, Berufsbild und Ausbildungsaspekten einer umstrittenen Profession. Magisterarbeit München 1975.
- (Hrsg.): Theaterwissenschaft im deutschsprachigen Raum. Texte zum Selbstverständnis. Darmstadt 1981 (Wege der Forschung; 548).
- Einleitung. In: Helmar Klier (Hrsg.): Theaterwissenschaft im deutschsprachigen Raum. Texte zum Selbstverständnis. Darmstadt 1981 (Wege der Forschung; 548), S. 1–13.
- Theaterwissenschaft und Universität. Zur Geschichte des Fachs im deutschsprachigen Raum. In: Helmar Klier (Hrsg.): Theaterwissenschaft im deutschsprachigen Raum. Texte zum Selbstverständnis. Darmstadt 1981 (Wege der Forschung; 548), S. 327–343.
Klis, Rita: Anspruch der deutschen Bourgeoisie auf ein ihr gemäßes Theater und Versuche seiner Realisierung (1870–1880). Dissertation HU Berlin 1980.
Klopfleisch, Johannes: Johann Christian Brandes, ein Angehöriger der deutschen Bühne zur Zeit Lessings. Ein Beitrag zur Geschichte der deutschen Schauspielkunst aus der zweiten Hälfte des achzehnten Jahrhunderts. Halle/S. 1906.
Klünder, Jürgen: Theaterwissenschaft als Medienwissenschaft. Grundzüge einer theaterwissenschaftlichen Dramaturgie. Hamburg 1971.
Knobloch, Heinz: Aus Herrmanns letzten Berliner Tagen. In: Das Stichwort. Nachrichten aus der Staatsbibliothek 27.2 (1983), S. 19f.
- Berliner Grabsteine. Berlin 1987.
- Sei freundlich zu den Lesern. Zum Ableben des Max-Herrmann-Preises. In: Der Tagesspiegel Nr. 13868 v. 9.5.1991.
Knudsen, Hans: Heinrich Beck, ein Schauspieler aus der Blütezeit des Mannheimer Theaters im 18. Jahrhundert. Hamburg, Leipzig 1912 (Theatergeschichtliche Forschungen; 24).
- Die Louis-Schneidersche Sammlung zur Geschichte des Theaters. In: Zeitschrift für Bücherfreunde N.F. 6.2 (1914), S. 46–52.
- Theaterphilologie. In: Literarisches Echo v. 15.9. 1916.
- Ein Semester Theaterwissenschaftliches Institut an der Universität Berlin. In: Die Deutsche Bühne 4 (1924), S. 51f.
- Die Aufgaben des Theaterwissenschaftlichen Universitäts-Instituts und seine Bedeutung für das lebendige Theater. In: Die Deutsche Bühne 13 (1926), S. 229; 14 (1926), S. 274–76.
- Das Studium der Theaterwissenschaften in Deutschland. Berlin 1926. (Handbuch für das Hochschulstudium in Deutschland; 24).
- Der Stand der Theaterwissenschaft in Deutschland. In: Baden-Badener Bühnenblatt 7.38/39 (1927)
- Ein Forschungsbericht zur Theaterwissenschaft der letzten Jahre. In: Zeitschrift für Deutschkunde 41.7/8 (1927), S. 550–570.
- Fünfundzwanzig Jahre »Gesellschaft für Theatergeschichte«. In: Die vierte Wand. Organ der Deutschen Theaterausstellung Magdeburg 1927. Magdeburg 1927. S. 5–8.
- Theaterkritik. Berlin 1935.
- Wesen und Grundlagen der Theaterkritik. Berlin 1935.
- Theaterwissenschaft. Werden und Wertung einer Universitätsdisziplin. Berlin 1950.
- Fünfzig Jahre Gesellschaft für Theatergeschichte, Fünfzig Jahre theatergeschichtliche Forschung. In: Kleine Schriften der Gesellschaft für Theatergeschichte 10 (1952), S. 3–12.
- Probleme und Leistungen der Theaterwissenschaft. Sonderdruck aus: Universitas 10 (1955).
- Max Herrmann. In: Maske und Kothurn 1.1/2 (1955), S. 167–170.

– Begründung und Entwicklung der Theaterwissenschaft an der Friedrich-Wilhelms-Universität. In: Studium Berolinese. Aufsätze und Beiträge zu Problemen der Wissenschaft und zur Geschichte der Friedrich-Wilhelms-Universität zu Berlin. Hrsg. v. Hans Leussink u.a. Berlin 1960, S. 739–756.

– Methodik der Theaterwissenschaft. Stuttgart u.a. 1971.

König, Christoph/Eberhard Lämmert (Hrsg.): Literaturwissenschaft und Geistesgeschichte 1910 bis 1925. Frankfurt a.M. 1993.

Könneker, Barbara: Hans Sachs. Stuttgart 1971.

Körting, Gustav: Geschichte des Theaters in seinen Beziehungen zur Entwicklung der dramatischen Dichtkunst. Band I: Geschichte des griechischen und römischen Theaters. Paderborn 1897.

Köster, Albert: Schiller als Dramaturg. Beiträge zur deutschen Literaturgeschichte des achtzehnten Jahrhunderts. Berlin 1891.

– Rezension: Max Herrmann: Jahrmarktsfest zu Plundersweilern. In: Deutsche Litteraturzeitung 5 (1901) Sp. 282 f.

– Rezension: Julius Petersen: Schiller und die Bühne. In: Anzeiger für deutsches Alterthum und deutsche Literatur 30 (1906), S. 205–214.

– Das Bild an der Wand. Eine Untersuchung über das Wechselverhältnis zwischen Bühne und Drama. Leipzig 1909. Abhandlungen der königlich-sächsichen Gesellschaft der Wissenschaften, 57. Band. Abhandlungen der philologisch-historischen Klasse der königlich-sächsischen Gesellschaft der Wissenschaften, 27. Band, S. 267–302.

– Theatergeschichte. In: Zeitgeist No. 47. Beilage zum Berliner Tageblatt v. 10.11.1916.

– Die Meistersingerbühne des sechzehnten Jahrhunderts. Ein Versuch des Wiederaufbaus. Halle/S. 1921.

– Ziele der Theaterforschung. In: Euphorion 24 (1922), S. 485–507. Wiederabgedruckt in: Helmar Klier (Hrsg.): Theaterwissenschaft im deutschsprachigen Raum. Texte zum Selbstverständnis. Darmstadt 1981 (Wege der Forschung; 548). S. 51–76.

– Die Bühne des Hans Sachs. Ein letztes Wort. In: Deutsche Vierteljahrsschrift für Literatur- und Geistesgeschichte 1 (1923), S. 557–581.

– Die deutsche Theaterforschung. In: Japanisch-deutsche Zeitschrift für Wissenschaft und Technik 2 (1924), S. 123–129.

Korluß, Hannelore: Max Herrmann – Bibliographie. In: Wissenschaftliche Zeitschrift der Humboldt-Universität zu Berlin. Ges. Sprachw.R. 23.3/4 (1974), S. 357f.

Kornfeld, Paul: Der beseelte und der psychologische Mensch. In: Das junge Deutschland 1 (1919), S. 1–13.

Koselleck Reinhart/Heinrich Lutz/Jörn Rüsen (Hrsg.): Formen der Geschichtsschreibung. München 1982. (Theorie der Geschichte. Beiträge zur Historik; 4).

– Erfahrungswandel und Methodenwechsel. Eine historisch-anthropologische Skizze. In: Christian Meier, Jörn Rüsen (Hrsg.): Historische Methode. München 1988 (Theorie der Geschichte. Beiträge zur Historik; 5). S. 13–61.

– Einleitung – zur anthropologischen und semantischen Struktur der Bildung. In: Bildungsbürgertum im 19. Jahrhundert. Teil II: Bildungsgüter und Bildungswissen. Hrsg. v. Reinhart Koselleck. Stuttgart 1990 (Industrielle Welt. Schriftenreihe des Arbeitskreises für moderne Sozialgeschichte; 41. Hrsg. v. Reinhart Koselleck, M. Rainer Lepsius), S. 11–46.

Kotte, Andreas: Theatralität im Mittelalter. Das Halberstädter Adamsspiel. Mainz 1994.

– (Hrsg.): Theaterwissenschaft. Materialien zum Studium der Theaterwissenschaft in Bern. Bern 1994.

– Warum rekonstruieren? ›Das Käthchen von Heilbronn‹, aufgeführt auf dem Theater an der Wien, den 17., 18. und 19. März 1810. In: Andreas Kotte (Hrsg.): Theaterwissenschaft. Materialien zum Studium der Theaterwissenschaft in Bern. Basel 1994, S. 53–72.

- ›Theatralität‹. Ein starker Impuls für die theaterwissenschaftliche Forschung. In: Mimos 47.3 (1995), S. 12.
- (Hrsg.): Theater der Region – Theater Europas. Kongreß der Gesellschaft für Theaterwissenschaft. Basel 1995 (Materialien des ITW Bern; 2),
Kownatzki, Herrmann: Bio- und bibliograpisches Nachwort. In: Bruno Th. Satori-Neumann: Berufsständisches Theater in Elbing 1848–1888. Die Geschichte einer ostdeutschen Provinzbühne. Marburg 1962, S. 565–575.
Krause, Friedhilde: Erste Verleihung des Max-Herrmann-Preises am Tage des freien Buches 1979. In: Das Stichwort. Nachrichten aus der Staatsbibliothek 23.2 (1979).
Kröll, Katrin: Theatrum mundi versus Mundi Theatri: A study of Fairground Arts in Early Modern Times. In: Nordic Theatre Studies. Yearbook for Theatre Research in Scandinavia 2/3: Theatre Studies in Scandinavia – Traditions and Developments. Kopenhagen 1989, S. 55–91.
Krogh, Torben u.a.: Die Theaterwissenschaft im Geistesleben der Gegenwart. In: Maske und Kothurn 3.3 (1957), S. 193–244.
Kümmerlen, Robert: Zur Ästhetik bühnenräumlicher Prinzipien. Dissertation München 1929.
Kürschner, Joseph: Jahrbuch für das deutsche Theater. Band I, II. Leipzig 1879f.
Kuhlmann, Andreas: Philosophische Ansichten der Kultur der Moderne. Frankfurt a.M. 1994.
Kuhn, Thomas F.:Die Struktur wissenschaftlicher Revolutionen. [1967] Zweite, revidierte und ergänzte Auflage. [1976] Frankfurt a.M. [11]1991.
Kurzreiter, Martin: Sprachkritik als Ideologiekritik bei Fritz Mauthner. Frankfurt a.M. u.a. 1993 (Europäische Hochschulschriften Reihe 1; 1361).
Kutscher, Artur: Das Naturgefühl in Goethes Lyrik bis zur Ausgabe des Schriften 1789. Leipzig 1906.
- Friedrich Hebbel als Kritiker des Dramas. Seine Kritik und ihre Bedeutung. Berlin 1907. (Hebbel-Forschungen; 1).
- Die Kunst und unser Leben. Grundstein zu einer Kritik. München 1909.
- Die Ausdruckskunst der Bühne. Grundriß und Bausteine zum neuen Theater. Leipzig 1910.
- Hebbel und Grabbe. München 1913.
- Frank Wedekind. Sein Leben und seine Werke. Band I–III. München 1922–31.
- u.a.: Die Entwicklung der Theaterwissenschaften. In: Baden-Badener Bühnenblatt 4.43 (1924).
- Das Salzburger Barocktheater. Wien 1924.
- Die Elemente des Theaters. Grundriß der Theaterwissenschaft I. Düsseldorf 1932.
- Stilkunde des Theaters. Grundriß der Theaterwissenschaft II. Düsseldorf 1936.
- Drama und Theater. München 1946 (Geistiges München: Kulturelle und akademische Schriften; 5).
- Grundriß der Theaterwissenschaft. [1932–36] München [2]1949.
- Stilkunde der deutschen Dichtung. Band I, II. Bremen-Horn 1951/52.
- Die Comedia dell Arte und Deutschland. Emsdetten 1955. (Die Schaubühne; 43).
- Meine theaterwissenschaftlichen Bemühungen. In: Maske und Kothurn 2.3/4 (1956), S. 343–350.
- Der Theaterprofessor. Ein Leben für die Wissenschaft vom Theater. München 1960
Lachmann, Fritz Richard: Die ›Studentes‹ des Christoph Stymmelius und ihre Bühne. Leipzig 1926. Nachdr. Nendeln/Liechtenstein 1978 (Theatergeschichtliche Forschungen; 34).
- Das Schiff bei Hans Sachs. In: Zeitschrift für deutsche Philologie 52 (1927), S. 202–204.

Lämmert, Eberhard: Germanistik – eine deutsche Wissenschaft. In: Nationalsozialismus und die Deutsche Universität. Universitätstage 1966. Veröffentlichung der Freien Universität Berlin. Berlin 1966, S. 76–91.

– Marbacher Impulse für die Geschichte der Germanistik. In: Christoph König, Eberhard Lämmert (Hrsg.): Literaturwissenschaft und Geistesgeschichte 1910 bis 1925. Frankfurt a.M. 1993, S. 9–20.

Lahme, Reinhard: Zur literarischen Praxis bürgerlicher Emazipationsbestrebungen: Robert Eduard Prutz. Erlangen 1978 (Erlanger Studien; 7).

Lange, Tatjana: Die Theaterfreiheit nach der Gewerbeordnung. Eine Analyse der staatlichen Interventionen 1869–1885. Magisterarbeit Erlangen 1994.

Laskus, Irmgard: Friederike Bethmann-Unzelmann. Versuch einer Rekonstruktion ihrer Schauspielkunst auf Grund ihrer Hauptrollen. Leipzig 1927. (Theatergeschichtliche Forschungen; 37).

Lazarowicz, Klaus: Theaterwissenschaft heute. München 1975. (Münchner Beiträge zur Theaterwissenschaft. Sonderheft).

– Triadische Kollusion. In: Das Theater und sein Publikum. Wien 1977. (Veröffentlichungen des Instituts für Publikumsforschung; 5), S. 44–60.

Lazarowicz, Klaus, Balme, Christopher (Hrsg.): Texte zur Theorie des Theaters. Stuttgart 1991.

Le Bon, Gustave: Psychologie der Massen. [1895] München [15]1982.

Le Goff, Jaques u.a. (Hrsg.): Die Rückeroberung des historischen Denkens. Grundlagen der Neuen Geschichtswissenschaft. Frankfurt a.M. 1990.

Lepsius, M. Rainer: Das Bildungsbürgertum als ständische Vergesellschaftung. In: Bildungsbürgertum im 19. Jahrhundert. Teil III: Lebensführung und ständische Vergesellschaftung. Hrsg. v. M. Rainer Lepsius. Stuttgart 1995 (Industrielle Welt. Schriftenreihe des Arbeitskreises für moderne Sozialgeschichte. Hrsg. v. Reinhart Koselleck, M. Rainer Lepsius; 47), S. 8–18.

Lert, Ernst: Ein Institut für Theaterwissenschaft. In: Akademische Rundschau 4 (1916), S. 503–511.

Lessing, Theodor: Theater-Seele. Studie über Bühnenästhetik und Schauspielkunst. [1907] Berlin [2]1907.

– Der fröhliche Eselsquell. Gedanken über Theater – Schauspieler – Drama. Berlin 1912.

Lieber, Hans-Joachim: Die deutsche Lebensphilosophie und ihre Folgen. In: Nationalsozialismus und die deutsche Universität. Universitätstage 1966. Veröffentlichung der Freien Universität Berlin. Berlin 1966, S. 92–108.

Litzmann, Berthold: Friedrich Ludwig Schröder. Ein Beitrag zur deutschen Litteratur- und Theatergeschichte . Band I, II. Hamburg, Leipzig 1890–94.

– Das deutsche Drama in den literarischen Bewegungen der Gegenwart. [1894] Hamburg [2]1894.

– Ibsens Drama. 1877–1900. Ein Beitrag zur Geschichte des deutschen Dramas im 19. Jahrhundert. Hamburg 1901.

– Im alten Deutschland. Erinnerungen eines Sechzigjährigen. Berlin 1923.

Löwen, Johann Friedrich: Geschichte des deutschen Theaters. Neu hrsg. und eingeleitet v. Heinrich Stümcke. Berlin o.J. [1905].

Lohse, Gerhart: Held und Heldentum. Ein Beitrag zur Persönlichkeit und Wirkungsgeschichte des Berliner Germanisten Gustav Roethe (1859–1926). In: Hans Peter Bayerdörfer u.a. (Hrsg.): Literatur im Wilhelminischen Zeitalter. Tübingen 1978, S. 399–423.

Louis, Petra: Vom Elysium zum Prater. Berliner Vorstadtbühnen, der Beginn des privaten Theaterbetriebes im 19. Jahrhundert. In: Ruth Freydank (Hrsg.): Theater als Geschäft. Berlin und seine Privattheater um die Jahrhundertwende. Berlin 1995, S. 23–37.

216

Ludwig, Otto: Shakespeare-Studien. [1871] In: Gesammelte Schriften Band V. Hrsg. v. Adolf Stern, Erich Schmidt. Leipzig 1891.

Lück, Helmut E.: Geschichte der Psychologie: Strömungen, Schulen, Entwicklungen. Stuttgart, Berlin, Köln 1991 (Grundriß der Psychologie; 1).

Lundgreen, Peter: Zur Konstituierung des ›Bildungsbürgertums‹: Berufs- und Bildungsauslese der Akademiker in Preußen. In: Bildungsbürgertum im 19. Jahrhundert. Teil I: Bildungssystem und Professionalsierung im internationalen Vergleich. Hrsg. v. Werner Conze, Jürgen Kocka. Stuttgart 1985 (Industrielle Welt. Schriftenreihe des Arbeitskreises für moderne Sozialgeschichte; 38. Hrsg. v. Werner Conze), S. 79-108.

Makkreel, Rudolf A.: Dilthey. Philosoph der Geisteswissenschaften. Frankfurt a.M. 1991.

Mann, Thomas: Versuch über das Theater. [1908] In: Gesammelte Werke in XII Bänden; Band X: Reden und Aufsätze 2. Frankfurt a.M. 1960, S. 23–62.

Martersteig Max: Der Schauspieler: ein künstlerisches Problem. Leipzig 1900.

– Das deutsche Theater im 19. Jahrhundert. Eine kulturgeschichtliche Darstellung. Leipzig 1904.

Marwedel, Rainer: Theodor Lessing: 1872–1933. Eine Biographie. Darmstadt, Neuwied 1987.

Mauthner, Fritz: Beiträge zu einer Kritik der Sprache. Band I: Zur Sprache und zur Psychologie. [1901] Stuttgart, Berlin ²1906.

McConachie, Bruce A.: Towards a Postpositivist Theatre History. In: Theatre Survey 37 (1985), S. 465–486.

– Historising the Relations of Theatrical Production. In: Janelle Reinelt, Joseph R. Roach (Hrsg.): Critical Theory and Performance. University of Michigan 1992, S. 168–178.

– Theatre History and the Nation-State. In: Theatre Research International 20.2 (1995), S. 141–148.

Meier, Christian/Jörn Rüsen (Hrsg.): Historische Methode. München 1988. (Theorie der Geschichte. Beiträge zur Historik; 5).

Meier, Monika, Roessler, Peter, Scheit, Gerhard: Theaterwissenschaft und Faschismus. Antifaschistische Arbeitsgruppe. Wien 1982. (Dokumentationsarchiv des österreichischen Widerstandes).

Meran, Josef: Historische Methode oder Methoden in der Historie? Eine Frage im Lichte der Methodologiegeschichte. In: Christian Meier, Jörn Rüsen (Hrsg.): Historische Methode. München 1988 (Theorie der Geschichte. Beiträge zur Historik; 5), S. 114–129.

Merbach, Paul Alfred: Bibliographie für Theatergeschichte 1905–1910. Berlin 1913 (Schriften der Gesellschaft für Theatergeschichte; 20).

Metzler Literatur Lexikon. Stichwörter zur Weltliteratur. Hrsg. v. Günther und Irmgard Schweikle. Stuttgart 1984.

Meuli, Karl: Stichwort: »Maske, Maskereien«. In: Handwörterbuch des deutschen Aberglaubens. Herausgegeben unter besonderer Mitwirkung von E. Hoffmann-Krayer unter Mitarbeit zahlreicher Fachgenossen von Hanns Baechthold-Staeubli. Band V Knoblauch–Matthias. Berlin, Leipzig 1932/33, Sp. 1744–1852.

Meyer, Reinhart: Limitierte Aufklärung. Untersuchungen zum bürgerlichen Kulturbewußtsein im ausgehenden 18. und beginnenden 19. Jahrhundert. In: Hans Heinrich Bödeker, Ulrich Herrmann (Hrsg.): Über den Prozeß der Aufklärung in Deutschland im 18. Jahrhundert: Personen, Institutionen, Medien. Göttingen 1987. S. 139–200.

Michael, Wolfgang F.: Frühformen der deutschen Bühne. Berlin 1963 (Schriften der Gesellschaft für Theatergeschichte; 63).

Minor, Jacob: Stichreim und Dreireim bei Hans Sachs. In: Euphorion 3 (1896), S. 692-705; 4 (1897), S. 210–251.

– Unehrliche Fehde. In: Deutsche Litteraturzeitung 24 (1896), Sp. 765f.; 25 (1896), Sp. 799f.

Mitteilungen der Gesellschaft für Theatergeschichte. Berlin 1 (1902) –91 (1944).

217

Mitteilungen des Kartells deutscher Nichtordinarien-Organisationen. 2 (1914).

Mitteilungsblatt des Verbandes nationaldeutscher Juden e.v. 1 (1921) –13 (1934) (ab 1925 unter dem Titel: Der nationaldeutsche Jude / Miteilungsblatt des Verbandes nationaldeutscher Juden e.v.).

Mittelstraß, Jürgen: Rationale Rekonstruktion der Wissenschaftsgeschichte. In: Peter Janich (Hrsg.): Wissenschaftstheorie und Wissenschaftsforschung. München 1981, S. 89–111.

Möhrmann, Renate: Bewundert viel und viel gescholten. Schauspieler im Spiegel der Theaterkritik. In: Theaterwissenschaft heute. Eine Einführung. Hrsg. v. Renate Möhrmann unter wissenschaftlicher Mitarbeit v. Matthias Müller. Berlin 1990, S. 81–106.

Mövius, Ruth: In memoriam Max Herrmann. In: Max Herrmann: Die Entstehung der berufsmäßigen Schauspielkunst im Altertum und in der Neuzeit. Berlin 1962, S. 290–297.

– Helene Herrmann. Ein Lebensbild. In: Sinn und Form 36 (1984), S. 739–752.

Mommsen, Hans: Beamtentum im Dritten Reich. Mit ausgewählten Quellen zur nationalsozialistischen Beamtenpolitik. Stuttgart 1966 (Vierteljahreshefte für Zeitgeschichte; 13).

Mommsen, Wolfgang J.: Wandlungen im Bedeutungsgehalt der Kategorie des ›Verstehens‹. In: Christian Meier, Jörn Rüsen (Hrsg.): Historische Methode. München 1988 (Theorie der Geschichte. Beiträge zur Historik; 5), S. 200–226.

– (Hrsg.): Leopold von Ranke und die moderne Geschichtswissenschaft. Hrsg. für die Kommission für Geschichte der Geschichtsschreibung des Comité International des Sciences Historiques. Stuttgart 1988.

Moscovici, Serge: Das Zeitalter der Massen. Eine historische Abhandlung über die Massenpsychologie. München, Wien 1984.

Motekat, Helmut, Fuchs, Albert (Hrsg.): Hans Heinrich Borcherdt zum 75. Geburtstag. Festschrift München 1962.

Mühlmann, Wilhelm E.: Geschichte der Anthropologie. [1948] Frankfurt a.M., Bonn ³1984

Müller, Matthias: Bildung oder Ausbildung? Überlegungen zum Kölner Symposium »Der Wert der Theaterwissenschaft für die Theaterpraxis«. In: Theaterzeitschrift 28 (1989), S. 122–127.

Müller, Walther: Der schauspielerische Stil im Passionsspiel des Mittelalters. Leipzig 1927

Müller-Seidel, Walter: Literaturwissenschaft als Geistesgeschichte und literarische Moderne im wissenschaftsgeschichtlichen Kontext. In: Christoph König, Eberhard Lämmert (Hrsg.): Literaturwissenschaft und Geistesgeschichte 1910 bis 1925. Frankfurt a.M. 1993, S. 123–148.

Münz, Rudolf: Zur Begründung der Berliner theaterwissenschaftlichen Schule Max Herrmanns. In: Wissenschaftliche Zeitschrift der Humboldt-Universität zu Berlin. Ges. Sprachw.R. 23.3/4 (1974), S. 333–348.

– Theatralität und Theater. Konzeptionelle Erwägungen zum Forschungsprojekt ›Theatergeschichte‹. In: Wissenschaftliche Beiträge der Theaterhochschule ›Hans Otto‹ 1 (1989), S. 5–20.

– Schauspielkunst und Kostüm. In: Wolfgang F. Bender (Hrsg.): Schauspielkunst im 18. Jahrhundert. Grundlagen, Praxis, Autoren. Stuttgart 1992, S. 147–178.

Muhlack, Ulrich: Von der philologischen zur historischen Methode. In: Christian Meier, Jörn Rüsen (Hrsg.): Formen der Geschichtsschreibung. München 1988 (Theorie der Geschichte. Beiträge zur Historik; 5), S. 154–180.

– Bildung zwischen Neuhumanismus und Historismus. In: Bildungsbürgertum im 19. Jahrhundert. Teil II: Bildungsgüter und Bildungswissen. Hrsg. v. Reinhart Koselleck. Stuttgart 1990. (Industrielle Welt. Schriftenreihe des Arbeitskreises für moderne Sozialgeschichte; 41. Hrsg. v. Reinhart Koselleck, M. Rainer Lepsius), S. 80–105.

Nagler, Alois Maria: A Source Book in Theatrical History. New York ²1959 [1952 unter dem Titel: Sources of Theatrical History].

– Shakespeare's Stage. [1958] New Haven, London ¹⁰1976.

– The Medieval Religious Stage. Shapes and phantoms. New Haven, London 1976.

Neß, Andrea: Gewerbeordnung und Theaterrecht von 1885–1915. Magisterarbeit Erlangen 1996.

Niessen, Carl: Handbuch der Theater-Wissenschaft: Teil I: Daseinsrecht und Methode. Ursprung und Wert der dramatischen Kunst. Emsdetten 1949. Teil II: Ursprung des asiatischen und griechischen Dramas aus dem Toten- und Ahnenkult. Emsdetten 1953. Teil III: Drama, Mimus und Tänze in Asien. Emsdetten 1958.

– Kleine Schriften zur Theaterwissenschaft und Theatergeschichte. Emsdetten 1971.

Nipperdey, Thomas: Historismus und Historismuskritik heute. Bemerkungen zur Diskussion. In: Ders.: Gesellschaft, Kultur, Theorie. Gesammelte Aufsätze zur neueren Geschichte. Göttingen 1976 (Kritische Studien zur Geschichtswissenschaft. Hrsg. v. Helmut Berding et al.; 18), S. 59–73.

– Wie das Bürgertum die Moderne fand. Berlin 1988.

– Deutsche Geschichte 1866–1918. Band I: Arbeitswelt und Bürgergeist. München 1990.

Nitsche, Angela: Anfänge der Theatergeschichtsschreibung. Magisterarbeit Erlangen 1991.

Nitschke, August: Bewegungen in Mittelalter und Renaissance. Kämpfe, Spiele, Tänze, Zeremoniell und Umgangsformen. Düsseldorf 1987 (Historisches Seminar; 2).

Nordic Theatre Studies. Yearbook for Theatre Research in Scandinavia 2/3: Theatre Studies in Scandinavia – Traditions and Developments. Kopenhagen 1989.

Oberländer, Hans: Die geistige Entwicklung der deutschen Schauspielkunst im 18. Jahrhundert. Hamburg, Leipzig 1898 (Theatergeschichtliche Forschungen; 15).

Oehmichen, Gustav: Griechischer Theaterbau. Nach Vitruv und den Überresten. Berlin 1886.

– Das Bühnenwesen der Griechen und Römer. In: Handbuch der Klassischen Altertums-Wissenschaft. Hrsg. v. Iwan von Müller. Band V/3. München 1890, S. 179–304.

Oelze, Berthold: Wilhelm Wundt. Die Konzeption der Völkerpsychologie. Münster, New York 1991.

Orth, Doris: Die Studien zur Rekonstruktion des elisabethanischen »Public Playhouses« seit 1888. Magisterarbeit Erlangen o.J.

M. O. [Osborn, Max]: Eine Bibliothek versteckter Bücher. In Nationalzeitung März [?] 1904.

Osborne, John (Hrsg.): Die Meininger. Texte zur Rezeption. München 1980.

Panofsky, Erwin: Studien zur Ikonologie. Humanistische Tendenzen in der Kunst der Renaissance. Köln 1980.

Paul, Arno: Aggressive Tendenzen des Theaterpublikums. Eine strukturelle Untersuchung über den sog. Theaterskandal anhand der Sozialverhältnisse der Goethezeit. München 1969.

– Theaterwissenschaft als Lehre vom theatralischen Handeln. [1971] In: Helmar Klier (Hrsg.): Theaterwissenschaft im deutschsprachigen Raum. Texte zum Selbstverständnis. Darmstadt 1981 (Wege der Forschung; 548), S. 208–237.

– Theater als Kommunikationsprozeß. Medienspezifische Erörterungen zur Entwöhnung von Literaturtheater. [1972] In: Helmar Klier (Hrsg.): Theaterwissenschaft im deutschsprachigen Raum. Texte zum Selbstverständnis. Darmstadt 1981. (Wege der Forschung; 548), S. 238–289.

Performance Past and Present: Current Trends in Theatre Research. XIIth World Congress of the International Federation for Theatre Research. Moskau 1994.

Performance Theory. Advances in Reception and Audience Research 1. Hrsg. v. Henri Schoenmakers. Tijdschrift voor Theaterwetenschap 16/17 (1986).

Performance Theory. New Directions in Audience Research. Advances in Reception and Audience Research 2. Hrsg. v. Wilmar Sauter. Tijdschrift voor Theaterwetenschap 24/25 (1988).

Performance Theory. Reception and Audience research. Advances in Reception and Audience Research 3. Hrsg. v. Henri Schoenmakers. Tijdschrift voor Theaterwetenschap 31/32 (1992).

Pesočinskij, Nikolai V.: Natschalo Teatrovedenija: Gvozdevskaja Schola (Der Anfang der Theaterwissenschaft: Die Gvozdevsche Schule). St. Petersburg 1992.

Petersen, Julius: Schiller und die Bühne. Ein Beitrag zur Literatur- und Theatergeschichte der klassischen Zeit. Berlin 1904.

- Das deutsche Nationaltheater. Fünf Vorträge, gehalten im Februar und März 1917 im Freien deutschen Hochstift zu Frankfurt a.M., Leipzig 1919.

- Aufführungen und Bühnenplan des älteren Frankfurter Passionsspiels. In: Zeitschrift für deutsches Altertum 59 (1921), S. 83–126.

- Albert Köster. Ein Nachruf. In: Vossische Zeitung v. 2.6.1924.

- Die Sehnsucht nach dem Dritten Reich in deutscher Sage und Dichtung. In: Dichtung und Volkstum 35 (1934), S. 18–40.

- Die Stellung der Theaterwissenschaft. In: Festgabe der Gesellschaft für Deutsche Literatur zum 70. Geburtstag ihres Vorsitzenden Max Herrmann. Berlin 1935, S. 33–39.

- Geschichtsdrama und nationaler Mythos. Grenzfrage zur Gegenwartsform des Dramas. Stuttgart 1940.

Petsch, Robert: Drama und Theater: IV. Theaterwissenschaft und Theatergeschichte. In: Deutsche Vierteljahrsschrift für Literatur- und Geistesgeschichte 16 (1938), Referatenheft, S. 108–146.

Pfeiffer, Wilhelm: Dramaturgische Aufsätze. Leipzig 1912.

Pfister, Manfred: Das Drama: Theorie und Analyse. [1977] München[8]1994.

Pickard-Cambridge, Arthur W.: The Theatre of Dionysus in Athens. [1946] London [4]1973.

Pochat, Götz: Geschichte der Ästhetik und Kunsttheorie. Von der Antike bis zum 19. Jahrhundert. Köln 1986.

- Theater und bildende Kunst im Mittelalter und in der Renaissance in Italien. Graz 1990 (Forschungen und Berichte des Institutes für Kunstgeschichte der Karl-Franzens-Universität Graz; 9).

Postlewait, Thomas/Bruce A. McConachie (Hrsg.): Interpreting the Theatrical Past. Essays in the Historiography of Performance. University of Iowa 1989.

Postlewait, Thomas: Autobiography and Theatre History. In: Thomas Postlewait, Bruce A. McConachie (Hrsg.): Interpreting the Theatrical Past. Essays in the Historiography of Performance. University of Iowa 1989, S. 248–272.

Proelß, Robert: Kurzgefaßte Geschichte der Deutschen Schauspielkunst von den Anfängen bis 1850 nach den Ergebnissen der heutigen Forschung. Leipzig 1900.

Promotion der Gattin eines Berliner Universitätsprofessors. In: Nationalzeitung v. 3.2.1904.

Prütting, Lenz: Die Revolution des Theaters. Studien über Georg Fuchs. München 1971 (Münchner Beiträge zur Theaterwissenschaft; 2).

Prutz, Robert Eduard: Vorlesungen über die Geschichte des deutschen Theaters. Berlin 1847.

Quinn, Michael L.: Theaterwissenschaft in the History of Theatre Study. In: Theatre Survey 32 (1991), S. 123–136.

Raeck, Kurt: Erinnerung an Max Herrmann. In: Kleine Schriften der Gesellschaft für Theatergeschichte 28 (1976), S. 37–51.

Rapp, Uri: Handeln und Zuschauen. Untersuchungen über den theatersoziologischen Aspekt in der menschlichen Interaktion. Darmstadt, Neuwied 1973.

Realismus und Gründerzeit. Manifeste und Dokumentationen zur deutschen Literatur 1848–1880. Band I. Hrsg. v. Max Buche u.a.. Stuttgart 1976.

Reich, Hermann: Der Mimus. Ein literatur-entwicklungsgeschichtlicher Versuch. Band I, II. Berlin 1903.

– Antike und moderne Mimusoper und -operette und der Papyrusfund von Oxyrhynchos. In: Die Musik 18 (1925), S. 85–97.

Reichsgesetzblatt I (1933), S. 175-177.

Reinelt, Janelle/Joseph R. Roach (Hrsg.): Critical Theory and Performance. University of Michigan 1992.

Reinholz, Käthe: Eduard Devrients ›Geschichte der deutschen Schauspielkunst‹. Berlin 1967 (Theater und Drama; 31).

Reissmann, Bärbel: Das Lessing-Theater. Geschäftserfolg eines Bühnenautors. In: Ruth Freydank (Hrsg).: Theater als Geschäft. Berlin und seine Privattheater um die Jahrhundertwende. Berlin 1995, S. 122–133.

Ret, Angelika: Tingel-Tangel und Volks-Varieté. Vergnügungsgeschäfte um die Elsässer Straße. In: Ruth Freydank (Hrsg.): Theater als Geschäft. Berlin und seine Privattheater um die Jahrhundertwende. Berlin 1995, S. 39–48.

Riedel, Manfred: Positivismuskritik und Historismus. Über den Ursprung des Gegensatzes von Erklären und Verstehen im 19. Jahrhundert. In: Jürgen Blühdorn, Joachim Ritter (Hrsg.): Positivismus im 19. Jahrhundert. Beiträge zu seiner geschichtlichen und systematischen Bedeutung. Frankfurt a.M. 1971 (Studien zur Philosophie und Literatur des 19. Jahrhunderts; 16), S. 81–104.

Riedel, Manfred: Verstehen oder Erklären? Zur Theorie und Geschichte der hermeneutischen Wissenschaften. Stuttgart 1978.

Ringer, Fritz K.: Die Gelehrten. Der Niedergang der deutschen Mandarine 1890–1933. Stuttgart 1983.

Roach, Joseph R.: Introduction. In: Janelle Reinelt, Joseph R. Roach (Hrsg.): Critical Theory and Performance. University of Michigan 1992, S. 293–298.

Roeder, Anke: Die Gebärde im Drama des Mittelalters. München 1974 (Münchner Texte und Untersuchungen zur deutschen Literatur des Mittelalters; 49).

Rötscher, Heinrich Theodor: Die Kunst der dramatischen Darstellung. In ihrem organischen Zusammenhang entwickelt. [1841–46] Leipzig ²1864.

Rosenthal, Friedrich: Wesen und Aufgabe der deutschen Theatergeschichte. Eine entwicklungsgeschichtliche Untersuchung. Karlsruhe 1928.

Rothacker, Erich: Logik und Systematik der Geisteswissenschaften. München 1926.

– Einleitung in die Geisteswissenschaften. [1919] Tübingen ²1930.

Rüsen, Jörn: Rekonstruktion der Vergangenheit. Grundzüge einer Historik; 2: Die Prinzipien der historischen Forschung. Göttingen 1986.

– : Historische Methode. In: Christian Meier, Jörn Rüsen (Hrsg.): Formen der Geschichtsschreibung. München 1988 (Theorie der Geschichte. Beiträge zur Historik; 5) S. 62–80.

– Wissenschaftsgeschichte als Strukturgeschichte – einige Überlegungen am Beispiel der Verwissenschaftlichung des historischen Denkens in Deutschland. In: Clemens Burichter (Hrsg.): Sozialgeschichte der Wissenschaften. Zur Methodologie einer historischen Wissenschaftsforschung. Beiträge vom XVIII. Erlanger Werkstattgespräch 1989. Erlangen 1991, S. 11–25.

– Konfigurationen des Historismus. Studien zur deutschen Wissenschaftskultur. Frankfurt a.M. 1993.

Rüsen, Jörn/W. Schulze: Stichwort »Methode, historische«. In: Historisches Wörterbuch der Philosophie. Band 5: L–Mn. Hrsg. v. Joachim Ritter, Karlfried Gründer. Basel, Stuttgart 1980, Sp. 1345–1354.

Ruppert, Rainer: Labor der Seele und der Emotionen. Funktionen des Theaters im 18. und frühen 19. Jahrhundert. Berlin 1995 (Sigma Medienwissenschaft; 20).

Sachs, Hans: Werke. Hrsg. v. Adelbert v. Keller, Edmund Goetze. Stuttgart Band XIII (1880); Band XXV (1902). Nachdr. Hildesheim 1964.

Sachs, Hans: Werke. Hrsg. v. Adelbert v. Keller, Edmund Goetze. Registerband v. Roger A. Crockett. Hildesheim, New York 1982.

Sarasin, Philipp: Stadt der Bürger. Struktureller Wandel und bürgerliche Lebenswelt Basel 1870–1900. Basel 1990.

Sarlós, Robert K.: A.M. Nagler at Seventy. In: Maske und Kothurn 23 (1977), S. 256

– Creating Objects and Events: A Form of Theatre Research. In: Theatre Research International 5.1 (1979/80), S. 83–88.

– A.M. Nagler and Theatre History in America. In: Theatre Research International 9.1 (1984), S. 1–6.

– Performance Reconstruction. The Vital Link between Past and Future. In: In Thomas Postlewait, Bruce A. McConachie (Hrsg.): Interpreting the Theatrical Past. Essays in the Historiography of Performance. University of Iowa 1989, S. 198–229.

Satori-Neumann, Bruno Th.: Die Frühzeit des Weimarischen Hoftheaters unter Goethes Leitung (1791–98). Berlin 1922. (Schriften der Gesellschaft für Theatergeschichte; 31).

– Die Vereinigung künstlerischer Bühnenvorstände. Ihre Begründung, ihre Entwicklung, ihre Ziele. Berlin 1927.

– Gesellschaft für Theatergeschichte und Vereinigung künstlerischer Bühnenvorstände. In: Die Scene 17 (1927), S. 133–136.

– Zwanzig Jahre Vereinigung künstlerischer Bühenvorstände. Rückblick und Ausblick. Privatdruck Berlin 1931.

– Die Mitgliederbewegung in der Vereinigung künstlerischer Bühnenvorstände. In: Die Scene 23 (1933), S. 68–70.

– Die theatergeschichtlichen und dramaturgischen Schriften aus der Berliner theaterwissenschaftlichen Schule Max Herrmanns (1898–1933). Eine Bibliographie. Privatdruck Berlin 1935.

– Die Schriften aus der Berliner literaturwissenschaftlichen Schule Max Herrmanns (1895–1936). Eine Bibliographie herausgegeben für die Gesellschaft für Deutsche Literatur. Privatdruck Berlin 1936.

– Berufsständisches Theater in Elbing 1848–1888. Die Geschichte einer ostdeutschen Provinzbühne. Marburg 1962.

Sauder, Gerhard (Hrsg.): Die Bücherverbrennung. Zum 10. Mai 1933. München, Wien 1983.

Sauerland, Karol: Paradigmawechsel unter dem Zeichen der Philosophie. In: Christoph König, Eberhard Lämmert (Hrsg.): Literaturwissenschaft und Geistesgeschichte 1910 bis 1925. Frankfurt a.M. 1993 S. 255–264.

Die Scene 1(1910) –23(1933).

Schälzky, Heribert: Epirisch-quantitative Methoden in der Theaterwissenschaft. München 1980. (Münchner Beiträge zur Theaterwissenschaft; 7)

Schaffner, Hermann: Die Kostümreform unter der Intendanz des Grafen Brühl an den Kgl. Theatern zu Berlin 1814–1828. Dissertation Erlangen o.J. [1926].

Schanze, Helmut: Drama im bürgerlichen Realismus. Theorie und Praxis. Frankfurt a.M. 1973.

Schiera, Pierangelo: Laboratorium der bürgerlichen Welt. Deutsche Wissenschaft im 19. Jahrhundert. Frankfurt a.M. 1992.

Schmid, Herta/Hedwig Král (Hrsg.): Drama und Theater. Theorie – Methode – Geschichte. München 1991. (Slavistische Beiträge; 270).

Schmid, Rainer H.: Raum, Zeit und Publikum des geistlichen Spiels. Aussage und Absicht eines mittelalterlichen Massenmediums. München 1975.

Schmidt, Christian Heinrich: Chronologie des deutschen Theaters. Neu hrsg. v. Paul Legband. Berlin, 1902 (Schriften der Gesellschaft für Theatergeschichte; 1).

Schmidt, P. Expeditus: Die Bühnenverhältnisse des deutschen Schuldramas und seiner volkstümlichen Ableger im sechzehnten Jahrhundert. Berlin 1903 (Forschungen zur neueren Literaturgeschichte; 24).

Schmidt, Peter: Literatur der Gegenwart als Forschungsgegenstand. Berthold Litzmann und die Literarhistorische Gesellschaft Bonn. In: Hans Peter Bayerdörfer u.a. (Hrsg.): Literatur im Wilhelminischen Zeitalter. Tübingen 1978, S. 424–435.

Schmitt, Jean-Claude: Die Logik der Gesten im europäischen Mittelalter. Stuttgart 1992.

Schmitt, Johannes: Wissenschaftliche Dramaturgie. Hugo Dingers Entwurf einer neuen Universitätsdisziplin. Magisterarbeit Erlangen 1986.

Schneider, Christina Maria: Wilhelm Wundts Völkerpsychologie. Entstehung und Entwicklung eines in Vergessenheit geratenen wissenschaftshistorisch relevanten Fachgebietes. Bonn 1990.

Schöne, Bruno: Schauspiel und Publikum. Ein Beitrag zur Soziologie des Theaters im 19. und 20. Jahrhundert. Dissertation Frankfurt a.M. 1927.

»Die schöpferische Tätigkeit des Regisseurs und seine Freiheit gegenüber dem Autor«. Hauptversammlung der Vereinigung künstlerischer Bühnenvorstände. In: Die Scene 15 (1925), S. 124–164.

Schöttler, Peter: Mentalitäten, Ideologien, Diskurse. Zur sozialgeschichtlichen Thematisierung der »dritten Ebene«. In: Alf Lüdtke (Hrsg.): Alltagsgeschichte. Zur Rekonstruktion historischer Erfahrungen und Lebensweisheiten. Frankfurt a. M., New York 1989, S. 85–136.

Scholz, Gunter: Zwischen Wissenschaftsanspruch und Orientierungsbedürfnis. Zu Grundlage und Wandel der Geisteswissenschaften. Frankfurt a.M. 1991.

Schramm, Helmar: Theatralität und Öffentlichkeit. Vorstudien zur Begriffsgeschichte von ›Theater‹. In: Karlheinz Barck u.a. (Hrsg.): Ästhetische Grundbegriffe. Studien zu einem historischen Wörterbuch. Berlin 1990 (Literatur und Gesellschaft. Hrsg. von der Akademie der Wissenschaften in der DDR; Zentralinstitut für Literaturgeschichte), S. 202–242.

– Karneval des Denkens. Theatralität im Spiegel philosophischer Texte des 16. und 17. Jahrhunderts. Berlin 1996.

Schwannecke, Victor (Hrsg.): Führer durch das Theater-Museum der Klara Ziegler Stiftung Königinstr. 25 zu Gunsten der Genossenschaft Deutscher Bühnenangehöriger. München 1910.

Schwenckendieck, Adolf: Die Rekonstruktion der Nürnberger Hans-Sachs-Bühne. In: Zeitschrift für Deutschkunde 61 (1929), S. 31–50.

Seeba, Hinrich C.: Zum Geist- und Strukturbegriff in der Literaturwissenschaft der zwanziger Jahre. Ein Beitrag zur Dilthey-Rezeption. In: Christoph König, Eberhard Lämmert (Hrsg.): Literaturwissenschaft und Geistesgeschichte 1910 bis 1925. Frankfurt a.M. 1993, S. 240–254.

Seeliger, Rolf: Braune Universität. Deutsche Hochschullehrer gestern und heute. Dokumentation mit Stellungnahmen IV. München 1966.

Senett, Richard: Verfall und Ende des öffentlichen Lebens. Die Tyrannei der Intimität. Frankfurt a.M. 1983.

Serres, Michel (Hrsg.): Elemente einer Geschichte der Wissenschaften. Frankfurt a.M. 1994.

Sieg, Ulrich: Im Zeichen der Beharrung. Althoffs Wissenschaftspolitik und die deutsche Universitätsphilosophie. In: Bernhard vom Brocke (Hrsg.): Wissenschaftsgeschichte und Wissenschaftspolitik im Industriezeitalter: Das ›System Althoff‹ in historischer Perspektive. Hildesheim 1991 (Edition Bildung und Wissenschaft), S. 287–306.

Silbermann, Alphons: Handwörterbuch der Massenkommunikation und Medienforschung. Teil 1: A–K; Teil 2: L–Z. Berlin 1982.

Simmel, Georg: Zur Philosophie des Schauspielers. In: Fragmente und Aufsätze/Aus dem Nachlaß und Veröffentlichungen der letzten Jahre. München 1923. S. 229–265.

Sittard, Joseph: Kritische Briefe über die Wiener Internationale Musik- und Theater-Ausstellung. Hamburg 1892.

Sozialgeschichte in Deutschland. Entwicklungen und Perspektiven im internationalen Zusammenhang. Band I: Die Sozialgeschichte innerhalb der Geschichtswissenschaft. Hrsg. v. Wolfgang Schieder, Volker Sellin. Göttingen 1986.

Spemanns Goldenes Buch des Theaters. Eine Hauskunde für jedermann. Hrsg. unter Mitwirkung v. Rudolf Genée u.a. Berlin, Stuttgart 1912.

Sprengel, Peter: Gerhart Hauptmann: Epoche – Werk – Wirkung. München 1984.

Sprung, Helga: Hajim Steinthal (1823–1899) und Moritz Lazarus (1824–1903) und die Ursprünge der Völkerpsychologie in Berlin. In: Lothar Sprung, Wolfgang Schönpflug (Hrsg.): Zur Geschichte der Psychologie in Berlin. Hrsg. Frankfurt u.a., 1992 (Beiträge zur Geschichte der Psychologie, hrsg. v. Helmut E. Lück; 4), S. 83–96.

Srna, Zdeněk: Max Herrmann. Ein Kapitel aus den methodologischen Anfängen der Theaterwissenschaft. Übersetzungstyposkript aus dem Tschechischen von Intertext. Im Besitz des Instituts für Theaterwissenschaft an der Humboldt-Universität Berlin 1971.

– Hugo Dinger: Zweites Kapitel aus den methodologischen Anfängen der Theaterwissenschaft. Übersetzungstyposkript aus dem Tschechischen von Intertext. Im Besitz des Instituts für Theaterwissenschaft an der Humboldt-Universität Berlin 1971.

Stamm, Rudolf: Dramenforschung. [1955] In: Helmar Klier (Hrsg.): Theaterwissenschaft im deutschsprachigen Raum. Texte zum Selbstverständnis. Darmstadt 1981 (Wege der Forschung; 548), S. 134–148.

Steinbeck, Dietrich (Hrsg.): Richard Wagners Tannhäuser-Szenarium. Das Vorbild der Erstaufführung mit der Kostümbeschreibung und den Dekorationsplänen. Berlin 1968 (Schriften der Gesellschaft für Theatergeschichte; 64).

– Einleitung in die Theorie und Systematik der Theaterwissenschaft. Berlin 1970.

– Probleme der Dokumentation von Theaterkunstwerken. [1972] In: Helmar Klier (Hrsg.): Theaterwissenschaft im deutschsprachigen Raum. Texte zum Selbstverständnis. Darmstadt 1981 (Wege der Forschung; 548), S. 179–191.

Sternsdorff, Jürgen: Wissenschaftskonstitution und Reichsgründung. Die Entwicklung der Germanistik bei Wilhlem Scherer. Eine Biographie nach unveröffentlichten Quellen. Frankfurt a.M. u.a. 1979 (Europäische Hochschulschriften Reihe 1; 321).

Stokes, John/Michael R. Booth/Susan Bassnett: Sarah Bernhardt, Ellen Terry und Eleonore Duse. Ein Leben für das Theater. Belzheim 1991.

Strätz, Hans-Wolfgang: Die studentische »Aktion wider den undeutschen Geist«. In: Vierteljahreshefte für Zeitgeschichte 4 (1968), S. 347–372.

Straten, Roelof van: Einführung in die Ikonographie. Berlin 1989.

Stümcke, Heinrich: Eine Gesellschaft für Theatergeschichte. In: Bühne und Welt 4 (1902), S. 557–560.

– Die Deutsche Theaterausstellung Berlin 1910. Berlin 1911 (Schriften der Gesellschaft für Theatergeschichte; 17).

Stumpfl, Robert: Schauspielmasken des Mittelalters und der Renaissancezeit und ihr Fortbestehen im Volksschauspiel. In: Max Herrmann (Hrsg.): Neues Archiv für Theatergeschichte. Band II. Berlin 1930 (Schriften der Gesellschaft für Theatergeschichte; 41), S. 1–77.

– Kultspiele der Germanen als Ursprung des mittelalterlichen Dramas. Berlin 1936.

Das Süddeutsche Theater: Korrespondenzblatt der Gesellschaft für das süddeutsche Theater und seine Auswirkungen. H. 1–4. München 1926.

Suerbaum, Ulrich: Das elisabethanische Zeitalter. Stuttgart 1989

Székessy, Géza: Kritik der Theaterwissenschaft. Dissertation München 1955.

Taylor, Gary: Reinventing Shakespeare. A Cultural History from the Restoration to the Present. London 1990.

Das Theater und sein Publikum. Referate der Internationalen theaterwissenschaftlichen Dozentenkonferenz in Venedig 1975 und Wien 1976. Österreichische Akademie der Wissenschaften. Philosophisch-historische Klasse, Sitzungsberichte, 327. Band. Wien 1977 (Veröffentlichungen des Instituts für Publikumsforschung; 5).

Theater-Archiv. Zeitschrift für Wissenschaft und Praxis des gesamten Schaubühnenwesens 1 (1913).

Theaterlexikon. Hrsg. v. Henning Rischbieter. Zürich 1983.

Theaterlexikon. Begriffe und Epochen, Bühnen und Ensembles. Hrsg. v. Manfred Brauneck, Gérard Schneilin. Reinbek bei Hamburg 1990.

Theaterwissenschaft heute. Eine Einführung. Hrsg. v. Renate Möhrmann unter wissenschaftlicher Mitarbeit v. Matthias Müller. Berlin 1990.

Theaterwissenschaft morgen? Theaterzeitschrift 35 (1993). Beiträge zu Theater, Medien, Kulturpolitik. Hrsg. v. Piet Oltmanns u.a.

Theaterwissenschaftliche Berichte. Zeitschrift der Akademischen Vereinigung für Theaterwissenschaft an der Universität Berlin. H. 1–4 Januar 1921–November 1922.

Theaterwissenschaftliche Blätter. Fachorgan für die Wissenschaft, Kunst und Kultur des Theaters. H. 1–6 Berlin 1925.

Tintelnot, Hans: Barocktheater und barocke Kunst. Die Entwicklungsgeschichte der Fest- und Theater-Dekoration in ihrem Verhältnis zur barocken Kunst. Berlin 1939.

Toulmin, Stephen: Kosmopolis. Die unerkannten Aufgaben der Moderne. Frankfurt a.M. 1994.

Trilse, Christoph: Zu Problemen der Historiographie des deutschen Theaters. Geschichte, Methodologie, Organisation. Ein Diskussionsbericht. Sonderbeilage Theater der Zeit 23.10 (1968), S. 1–12.

Trilse, Christoph: Eduard Devrient und die Geschichte des bürgerlichen Theaters. In: Eduard Devrient: Geschichte der deutschen Schauspielkunst. In zwei Bänden neu hrsg. und mit einem Nachwort v. Rolf Kabel und Christoph Trilse. München, Wien 1967, S. 425-463.

Trommler, Frank: Theatermoderne. In: Deutsche Literatur. Eine Sozialgeschichte. Band VIII: 1880–1918 Jahrhundertwende: Vom Naturalismus zum Expressionismus. Hrsg. v. Frank Trommler. Reinbek bei Hamburg 1982 (Deutsche Literatur. Eine Sozialgeschichte. Hrsg. v. Horst Albert Glaser), S. 205–223.

Troeltsch, Ernst: Der Historismus und seine Probleme. Gesammelte Werke Band III. Tübingen 1922. Nachdr. Aalen 1961.

Van Kesteren, Aloysius/Herta Schmid (Hrsg.): Moderne Dramentheorie. Kronberg/Ts. 1975 (Monographien Literaturwissenschaft; 23).

Veltruský, Jiri: Drama as Literature and Performance. In: Erika Fischer-Lichte u.a. (Hrsg.): Das Drama und seine Inszenierung. Vorträge des internationalen literatur- und theatersemiotischen Kolloquiums Frankfurt a.M., 1983. Tübingen 1985, S. 12–21.

Die vierte Wand. Organ der Deutschen Theaterausstellung Magdeburg 1927. Magdeburg 1927.

Vince, Ronald W.: Ancient and Medieval Theatre. A Historiographical Handbook. Westport 1984.

– Renaissance Theatre. A Historiographical Handbook. Westport 1984.

- Issues in Theatre Historiography. In: Wilmar Sauter (Hrsg.): Nordic Theatre Studies/Special International Issue: New Directions in Theatre Research/Proceedings of the XIth FIRT/IFTR Congress. Stockholm 1990, S. 21–36.

Vom Brocke, Bernhard (Hrsg.): Wissenschaftsgeschichte und Wissenschaftspolitik im Industriezeitalter. Das ›System Althoff‹ in historischer Perspektive. Hildesheim 1991 (Edition Bildung und Wissenschaft).

Vom Bruch, Rüdiger: Wissenschaft, Politk und öffentliche Meinung. Gelehrtenpolitik im Wilhelminischen Deutschland. Husum 1980. (Historische Studien; 435).

- u.a. (Hrsg.): Kultur und Kulturwissenschaften um 1900. Krise der Moderne und Glaube an die Wissenschaft. Stuttgart 1989.

Von der Dunk, Herrmann: Die historische Darstellung bei Ranke: Literatur und Wissenschaft. In: Leopold von Ranke und die moderne Geschichtswissenschaft. Hrsg. v. Wolfgang J. Mommsen. Für die Kommission für Geschichte der Geschichtsschreibung des Comité Internationale des Sciences Historiques. Stuttgart 1988. S. 131–165.

Vossler, Karl: Zeit- und Raumordnungen der Bühnendichtungen. In: Die Romanische Welt. Gesammelte Aufsätze. München 1965, S. 93–105.

Walzel, Oskar F.: Rezension: Albert Köster: Schiller als Dramaturg. In: Zeitschrift für vergleichende Literaturgeschichte und Renaissance-Literatur N.F. 4 (1891), S. 389–395.

Warning, Rainer: Funktion und Struktur. Die Ambivalenzen des geistlichen Spiels. München 1974.

Wehler, Hans-Ulrich: Deutsche Gesellschaftsgeschichte. Band III. Von der ›Deutschen Doppelrevolution‹ bis zum Beginn des Ersten Weltkrieges: 1849–1914. München 1995.

Wehli, Max: Was ist/war Geistesgeschichte? In: Christoph König, Eberhard Lämmert (Hrsg.): Literaturwissenschaft und Geistesgeschichte 1910 bis 1925. Frankfurt a.M. 1993, S. 23–37.

Weil, Rudolf: Das Berliner Theaterpublikum unter A.W. Ifflands Direktion (1796–1814). Ein Beitrag zur Methodologie der Theaterwissenschaft. Berlin 1932. (Schriften der Gesellschaft für Theatergeschichte; 44).

Weilen, Alexander von: Rezension: Max Herrmann: Forschungen zur deutschen Theatergeschichte des Mittelalters und der Renaissance. In:Deutsche Literaturzeitung Nr. 31 v. 1.8.1914, Sp. 1964–1968.

Weimann, Robert: Shakespeare und die Tradition des Volkstheaters. Soziologie, Dramaturgie, Gestaltung. Berlin 1967.

Weimar, Klaus: Geschichte der deutschen Literaturwissenschaft bis zum Ende des 19. Jahrhunderts. München 1989.

Weischedel, Wilhelm: 34 große Philosophen in Alltag und Denken. Die philosophische Hintertreppe. [1966] München [10]1984.

Weitz, Hans: Mit Dank für geleistete Dienste gestorben in Theresienstadt. In: Der Tagesspiegel Nr. 5980 v. 14.5.1965.

Wekwerth, Manfred: Theater und Wissenschaft. Überlegungen für das Theater von heute und morgen. München 1974.

Weltmann, Lutz: Literatur und Theater. In: Ludwig Marcuse (Hrsg.): Weltliteratur der Gegenwart. Band Deutschland / II. Teil. Leipzig u.a. 1924, S. 173–206.

Wenig, Heribert: Der Beitrag der akademisch-dramatischen Vereinigungen zur Entwicklung des deutschen Theaters von 1890–1914. Dissertation München 1954.

Werbeheft der Gesellschaft für Theatergeschichte 1927.

Der Wert des Studiums der Theaterwissenschaft für die Theaterpraxis vom 20./21. März 1989 in Köln. Referate und Diskussionen. Veranstalter: Deutscher Bühnenverein, Bundesverband Deutscher Theater mit Unterstützung des Bundesministeriums für Bildung und Wissenschaft. Köln 1989. (Schriftenreihe des Deutschen Bühnenvereins; IV,1).

Wickihalder, Hans: Zur Psychologie der Schaubühne. Zürich 1926.

Wiemcken, Helmut: Der griechische Mimus. Dokumente zur Geschichte des antiken Volkstheaters. Bremen 1972.

Williams, Raymond: Towards a Sociology of Culture. New York 1982.

Winds, Adolf: Geschichte der Regie. Stuttgart, Berlin, Leipzig 1925.

Wininger, Salomon: Große Jüdische National-Biographie mit mehr als 8000 Lebensbeschreibungen namhafter jüdischer Männer und Frauen aller Zeiten. Ein Nachschlagewerk für das jüdische Volk und seine Freunde. 7 Bände Czernowitz 1925–36 .Reprint Mendeln 1979.

Witkowski, Georg: Hat es eine Nürnberger Meistersingerbühne gegeben? In: Deutsche Vierteljahrsschrift für Literatur- und Geistesgeschichte 11 (1933), S. 251–261.

Witzig, Erich: Johann David Beil, der Mannheimer Schauspieler. Aus dem Nachlaß hrsg. v. Hans Knudsen. Berlin 1927.

Wölfflin, Heinrich: Kunstgeschichtliche Grundbegriffe. [1915] Basel ¹⁸1991.

Wolff, Eugen: Die theatergeschichtliche Abteilung des Literaturwissenschaftlichen Instituts in Kiel. In: Die Scene 3 (1913), S. 65–68.

Woods, Leigh: Actor's Biography and Mythmaking. The Example of Edmund Kean. In Thomas Postlewait, Bruce A. McConachie (Hrsg.): Interpreting the Theatrical Past. Essays in the Historiography of Performance. University of Iowa 1989, S. 230–247.

Worringer, Wilhelm: Abstraktion und Einfühlung. Ein Beitrag zur Stilpsychologie. [1908] München ¹⁴1987.

– Formprobleme der Gotik. [1911] München ⁴1918.

Wulf, Joseph: Theater und Film im Dritten Reich. Eine Dokumentation. [1966] Frankfurt a.M. u.a. 1983.

Wundt, Wilhelm: Völkerpsychologie. Eine Untersuchung der Entwicklungsgesetze von Sprache, Mythus und Sitte. Band III: Die Kunst. [Erstauflage in Band II,1: Mythus und Religion, 1905] Leipzig ²1908.

Zeitschrift für Geschichte der Erziehung und des Unterrichts, 20 (1930), S. 177.

Zielske, Harald: Periodische Bibliographien zur Theaterwissenschaft. Zur fachbibliographischen Situation einer jungen Wissenschaftsdisziplin. In: Bibliothek und Wissenschaft 8 (1972), S. 208–286.

Zimmerli, Walter Ch.: Stichwort »Geisteswissenschaften«. In: Handlexikon zur Wissenschaftstheorie. Hrsg. v. Helmut Seiffert, Gerard Radnitzky. München 1989, S. 88–101.

Zimmerli, Walter Ch.: Stichwort »Wissenschaftsgeschichte: Geisteswissenschaften«. In: Handlexikon zur Wissenschaftstheorie. Hrsg. v. Helmut Seiffert, Gerard Radnitzky. München 1989, S. 413–425.

Zimmerli, Walther Ch./Mike Sandbothe (Hrsg.): Klassiker der modernen Zeitphilosophie. Darmstadt 1993.

– (Hrsg.): Zeit – Medien – Wahrnehmung. Darmstadt 1994.

Zucker, Paul: Die Theaterdekoration des Barock. Eine Kulturgeschichte des Bühnenbildes. Berlin 1925.

Zwanzig Jahre Theaterwissenschaft an der Freien Universität Berlin bei Professor Dr. Hans Knudsen (1948–1968). Hrsg. von seinen Schülern. Berlin 1968.

Anhang

a) Veröffentlichte Schriften Max Herrmanns

1. Einleitung (aus ›Forschungen zur deutschen Theatergeschichte des Mittelalters und der Renaissance‹ [1914], S. 3–10).
2. Das Theater der Meistersinger zu Nürnberg: Die Gebärdensprache der Meistersingerbühne (ebd., S. 244–270).
3. Dramenillustrationen des 15. und 16. Jahrhunderts: Ziele und Wege (ebd., S. 273–276.
4. Das Theatralische Raumerlebnis (gehalten anläßlich des Vierten Kongresses für Ästhetik und allgemeine Kunstwissenschaft Hamburg 1930, Zeitschrift für Ästhetik und allgemeine Kunstwissenschaft 25 (1931), S. 152–163).

b) Unveröffentlichte Dokumente

5. Mitschrift Johannes Günther ›Über Theaterkunst‹ (Lessing-Hochschule Berlin 1919, SBPK, Nachlaß Johannes Günther).
6. Antrag auf Errichtung eines theaterwissenschaftlichen Instituts (1919, BAP 1450; R 4901, Bl. 1–3RS).
7. Satzungen des theaterwissenschaftlichen Instituts (1923, BAP 1450, Bl. 69–72).

Die im folgenden abgedruckten Texte sind von sehr unterschiedlicher Herkunft, zusammengenommen liefern sie ein facettenreiches Bild von Max Herrmanns Arbeiten und der Geschichte des Berliner Instituts. Bei der ›Einleitung‹ zu den *Forschungen* handelt es sich um den bekanntesten Text Herrmanns überhaupt, der in berühmt gewordenen Sentenzen die Forderungen nach einer zu schaffenden Disziplin Theaterwissenschaft vorträgt und erstmals von dieser Seite aus differenziert zwischen dem »dichterischen

Drama« und dem »Theater«, eine Unterscheidung, die für die weitere Entwicklung der Disziplin Theaterwissenschaft so folgenreich war. Man sollte jedoch den Fehler vermeiden, diese Einleitung als programmatische Zusammenfassung der gesamten *Forschungen* zu lesen: es handelt sich in erster Linie um eine schlaglichtartig verkürzte und mitunter polemische Kritik Herrmanns an der zeitgenössischen Theaterhistoriographie, und ist als solche ein wichtiges Dokument zum Selbstverständnis der frühen Theaterwissenschaft und ihren Abgrenzungsbestrebungen.

Die hier wiederabgedruckten Kapitel aus den *Forschungen* über die Gebärdensprache der Meistersinger und über die Möglichkeiten der Theaterikonographie wurden ausgewählt, weil sie a) die Vielseitigkeit der *Forschungen* und ihre methodische Gründlichkeit besonders klar reflektieren, und b) darüberhinaus Probleme anreißen, die für die Theaterwissenschaft bis heute aktuell geblieben sind. Gleiches gilt für Herrmanns Vortrag über das theatralische Raumerlebnis, der in seiner theoretischen Dreifaltigkeit Dramatiker – Schauspieler – Zuschauer eine überraschende Modernität birgt, wenngleich die abgeleiteten Schlußfolgerungen eine gewisse Praxisferne ihres Verfassers nicht verleugnen können.

Ein besonders interessantes Dokument ist die hier erstmals publizierte Mitschrift einer Herrmann-Vorlesung ›Über Theaterkunst‹. Nur wenigen nicht eindeutig entzifferbaren Stellen steht ein größtenteils in (nahezu) vollständigen Sätzen wiedergegebener Inhalt gegenüber mit eindeutig Herrmannschem Sprachduktus. Somit ist dem Dokument ein hoher Authentizitätsgrad zuzuschreiben. Die in der Vorlesung aufgeworfenen theatertheoretischen Probleme finden sich z. T. in verkürzter Form auch in den verschiedenen Schriften Herrmanns, bei denen es sich aber größtenteils nicht um explizit theatertheoretische Texte handelt. In der Vorlesung ›Über Theaterkunst‹ werden diese verstreuten Probleme erstmals in einen Zusammenhang gestellt, und das macht diese Mitschrift so wertvoll. Zu berücksichtigen ist, daß die Lessing-Hochschule eine Art Volkshochschule und keine Universität war – eine Vorlesung dort wäre vermutlich anders ausgefallen.

Der ›Antrag auf Errichtung eines theaterwissenschaftlichen Instituts an der Universität Berlin‹ und die ›Satzungen des Instituts‹ beleuchten noch einmal die bescheidenen Anfänge des Instituts und die enormen Schwierigkeiten, die seiner Gründung vorausgingen.

Die Beschäftigung mit der Theatergeschichte hat während der letzten Jahrzehnte eine bemerkenswerte Steigerung erfahren. Wir haben Forschungen, die sich „theatergeschichtliche" nennen, wir haben eine „Gesellschaft für Theatergeschichte", die viele Mitglieder zählt, wir hören von dem Plane, Theatermuseen zu begründen. Solches theaterhistorische Interesse erklärt sich gewiß in erster Reihe aus der großen Neigung unserer Zeit für das lebendige Theater, das heute in dem ewigen, nur durch wenige wundersame Vereinigungsstunden unterbrochenen Kampfe zwischen Drama und Theater als Triumphator erscheint, ja darüber hinaus aus der im tiefsten Sinne schauspielerischen Natur des modernen Menschen; aber das so aus dem Tagesinteresse Geborene ist es wohl wert, zu einem dauernden Besitz der historischen Wissenschaft zu führen. Unter den verschiedenen Zweigen der allgemeinen Kulturgeschichte nimmt die Geschichte der Theaterspiele eine besonders wichtige Stelle ein, weil die Betätigung und Entwicklung der Völkerseelen hier besonders scharfe und unmittelbare Spiegelbilder liefern; sie stellt ferner ein eigenartiges Gebiet der allgemeinen Kunstgeschichte dar, das freilich den Gebieten der eigentlichen Hochkünste, der Literatur-, Musik- und Bildkunstgeschichte nicht vollkommen ebenbürtig ist, aber doch eine große Reihe bemerkenswerter Kunstgebilde in geschichtliche Beleuchtung rückt; sie liefert endlich Material, ohne dessen Beherrschung ein Hauptteil der Literaturgeschichte: die Geschichte der dramatischen Dichtung zum vollen Verständnis nicht gebracht werden kann.

Wir haben den Wunsch und zwar den berechtigten Wunsch, eine theatergeschichtliche Wissenschaft zu besitzen, — wir besitzen sie aber noch ganz und gar nicht. Ja, wir wissen noch nicht einmal die Aufgaben der künftigen Wissenschaft gebührend abzugrenzen. Daß in theatergeschichtlichen Festsitzungen Vorträge über die dichterische Bedeutung eines Schillerischen Dramas oder über die Tagebücher eines großen österreichischen Dramatikers gehalten werden konnten, ist ein nur allzudeutliches Symptom dafür, daß man auch unter den Adepten die Geschichte der dramatischen Dichtung und die Geschichte des Bühnenwesens immer noch durcheinander wirft. Das Drama als dichterische Schöpfung geht uns aber in der Theatergeschichte nichts oder nur in soweit etwas an,

1 *

als der Dramatiker bei der Abfassung seines Werkes auch auf die Verhältnisse der Bühne Rücksicht nimmt, und insofern also das Drama uns einen unbeabsichtigten Abdruck vergangener Theaterverhältnisse liefert; wir betrachten es ferner als Bestandteil des Theaterspielplans und als Gegenstand der Bemühungen nachgeborener Bühnenkünstler, es ihren veränderten Theaterverhältnissen zu eigen zu machen. Das spezifisch Dichterische aber bleibt für uns ganz außer Betracht; das völlig unkünstlerische 'Theaterstück' im engeren Sinne des Wortes ist für unsern Gesichtspunkt unter Umständen wichtiger als das größte dramatische Meisterwerk der Weltliteratur. Was uns eigentlich angeht, ist nicht zu allen Zeiten dasselbe, weil das Urwesen des Theaters in den verschiedenen Kultursituationen sehr verschiedenartige Erscheinungsformen zu Tage fördert — die wichtigsten Einzelgebiete, die wir zu erhellen haben, sind: das Theaterpublikum, die Bühne mit ihren verschiedenartigen Einrichtungen, die Schauspielkunst und endlich die künstlerische Leitung der Vorstellungen. Alles Faktoren einer nach eigenen Gesetzen lebenden Eigenkunst sozialen Charakters, die zwar neuerdings immer wieder Rücksicht zu nehmen hat auf die ihr zugefallene Aufgabe, Schöpfungen einer anderen Kunst: der dramatischen Poesie zu verlebendigen, die aber ursprünglich in sich vollkommen frei ist und diese Unabhängigkeit und Selbständigkeit bis auf unsere Tage, oft sogar mit allzustarken Ebenbürtigkeitsansprüchen, immer wieder betont. Daß wir über das Wesen dieser Theaterkunst in ästhetischer Hinsicht uns noch so wenig oder garnicht verständigt haben, trägt ebenfalls dazu bei, die Theatergeschichte noch unter der Wissenschaftsstufe zurückzuhalten: haben doch auch Literatur-, Bildkunst- und Musikgeschichte einen wissenschaftlichen Charakter erst angenommen, seitdem ihre Vertreter den allgemeinen Fragen des künstlerischen Schaffens und Wirkens ihre Aufmerksamkeit gewidmet haben.

Aber auch wo die theatergeschichtliche Forschung unter Ausschaltung des Dramatischen sich im besondern den Leistungen zuzuwenden bemüht, die ihr wirklich zukommen, befindet sie sich noch in einem vorwissenschaftlichen Zustande; es ist kein Zufall, daß auf diesem Gebiete der Wissenschaftler sich so ruhig mit dem Dilettanten verbündet: denn auch die allermeisten Wissenschaftler sind hier über den Dilettantismus noch nicht hinausgekommen. Wenn man uns solcher Erklärung gegenüber etwa auf eine vielgerühmte Schauspielerbiographie als auf ein vorzügliches und durchaus wissenschaftliches Werk hinweist, so muß betont werden: solche Epitheta verdient es nur in biographischer und kulturgeschichtlicher Beziehung, in dem Kern seiner Aufgabe versagt es ganz: niemand vermag aus ihm ein nur einigermaßen deutliches Bild von der K u n s t seines Helden sich zu machen.

Und hier liegt das Entscheidende. Wir begnügten uns meistens damit, glücklich aufgestöbertes Material: Aktennotizen, Kritikerurteile, Bilder zusammenzufügen, und nannten das Ergebnis Theatergeschichte. Ein Zustand, wie er einst in der Literaturgeschichte herrschte, als sie noch Literärgeschichte war. Wer möchte es heut noch unternehmen, Dichtungsgeschichte zu schreiben, d. h. die Zusammenhänge zwischen den einzelnen Dichtwerken der Vergangenheit aufzuzeigen, ohne zuvor diese einzelnen Leistungen selbst dermaßen aufgedeckt, ergänzt, beleuchtet zu haben, daß sie wie in unmittelbarer Gegenwart vor dem Auge des Betrachters stehen?

Solche speziell philogogische Grundleistung hat auch die theatergeschichtliche Wissenschaft viel schärfer ins Auge zu fassen und durchzuführen, ehe sie sich an die Arbeit der historischen Verknüpfung macht. Zuerst die Zustände und dann die Abfolge! In allererster Reihe gilt es sich die Aufgabe zu stellen, durch kritische Würdigung des gesammelten Materials, durch eine die Lücken der Überlieferung kombinatorisch ergänzende Rekonstruktion die theatralische Einzelleistung der Vergangenheit, die wirkliche Gesamtvorstellung mit allen ihren Teilen wieder lebendig werden zu lassen. Die Mittel, die für die Materialsichtung und für den ergänzenden Aufbau zur Verfügung stehen, sind zunächst keine andern wie die der historisch-philologischen Kritik im allgemeinen; so wie diese Mittel aber jedesmal durch die besonderen Bedingungen des der Untersuchung harrenden kulturellen oder künstlerischen Geschehens entscheidend modifiziert werden, so kommt es für die theaterhistorische Kritik auch darauf an, den Eigentümlichkeiten dieses Kunstgebietes bis ins letzte gerecht zu werden. Grade hier aber liegen große Schwierigkeiten. Man achte nur auf das fast erfolglose Ringen der modernen Theaterkritik, die theatralischen Leistungen, die sie doch in unmittelbarer, lückenloser Lebendigkeit vor sich hat, so zu beschreiben, daß ein vollständiges und scharfes Bild auch für den entsteht, der die Vorstellung nicht besucht hat — um wieviel schwieriger ist es, Mittel und Wege zu finden, um aus den Trümmern der Überlieferung die längst vergangene Leistung einigermaßen deutlich wieder erstehen zu lassen.

Will die Theatergeschichte eine Wissenschaft werden, so muß sie ihre besondere Methode erhalten. An dieser Stelle soll indessen keine methodologische Abhandlung geboten werden. Das Reden von der Methode, das in den letzten Jahren unter den jüngeren Forschern z. B. der Literaturgeschichte eine gewisse Rolle spielt, ist älteren Genossen mitunter sehr auf die Nerven gefallen, und obschon auch der bloße Hinweis auf Straßen, auf denen im Gegensatz zu den allzubetretenen vielleicht lockendere Ziele zu er-

reichen sind, etwas Verdienstliches haben kann und obschon es
begreiflich ist, daß nicht sofort der Mut gefunden wird, sich in unbekannte Gegenden zu wagen, in denen oft jeder Schritt vorwärts
mühsam erkämpft werden muß, so ist doch nicht zu leugnen, daß
tatsächlich auf die Dauer das bloße Sprechen von der Methode,
das ewige *Man müßte* der Methodologen etwas Fatales erhält und
mindestens den Anschein der Unfruchtbarkeit erweckt.

Das vorliegende Buch versucht es daher lieber, zugleich mit
der praktischen Durchführung einiger theatergeschichtlicher Untersuchungen Methode zu bringen. Die neuen Wege führen durch
die verschiedenartigsten Wissenschaftsgebiete, die schwerlich ein
und derselbe Forscher in gleicher Weise fachmännisch zu beherrschen vermag, oft genug an Punkte, die auch die betreffende
Sonderwissenschaft noch im Dunkeln gelassen hat und die doch
nicht unbeachtet bleiben durften; mannigfache Nachsicht wird daher vonnöten sein. Hier sei nur mit zwei Worten Allerallgemein-
stes angedeutet. Theaterkunst ist eine Raumkunst — in erster
Linie kommt es darauf an, den Raum der Vorstellung und die Art
seiner Benutzung genau zu kennen. So wird es sich empfehlen,
von einem Fall auszugehen, in dem der Ort der Aufführung uns
bis heute erhalten oder doch rekonstruierbar ist, und in dem wir
ferner die Theaterstücke besitzen, die ein unmittelbar bei der Aufführung beteiligter Autor eben für die Darstellung auf dieser uns
erhaltenen Bühne verfaßte, und nicht eher zu ruhen, bis die Räumlichkeiten dieser Bühne mit den in den Theaterstücken, zumal
ihren szenischen Bemerkungen gestellten Anforderungen bis ins
kleinste in Einklang gebracht sind. Vom sicher Erhellten werden
wir dann auch den Blick auf minder günstig Beleuchtetes richten
dürfen.

Es wird ferner notwendig werden, sich mit der Erkenntnis des
eigentlichen Bühnenraumes und seiner Ausnutzung durch die Mitwirkenden nicht zu begnügen, sondern auf Grund dieser Erkenntnis und unter erneuter Heranziehung der in den szenischen Bemerkungen erhaltenen Andeutungen und ihres theatralischen Sinnes,
der auf verschiedene Art immer wieder nachgeprüft werden muß,
alles Nötige über Dekorationen, Maschinerien und Requisiten und
ihre Verwendung durch die Spielleitung und deren Hilfskräfte zu
ermitteln; zu genauerer Feststellung werden analoge Verhältnisse
der bildenden Kunst herangezogen, wird der Stand des Kunstge-
werbes und der Handwerke berücksichtigt, wird vor allem auch
die Eigenart des Publikums, seine Anforderungen an den Naturalismus der Bühnenbilder und seine Phantasiebegabung untersucht
werden müssen.

Auf ähnliche Weise soll auch von allen Seiten her das Kostüm
der Schauspieler festgestellt werden; wichtiger aber wird dann

der Versuch werden, die eigentliche Schauspielkunst zu rekonstruieren. Es ist fast unmöglich, den Gang der Untersuchung mit
wenigen Sätzen auch nur zu einer schattenhaften Vorstellung zu
bringen. Die dürftigsten urkundlichen Notizen gilt es hier in wirk-
liches Leben umzusetzen und die szenischen Bemerkungen des
Dichterregisseurs bis ins letzte auszubeuten, die besonderen Zwecke
und Bedingungen der Vorstellungen, die Gesamtfähigkeit der
Mitwirkenden, die schauspielerische Tradition, die von früheren
Zeiten her besteht, den Raum, auf dem der Darsteller sich bewegt,
und dergleichen mehr zu berücksichtigen, die Menschendarstellung
in der Erzählung und in der bildenden Kunst gegen die theatralische abzugrenzen und besonders die letztere dadurch scharf zu
beleuchten. Das Wichtigste wird doch immer sein, den papierenen
Ermittlungen dadurch zum Leben zu verhelfen, daß man sie in die
Praxis der eigenen Stimme, des eigenen Körpers, der eigenen
Seele überträgt und so in unwillkürlicher Ergänzung aus der
lückenhaften Überlieferung ein blutvolles Gesamtbild herstellt, so
wie der Literarhistoriker schließlich doch eine größtenteils ver-
lorene Dichtung nur dadurch herstellt, daß er die kritisch herge-
richteten Reste in seine eigene Seele aufnimmt und zum Zwecke
der Neuschöpfung des Verlorenen sich in den alten Dichter verwandelt.

Ist das Ziel aller solcher Untersuchungen im wesentlichen die
Herstellung verloren gegangener Leistungen, bis sie in der An-
schaulichkeit eines unmittelbaren Abbildes vor uns stehen, so darf
daneben eine andere Betrachtung nicht zurückbleiben, die zunächst
mehr ein Abbauen als ein Aufbauen verfolgt und sich statt mit
der Herstellung neuer Bilder mit der kritischen Prüfung überlieferter
beschäftigt. Szenenbilder aus älterer Zeit haben nicht den unmittelbaren Realitätswert, den die heutigen Momentaufnahmen
theatralischer Leistungen besitzen; anderseits kann in ihnen, auch
wo sie in der Form von Dramenillustrationen auftreten, ein Stück
der wirklichen Aufführung mit überliefert sein. Dieses echte Stück
gilt es herauszuholen oder die völlige Theaterfremdheit der betreffenden Illustration aufzuzeigen und so durch die Fortschaffung
unbrauchbaren Materials der Theatergeschichte einen Dienst zu
erweisen — in erster Reihe müssen zu dem Zwecke die Elemente
ausgesondert werden, die durch die rein bildkünstlerischen Aufgaben der betreffenden Darstellungen bedingt sind.

Aber nicht nach solchen dürftigen Andeutungen will die hier
empfohlene theatergeschichtliche Methode beurteilt sein, sondern
wie schon bemerkt, aus der vorgelegten Übertragung in die Praxis.
Die betonte Methodologie dieses Buches soll indessen auch keineswegs eine Schablone sein, mit deren Hülfe künftige theatergeschichtliche Untersuchungen leicht durchgepinselt werden könnten.

Sie stellt einerseits einen ersten Versuch dar und darf infolgedessen
gewiß nicht den Anspruch erheben, jenseits aller Verbesserungs-
und Verfeinerungsmöglichkeiten zu stehen; es ist aber ferner zu
bedenken, daß bei aller Neigung zum Konservativen, die einen
Grundzug im Wesen der Theaterkunst bildet, im Verlauf ihrer
langen Geschichte doch auch eine große Verwandlungsfähigkeit
sich zeigt, daß bei der komplizierten Art der Bühnenkunst die Bedingungen, unter denen ihre Schöpfungen entstehen, vielfach wech-
selnde sind und daß solchem Wechsel auch eine gewisse Beweg-
lichkeit in den Rekonstruktionsmethoden entsprechen muß. Die
Wege, die hier für das Mittelalter und die Reformationszeit zu
einem gewissen Ziele führen möchten, sind für die folgenden Jahrhunderte gewiß nicht überall in gleicher Weise gangbar.

Wenn es aber soeben hieß, die Untersuchungsweise dieses
Buches stelle einen ersten Versuch dar, so gilt das nur mit einer
starken Einschränkung. In dem Jahrzehnt, das von dem ersten
Keimen der hier vorliegenden Arbeiten bis zu ihrem völligen Abschluß so ziemlich verstrichen ist, haben sich die Bemühungen,
die Theatergeschichte zum Rang einer Wissenschaft zu erheben,
deutlich bemerkbar gemacht. Wir haben nicht nur ein paar theaterbaugeschichtliche Studien sachverständiger Architekten zu verzeich-
nen [1]), deren Bemühungen unserer Gesamtwissenschaft werden
zum Vorteil gereichen können, wir besitzen auch das Buch von
J. Petersen über „Schiller und die Bühne" [2]), das, ohne alle
Probleme und ihre Lösungsmöglichkeiten scharf zu erfassen,
namentlich ohne den Raumkunstcharakter der Bühnenleistungen
gebührend zu berücksichtigen, doch in einer bisher nicht durch-
geführten Art das Material über die deutschen Bühnen im ausgehenden 18. und beginnenden 19. Jahrhundert gesammelt und
wissenschaftlich verarbeitet hat; wir besitzen wenigstens eine
Arbeit über einen Schauspieler des 18. Jahrhunderts, die meinen
oben geäußerten Anschauungen gemäß die schauspielerische Eigenart ihres Helden aus den latenten Darstellungsanforderungen
seiner Theaterstücke rekonstruiert und unter Benutzung der Seele
des modernen Forschers lebendig werden läßt: die Studie über
Johann Christian Brandes von Johannes Klopfleisch [3]). Einen will-
kommenen Bundesgenossen dürfen wir in Albert Köster [4]) begrüßen,

---

1) M. Hammitzsch, Der moderne Theaterbau. Der höfische Theaterbau. Der Anfang der
modernen Theaterbaukunst, ihre Entwicklung und Betätigung zur Zeit der Renaissance,
des Barock und des Rokoko. Berlin 1906.
  A. Doebber, Lauchstädt und Weimar. Eine theaterbaugeschichtliche Studie. Berlin 1908.
  2) Berlin 1904.
  3) Heidelberger Dissertation 1906. Eine ähnlich angelegte Schrift von Dr. H. Kundsen
über Heinrich Beck wird bald hervortreten.
  4) Ich hebe hier besonders seine ausgezeichnete Besprechung des Petersenschen
Buches hervor: Anzeiger für deutsches Altertum Bd. 30, S. 205 ff. (erschienen 1907).

aus dessen Schule die sehr tüchtige Arbeit von C. H. Kaulfuß-Diesch „Die Inszenierung des deutschen Dramas an der Wende des sechzehnten und siebzehnten Jahrhunderts"[1]) hervorgegangen ist. Endlich hat auch die Shakespearephilologie der jüngsten Zeit zwei Schriften[2]) hervorgebracht, die die Bühnenverhältnisse der elisabetanischen Zeit mit moderner Energie ins Auge fassen. Während aber solche Untersuchungen zur neueren Theatergeschichte die Sicherheit der methodologischen Linienführung und die Allseitigkeit der Betrachtung, zumal den Mut zum Betreten auch bildkunstgeschichtlicher Forschungswege mitunter noch vermissen lassen, sieht es auf dem Gebiet der Behandlung des antiken Theaters wesentlich anders aus. Die ganze Parvenühaftigkeit der neueren Philologie wird einem wieder deutlich, wenn man nach der mühsamen Durchführung theatergeschichtlicher Untersuchung in die Parallelarbeiten der klassischen Philologen sich vertieft, und mit einigem Staunen liest man das zusammenfassende Urteil eines Kenners[3]), daß es eigentlich auch eine Wissenschaft vom antiken Theaterwesen noch nicht gebe. Wie wird der oben ausgesprochene Satz von der Nichtexistenz einer Theatergeschichtswissenschaft auf dem Gebiete der neueren Zeit dadurch beleuchtet! Denn seit den Tagen Gottfried Hermanns, Wieselers, Schönborns u. a. finden wir hier Untersuchungen, wie wir sie brauchen, mögen sie inzwischen auch durch Zuführung neuen Materials und Verfeinerung der Methoden gänzlich veraltet sein und etwa neben dem großen Werke über das griechische Theater von Dörpfeld und Reisch[4]) sich gar nicht mehr sehen lassen können: Wegrichtung und Wanderart sind doch schon seit langer Zeit die richtigen. Der erst in unserer Generation langsam sich wandelnde Grundzug der Altertumswissenschaft, die Ermittlung des Zuständlichen vor der Betrachtung der historischen Abfolge zu bevorzugen, ist der uns für die neuere Zeit noch fehlenden rechten Begründung der Theatergeschichte ungemein zugute gekommen; die Behandlung der Theaterraumverhältnisse, die kritische Verwendung der Bildkunstwissenschaft stehen ganz im Vordergrund, so sehr, daß der ganze theaterwissenschaftliche Betrieb beinahe zu sehr einen archäologischen Charakter erhält und die nicht ihm unterzuordnenden Theaterelemente, so besonders die Schauspielkunst, über Gebühr vernachlässigt werden. Ein ungeheurer Vorsprung, den der Erforscher

1) Leipzig 1905 (Probefahrten Band 1).

2) C. Brodmeier, Die Shakespeare-Bühne nach den alten Bühnenanweisungen. Weimar 1904.

R. Wegener, Die Bühneneinrichtung des Shakespeareschen Theaters nach den zeitgenössischen Dramen. Halle 1907.

3) Oehmichen in Iwan Müllers Handbuch der klassischen Altertumswissenschaft V. 3. S. 183.

4) Athen 1896.

des antiken Theaterwesens vor den Genossen auf modernem Felde
hat, besteht ferner darin, daß er für fast alle seine Hilfsunter-
suchungen, in denen er die Lebensbetätigungen auf andern Kultur-
und Kunstgebieten heranzieht, reiche Vorarbeiten und oft unmittelbare Beantwortung seiner Fragen vorfindet, während wir unserseits
nur allzu oft gezwungen sind, wichtige Probleme der Nachbar-
wissenschaften erst in selbständiger Forschung irgendwie der
Lösung näher zu bringen.

Von verschiedenen Richtungen her erklärt es sich, daß die
neuere Theatergeschichte nicht töchterlich an die antike sich anschließt, sondern aus ihren eigenen Lebens- und Arbeitsbedingungen
heraus eine freie Existenz sich zu schaffen sucht und erst nachträglich in ein Wahlverwandtschaftsverhältnis zu jener tritt. Möge
sie allmählich der älteren Genossin sich würdig erweisen!

Die Gebärdensprache der Meistersingerbühne.
Versuchen wir demgemäß zunächst die Gebärdensprache der
Hans Sachsischen Meistersingerbühne in sich zu überschauen, so
fällt zu allererst der gelegentlich schon einmal hervorgehobene

Mangel an Gesichtsmimik auf. Nur in bezug auf den Blick finden sich einige szenische Vorschriften. Auch sie sind aber nur recht spärlich. Ferner: es ist eigentlich nur in einem einzigen Drama an zwei Stellen direkte seelische Charakteristik des Blicks gegeben: KG. 15, S. 41 (1557): *Saul . . . sicht düsterlich* und S. 55 *Saul sicht dückisch*[1]). Sonst handelt es sich um Kennzeichnung der Blickrichtung — in manchen Fällen dabei um reine Aktion: das *scharffe, starcke, fleissige* Ansehen zum Zweck des Erkennens, das, mit einer Bewegung des ganzen Körpers verbundene *Vmb sich* - Sehen beim Suchen usw.; gelegentlich, wenn jemand (KG. 11, S. 408) *sicht vmb verzagt*, handelt es sich um ein Verhalten, das in der Mitte steht zwischen Kennzeichnung der Situation und psychischer Charakteristik. So bleibt für den eigentlich seelischen Ausdruck nicht viel übrig, und auch dann ist das Mimische kaum ganz isoliert: wenn hier und da die Scham durch *vndter sich sehen,* die Andacht und Verwandtes nicht ganz selten durch *über sich sehen* angedeutet wird, so kommt jedenfalls die Haltung des Kopfes dem Blick zu Hilfe, ebenso wenn gelegentlich (KG. 11, S. 263) Verlegene *einander ansehen.* Im ganzen also eine ganz auffallend geringe Rolle des Gesichtsausdrucks; die Haltung des Kopfes für sich allein kommt, wenn wir von hier und da einmal vorgeschriebenem Kopfschütteln und Kopfnicken absehen, ebenfalls nicht in Betracht. Ganz isoliert ist es, daß zum Zeichen der Wut im Jüngsten Gericht 1558 (KG. 11, S. 415) Satanas ausspeit[2]).

Etwas häufiger ist die Verwertung des ganzen Körpers und im besonderen der Beine — aber eine irgendwie entscheidende Rolle spielen auch die Ausdrucksbewegungen dieser Art nicht. Von der aus einer vorgeschriebenen Stimmung heraus zu leistenden Nuanzierung des Ganzen ist in anderm Zusammenhang schon oben (S. 147 ff.) die Rede gewesen, und ganz außerhalb der Betrachtung der Schauspielkunst ist (S. 47) bereits davon gesprochen, daß der Nürnberger Darsteller die traurige Gemütslage der von ihm verkörperten Person auf die einfachste Weise zur Anschauung bringt: indem er auf dem Chorstuhl Platz nimmt. Das sehr oft geforderte Sichneigen ist die bei Hans Sachs gewöhnliche Form der Begrüßung, ohne eigentlich seelischen Nebeninhalt. In den biblischen Dramen wird hin und wieder bei einer göttlichen Erscheinung, die ja vom biblischen Text gelehrte, völlige Niederwerfung des Körpers ge-

---

1) Das *sicht ernstlich*, des 1559 (KG. 15, S. 110) in der erweiterten Esther gebraucht wird, ist nur ein Rest des *sicht sie ernstlich an* aus der ersten Esther von 1536 (KG. 1, S. 122), kommt also für die klassische Zeit nicht voll in Betracht; damals, in der Frühzeit, auch (1546, KG. 2, S. 53) einmal: *sicht im sehnlich nach.*

2) Mit dem zweiten Fall, dem Ausspeien Hamans in der erweiterten Esther (KG. 15, S. 106) steht es wie mit dem ernstlichen Blick (vgl. oben Anm. 1): es ist ein Überbleibsel der alten Esther von 1536 (KG. 1, S. 119).

fordert: man *felt auff sein angesicht,* und ein paarmal (KG. 10, S. 277, 337), im Anschluß an die biblische Vorlage des Dichters, fällt man auch vor Kummer oder Angst auf die Erde. Auf seine weltlichen Dramen hat Hans Sachs derartiges nur ganz ausnahmsweise übertragen: Fortunat (1553, KG. 12, S. 199) küßt vor dem Sultan, den er begrüßt, die Erde; trauernde Frauen stürzen auf einen geliebten Toten nieder (Isald, Hekuba, Polixena, auch Krimhild); ohne dieses Sehnen, mit dem teuren Körper sich zu berühren, sinkt nur Melusine (KG. 12, S. 550) vor Kummer *nider zu der erden.* Auf der Grenze zwischen Aktion und Zeichen der Gemütsbewegung steht das hier und da vorkommende Sichumsehen: es bedeutet sowohl das Suchen nach einer Person oder einem Gegenstand wie auch die damit verbundene Verzagtheit. Ganz isoliert aber ist es, daß Belsazar (KG. 11, S. 50) vor Schreck vom Tisch auffährt[1]); ein Aufspringen vor Freude (KG. 2, S. 14) gehört ins Jahr 1530, also in Hans Sachsens Frühzeit. Im übrigen spielt nur das Knien (auf b e i d e n Knien) eine nicht ganz unbeträchtliche Rolle; manchmal in Verbindung mit dem Aufheben der Hände, manchmal aber auch allein verwendet. So gut wie ausnahmslos bedeutet es eine starke Bitte und zwar fast immer Bitte um Begnadigung[2]); die Bitte richtet sich nicht so häufig an Gott wie an Menschen: Könige oder andere Fürsten. Allzuhäufig aber ist auch der Kniefall nicht verwendet — ein charakteristisches Gepräge wird der Nürnberger Schauspielkunst durch die Aktion des ganzen Körpers oder im besondern der Beine auch nicht gegeben, wenn auch jenes fast völlige Ausfallen das Mimischen hier doch kein Seitenstück findet.

Das charakteristische, entscheidende Gepräge gibt vielmehr durchaus die starke Bewegung der Arme und der Hände. Auch hier freilich ist der Reichtum an Gesten und die Differenzierungsmöglichkeit nicht groß, im Gegenteil: die sehr geringe Zahl (es handelt sich um wenig mehr als ein Dutzend) und die Gleichförmigkeit der Anwendung weisen auf eine streng stilisierende Kunst und auf die Berücksichtigung eines Schauspielerpersonals, dessen Leistungen, wie wir schon in anderm Zusammenhang hervorhoben, wesentlich e r l e r n b a r sein mußten. Von diesen wenigen, in steter Sicherheit zur Verfügung stehenden Mitteln macht der Dichterregisseur aber verhältnismäßig lebhaften Gebrauch. Und weiter: dafür daß über die bloße Rücksichtnahme auf leichte Erlernbarkeit hinaus eine strenge Stilisierung hier Selbstzweck ist, spricht der Umstand, daß unter den Hand- und Armbewegungen qualitativ und quantitativ diejenigen die wichtigsten sind, die ohne Beteiligung anderer Körperteile l e d i g l i c h Arme und Hände und zwar in ganz gleich-

---

1) Das Lendenschüttern und Beinezittern, von dem die Bibel spricht, war theatralisch unverwendbar.

2) Einmal D a n k an Gott, einmal Knien vor einem Mönch bei der Beichte.

mäßiger Funktion beide Hände und beide Arme angehen. So stehen im Zentrum der Hans Sachsischen Schauspielkunst sechs Gesten, die sich zu einer Art Bewegungsskala zusammenreihen lassen: Händezusammenlegen, Händeaufheben, Händewinden, Händezusammenschlagen, Armeaufheben, Händeüberdemkopfzusammenschlagen. Und wenn wir zunächst zusammenfassend den seelischen Inhalt feststellen wollen, der mit solchen˙Mitteln zum Ausdruck gebracht wird, so können wir sagen: es sind die beiden dramatischen Haupttrümpfe, die das Hans Sachsische Drama — wie jedes Drama des 16. Jahrhunderts im letzten Sinne stark rhetorisches Passivitätsdrama — auszuspielen hat, die auch durch jene zentrale Gestenreihe schauspielerisch urgiert werden sollen: rasch eintretendes furchtbares Leid auf der einen, flehentliche Bitte auf der andern Seite.

Es mag charakteristisch sein für die innere Zusammengehörigkeit dieser beiden bedeutsamsten seelischen Akzentuierungen des Hans Sachsischen Dialogs: Jammern und Bitten, daß zwei jener Hauptgesten: das Händezusammenlegen und das Händeaufheben für Klage und für Bitte verwendet werden können; allerdings sind sie auch darüber hinaus noch mehrdeutig: können gelegentlich auch Ehrfurcht, Dank, Freude, auch wohl Reue zum Ausdruck bringen. Die Bitte des Händezusammenlegens (das öfters mit dem himmelwärts gerichteten Blick verbunden erscheint) ist nur Gebet, richtet sich also nur an Gott (oder an Götter); das Händeaufheben dagegen (zuweilen ebenfalls durch den Aufblick, zuweilen auch durch den Kniefall verstärkt) wendet sich sowohl an Gott wie an Könige, hie und da auch auch an minder hochstehende Fürsten. Außerdem unterscheidet sich das Zusammenlegen von dem Emporheben der Hände dadurch, daß die Gemütsbewegung des Bittenden oder Klagenden beim Händezusammenlegen ruhiger zu sein pflegt. Und in der gleichen Richtung bewegt sich nun auch die Tendenz, in der Hans Sachs die noch übrigen Hand- und Armbewegungen unterscheidend anwendet, die zunächst sämtlich für die Bezeichnung des großen Jammers da sind. Je heftiger der Kummer des Redenden, je näher den Affekten der Verzweiflung und des Schreckens, um so heftiger ist die Bewegung, um so weiter die Pose von der normalen Haltung entfernt; so ist es beinahe die Regel, daß der Überbringer einer grauenvollen Nachricht gleich bei dem Auftreten die Hände überm Kopf zusammenschlägt. „Beinahe die Regel" — denn zu einer maschinenmäßigen Anwendung der Vorschriften bringt Hans Sachs es überhaupt nicht. Die Tendenz aber scheint durchaus vorhanden. Besonders deutlich tritt das Bestreben, in solchem Sinne zu steigern, etwa in dem Trauerspiel Jokaste v. J. 1550 (KG. 8, S. 29 ff.) hervor. Als die Heldin erfährt, daß ihr Gatte Layos gefallen ist und daß sie den Oedipus zum Manne nehmen soll, da heißt es von ihr: *sie wint ir hend*, ebenso auch, als dann später Merkur kommt und ihr kündet, daß Oedipus ihr Sohn sei; als der König darauf selbst erscheint und die Entdeckung des Kleinods, das er am Halse trägt, die Richtigkeit der Angabe Merkurs bestätigt, da wird die Bewegung stärker: sie *schlecht ir hend zamen vnd schlecht an ir brust* (es kommt also noch eine Klagebewegung dazu, von der gleich die Rede sein wird); Oedipus aber, auf den nun mit einem Mal das ganze Entsetzen hereinbricht, *schlecht seine hend ob dem kopff zusamen,* und als er sich dann die Augen ausgestochen und das Land verlassen hat, da geht nun auch Jokaste zu dieser heftigsten Bewegung über und *schlecht ir hend ob dem haupt zusamen.* In der Handschrift des Dichters allerdings fehlen die Worte *ob dem haupt* — gewiß soll hiermit der nun gemäßigteren Geste des bloßen Händezusammenlegens schon wieder ein gewisser Rückgang der Entsetzensstimmung angedeutet werden, da der dann folgende Monolog wieder mehr in die ruhige Klage übergeht, mit dem Entschluß zur Übernahme der Regierung endet und durch die szenische Bemerkung beschlossen wird: *Jocasta geht trawrig ab*; eine ähnliche Abdämpfung der Heftigkeit findet sich auch sonst. Alle andern Bewegungen der Hände und der Arme haben neben den eben charakterisierten wieder nur sekundäre Bedeutung; nicht selten erwähnt wird allerdings noch, daß der dauernd Bekümmerte sein Haupt in der Hand hält: eine Pose, die wohl, auch wo sie nicht besonders angeführt wird, stets mit dem öfter erwähnten *sitzt trawrig* verbunden ist. Das Kleiderzerreißen, das Angesichtverhüllen, das eben schon einmal erwähnte Schlagen der Brust — alle diese Gesten Zeichen der großen Trauer, das Brustschlagen auch Ausdruck der Reue, der Ergebung — kommen im ganzen nicht eben häufig und zwar wesentlich nur in den biblischen Dramen vor im Anschluß an den heiligen Text oder doch unter Benutzung dieser von der Bibel überlieferten Trauerzeichen für andere Klagesituationen des biblischen Stoffkreises. Nehmen wir dazu noch das Fingerrecken beim Gelöbnis, das Sichgesegnen, das besonders bei großer Enttäuschung und bei Staunen und Angst, namentlich gelegentlich wirklicher oder vermeintlicher Geistererscheinungen hie und da angewendet wird, und das nicht seltene Handgeben, das aber nie an die Stelle des gewöhnlichen Grußes, des Neigens tritt, sondern stets einen eigenen Gefühlsanteil an der Begrüßung oder am Abschied, ihre besondere Bedeutung bekundet, außerdem Glückwunsch, Anteilnahme, Beileid, großen Dank bedeutet und beim Gelöbnis, bei Verabredungen und Bundesschlüssen zur Anwendung kommt — dann sind wir auch schon am Ende, dann ist der enge Kreis der einigermaßen stereotypen Gesten der Hans Sachsbühne durchaus geschlossen. Ein paar andersartige Bewegungen, die noch vorkommen, bleiben völlig isoliert; als das einzige mehrfach erscheinende Herausfallen aus der feierlichen, dem Alltag abgewandten Art dieser Kunst mag hervorgehoben werden, daß dreimal (KG. 1, S. 148[1]); 10, S. 46; 15, S. 116) Verlegenheit und Ärger dadurch bezeichnet wird, daß der Betreffende *sich im kopff kratzt.*

Wie verhält sich diese Gebärdensprache der Hans Sachsbühne nun zu der des mittelalterlichen Theaters? Wir erinnern uns zunächst jener eigentümlichen Festigkeit, mit der das alte Passionsspiel eine Anzahl charakteristischer Mienen und Gesten der biblischen Vorlage in prägnanten Situationen der Peripetie in Christi Leben immer wieder heraushob. Sind diese „stabilen Gesten" auch bei Hans Sachs zu finden? Diese Frage ist mit Ja zu beantworten, sobald wir zur Entscheidung sein eigenes Passionsspiel vom Jahre 1558 (KG. 11, S. 256 ff.) heranziehen. Christi Niederknien im Ölberggebet, das Zurückfallen der Juden, der Judaskuß, des Hohepriesters Kleiderzerreißen, Christi Umblicken nach Petrus, der ihn verleugnet, und des Jüngers reuige Tränen sind hier wie im mittelalterlichen Passionsspiele als die entscheidenden Gesten in der Peripetie des Heilandsschicksals deutlich herausgearbeitet. Ebenso deutlich aber ist es, daß das nur die Konsequenz der Abstammung auch des Hans Sachsischen Passionsdramas vom mittelalterlichen Passionsspiel ist, die auch in manchen andern Zügen entschieden hervortritt; es ist nicht etwa allgemeines Kunstprinzip Hans Sachsens geworden, den Höhepunkt eines Dramas durch eine Geste oder eine Gestenfolge zu charakterisieren, wenn schon derartiges gelegentlich vorkommen kann, wie in der Kindheit Mosis, 1553 (KG. 10, S. 92), wo die szenische Bemerkung in bezug auf den kleinen Moses vorschreibt: *Mose reist die kron vom kopff herab, tritt mit füssen drauff.* Ein Prinzip kann Hans Sachs schon darum nicht daraus machen, weil ihm nicht genügend individualisierende Bewegungen zur Verfügung stehen.

Eine gewisse Verwandtschaft aber der meistersingerischen Schauspielkunst mit der mittelalterlichen ist auch sonst nicht zu verkennen. Zunächst mag das fast völlige Ausfallen der Gesichtsmimik auf einen, wenig sinnvollen, Anschluß an das alte Darstellungsideal hinweisen; wenig sinnvoll: denn was auf der Marktplatzbühne des Mittelalters tatsächlich zwecklos gewesen wäre, würde im engen Raum der Marthakirche den nahe sitzenden Zuschauern gewiß etwas geboten haben. Hier wie dort ferner eine entschiedene Sparsamkeit der Bewegungen im ganzen, wenngleich von der auffallenden Dürftigkeit der alten Kunst nicht mehr die Rede ist; hier wie dort das Prinzip der Stilisierung der Bewegungen unter fast völligem Ausschluß aller Individualisierung — nur frei-

---

[1] Tobias v. J. 1530, aber späterer Überarbeitung der szenischen Bemerkungen stark verdächtig.

lich, daß die Art der Stilisierung eine im wesentlichen ganz andere geworden ist. Erkennbar, wenigstens noch in Rudimenten, ist aber noch jenes zweite Hauptprinzip der alten Spielkunst, das wir als das Prinzip der „labilen Gesten" bezeichnet hatten: jene Neigung der älteren Bühne, eine Anzahl von Gestus- und Tonangaben der erzählenden Quelle nicht nur an die Stellen zu übernehmen, an denen sie sich dort finden, sondern mit eben diesem Kapital auch sonst zu arbeiten, findet sich auch bei Hans Sachs. Sie findet sich aber bezeichnenderweise — und eben darum haben wir das Recht, hier von einem direkten Zusammenhang mit dem früheren Theater bei ihm zu reden — nicht in seinen weltlichen, sondern nur in seinen biblischen Dramen: einige charakteristische Bewegungen der heiligen Quelle, das Aufsangesichtfallen, das Kleidzerreißen, das Andibrustschlagen kommen nicht nur an den Stellen, an denen die Bibel es anführt, sondern auch sonst in den geistlichen Dramen Hans Sachsens vor, von wo sie sich dann ganz ausnahmsweise wohl auch einmal in ein weltliches Stück verirren. Den nicht biblischen Quellen gegenüber scheint dagegen ein entsprechendes Verfahren nicht vorzuliegen.

An der Möglichkeit, Hans Sachsens Schauspielkunst noch an die mittelalterliche Tradition anzuknüpfen, fehlt es somit nicht. Anderseits aber treten uns die Unterschiede mit entscheidender Deutlichkeit entgegen. Jener kanonisch-liturgische Grundcharakter der alten Kunst ist fast verloren gegangen — begreiflich: wir stehen in der Reformationszeit; ein Neues ist an seine Stelle getreten. Woher stammt es? Wir sahen um die Wende des 15. Jahrhunderts zum 16. im Donaueschinger Passionsspiel den Versuch, neben dem starren alten Stil, der sich ohne Zweifel im katholischen Deutschland auch während des 16. Jahrhunderts noch erhalten hat, eine vielfach neue Art der Darstellung auf dem geistlichen Stadttheater einzuführen. Knüpft die Nürnberger Kunst an den hier wenigstens symptomatisch erhaltenen Wandel an? Unbedingt spüren wir allerdings eine gewisse Verwandtschaft der beiden Stile: die Zunahme der Zahl der Gesten, die gesteigerte Lebhaftigkeit, das pathetische Element, die stärkere Freiheit gegenüber jenem Kirchlichen sind schon in jenem Passionspiel zu finden. Aber um eine geradlinige Fortentwickelung vom ältesten Stil über die Art des Donaueschinger Spiels zur Nürnberger Bühne kann es sich doch nicht handeln. Von einer gewissen zuckenden Unruhe des Donaueschinger Spiels ist auf Hans Sachsens Bühne kaum etwas zu spüren, der Naturalismus spielt bei ihm eine wesentlich geringere Rolle; anderseits treten die bei Hans Sachs entscheidenden Bewegungen in jenem Passionsspiel noch sehr zurück. Woher also der neue Charakter der Nürnberger Kunst? Handelt es sich vielleicht um eine Herübernahme des Gestenapparates, mit dem Hans Sachs als Dichter außerhalb der dramatischen Poesie arbeitet, in seine theatralische Sphäre? So wird es nötig sein, den Blick auf die Ausdrucksbewegungen in Hans Sachsens epischer Dichtung zu richten.

Und indem wir dies unternehmen[1]), belohnt es sich nochmals, daß wir früher in anderm Zusammenhange (S. 178 ff.) die Art und die Entwicklung der Gestik, der Mimik und des stimmlichen Vortrags in der erzählenden Dichtung des deutschen Mittelalters zu erfassen versucht haben: denn Hans Sachs ist als Epiker ein Ausläufer der dort festgestellten Tradition. Wie die bürgerlichen Dichter des 15. Jahrhunderts arbeitet er in der Hauptsache mit einer beschränkten Zahl von Ausdrucksmitteln aus dem Schatz der ritterlichen und spielmännnischen Epik, ohne daß dabei noch ein Zusammenhang mit dem alten inneren Leben dieser Gebärdensprache bestände; daneben, aber ganz in zweiter Reihe zeigen sich auch einige Züge neuer Beobachtung des wirklich geschauten Gegenwartslebens. Ein paar ganz fremde Elemente kommen wohl auch gelegentlich zum Vorschein — kein Wunder: Hans Sachs beutet für Historien und Schwänke die ganze Weltliteratur aus, und die Versifikation geht oft so schnell vor sich, daß manchmal auch Gebärden einer andern Welt: antike, italienische mit herübergenommen werden. Doch bleibt das Ausnahme: abgesehen von den biblischen Erzählungen, in denen ein Rest jener mittelalterlichen Pietät auch die Gebärde konservativer behandeln ließ, wird im allgemeinen die Gestik der Vorlage gemäß der deutschen Tradition verändert, getilgt, auch wohl ergänzt; letzteres freilich nicht allzu häufig, denn von einem besonders großen Interesse an der epischen Gestik ist bei Hans Sachs, zumal in den großzügigen Historien, nicht die Rede.

So ist denn, wenn wir zunächst einmal die eigentlich traditionellen Elemente verfolgen, auf dem akustischen Gebiet, abgesehen von dem Lachen und Weinen, das doch mitunter visuell gemeint ist (so beim Freundlich-Anlachen und wenn die roten Augen, die fallenden Tränen erwähnt werden) und von den schon einmal (S. 169 ff.) herangezogenen Stimmnuancierungen wesentlich nur das hier wie in der Epik des Mittelalters nicht seltene Seufzen zu bemerken; ferner das Schreien in Jammer und Schreck; daneben allenfalls noch das Schluchzen, das aber hier wie in der alten Dichtung nicht eben häufig begegnet. Im Mimischen spielt der Farbenwechsel die alte Rolle: man wird bleich in Furcht, Zorn oder Trauer, umgekehrt rot in Zorn oder Scham, auch wohl vor Furcht oder als Zeichen der Liebe; vielfältig ist der Blick: man sieht lieblich, freundlich, inniglich, sehnend, lechzend, strenge, zornig, tückisch, so wie es die Helden der alten Epen auch tun, und besonders häufig

---

1) Hineingezogen ist mit Rücksicht auf die oben S. 38 gebotene Begründung auch das im dramatischen Dialog enthaltene Material.

„sauer", was im Mittelalter auf die spielmännische Dichtung beschränkt ist, man schlägt die Augen nieder, man richtet sie gen
Himmel, man wendet sie ab im Zorn und weiß vor Scham
nicht, wohin man sehen soll. Endlich stehen in Übereinstimmung
mit der Epik des späteren Mittelalters dem Entsetzten die Haare zu
Berge; man bleckt beim Lachen die Zähne und knarzt und gries-
gramt mit ihnen beim Gefühl des Neides wie in der mittelalterlichen Heldendichtung.

Unter den Bewegungen der Arme und Hände steht das Händewinden und Haarraufen, meist zu einer formelhaften Wendung zu-
sammengekoppelt, so obenan, daß sie in der Hans Sachsischen
Erzählung als der typische Ausdruck des großen Jammers, der
Verzweiflung gelten können; in der ruhigeren Trauer legt man, und
zwar entschieden häufiger als in der mittelalterlichen Epik, die
Wange in die eine Hand; in der Angst und im Schreck segnet man
sich. Seltener ist das Zerreißen der Kleider, das schmerzliche
Schlagen des Hauptes und der Brust, das Aufrecken der Finger
beim Schwur. Ganz gelegentlich kommen schließlich auch noch
andere Arm- und Handbewegungen der mittelalterlichen Erzählung
vor: das Zusammenlegen der Hände bei der Bitte, das Zusammen-
schlagen der Hände im Schreck, im Zorn oder auch in der Freude;
wenn einmal ein Wütender den Kopf mit beiden Händen kratzt,
so ist auch das bei Wolfram schon zu finden.

Endlich Bewegungen des ganzen Körpers. Man umarmt sich
und küßt sich, man bückt sich in Ehrerbietung, man fällt, wenn
auch nicht so häufig, auf die Knie: wenn man Gott verehren, ihm
danken, wenn man von Menschen etwas inständigst erbitten will.
Alles andere ist selten: das Auffahren vor Schreck, das Springen
vor Freude; etwas häufiger kommt es nur vor, daß jemand im
Jammer auf die Erde fällt, daß dem Ängstlichen der Schweiß aus-
bricht, und ganz typisch ist es endlich, daß man in der Angst
zittert.

Gegenüber der steten Anwendung der wenigen Stücke dieses
kleinen, ererbten Schatzes tritt, wie erwähnt, das Neue, Bürgerliche
stark zurück; von dem bösen Blick des alten Wittenweiler ist bei
Hans Sachs doch nichts zu spüren, und vor allem: von diesem Neuen
ist fast nichts so typisch verwendet wie jene Reste mittelalterlicher
Tradition. Einiges ist wohl auch schon aus der Überlieferung des
15. Jahrhunderts genommen, anderes individuell beobachtet oder
doch sprachlich individuell nuanciert — hier, wo Andeutungen genügen müssen, soll kein Versuch gemacht werden, diese Kategorien
im einzelnen zu scheiden. Die stärkste Freude an der Neugestaltung
zeigt sich auf phonetischem Gebiet: da ist das *hart anschnauffen*
im Zorn nicht selten und ist ebenso wie das *schnupfen vnd plasen*
der Klage, das *murren vnd marren* des Unmuts modernen Gepräges;

aber auch das alte Seufzen erhält neue bürgerliche Wendung als *swfzzen, achizen, kreißen vnd gemern,* als *seufzen vnd schmatzen,* und für das bloße Weinen wird etwa *rullen, weinen vnd schupffen* gesetzt. In der Mimik ist es wohl neu, daß man in der Wut die Zähne zusammenbeißt oder ausspeit, daß man im Lachen den Mund aufreißt; das bürgerliche Rümpfen der Nase fehlt nicht, und es kommt vor, daß ein Klagender nicht Tränen vergießt, sondern *rocz vnd wasser* weint. Die Hände bekommen neu zu tun: das Kratzen des Kopfes in Verlegenheit, Angst und Scham, das auch in der bürgerlichen Kunst des vorangehenden Jahrhunderts noch selten vorzukommen scheint, wird in Hans Sachsens Epik sogar verhältnismäßig häufig angewendet; das meiste Andere tritt ganz gelegentlich auf, beweist aber um so mehr wirklich beobachtenden Blick: man klopft dem andern vertraulich die Achsel, drückt ihm innig die Hand; man droht mit dem Finger; man wischt sich schadenfroh das Maul, man zeigt den Esel oder die Feige; man reibt die Augen vor Scham; der Zornige dreht den Bart oder legt auch den Kopf in beide Hände. Endlich der ganze Körper: wie schon in der bürgerlichen Kunst des ausgehenden Mittelalters kehrt man wohl dem Verachteten das Hinterteil, den *ars* zu; neu aber scheint es, daß ein Zorniger hin- und herläuft, daß einer in Angst und Schreck sich dreimal umdreht; besonders originell gesehen ist es, daß ein jäh Erschreckender wie ein Sackpfeifer steht, das heißt also: die beiden Hände sind mit gekrümmten Fingern übereinander vor der Brust erhoben. An Bildern, die ein gelegentliches mimisches Interesse des Dichters verraten, fehlt es auch sonst nicht ganz, und eigenartigerweise sind sie mit Vorliebe dem Tierleben entnommen: jemand sieht auf ein Weib, das er begehrt, *gleich wie ein geyer auff ein aß,* die Blicke eines andern Verliebten erinnern an *ein dod saw auf eim misthawffen,* der Lachende reißt das Maul spannenweit auf *wie ein ackergawl,* und ein Verdrossener sieht sauer *wie ein dawfte maus.*

Es bestätigt sich hier also, was wir früher (S. 138) ganz allgemein ausgesprochen hatten, nun im einzelnen: die epische und die theatralische Gestik Hans Sachsens sind im ganzen getrennte Welten. Wenigstens was die Darstellung des großen Dramas betrifft, die ja hier hinsichtlich der Ausdrucksbewegungen bisher allein behandelt worden ist. Viel näher steht der epischen Gestik das theatralische Grundelement des Fastnachtspiels; richtiger gesagt: nicht der gesamten epischen Gestik des Dichters, sondern jenen neubürgerlichen Elementen, die sie enthält. Dieses Grundelement der Fastnachtspielgestik ist im Gegensatz zu der stilisierten Art des großen Theaters der Naturalismus. Wir haben diesen Gegensatz im allgemeinen schon hervorgehoben (S. 137 ff.), wir haben ihn gelegentlich der Gestaltung des körperlichen Erlebens

(S. 152ff.), der Verwendung der Stimme (S. 171) bemerkt und hätten ihn in bezug auf die Vorführung der eigentlichen Aktion noch stärker betonen können, als es vorher (S.184) geschehen ist: dieses Ohrfeigen, dieses *Fäusten* der Hand, dieses Stoßen, dieses Laufen und Schleichen, dieses Maulwischen nach der Mahlzeit usw. wäre im großen Drama unmöglich. Jetzt aber finden wir den nämlichen Gegensatz auch in bezug auf die visuellen Ausdrucksmittel der Seelenbewegung wieder. Der schärferen Beobachtung der Wirklichkeit entspricht eine stärkere Verwendung der Gesichtsmimik in den theatralischen Anweisungen des Fastnachtspiels: der Unlustige blickt *schiechlich,* der sich Ekelnde *sicht sawr;* die Wütende *krumbts maul,* der Höhnende *lacht lawt mit aufgespertem maul;* voll Abscheu speit jemand aus. Auch die Hände werden anders beschäftigt als auf dem stilisierenden Theater: das Kopfkratzen ist hier gang und gäbe, spottend zeigt man Esel oder Feige, vertraulich klopft man jemand auf die Schulter, bescheiden bittend zupft man einen andern am Rock, wütend schlägt man die Tür zu. Zum Teil also Mienen und Gesten, die wir direkt unter jenen nicht altüberkommenen Ausdrucksformen der Hans Sachsischen Epik getroffen haben, im übrigen solche, die dort zu treffen uns nicht Wunder nehmen würde. Trotzdem aber wird man nicht sagen dürfen, daß Hans Sachs solche Anweisungen aus seiner Epik in seine Theatralik übernommen habe, obschon die im Gegensatz zu den stereotypen Wendungen des großen Theaters zuweilen frisch volkstümliche Ausdrucksweise in den szenischen Bemerkungen des Fastnachtspiels (vgl. oben S. 138) einigermaßen an jene lebendigere Formulierung erinnert, die wir hie und da auch in der Epik fanden: in der Hauptsache wird es sich um Wirklichkeit handeln, die in die erzählende Dichtung und in die theatralische Darstellung des Fastnachtspiels hineingelassen wurde. Auf dem Umwege über das Fastnachtspiel aber kommt der Naturalismus auch ausnahmsweise einmal in das stilisierende Drama hinein: so wie umgekehrt von den eigentlich dem großen Spiel zukommenden Gesten, zumal denen der Arme und Hände, manches auf die Fastnachtspielbühne übernommen ist, so sind etwa das gelegentliche Kopfkratzen oder Ausspeien, das für Personen der großen Dramen vorgeschrieben ist, als fastnachtspielmäßig-naturalistische Entgleisungen anzusprechen, nicht aber als Anleihen beim Gestenstil des Epos.

An eine völlig reinliche Scheidung zwischen dem Epos und dem Theater dürfen wir hier natürlich nicht denken. Hans Sachs schreibt szenische Bemerkungen und epische Angaben über Ausdrucksbewegung — offenbar der erste deutsche Schriftsteller, bei dem das der Fall ist —, und da ist es begreiflich, daß ganz gelegentlich einmal etwas aus dem einen sich ins andere Revier verirrt. Daß das Stützen des Kopfes auf die Hand als Klagegebärde in der

Hans Sachsischen Erzählung so viel häufiger ist, als es sich bei der geringen Rolle, die diese Geste in der epischen Tradition spielt, eigentlich erwarten läßt, ist gewiß auch auf die große Bedeutung zurückzuführen, die sie auf Hans Sachsens Theater hat. Eine andere Geste, die wenigstens hin und wieder in Hans Sachsens Erzählung erscheint, ist bei der Behandlung seiner epischen Gebärdensprache noch nicht erwähnt worden: das Aufrecken der Arme bei der Bitte. Weder stammt sie aus der epischen Überlieferung des Mittelalters, noch ist es wahrscheinlich, daß sie der wirklichen bürgerlichen Welt entnommen ist. Ein paarmal läßt ihr Ursprung sich nachweisen: Hans Sachs hat sie aus seinen antiken Vorlagen einfach übernommen; in einigen andern Fällen aber ist sie erst durch ihn eingeführt, und da sie ihm durch jene gelegentliche Begegnung in der Antike unmöglich eine feste Formel werden konnte, bleibt nur übrig anzunehmen, daß hier die Hans Sachs so sehr geläufige theatralische Verwertung der Geste dem Dichter den Rückhalt für eine gelegentliche epische Verwendung geboten hat; das umgekehrte Verhältnis ist bei der Seltenheit der epischen und der Häufigkeit der theatralischen Gebärde undenkbar. Und so würde das Ergebnis dieser Betrachtung insofern rein negativ sein, als wir sagen müßten, daß Hans Sachs aus seiner Epik nichts Wesentliches für die Schauspielkunst genommen haben kann, wenn nicht eine besonders eigenartige Gebärde noch zu behandeln wäre. Wir erinnern uns des Höhepunktes jener Reihe von Klagegebärden des Hans Sachsischen Theaters: der Verzweifelnde schlägt die Hände über dem Kopf zusammen. Diese eigentümliche, in der vorangehenden deutschen Erzählung nirgends nachzuweisende Geste kommt auch in Hans Sachsens Epik wiederholt vor, und in diesem Falle ist es unmöglich, das Theatralische für das Ursprüngliche und das Epische für das Abgeleitete anzusehen: denn Hans Sachsens Erzählung verwendet diese Gebärde bereits zu einer Zeit, in der das Abfassen von Dramen ihm noch fern lag, und ohne daß er einfach die Angabe seiner Quelle herübergenommen hätte. In dem Meistergesang von Andreola und Gabriolo, den Hans Sachs im Jahre 1516 nach Boccaccio gedichtet hat, heißt es (FSchw. 3, S. 33, Zl. 107) von der Heldin, die ihren Geliebten plötzlich sterben sieht: *Ir hent vor leit ob dem haüpt sie zam schluge.* Woher stammt denn diese große Geste? Ist es eine realistische Geste des neuen bürgerlichen Lebens, eine von den wenigen, denen die spätmittelalterliche Dichtung Eingang in die Gebärdentradition der Ritterdichtung gewährt hat, und ist sie in solchem Sinne auch bei Hans Sachs und in seiner Zeit lebendig? Das Gegenteil läßt sich beweisen. In einer Abhandlung, die uns weiterhin noch Dienste leisten wird, in der Schrift *De pronuntiatione rhetorica,* die der Frankfurter Professor Jodocus Willich im Jahre 1540 hat drucken lassen, findet sich auch ein Abschnitt *De aetate gestuum* und hier heißt es u. a.: *Olim ad extremum moesti manus supra caput collidebant.* Auch diese Stelle gibt freilich keinen eigentlichen Anhalt für die Beantwortung der Frage, wo diese nun ausgestorbene Geste denn einstmals in Gebrauch gewesen sei. Auch der Verfasser der *Ars dicendi sive perorandi*, die 1484 in Cöln erschienen ist und ihre Erörterungen im wesentlichen an die damals für ein Werk Ciceros geltende Herenniusrhetorik anknüpft, scheint diese Geste im Auge zu haben, wenn er neben andern für den Vortragenden verpönten Klagegebärden auch das *tendere manus iunctas ad celum* nennt. Ob es sich um volkstümliche Rednergebärden handelt, die die beiden humanistischen Rhetoriker für unschicklich oder für veraltet erklären, die aber Hans Sachs sowohl episch wie theatralisch verwertet hätte? Sicheres wird darüber kaum zu ermitteln sein und ebensowenig wird sich bestimmt entscheiden lassen, ob Hans Sachs diese Gebärde auf dem Umwege über das Epische auf sein Theater übernommen hat oder ob es sich um doppelte Verwendung ohne Abhängigkeitsverhältnis handelt; der Umstand, daß das Auftreten der Geste in der Erzählung nicht eben häufig ist und daß sie dort nichts von der Prägnanz ihrer theatralischen Ausbeutung hat, macht es nicht eben wahrscheinlich, daß das Epische hier einmal mit suggestiver Kraft auf das Theater gewirkt habe. Aber selbst wenn es der Fall sein würde, könnte es sich nur um eine doch nicht belangreiche Ausnahme von dem Grundtatbestand handeln, daß die epische Gestik Hans Sachsens nicht die Grundlage für die Ausdrucksbewegungen seines Theaters hergegeben hat.

Aber wo haben wir sonst den neuen Urgrund der Nürnberger Schauspielkunst des großen Dramas zu suchen? Wenn es sich wirklich um eine Nachbildung und nicht um eine selbständige Neubildung handelt, so bliebe eigentlich nur eine Möglichkeit: Hans Sachs könnte versucht haben, die Schauspielkunst der gelehrten Aufführungen nachzubilden. Daß das Schultheater Leonhard Culmans für seine Entwicklung von Bedeutung gewesen ist, wurde schon in ganz anderm Zusammenhang (S. 15) hervorgehoben; ohne jeden Zweifel aber haben auch in Nürnberg wie anderwärts schon vorher lateinische Aufführungen der römischen Komiker stattgefunden, und es ist sehr wohl möglich, daß Bürgersleute wie Hans Sachs sich Zutritt zu ihnen verschaffen konnten. So erhebt sich die Frage, in welcher Weise ist hier gespielt worden?

Die Schauspielkunst des Schultheaters.

Fast scheint es zunächst, als sei das Problem, die Schauspielkunst des Schultheaters näher zu bestimmen, ziemlich unlösbar. Denn hier fehlt das Grundmaterial, durch dessen kritische Behandlung wir an den übrigen Stellen unserer Untersuchungen zu bestimmten Ermittlungen gekommen sind, vollständig: die szenischen Bemerkungen in den Dramentexten, deren Verfasser in naher Beziehung zu den Aufführungen gestanden haben. Die gelehrten Autoren der lateinischen Dramen und später auch der im Anschluß an sie entstandenen deutschen legen bei ihrer Arbeit in erster Reihe Wert darauf, Gebilde zu liefern, die mindestens in bezug auf die äußere Anlage den klassischen Werken der Römer, den Komödien des Plautus und des Terenz, so ähnlich wie möglich sehen, und da die lateinischen Dramatiker szenische Bemerkungen nicht bieten, so begnügen sich auch ihre Nachahmer im 16. Jahrhundert damit, die Namen der redenden Personen anzugeben.

Versuchen wir demgemäß zunächst rein hypothetisch den wahrscheinlichen Tatbestand zu ermitteln, so ist im Voraus eines klar: das Ziel, dem das Zeitalter der Wiederbelebung des klassischen Altertums hier am ehesten hätte zustreben mögen, die Wiederbelebung der römischen Schauspielkunst, wäre selbst für die Gelehrtesten der Renaissanceperiode nicht zu erreichen gewesen. Beginnt doch unsere eigene Zeit eben erst in mühsamer Einzelarbeit dem Problem einer theoretischen Rekonstruktion dieser Kunst näher zu treten[1]), indem man die nicht eben zahlreichen Stellen, an denen der plautinische Dialog Stimme oder Ausdrucksbewegungen erwähnt, mit den verstreuten Notizen in dem unter Donats Namen gehenden Kommentar und den gelegentlichen Angaben in Ciceros und Quintilians rhetorischen Schriften in Zusammenhang bringt. Auf die Donatstellen mußte allerdings die starke Berücksichtigung, die dieser Kommentar bei den Humanisten fand, frühzeitig die Aufmerksamkeit lenken, und in den deutschen Anmerkungen zu den Terenzübersetzungen: dem Nithartschen Eunuchus vom Jahre 1486 und dem Straßburger Gesamtwerk vom Jahre 1499 sind solche Vortragsbearbeitung auch zum großen Teil mehr oder weniger wörtlich wiedergegeben[2]), ja es kommt sogar gelegentlich (so zu Eun. 317) ein auf den Vortrag bezüglicher selbständiger Zusatz vor. Keinesfalls aber entspringen solche Bemerkungen der gelehrten Übersetzer der festen Vorstellung einer auf Donats Angaben gegründeten antikisierenden Schauspielkunst: dazu sind die Angaben doch gar zu verstreut und auch meist gar zu allgemein, so daß mehr der psychische Inhalt der für den Vortrag notwendigen Stimmnuance, Miene und, viel seltener, Gebärde als der äußere Ausdruck gekennzeichnet erscheint; und vor allem: die eigentümliche, durch die berühmte Mißdeutung des *Ego Calliopius recensui* verschuldete Vorstellung, daß es sich bei diesen terenzischen Dramen nicht so-

---

1) B. Warnecke, Gebärdenspiel und Mimik der römischen Schauspieler: Neue Jahrbl. f. d. klass. Altert. 25 (1910), S. 580—94.

2) Einige Beispiele bei J. B. Hartmann, Die Terenzübersetzung des Valentin Boltz und ihre Beziehungen zu den älteren Terenzübersetzungen. Münch. Diss. 1911, S. 6.

Herrmann, Theater.   17

wohl um theatralische Aufführung wie um Vorlesung durch einen
Rezitator handele[1]), nahm noch eine ganze Anzahl dieser verstreuten
Bemerkungen aus der eigentlichen Sphäre der Schauspielkunst
heraus und stempelte sie zu sonst nicht erhörten Vorschriften für
eine mimische Vorstellungskunst, die durch einen einzelnen Künstler
geübt wird.

Und wenn sich somit herausgestellt hat, daß es nicht in der
Macht der gelehrten Regisseure gelegen hätte, die antike Schauspielkunst neu zu beleben, so mag man zum Überfluß noch hervorheben: eine solche Wiederbelebung konnte auch gar nicht so ihr
Ideal sein, wie es auf den ersten Blick den Anschein hat. Der
Zweck der Schulaufführungen, die ihren Ausgangspunkt in Darstellungen der antiken Komödien haben, ist nicht etwa der, daß
man die Theaterkunst fördern und junge Schauspieler heranbilden
will, man spielt vielmehr, wie z. B. Jörg Binder im Vorwort zu
seinem „Acolastus" hervorhebt, Theater, damit „die Jugend fleißig im
Reden geübt, auch das Gedächtnis gestärkt und etliche gute Sprüche
behalten würden"[2]): es handelt sich also um eine Unterstützung
des Unterrichts in der Rhetorik, in der ja auch die Lehre vom Gedächtnis eine wichtige Rolle spielt. Sobald man dieses Ideal für
den dramatischen Vortrag der Schüler aber einmal aufgestellt hatte,
mußte man sich jedem Bestreben, eine eigentlich schauspielerische
Vorstellung zu bieten, gerade vom Standpunkt der humanistischen
Pädagogik aus mit Entschiedenheit entgegenstellen: denn die großen
antiken Theoretiker der Rhetorik: der Autor der Herenniusrhetorik,
Cicero und Quintilian, betonen, obschon sie eine gewisse Verwandtschaft der Redekunst und der Schauspielkunst anerkennen, doch
viel deutlicher die Notwendigkeit einer Unterscheidung der beiden
Vortragsarten und verwerfen manchen *gestus* deswegen, weil er
scaenicus sei; von den auf ihre Lehre sich stützenden Rhetorikern
der Renaissancezeit wird solche Meinung gern aufgenommen, und so
konnte es für die Theaterpraktiker des Schuldramas kein Interesse
haben, nach einer Wiederbelebung der eigentlichen Schauspielkunst
des Altertums zu streben. Wohl aber mußte umgekehrt jene ständige
Erklärung der Theoretiker der Rhetorik, daß Redekunst und Schauspielkunst auch allerlei Zusammenhänge hätten, zu der Überzeugung
führen, daß man auch dem theoretisch Wirksamen besonders nahe
käme, wenn man die an der Aufführung des Dramas beteiligten
Schüler ihre Rollen nach den von der Rhetorik gebotenen Regeln

---

1) Diese Vorstellung wurde vielleicht auch durch die irrtümliche Auffassung des
Wortes *lectio* Adelphi 321 unterstützt. Vgl. ferner die Erörterungen über das Titelbild
der Senecaillustration und der Pariser Terenze des 15. Jh. unten S. 280, 282f., 284, 286f.

2) Vgl. P. Expeditus Schmidt, Die Bühnenverhältnisse des deutschen Schuldramas
im 16. Jahrh. (Berlin 1903) S. 20f., wo der pädagogische Sinn der Aufführungen noch genauer behandelt ist.

der Vortragskunst durchführen ließe; ihre Gewalt könne man, wie der schon genannte Jodocus Willich hervorhebt, nicht nur *in templis aut in sacris concionibus* erproben, sondern auch *in theatro aut in theatralibus ludis.* Und so liegt die Vermutung nahe, daß wir uns von der theatralischen Vortragsart der Schulbühne ein deutliches Bild machen können, wenn wir uns an jene von den Rhetorikern gegeben Vortragsregeln halten.

Immerhin: das ist nur Vermutung; sie läßt sich aber zur urkundlich gestützten Gewißheit erheben. Im Jahre 1594 wurde für das reichsstädtische Gymnasium in Speyer eine in vieler Hinsicht bedeutsame Schulordnung erlassen, die vermutlich den Rektor David Weltz zum Verfasser hat[1]). Hier heißt es in den Bestimmungen für die erste Klasse, da wo von der Behandlung der antiken Komiker und dann namentlich des ihnen fast ebenbürtig erscheinende N. Frischlin die Rede ist[2]): *... Diesen Authorem sollen die knaben auswendig lernen, vnnd sunderliche Mores, vnnd hofflichkeit daraus zufassen, w i e a u c h s i c h j n p r o n u n t i a t i o n e v n n d geberden zu vben, jn massen es die ratio einer jeden person erfordert, v n d d i e R h e t o r e s, d e A c t i o n e j n j r e n p r a e c e p t i s v i e l l h e r e n, vffs fleissigst jnformiret vnd abgerichtet werden.* Und im Zusammenhange damit gewinnt nun auch eine Stelle der Breslauer Schulordnung vom Jahre 1570 entscheidende Bedeutung, an der es heißt[3]): *Wir sehen auch vor gut an, das die Knaben dieses ordinis den Terentium als ihren für nomen vnd gantz eigenen Authorem außwendig lernen, also daß man die Personas der Jugend deren Comödien so sie zum ende gehöret haben, außteile vnd sie wochentlich nach Tische eine stunde oder zwo recitiren lasse v n d s i e a l s o i n d e r P r o n u n c i a t i o n vnd A c t i o n vbe. Pro-nunciatio* und *actio* hier wie dort; das aber sind nicht irgendwelche Ausdrücke, die die dramatische Aufführung direkt bezeichnen, sondern es sind die stehenden Ausdrücke der antiken und antikisierenden Lehrbücher der Rhetorik für den r e d n e r i s c h e n Vortrag. Und man soll nicht sagen, daß es sich hier um eine Neuerung der humanistischen. Spätzeit handele und daß wir solche streng rhetorische Schauspielkunst für die erste Blütezeit des deutschen Schultheaters noch nicht annehmen dürften: die Speyerische Schulordnung atmet im ganzen den pädagogischen Geist Johannes Sturms, und Sturms Theorie und Praxis bedeuten zwar in gewissem Sinne schon eine gewisse Wegentwickelung von dem strengen Melanchthonismus; aber sie steht ja nicht allein, sondern hat ein schon wesentlich

---

1) Sie ist zum ersten Mal gedruckt von R e i ß i n g e r, Dokumente zur Geschichte der humanistischen Schulen im Gebiete der bayerischen Pfalz. Bd. 2 = Monumenta Germaniae Paedagogica 49 (Berlin 1911), S. 372 ff.

2) a. a. O. S. 385 f.

3) V o r m b a u m, Die evangelischen Schulordnungen des 16. Jahrhundert (Gütersloh. 1860) I, S. 198 f.

17*

älteres Seitenstück in der Breslauer Ordnung, und deren Verfasser Petrus Vincentius war ein unmittelbarer Schüler und orthodoxer Anhänger Melanchthons.

Es zeigt sich also: wir werden die *Rhetores* zu befragen haben, wenn wir uns von der Schauspielkunst der älteren Schulbühne ein Bild machen wollen. Freilich, die Autoren, die die Speyerer Ordnung unmittelbar im Auge haben mag, wenn sie auf diese *Rhetores* hinweist, bleiben für uns wesentlich außer Betracht; denn das Ideal des rednerischen Vortrags mag sich ja gegen Ende des Jahrhunderts etwas gewendet haben, für unsern Zusammenhang aber kommt im ganzen doch nur die Darstellungsart der ersten Hälfte des Jahrhunderts in Betracht. Sehr eingehend pflegte in den Lehrbüchern der Rhetorik die *Pronunciatio* und *Actio* nicht behandelt zu werden, meist geben sie nur kurze Anweisungen, die sich ganz und gar an die antiken Meister anlehnen, ja, es hat den Anschein[1]), als ob die humanistischen Rhetoriken deutschen Ursprungs in der älteren Zeit die Vortragskunst vielfach ganz fortlassen (zu den wenigen Früheren, die sie mitaufnehmen, gehört, vielleicht bezeichnenderweise, der Dramatiker Jacob Locher) und daß sie erst seit den dreißiger Jahren eine bedeutende Rolle spielt: also seit der Zeit, in der die eigentliche Wichtigkeit des Schultheaters aufzufallen beginnt. Und charakteristisch genug erscheint eben um diese Zeit ein Büchlein von 40 Oktavseiten, das die Vortragskunst für sich allein verhältnismäßig ausführlich darstellt, der schon öfter hier herangezogene *Liber de pronunciatione rhetorica* des Jodocus Willich, gedruckt zuerst zu Basel im Jahre 1540 und bis in die fünfziger Jahre hinein wiederholt aufgelegt: eben jene Schrift, die die Wirksamkeit des rednerischen Vortrags *in theatro aut in theatralibus ludis* gebührend hervorhebt. Und nicht nur eine derartige Äußerung weist uns darauf hin, daß wir es hier nicht mit einer rein der eigentlichen Rhetorik dienenden Leistung des Frankfurter Hochschulprofessors zu tun haben, wir können vielmehr nachweisen, daß sein Interesse für die Schuldramatik besonders rege gewesen ist und daß er demnach wohl auch an die Schulbühne gedacht hat, als er über die bisher am meisten vernachlässigte Seite der Redekunst eine besondere Monographie vorlegte : er hat nicht nur eine kommentierte Ausgabe des Terenz veranstaltet, sondern auch in seinem Kommentar zur ars poetica mannigfaches Interesse fürs Drama, ja auch für die moderne Schulkomödie bekundet[2]), und er hat den Druck der in Frankfurt entstandenen Studentenkomödie des Ch. Stymmelius mit einem Vorwort begleitet, das zu einem bedeutsamen Zitat eine Stelle aus

---

1) Genaueres wird sich erst sagen lassen, wenn die von der Gesellschaft für deutsche Erziehungs- und Schulgeschichte unternommene bibliographische Sammlung der älteren Schulbücher Deutschlands zum Abschluß gekommen ist.

2) Vgl. Creizenach, Geschichte des neueren Dramas. 2 (Halle 1901), S. 113, 489.

Ciceros rhetorischer Hauptschrift benutzt; sein Stiefbruder ist jener Gregorius Wagner, der Reuchlins Henno deutsch bearbeitete und in Frankfurt a. O. aufführen ließ. Kurz, es ist durchaus wahrscheinlich, daß der Verfasser der *Pronunciatio* in der Frankfurter Theatergeschichte[1]) eine gewisse Rolle gespielt hat.

Aus dieser *Pronunciatio* nun die Grundzüge der damaligen Schauspielkunst der Schulbühne herauszulesen, wird sich um so eher empfehlen, als ihre Anweisungen auch für die Praxis der Einstudierung eine wohl brauchbare Mitte bildeten zwischen der gar zu großen Knappheit der meisten zeitgenössischen Rhetoriken und der kaum zu bewältigenden Ausführlichkeit, mit der Quintilian im elften Buche der Institutionen die Vortragskunst behandelte; immerhin sind die für die Anleitung der jungen Mimen notwendigen Regeln immer noch so umfänglich und damit ihre Anwendung so schwierig, daß man Johann Sturms Seufzer versteht[2]): *Earum personarum, quae pauca loquuntur, facilis est actio; plus laboris requirunt primarum partium actores.* Quintilians Lehren liegen Willichs Darstellung in erster Reihe zugrunde, obschon er auch Cicero und namentlich den Herenniusautor stark heranzieht; aber er steht diesen Vorbildern doch nicht rein kompilatorisch gegenüber: er strebt nach einer höchst bemerkenswerten Universalität, sichtlich bemüht, eine klassisch orientierte und doch moderne Normalgestik zusammenzubringen, indem er in einer heute nicht mehr zulässigen, für jene Zeit aber äußerst fortschrittlichen Art eine Fülle von Ausdrucksbewegungen von den verschiedensten Orten zusammenträgt und in den quintilianischen Schubfächern unterzubringen sucht. Da sind nicht nur die *sacri scriptores*, vor allem die Bibel, auf charakteristische Gesten durchmustert, damit auf solche Weise die zeitgemäße Konkordanz zwischen biblischem und heidnischem Altertum zustande komme, auch die antiken Profanschriftsteller und zwar nicht nur die landläufigen müssen Material hergeben, ja sogar in der bildenden Kunst der Antike, den *veterum imagines*, werden Beobachtungen gemacht; weiter wird auch die Geste der neueren Zeit nicht unbeachtet gelassen: die rituelle Geste des geistlichen Gottesdienstes ist berücksichtigt, die lebhafte Gebärdensprache der *Sarmates* fällt dem Autor auf, in deren Nähe zu stehen besser vermieden werde, *ne qua alapa impingatur per illorum bracchia nimis proiecta*, und wie Hans Sachs hat er einen Blick für die tierischen Ausdrucksbewegungen und weiß durch charakteristische Bilder aus dem Tierleben das Menschliche anschaulich zu machen. Er häuft aber nicht nur, sondern er scheidet auch aus, indem er

---

1) **Bauchs** vorher zitiertes, sonst so materialreiches Buch macht uns hier leider keine Mitteilungen.

2) Joannis Sturmii Classicarum epistolarum lib. III (Straßburg 1567) p. 68a (vom Jahre 1565).

gelegentlich manche Bewegungen der antiken Rhetorik für tot erklärt, ja sogar in einem (S. 255 f.) schon erwähnten besonderen Abschnitt gebärdengeschichtlichen Charakters *(De aetate gestuum)* eine Anzahl literarisch überlieferter Gesten aussondert: *hi in desuetudinem abierunt, et alii surrogati sunt.*

Lassen wir nun von der eigentlich praktischen Anleitung Willichs beiseite, was wesentlich nur dem rednerischen, nicht dem theatralischen Vortrag zugute kommen kann, so zeigt sich, daß er ganz unselbständig da ist, wo er den Ausdruck der Affekte durch die Stimme erörtert; hier variiert er eigentlich nur stilistisch, ohne etwas hinzuzufügen oder fortzulassen, die Ausführung Quintilians Inst. Or. XI, 3, 63—65[1]). *Quis non animadverterit,* sagt Willich, *in hilaritate plenam esse et simplicem* [scil. *vocem*]; *in certamine seu contentione erectam totis viribus et velut omnibus nervis intentam; in ira acriorem, asperam, densam, cum crebra respiratione; in blandiendo, rogando et fatendo lenem et submissam; in suadendo, monendo et pollicendo et consolando gravem; in metu et verecundia contractam, in adhortatione fortem; in disputationibus gravioribus teretem; in miseratione flexam, flebilem et consulto quasi obscuriorem; in expositione et sermone rectam et mediam inter acutum et sonum gravem; in egressione fusam et claram esse. Quid multis? In concitatis affectibus attollitur, in compositis descendit plus minusve pro utriusque rei modo.*

Viel genauer und selbständiger werden Mimik und Gestik behandelt: gerade hier finden sich jene Zusätze und Fortlassungen, und auch die zahlreichen starken Anlehnungen an Quintilian — sie sind im folgenden durch besondere Schrift herausgehoben — zeigen zuweilen eigene Erweiterung und Ausdeutung. Auch die scharf heraushebende Einteilung mit den besonderen Überschriften ist Willichs Eigentum.

De capite.

Ex membris . . ., quorum opera in pronunciatione utimur, *primum est caput, quod secundum naturam rectum esse debet,* attamen mobile, non *rigidum et durum, in quo magna mentis barbaries est,* quasi τέτανος corripuisset. *Sed cum submissum fuerit, humilitatis est* et pudoris, humiles enim fere caput inclinant; *cum supinum, arrogantiae est; cum inclinatum est in latus, languoris est* et somni; cum in transversum nutat, *renuimus;* cum in pronum, *annuimus* et asseveramus . . . Cum in supinum versum fuerit, advocamus; cum modice vacillarit, *dubitamus* et *admiramur;* cum ita surrectum fuerit, ut antica pars faciei declinet tanquam minabunda, *indignationem significat;* cum vibratur illusionem . . .

---

1) Unberücksichtigt bleibt nur Quintilians Angabe: *Paulum in invidia facienda lentior* . . .

Vitiosum autem hic iudicatur frequens nutus: et subinde iactare caput et comam rotare iuxta Quintilianum fanaticum est.

De fronte.

Frons vero est mentis significatrix. Quae si serena et explicata fuerit, hilaritatis, blanditiae et clementiae nota est, nam porrectiore fronte sunt qui maxime exhilarescunt. Si corrugata seu obducta seu contracta seu caperata, iracundiae, severitatis, tristitiae et tyrannidis . . . Si modice demissa et corrugata fuerit, pudoris signum est; quibus autem talis non est, effrontes, hoc est impudentes dicuntur. Verum ex huius membri gestu multae sunt natae paroemiae, quae aliunde petendae sunt

De superciliis.

At proxime frontem supercilia sunt constituta. Quae si sublata fuerint, arrogantiam notant . . .; si *demissa,* verecundiam; *si remissa hilaritatem; si adducta, iracundiam* et torvitatem; si composita, lenitatem; *si deducta, tristitiam;* si inaequalia, videlicit *cum unum fuerit sublatum et alterum compositum,* crudelitatem portendunt . . . Si subito deflexa, *concessionem et asseverationem;* sin autem subito retorta sursus versus fuerint, *abnegationem monstrant.*

De oculis.

Ceterum sub his latitant *oculi, qui animi indices sunt,* sicut vultus eiusdem imago . . . Rubentes autem oculi, sed ardentes, instar scintillae micantes iracundiam notant . . ., *intenti* et intuentes attentionem, fiduciam et autoritatem . . . Suspicientes vero anxietatem seu dolorem portendunt, qui gestus est deum invocantibus et gratias agentibus . . . Clausi autem et aversi inimicitiam, aperti amicitiam et favorem monstrant . . . honesti honestatem, nimium deducti stoliditatem (tales enim sunt vitulis), *rigidi* stuporem seu ἔκστασιν, *languidi* et subinde nictantes pudorem et verecundiam, *torpentes* torporem et segnitiem, paeti, qui et *venerei* sunt, *lasciviam,* *limi* seu semiclusi insidias et adulationem, *mobiles veluti innatentes* aut volantes *voluptatem* et libidinem . . . Ceterum de saltu oculi vel dextri vel sinistri tanquam superstitiosum et inutiliter actori relinquimus.

De naribus.

His succedunt nares, quae efflantes iram significant, quemadmodum in equis ferocientibus conspicitur . . . Corrugatae vero illusionem prae se ferunt . . . *Frequens autem narium emunctio damnatur* . . .

De buccis.

Proximum his locum buccae retinent, quae inflatae arrogantiam et fastum, apud Horatium tamen et iracundiam significant . . . demissae autem tristitiam et desperationem . . .

De labiis.

Iam succedunt labia, quae cum *porriguntur*, stultorum sunt; cum *astringuntur*, humilium; cum *diducuntur*, illudentium; cum mordentur, iratorum . . . sed *ea lambere vitiosum est*. In rictu autem sit moderatis, *ore enim magis quam labris loquendum est.*

De dentibus.

Sub haec sunt dentes, quibus irati frendebant . . .

De cervice.

Ceterum post faciem est cervix, quae primum *erecta esse debet, non rigida* . . . deinde *non sit supina* . . . postremo neque semper decet eam in alterum humerum inclinare, nisi quid admodum triste acciderit . . . Sequitur autem motum capitis cervix, quare utriusque eadem paene erit ratio. Id tamen non est negligendum, *quando illa breviatur, quod gestum faciat humilem, servilem et fraudulentum.*

De collo.

Verum pars illi paene opposita est collum, quod nunc con*trahitur* ut in tristitia, nunc *extenditur* ut in superbia et hilaritate . . .

·De bracchiis.

Ab his [humeris] autem dependent bracchia, quae modice proiciuntur, magis tamen quando dictio incalescit, hoc est quando obiurgamus, quando exhortamur, quando contendimus; haec tamen *proiectio moderata esse* debet. Nam si immodica fuerif, athletis et antagonistis rectius conceditur atque Sarmatis quibusdam incivilioribus, a quorum pronuntiantium latere non satis tutum est sedere aut stare, ne qua alapa impingatur per illorum bracchia nimis proiecta.

De manibus.

At horum partes *sunt manus, quae loquacissimae sunt, sine quibus actio debilis est et manca.* Haec *autem pectori admovetur, cum quis de se loquitur, cum vero de alio quopiam, ad eundem intenditur* δειχτιχῶς, sed percussione seu strepitu pronae manus silentium commonstratur. Eadem sublata et inflexa ad nos illicimus et invitamus; eadem a nobis reflexa et depressa aversamur et repellimus; eadem in ecclesia pectus tundimus tanquam publico poenitentiae signo; *eadem admirantes veteres femur percutiebant. Eadem quoque cum sensu incipiat et cum eodem deponatur.* In exordio quidem, quia ibi fere ἦθος est, non πάθος, haec vix veste aut pallio exeritur, donec oratio magis incaluerit. Nunc pariter dextra in facie crucem signamus admirantes, qui gestus quoque servatur, quando abeuntibus bene precamur et bene valere iubemus. Sed manibus iunctis et expansis adoramus et hodie . . . Dextram autem in altum porrectam vibrare est militare signum laetitiae et ebriorum, qui Euan Euan ingeminant.

De digitis.

Porro manus pars una est digitus, qui ori impressus silentium indicat . . . Indice autem sublato caelum seu superna, sicut depresso terram seu inferna demonstramus . . .

De genibus.

Succedunt his [pectori, ventri, lateribus] deorsum versus in actione genua, quibus flexis hodie honorem impendimus . . .

De pedibus.

Porro infimum locum sortiti sunt pedes, in quibus duo tamen observantur: status et incessus . . . Sed ad pedes revertemur, quorum alter porrigatur: iunctis enim pedibus stare potius mulierum est . . . *Vitiosa est immodica pedum divaricatio, supplosio autem pedis olim in loco opportunior fuit* quam hodie.

Überschauen wir nun den Gesamtcharakter dieser schulmäßigen Schauspielkunst, um sie mit der Meistersingerkunst zu vergleichen und dabei festzustellen, was Hans Sachs ihr etwa für sein Theater entnommen haben kann, so dürfen wir wohl in erster Reihe sagen: eben das Schulmäßige, den Gedanken an die Möglichkeit, Dilettanten nach bestimmten Regeln für die Aufführung wechselnder Spiele heranzubilden; gegenüber der Anleitung, die die Mitwirkenden beim älteren geistlichen Drama erhielten, in dem es sich um eine bestimmte Reihe immer wiederkehrender Szenen und eine sehr kleine Zahl feststehender Vortragsformen handelte, war das immerhin doch etwas Neues. Und ferner: wenn wir bei Hans Sachs (vgl. oben S. 174 ff.) eine ganz kleine Anzahl von Gemütsverfassungen fanden, in denen übereinstimmend mit mittelalterlicher Art dem Darsteller überlassen bleibt, seinen körperlichen Habitus von innen heraus zu gestalten, so kennt auch die klassizistische Rhetorik eine *pronunciatio naturalis, quae ductu naturae in voce et motu corporis fit,* ja die Zahl der ihr anheimgegebenen Seelenzustände ist sogar größer als die der Nürnberger Bürgerkunst; in der Hauptsache aber ist es doch hier wie dort so, daß jedem einzelnen psychischen Element die ihm zukommende Ausdrucksbewegung von außen her zugewiesen wird. Und da es sich bei diesen psychischen Elementen auf der Schulbühne ganz wesentlich um die stilisierte Verdeutlichung von Affekten und Leidenschaften handelt, so würde auch der stark pathetische Grundcharakter der nürnbergischen Schauspielkunst hier ihr Vorbild haben können. Weiter geht die Vergleichbarkeit allerdings nicht: ob das Lyrisch-Sentimentale auch auf der Schulbühne so stark hervortritt wie in Hans Sachsens Darstellungen, läßt sich nicht entscheiden, und fast noch weniger ist im einzelnen auszumachen, welche Gefühle und Affekte in bezug auf die Häufigkeit und Entschiedenheit der Ausdrucksbewegung auf dem Schultheater im Vordergrund stehen. Nicht vergessen darf man auch, daß uns für die Schulkunst unser Material in bezug auf all die Gesten im Stich läßt, die die Anwesenheit eines zweiten Menschen voraussetzen, dessen Körper mit in die Bewegung hineinziehen; und gar nichts Sicheres läßt sich darüber sagen, ob jener feierlich-zeremonielle Charakter, der, wie oben (S. 161) hervorgehoben wurde, der meistersängerischen Kunst zu eigen ist, dem Schultheater ebenfalls zugesprochen werden kann: die Vorschriften über das Grüßen und dergleichen spielen in der Rhetorik keine Rolle; immerhin ist anzunehmen, daß eine Wissenschaft, die, solange sie vor allem Briefstilkunst war, die Lehre von der *Salutatio*: den schriftlichen Grußformen, besonders eifrig anbaute, später auch ihre lebendigen Korrelate nicht vernachlässigt haben wird.

Im Gegensatz zu solchen nicht unwahrscheinlichen oder wenigstens gut denkbaren Zusammenhängen zwischen Schulbühne und Meistersingerbühne[1]) tritt uns nun aber der allerstärkste Unterschied entgegen, sobald wir die hier und dort gebräuchlichen Ausdrucksbewegungen im einzelnen, ja auch nur die Hauptbetätigungsgebiete nebeneinander halten. Schon die karge Zahl der den Schauspielern Hans Sachsens zu Gebote stehenden stimmlichen Vortragstöne ergibt ein anderes Bild als die bedeutend größere Reihe, über die im Anschluß an Quintilian die Schulbühne verfügen soll; wohl entspricht dem weinerlichen Ton, den wir früher (S. 168) als eine Vortragsart auf dem Hans Sachstheater feststellten, die *vox flebilis* der Schulspieler, und auch das Lachen hat sein Seitenstück in der *iocatio*, dem *risus pudens et liberalis, in quo vox leniter tremebunda est;* aber für so allgemeine Dinge braucht gewiß nicht erst die Schulbühne die Lehrmeisterin abzugeben. Und sobald wir aufs visuelle Gebiet übergehen, schwindet die Übereinstimmung durchaus. Die Haupttätigkeit des Schulschauspielers liegt auf dem mimischen Gebiete, für das ja die eingehendsten

---

1) Wie sehr solche Annahme mehr als bloße Hypothese ist, beweist uns Hans Sachsens Augsburger Schüler Sebastian Wild, indem er im Vorwort zu der 1566 erschienen Gesamtausgabe seiner *Comedien vnd Tragedien zwölff* als den Zweck solcher dramatischen Dichtungen angibt: ... *sonderlich für die Jugent/ sich darinnen zu üben' vnnd zu kurtzweylen/ darauß ein gute Memorij/ oder gedechtnuß/ vnnd auffmercken/ volget' mit sprechen vnnd geberden sich gegen einander zuerzeygen.*

Vorschriften gegeben werden; die stilisierende Kunst der Nürnberger Bürger aber leistet gerade hier so gut wie nichts. Umgekehrt fällt, wie wir sahen, bei Hans Sachs die Hauptleistung den Armen und Händen zu; die Schulbühne dagegen setzt ihre Verwendung auf ein möglichst geringes Maß herab: so sehr, daß in Willichs Vortragslehre, die doch von Quintilians Vorschriften, soweit sie sich auf die mimischen Ausdrucksbewegungen beziehen, nur verschwindend wenig beiseite läßt, die große Affektenreihe des Meisters, in welcher aufgezählt wird, was wir alles mit den Händen auszudrücken vermögen (Inst. orat. XI, 3, 86 f.), völlig getilgt ist; ebenso sind die genauen Anweisungen über die Beredsamkeit der Finger (ibid. 92 ff.) durchaus unberücksichtigt geblieben — sie werden dann später in dem 'Generale artificium orationis cuiascumque componendae' des Jesuiten J. Voellius (Cöln 1590) um so eingehender behandelt, aber das gehört schon in die alles losbindende Zeit des Barock hinein und müßte im Zusammenhang mit der Kunst des Jesuitentheaters gewürdigt werden. [1]) Jene Fesselung der Arm- und Handgebärden aber, die das Schultheater zu Hans Sachsens Zeit erstrebt, ist eine Folge seines obersten Vortragsgrundsatzes, den schon die Rhetorik des Altertums hervorhebt, den die neue Zeit aber mit doppelter Energie betonen mußte: *In gestu mediocritas requiritur*, weil offenbar der eigentliche Zug der Zeit der großen Geste zustrebte; so wie schon mehr als ein Menschenalter vorher die geistliche Regie ihren Spielern ein *Omnia cum moderamine!* zurufen mußte. [2]) Vielleicht ist jenes Bemühen der Schultheaterregisseure, durch die Übertragung der antikisierenden Rhetorik auf die Aufführung der lateinischen Dramen der zu lebhaften Aktion der Arme und Hände entgegen zu treten, geradezu eine Reaktion gegen die Terenzaufführungen des älteren Humanismus im ausgehenden 15. Jahrhundert: die im zweiten Teil dieses Buches gebotene kritische Untersuchung der Terenzillustrationen jener Zeit wird wenigstens für die wichtigste Leistung der Epoche die nicht ganz selten gebotene Abbildung der großen Affektgeste als eine Darstellung wirklicher Theatergebärde zu erweisen suchen. Auf der Schulbühne war eine Bändigung solchen Überschwangs zu Hans Sachsens Zeit im allgemeinen erreicht; in der bürgerlichen Schauspielkunst dagegen, wie sie das Nürnberger Theater uns vor Augen führt, spricht sich der laute Charakter der Geste aus, den die rhetorischen Schultheaterregisseure bekämpfen mußten: ihre Leistungen haben also kein Vorbild für die bürgerliche Kunst abgegeben. Unsere Betrachtung endet mit der Er-

---

1) Eine eingehende Untersuchung über das Jesuitentheater von W. Flemming tritt demnächst hervor.

2) Vgl. auch die von Creizenach 2, S. 93 Anm. 4 angeführte Äußerung des spanischen Neulateiners Petrejus.

kenntnis: die Nürnberger Theatergestik ist doch wohl nichts Ab-
geleitetes, sondern eine selbständige Schöpfung des Zeitgeistes,
eine Fortbildung jener Ansätze zu einem bürgerlichen Schauspielstil, die sich um die Wende des 15. zum 16. Jahrhundert bei der
Emanzipation von dem kirchlich-liturgischen Stil zuerst gezeigt
hatten; vielleicht nur, daß die damals neben der neuen großen
Gebärde sich eindrängenden Wirklichkeitsgesten in einer ähnlichen
Mischung während der ersten Zeit der dramaturgischen Tätigkeit
Hans Sachsens noch erhalten geblieben sind[1]) und dann erst durch
eine gewisse allgemeine Einwirkung der ganz unnaturalistischen
Schultheaterkunst zugunsten einer wesentlich stilisierenden Art
verdrängt wurden. Die Art der Stilisierung aber hält im allgemeinen an der weitausgreifenden Gestik fest, die sich in der
zweiten Hälfte des 15. Jahrhunderts durchzusetzen begann.

Eine letzte Möglichkeit bleibt allerdings noch zu erörtern. Man
könnte daran denken, daß die Nürnberger Schauspielkunst ihre am
meisten charakteristischen Züge aus den Schöpfungen der zeitgenössischen Bildkunst entlehnt hätte. In der bildnerischen Gebärdensprache nämlich ist seit dem Zeitpunkt, bis zu dem wir sie früher
verfolgt hatten (S. 239), ein gewaltiger Umschwung eingetreten. Er
wird vornehmlich durch die Kunst des Mannes dargestellt, an den
wir in erster Reihe zu denken hätten, wenn wir einen Einfluß der
Malerei auf die Schauspielkunst des Nürnberger Theaters annehmen
wollten: durch Albrecht Dürer. Man wird hier nicht erwarten dürfen,
eine eingehende Betrachtung der Dürerschen Gebärdensprache zu
finden.[2]) Nur in wenigen Sätzen sei hervorgehoben, daß jener
Mangel an Pathos, der die letzte Generation des 15. Jahrhunderts
kennzeichnete und der die großen Leidenschaftsgesten der Arme
und Hände auf die nebensächlichen Stellen der Bilder zu verbannen
pflegte, nun einer ausgesprochenen Pathetik Platz macht, die aus
dem Blute des Künstlers stammt und sich an italienischen Meistern,
zumal an Mantegna schulen darf und die begreiflicherweise am
stärksten in der Gebärdensprache zutage tritt. Dies Wort muß man
freilich, wie es sich bei einem ganz großen Meister von selbst versteht, im allerweitesten Sinne nehmen und vor allem etwa auch
die Ausdrucksbewegungen mit einbeziehen, die durch die völlig
veränderte Behandlung des Gewandes erzielt werden. Die Leiden-
schaftlichkeit äußert sich weiter in der pathetischen, ausdrucks-
gesättigten Art, in der das gesamte Lineament, in der auch die
eigentlichen Aktionsbewegungen gehalten zu sein pflegen, ja, in der
ganzen Art der neuen Behandlung des Körpers: man spürt, selbst

---

1) Auf gewisse Reste, die trotz der stilisierenden Tünche späterer Überarbeitung
bewahrt geblieben sind, haben wir gelegentlich hingewiesen.

2) Die wichtigsten Hinweise finden sich an vielen Stellen des Wölfflinschen
Buches „Die Kunst Albrecht Dürers" (München 1905).

wenn er in Ruhe gezeigt wird, daß ihm, sobald er in Bewegung kommen wird, die großen Gesten besonders gemäß sein werden. Wo diese sich nun unmittelbar dem Beschauer zeigen, sind sie von einer Fülle der individualisierenden Kraft, die hier auch nicht angedeutet werden kann, sie tritt in allen möglichen Arten zutage, an die das Theater nicht denkt; immerhin erscheinen auch jene in der Tradition nie völlig untergegangenen großen Bewegungen beider Hände und beider Hände nun wieder in entschiedener Bildwirksamkeit, und jene wichtigsten Gesten der Hans Sachs-Bühne: Händezusammenlegen, Händeaufheben, Händewinden, Händezusammenschlagen, Armeaufheben, Händeüberdemkopfzusammenschlagen, sind auch bei Dürer, und zumal in seiner Schwarzweißkunst, sehr häufig zu beobachten. Und er steht in dieser Beziehung keineswegs allein in der Kunst seiner Zeit: nicht alle, aber doch sehr viele seiner Zeitgenossen und seiner unmittelbaren Schüler haben den gleichen Zug zur leidenschaftlichen Gebärdensprache und durchaus verwandte Ausdrucksformen.

Soll man auf Grund solcher unverkennbaren Übereinstimmungen nun annehmen, der Informator der Nürnberger Schauspieler habe die Hauptzüge seiner Anordnungen den Schöpfungen der Bildkunst entnommen? Dem wird zunächst die rein äußere Erwägung einigermaßen entgegenstehen, daß alle Verbindung mit der bildenden Kunst, in der wir Hans Sachs auf der Höhe seines Schaffens nachweisen können,[1]) sich auf die jüngeren Nürnberger Künstler, zunächst auf Hans Sebald Beham bezieht; hätte er aber deren Arbeiten auf die Gebärdensprache durchmustert, so würde er dort die große Pathetik der Gesten nicht mehr so ausgeprägt gefunden haben: die jüngere Generation übt, sei es aus einem neuen Lebensgefühl heraus, sei es in einem Bemühen um stärkere Klassizistik, größere Zurückhaltung. Wichtiger ist schon der Umstand, daß Hans Sachsens Blick bei der Betrachtung von Bildwerken offenbar immer so stark an das Reinstoffliche gebunden erscheint, daß ihm eine entscheidende Aufmerksamkeit für ein so wesentlich formales Element, wie es die Gebärdensprache immerhin ist, kaum zuzutrauen sein wird. Erinnert mag hier ferner daran werden, daß unsere Untersuchungen für die vorangegangenen Jahrhunderte das Vorhandensein von beträchtlichen Zusammenhängen zwischen der Gestik des Theaters und der der Bildkunst durchaus haben leugnen müssen; ist nun inzwischen auch der Hauptfaktor solcher Verschiedenheit, die ständige geistliche Gebundenheit der Schauspielkunst, in Fortfall gekommen, so ist doch umgekehrt bei der jetzt eingetretenen stofflichen Differenziertheit der beiden Kunstübungen kaum

---

1) Vgl. Buchwald: Zeitschrift für Bücherfreunde N. F. 2, 2 (1911), S. 233 ff. und das Illustrationsmaterial in der hübschen Hans Sachs-Ausgabe des Inselverlags: 2. Aufl. Leipzig 1911, 2 Bde.

anzunehmen, daß sich mit einem Male die Theaterkunst die Gebärdensprache der Bildkunst sollte zum Muster genommen haben.
Das Entscheidende aber ist wohl die Unmöglichkeit, daß ein Beobachter sich jene dem Theater und der Bildkunst gemeinsamen
großen Arm- und Handbewegungen etwa aus Dürers Bildern und
dem Ganzen ihrer Ausdrucksdarbietungen allein sollte heraus-
gesehen haben. In der höchst primitiven Kunst der Meistersingerbühne allerdings fallen die spießbürgerlichen Persönlichkeiten der
Darsteller und ihre stilisierten Leidenschaftsgebärden unorganisch
auseinander; wenn man aber auch treffend darauf aufmerksam gemacht hat,[1]) daß mitunter auch bei Dürer „der Rock großartiger ist
als der Mann", die Ausdrucksgewalt des Gewandes zu stark ist für
den etwas kleinbürgerlichen Kopf darüber, so ist doch im Ganzen
in dieser Hochkunst eine organische Einheit erzielt, die das Heraus-
reißen jener Einzelzüge beinahe undenkbar erscheinen läßt.

Trotz solcher Erkenntnis aber wird der Hinweis auf jenen Umschwung in der bildenden Kunst hier nicht ganz zwecklos gewesen
sein. Dieser Umschwung ist auch für uns wichtig als das spürbarste
Symptom des neuen Lebensgefühls der Dürer- und Luthergeneration;
dieser Generation gehört auch Hans Sachs noch an, mögen gleich
seine wichtigsten Leistungen auf dem Gebiet der Theaterkunst in
eine Zeit fallen, in der jene Generation im ganzen schon einer
neuen Platz gemacht hat, und als ein von der Bildkunst unabhängiges Kennzeichen des gleichen Lebensgefühls sind, freilich auf un-
vergleichbar tieferem Niveau, auch die großen Gesten der Nürnberger Schaubühne anzusehen.

Ihr Schöpfer ist Hans Sachs schwerlich gewesen. Daß die Generation, der er noch zugehört, schon um die Wende des 15. zum
16. Jahrhundert auf der Schulbühne zur großen Geste neigte, wurde
unter den Hinweis auf den zweiten Teil dieser Untersuchungen
schon angedeutet; in ihnen wird sich ferner zeigen, daß auch auf
dem bürgerlichen Theater in Basel im zweiten Jahrzehnt des
16. Jahrhunderts die gleiche Tendenz sich geltend macht. Hans
Sachs hat offenbar nur das von der Tradition Überkommene systematisiert und normalisiert, nach dem Vorbilde des meistersängerischen Betriebs der Lyrik, dem sich ja die theatralische Tätigkeit
unmittelbar zur Seite stellt, und durch solche Feststellung fügt sich
auch seine Wirksamkeit für das Theater ganz und gar in sein Gesamtbild ein: das Bild eines Mannes, der, vom Humoristischen abgesehen, nur mit einem recht durchschnittlichen Können, den von
Vergangenheit und Gegenwart ihm zuströmenden Stoff meisterte,
der aber durch die Fülle und die systematische Anordnung seiner
kleinbürgerlichen Polyhistorie beinahe einen Zug von Größe erhält.

---

1) Wölfflin S. 148.

Erstes Kapitel

Ziele und Wege.

Die Erörterung des Verhältnisses zwischen Theater und bildender Kunst hat sich die kunstgeschichtliche Forschung nicht entgehen lassen. In eindringenden Untersuchungen [1]) ist uns gezeigt worden, daß in den vorzüglichsten Leistungen der geistlichen Kunst des Mittelalters — mag es sich um Skulpturen oder um Bilder handeln — die dramatischen Aufführungen jener Jahrhunderte sich spiegeln. Natürlich haben die Künstler nicht etwa beabsichtigt, Spiegelbilder des mittelalterlichen Theaters zu liefern, der Hergang ist vielmehr der, daß sie in der Darstellung der heiligen Vorgänge vielfach nicht mühsam mit Beobachtungsübertragung und Phantasie arbeiteten, sondern sich, im wesentlichen unbewußt, an die Erinnerung der Bilder hielten, die ihnen durch die alljährlichen Vorführungen von Oster-, Passions- und Weihnachtsspielen vermittelt waren. Jene Untersuchungen aber sind durchaus im Interesse der Kunstgeschichte angestellt; ihre Aufgabe ist es nicht, die Elemente jener Aufführungen aus den Bildern heraus festzustellen, sie wollen vielmehr, indem sie die Art der Aufführungen als bekannt voraussetzen, die mittelalterlichen Kunstwerke erläutern, sie wollen zeigen, bei wie vielen der scheinbar in ihnen enthaltenen Lebenselemente es sich tatsächlich um Theatralisches handelt.

Das auf solche Art wissenschaftlich zurechtgelegte Material ist aber umgekehrt für die Zwecke der Theatergeschichte nicht oder nur schwer zu brauchen, ganz abgesehen davon, daß es im besten Falle nur über die Art der öffentlichen Aufführungen des Mittelalters Licht verbreiten könnte. Über ganz allgemeine Vorstellungen hinaus wird es uns für die Einzelheiten spezieller Theateraufführungen schwerlich zuverlässig unterrichten können.

Von dieser Richtung her also kommen wir nicht an unsere Aufgabe heran. Nicht von Bildern dürfen wir ausgehen, die ohne Wissen der Künstler theatralische Elemente in sich aufgenommen haben. Unsere Grundlage müssen vielmehr solche Darstellungen bilden, die absichtlich zu dramatischen Dichtungen oder gar zu ihren Aufführungen in Beziehung gesetzt worden sind: wir werden uns an Bühnenbilder oder, wo solche noch nicht vor-

---

1) Vgl. o. S. 240, Anm.

Herrmann, Theater. 18

handen sind, an Dramenillustrationen zu halten haben. Auch sie aber sind tatsächlich wissenschaftlich erst zu benutzen, nachdem wir den Versuch gemacht haben, die wirklich in ihnen enthaltenen Theaterelemente von den daneben in ihnen steckenden Elementen der bildenden Kunst zu sondern. Denn es ist natürlich, daß es sich zumal bei Dramenillustrationen der älteren Zeit niemals um Surrogate für photographische Abbildungen der betreffenden Vorstellungen handeln kann: immer sind es Handschriften- oder Buchillustrationen, mit denen wir zu tun haben. In der älteren Zeit hat der Illustrator nur ausnahmsweise die Absicht, ein Theater seiner Zeit abzubilden, und auch nachdem Sebastiano Serlio im zweiten Bande seiner Architettura (Paris 1545) mit derartigen wissenschaftlich-technischen Illustrationen den Anfang gemacht hat, wird es zunächst kaum anders.

Ungemein schwierig aber ist die Aufgabe, jene Sonderung der theatralischen von den bildkünstlerischen Elementen in solchen Dramenillustrationen vorzunehmen. Denn einmal sind oft in jenen Elementen der bildenden Kunst, die wir aussondern müssen, ehe wir die Darstellungen für die Theatergeschichte benützen dürfen, nach den eben angeführten kunsthistorischen Untersuchungen schon theatralische Elemente vorhanden. Anderseits braucht es nicht erst der Illustrator gewesen zu sein, der für seine Zeichnungen Rücksicht auf Gesetze und Tradition der bildenden Kunst seiner Zeit genommen hat: schon der Regisseur mag bei der Anordnung der Bühnenbilder oft genug, bewußt oder unbewußt, zu bildlichen Darstellungen des gleichen Stoffes in Beziehung getreten sein, zumal da seit dem 16. Jahrhundert immer häufiger Maler an der Inszenierung beteiligt sind.

Auf sehr verschiedene Weise können solche Dramenillustrationen zustande kommen. Erstens braucht der Illustrator, zumal in jener Zeit, wo der theatralische Charakter des antiken Dramas und seiner Nachahmungen erst sehr allmählich dem gelehrten und dann dem allgemeinen Bewußtsein einging, den theatralischen Zug seiner Vorlage überhaupt gar nicht erkannt oder doch gar nicht berücksichtigt zu haben, er kann vielmehr an die Aufgabe genau so herangegangen sein, als ob es sich um die Illustration eines epischen Werkes gehandelt hätte. Er kann zweitens, ohne daß er eine Aufführung des betreffenden Dramas mit angesehen hätte, sich künstlich eine Vorstellung von ihrem Verlauf gemacht haben. Das wird, wo es sich um Illustrationen der antiken Dramen in einer Zeit handelte, in der eine Tradition für die Art ihrer Aufführungen noch nicht bestand, durch rein gelehrte Forschung und eine im gelehrten Sinne arbeitende Phantasie geschehen sein; es kann sich aber auch um eine Art Entwurf zu einer künftigen Aufführung des betreffenden Stückes handeln, in jenem Sinne, wie auch der moderne

Regisseur für die Anlage einer Vorstellung gern die Zeichenkunst — wenn auch nur skizzierend — in Anspruch nimmt. Endlich — und das ist der für unsere Zwecke günstigste Fall — können wir es mit Zeichnungen zu tun haben, die mit einer wirklich stattgehabten Vorstellung des Dramas tatsächlich in Beziehung stehen, sei es, daß der Illustrator während der Vorstellung sich Skizzen von den Bildern angelegt hat, die seinem Auge geboten wurden, sei es, daß er nachträglich aus der Erinnerung noch das Eine oder das Andere der Wirklichkeit entsprechend zu erhaschen suchte. Möglich auch, daß es sich dabei um mehrfach gestützte Erinnerung gehandelt hat: der Zeichner kann als Mitspielender an der Vorstellung beteiligt gewesen sein, oder er kann auch nicht nur der Aufführung, sondern auch schon den vorangegangenen Proben beigewohnt haben.

Während in der ersten auf solche Art gekennzeichneten Kategorie der Illustrationen lediglich das Bildkünstlerische in Betracht kommt und das wirklich Theatermäßige ganz fortfällt, spielt in die beiden andern das Bildkünstlerische nur mehr oder weniger entschieden mit hinein. Durch kritische Betrachtung den rein rein illustrativen Charakter der Bilder festzustellen oder anderseits aus jenen Mischungen, die unter Umständen sehr kompliziert sein können, das tatsächlich Theatralische herauszuholen, das ist die schwierige Aufgabe, die die Forschung sich zu stellen hat.

Mit der Lösung dieser Aufgabe soll nun systematisch ein Anfang gemacht werden, systematisch auch insofern, als hier nicht die dankbareren Gebiete des 17. und 18. Jahrhunderts in Angriff genommen sind, sondern — auf die Gefahr hin, daß das Ergebnis mehr im Abbauen von Hoffnungen als im Aufbauen positiven Wissens besteht — wirklich die ersten Leistungen, die überhaupt in Betracht kommen. So beginnen wir mit den Illustrationen, die seit den Anfängen des Humanismus und zumal seit dem Einsetzen des Holzschnittes den antiken Dramen zuteil geworden sind, und behandeln dann das wichtigste Sondergebiet der Illustrationen zu deutschen Dramen aus der gleichen Periode, nämlich die Schweiz[1]). Wir werden jedesmal zuerst versuchen, die Entstehungsgeschichte der wichtigsten dieser Bilder oder Bilderzyklen zu skizzieren und auf solche Weise jene Sonderung in die oben gekennzeichneten Kategorien vorzunehmen, die die Voraussetzung für die weitere Scheidung der einzelnen Elemente ist. Wir werden dann endlich diejenigen Bilder, in denen wir irgendwie größere oder geringere Rücksichtnahme auf tatsächliche Aufführungen nachweisen können, unter einem zwiefachen Gesichtspunkte betrachten:

---

1) Absolute Vollständigkeit ist nicht das Ziel und wird bei der Schwierigkeit, des zerstreuten Materials habhaft zu werden, wohl nur das Werk vereinter Kräfte sein können. Immerhin hoffe ich, daß mir des Wesentlichen nicht zu viel entgangen ist.

18*

wir werden sie einmal vergleichen mit dem, was wir etwa sonst über die betreffenden Aufführungen wissen, um von dem etwaigen Nachweis tatsächlicher Aufführungselemente auf das Vorhandensein weiterer theatralischer Bestandteile einen Schluß zu tun; wir werden anderseits diese Illustrationen mit verwandten Darbietungen der bildenden Kunst zu vergleichen haben, die nicht zur Illustration dramatischer Werke bestimmt sind. Wir werden in den besonders glücklichen Fällen, in denen die Entstehungsgeschichte uns die Möglichkeit gegeben hat, den Künstler der betreffenden Bilder zu ermitteln, seine sonstigen Leistungen heranzuziehen haben, um festzustellen, in welchen Elementen er bei seiner freischöpferischen Tätigkeit sich von denjenigen Arbeiten unterscheidet, die er als Dramenillustrator zu schaffen hatte. Wo die Möglichkeit, den einzelnen Künstler zu kontrollieren, nicht vorliegt, werden wir den Blick auf die gleichzeitige Praxis der bildenden Kunst überhaupt in demselben Sinne zu richten haben. Die letzten Fragen endlich würden die sein: sind die Abweichungen von der üblichen Art der bildenden Kunst theatergeschichtlich zu erklären und zu stützen? Und umgekehrt: lassen sich die etwa hervortretenden Übereinstimmungen zwischen Dramenbildern und freien Kunstschöpfungen statt auf eine rein künstlerisch bedingte Veränderung des ganz abweichenden wirklichen Bühnenbildes vielleicht darauf zurückführen, daß die Regie der betreffenden Aufführung durch die bildende Kunst beeinflußt worden ist?

Max Herrmann:

Das theatralische Raumerlebnis.

Wenn in den folgenden Ausführungen vom theatralischen Raum die
Rede ist, so ist zunächst wirklich der reale Raum gemeint, das Wort
Raum wird nicht etwa in der metaphorischen Bedeutung gebraucht, die
mit ihm in kunstwissenschaftlichen Betrachtungen so oft verbunden zu
sein pflegt. Dennoch aber wollen wir heute nicht von dem eigentlich
realen Raum des Theaters, nicht von dem Zuschauer- und Bühnenraum
und seinen wechselnden Formen und Größenverhältnissen sprechen. Darüber zu reden lohnte allerdings auch der Mühe: man kann versuchen, in
einer vergleichenden Betrachtung über die unendlich vielen einzelnen
Formen hinauszukommen, die im Laufe der Jahrtausende zutage getreten sind, und einerseits das bei aller Verschiedenheit etwa doch Gleiche
als die Konsequenz allgemeiner Notwendigkeiten, anderseits das Abweichende als Ergebnis der Besonderheiten des Geistes der betreffenden
Zeit und des jeweiligen Standes der Technik zu verstehen[1]). Hier aber
soll von dieser vergleichenden Betrachtung abgesehen werden; wo vom

---

[1]) Für diese und andere Bühnen r a u m fragen mag auf die Schrift von
R. K ü m m e r l e n, Zur Ästhetik bühnenräumlicher Prinzipien oder Der Raum
auf dem Theater, Stuttgart 1929, verwiesen werden.

realen Theaterraum doch die Rede ist, wollen wir wesentlich an unsere moderne Guckkasten-Bühne und den üblichen Zuschauerraum der Gegenwart denken. Die Betrachtung aber auch dieses m o d e r n e n Theaterraumes ist nicht Selbstzweck unserer Ausführungen. Als man in neuester Zeit begann, die Theaterwissenschaft von der Literaturwissenschaft zu lösen, da wurde in den Vordergrund der Betrachtung der Satz gestellt: „Bühnenkunst ist Raumkunst", mit ihren wesentlichsten Leistungen spielt sie im realen Raum sich ab. Bühnenkunst ist Raumkunst. Das darf aber nicht so verstanden werden, als ob die Darstellung des Raumes Selbstzweck im Theater sein könnte. Die Bühne nur als Schauplatz ohne Menschen stellt sich eigentlich niemals dem Blicke dar oder doch nur, wenn es sich um einen Moment der Verlegenheit handelt, oder auch wohl bei einem ganz kurzen Leersein des Schauplatzes zu außergewöhnlichen Zwecken; das Beklatschen einer wohlgelungenen Dekoration findet höchstens statt, gleich wenn der Vorhang in die Höhe geht, ehe das eigentliche Theaterspiel anhebt. In der Theaterkunst handelt es sich also nicht um die Darstellung des Raumes, sondern um die Vorführung menschlicher Bewegung i m theatralischen Raum. Dieser Raum ist aber niemals oder doch kaum je identisch mit dem realen Raum, der auf der Bühne existiert, ebenso wie die reale Z e i t der Aufführung nur sehr selten mit der im theatralischen Kunstwerk erlebten Zeit zusammenfällt; eine demnächst hervortretende Arbeit von Ferdinand Junghans wird dieses und andere Zeitprobleme des dramatisch-theatralischen Bereichs ausführlich behandeln. Der Raum, den das Theater meint, ist vielmehr ein Kunstraum, der erst durch eine mehr oder weniger große innerliche Verwandlung des tatsächlichen Raumes zustandekommt, ist ein Erlebnis, bei dem der Bühnenraum in einen andersgearteten Raum verwandelt wird. Und von diesem theatralischen Raum e r l e b n i s soll hier etwas gesagt werden.

Von diesem theatralischen Raumerlebnis oder vielmehr von den theatralisch e n Raumerlebniss e n. Daß nicht eine einheitliche Betrachtung sich durchführen läßt, liegt an der Kompliziertheit, die, im Gegensatz zu allen andern Künsten, im Wesen der Theaterkunst begründet ist. Bei den Hervorbringungen aller andern Künste ist jedesmal nur ein einziger Schöpfer am Werke. In der theatralischen Leistung und in allen ihren einzelnen Elementen sind drei oder vier Faktoren schöpferisch beteiligt: der dramatische Dichter; der Schauspieler; das Publikum (denn dieses ist, wie hier nicht ausführlich dargestellt werden darf, nicht nur der empfangende Teil, sondern dergestalt an der Leistung selbst mittätig, daß ohne seine Mitwirkung das Ganze kaum je zu wirklichem Leben erwacht); und endlich, in neuester Zeit wenigstens, auch noch der Regisseur mit seinen Gehilfen. Alle vier Faktoren schaffen also auch an jenem imaginären Kunstraum. Ihre Raumerlebnisse sind für die Gestaltung der Gesamtaufführung wesentlich.

Das Raumerlebnis des d r a m a t i s c h e n D i c h t e r s tritt bei der Aufführung allerdings nicht mehr unmittelbar zutage, sondern es liegt gewissermaßen in gefrorenem Zustande vor und wird zum Auftauen andern Faktoren überliefert, die dem Dichter fremd sind und bewußt-unbewußt mehr oder weniger frei mit seiner Schöpfung und ihren Elementen umgehen. So dürfen wir uns in bezug auf das Raumerlebnis des Dichters hier am kürzesten fassen, wo wir nicht vom dramatischen, sondern vom theatralischen Raumerlebnis sprechen. Das dramatische Raumerlebnis ist zunächst ein Teil des allgemein dichterischen Raumerlebnisses. Das Problem dieses allgemein dichterischen Raumerlebnisses scheint aber bisher so gut wie ganz ununtersucht zu sein und bietet Probleme, die von den heute zu behandelnden durchaus abweichen. Dort gilt es, den Raum zu erkennen, der im schöpferischen W o r t verborgen ist oder doch verborgen sein kann — auch im lyrischen Gedicht und im epischen Gebilde; das, was wir da Raum nennen dürfen, geht sehr leicht aus dem wirklich physischen Raum in jenen metaphorischen Raum über, der unserm Gesamtvorsatz nach von der heutigen Betrachtung ganz ausgeschlossen bleiben muß, und auch darum haben wir hier von dem dichterischen Raumerlebnis im allgemeinen nicht zu sprechen. Im besonderen liegt nun gerade im d r a m a t i s c h e n Bereich der Dichtung die Möglichkeit am fernsten, die Realität des Raums zu erleben und im dichterischen Wort darzustellen. Denn das Drama spielt ja doch normalerweise durchaus in der menschlichen Welt, stellt Menschen gegen Menschen, nicht Menschen gegen die Natur, um deren Reich es sich bei der Darstellung eines Raumes direkt oder indirekt immer handelt; es werden stets nur Ausnahmefälle sein, in denen der reale Raum ins Dramatisch-dichterische als etwas Für-sich-existierendes und Wesen-bestimmendes einbezogen wird. — Nun aber ist als ein weiterer Faktor bei der definitiven Ausgestaltung des normalen dramatischen Kunstwerkes durch den Dichter noch ein zweites Raumerlebnis des Verfassers nötig: die Übertragung seines rein wortkünstlerischen Gebildes in den Bühnenraum, auf dem das Werk zur Darstellung kommen soll. Um ein Doppeltes handelt es sich dabei: zunächst um die Wahl von fest begrenzten Schauplätzen, auf denen die Personen den Anforderungen der Handlung entsprechend zusammentreffen können, unter Rücksicht auf die jeweils gültigen Theatereinrichtungen, die für Aischylos, für Shakespeare und noch für Schiller andere waren als die Schauplatzeinrichtungen der Gegenwart; es handelt sich ferner um die Fürsorge des Dichters für den Raum, in dem die Darsteller i h r e Erlebnisse körperlich zum Ausdruck zu bringen haben. Dieses z w e i t e

Raumerlebnis des Dichters ist also schon kein dichterisches Raumerlebnis im engeren Sinne mehr, sondern ein spezifisch theatralisches Raumerlebnis, verwandt dem Raumerlebnis des Regisseurs, von dem wir später noch zu sprechen haben. Es kann nun allerdings vorkommen, daß das ganz seltene Wunder der vollen Einheit von Drama, Regie und Schauspielkunst auch in bezug auf das Raumerlebnis im Schaffen des Dichters sich vollzieht, daß dichterischer Raum und Bühnenraum zusammenkommen; so ist es vor allen Dingen bei Shakespeare, bei dem auch dazu noch das Verhältnis des D i c h t e r s zum Raum gelegentlich über die normalen Möglichkeiten des Dramas hinaus spezifisch dramatischen Charakter gewinnt; aber auch bei andern, so besonders etwa bei Georg Büchner, tritt eine solche Verbindung wohl zutage. — Das Gewöhnliche jedoch ist es, daß der dramatische Dichter, vielleicht ohne daß er es selbst weiß, innerlich unzufrieden ist mit jener Beschränkung seiner dichterischen Raumerlebnisse durch den theatralischen Zwang, mit jener Notwendigkeit, für längere Strecken seines Werkes immer nur einen einzigen, abgegrenzten Raum in die Erscheinung treten zu lassen. So erklärt es sich, daß viele Dramatiker in einer Art dritten Raumerlebnisses ständig die Neigung zeigen, den U m raum der Bühne (durch Rufe von drinnen nach draußen oder von draußen nach drinnen und ähnliches) einzubeziehen und sogar rein durch das Wort — in Hineinnahme eigentlich epischer Elemente: in der sogenannten „verdeckten Handlung" — auch noch einen F e r n raum weiter draußen halbdeutlich aufsteigen zu lassen. Ein solches Bemühen, die Beschränkung auf die Realität des bretternen Bühnenraums zu sprengen, bedeutet also wohl meist ein intensives Streben zur Rückkehr in die Irrealität des rein wortkünstlerischen Raumes.

Durchaus im Dreidimensionalen aber vollzieht sich das Raumerlebnis des S c h a u s p i e l e r s, das w i c h t i g s t e theatralische Raumerlebnis: in der Schauspielkunst liegt ja, wie bei aller Bewunderung der großen modernen Regieleistungen und ihrer Hilfskünste doch immer wieder betont werden muß, das Entscheidende der theatralischen Leistung, die Schauspielkunst erzeugt das eigentliche, das reinste Kunstwerk, das das Theater hervorzubringen imstande ist: hier nur darf das Schöpferische in einem einheitlichen Material und, wenn wir von dem gegebenen Wort der dramatischen Dichtung absehen, fast völlig frei ohne Bindungen sich entwickeln. Und diese schöpferische Leistung des Schauspielers bezieht sich nun auch auf den Raum. Eine gewisse Bindung des Darstellers durch die Bühne, auf der er steht, ist natürlich gegeben, aber innerhalb ihrer hat doch er erst die Räume zu schaffen, die den inneren Notwendigkeiten seiner Rolle gemäß sind. Hier müssen wir etwas Allgemeines betonen, was zunächst trivial klingt, was aber für unsere

Zwecke nicht außer acht gelassen werden darf, etwas, was sich nicht
nur auf die Darstellung von Menschen durch den Schauspieler, sondern
auf das Verhältnis jedes Menschen zum Raum überhaupt bezieht. Jeder
Mensch ist von dem Raum, in dem er sich jeweilig befindet, in bezug auf
seinen ganzen Habitus durchaus abhängig: unser Gehen, unsere Gesten,
unser Sprechen sind anders in der freien Natur als im geschlossenen
Raum und im einzelnen wieder entscheidend von den Besonderheiten
dieser Natur oder dieses geschlossenen Raumes bedingt. Und so wird
auch in den großen schauspielerischen Leistungen, in den Bewegungen,
in der Sprechart der dargestellten Personen indirekt immer der besondere Raum enthalten sein, in dem sich in dem betreffenden Moment der
dargestellte Mensch zu befinden hat. Diese räumlichen Elemente des
schauspielerischen Spiels zu untersuchen ist aber vorläufig sehr erschwert
dadurch, daß über jenen allgemeinen Einfluß des Raums auf den
menschlichen Habitus eigentümlicherweise noch gar keine Studien vorliegen[1]), wenn wir etwa absehen von der psychiatrischen Beobachtung
der Haftpsychose, die doch ihrem extremen Charakter gemäß in der
schauspielerischen Darstellung eines Gefangenen kaum ein Analogon
haben wird, und ferner absehen von den eingehenden Untersuchungen,
die Hellpach in bezug auf die Einwirkung der Landschaft auf den Menschen angestellt hat. Gerade diese Beziehungen zur freien Natur kommen für das uns hier interessierende Schauspielerproblem am wenigsten
in Frage, denn die wirkliche Landschaft scheint der schauspielerischen
Transformation überhaupt und der Transformation des Raumes im besonderen am ungünstigsten zu sein (wir haben infolgedessen auch die
Behandlung des Raumerlebnisses im Freilichttheater hier ausgeschaltet),
und umgekehrt scheint auch die schauspielerische Transformation der
geschlossenen Bühne in eine freie Landschaft meist unendlich viel schwerer zu gelingen als die Transformation in irgendeinen Innenraum. Zum
Beweis für solche (und andere) Behauptungen über die Schauspielkunst
berufen wir uns hier auf unsere eigenen Erlebnisse im Theater, wo es
uns ja auch am schwersten gelingt, die Illusion zu erlangen, daß die
Szene vor uns wirklich im Freien sich abspielt: das liegt gewiß zum großen Teil daran, daß der Schauspieler selbst diese Illusion gewöhnlich
nicht hat und uns daher auch nicht vermitteln kann; wir berufen uns
ferner auf die Aussagen hervorragender Schauspieler, die freilich zur
Gewinnung ganz sicherer Ergebnisse doch in viel größerem Umfange
zusammengebracht werden müßten und nicht leicht zu erlangen sind,
weil die meisten Künstler über solche intimen Dinge nichts aussagen

---

[1]) Für diese Behauptung darf ich mich auf das sachverständige Urteil meines
Berliner Kollegen, des Herrn Prof. Dr. Kurt Lewin, berufen; ich sage ihm für seine
Hilfe hier herzlichen Dank.

können oder aussagen wollen. Vorläufig aber dürfen wir immerhin unsere Betrachtungen auf den Satz stützen: der bedeutende Schauspieler schafft sich seinen Raum selber oder, genauer, er deutet sich den Bühnenraum um in einen tatsächlich nicht vorhandenen Realitätsraum, der nun seinen ganzen Habitus in dem vorhin gekennzeichneten Sinne bedingt. Ein solches Umdeuten kann wohl in besonders günstigen Augenblicken bis zu einem wirklichen und vollständigen Erleben dieses Raumes in der Seele des Schauspielers führen.

Etwas mehr aber läßt sich vielleicht · jetzt schon über die Hilfen sagen, die bei solchem Umschaffungsprozeß in Frage kommen, und anderseits über die Hemmungen, die diesem Prozeß entgegenwirken. Hier müssen wir die vorhandenen Möglichkeiten zunächst scheiden nach der schauspielerischen Gesamtart des betreffenden Darstellers, indem wir als die beiden denkbaren Extreme auf der einen Seite den Naturalisten hinstellen, der stark durch äußere Beobachtung in der Wahl seiner körperlichen Darbietungen bestimmt ist, auf der andern Seite den reinen Ausdrucksschauspieler, der in allem nur von dem bedingt wird, was ihm innerlich wahr ist. Der Naturalist wird gefördert durch eine Bühneneinrichtung, die dem jeweilig geforderten Raum am ähnlichsten ist; der reine Ausdrucksschauspieler am stärksten durch eine Bühnengestaltung, die seiner Phantasie nichts entgegenstellt. Stark in Frage kommt hier natürlich ferner die a l l g e m e i n e psychische Veranlagung des betreffenden Schauspielers; der visuell veranlagte wird stärker durch Raumfaktoren gefördert oder gehemmt werden, die dem Auge sichtbar sind, der auditiv veranlagte durch Raumelemente, die sich dem Gehör offenbaren. Faktoren wie Höhe, Tiefe, Weite und Enge des realen Raumes werden vor allem das künstlerische Raumgefühl wesentlich bestimmen.

Als unendlich suggestiv wird sich immer das raumhaltige Wort des echten Dichters erweisen. „Wie süß das Mondlicht auf dem Hügel schläft" — dem räumlichen Zauber solcher Worte wird sich das innere Erleben des echten Schauspielers nicht entziehen können. Der Wortzauber ist unter Umständen so stark, daß durch ihn gelegentlich sogar die Identität von Wirklichkeitsraum und Kunstraum zustandekommt und daß dann etwa gar einmal unter besonders eigenartigen Umständen auch jene ungünstige Wirkung des freien Landschaftsraums sich ins Günstigste wenden kann. So erzählte mir Werner Kraus, der im übrigen die ungünstige Wirkung der realen Landschaft durchaus betont, er habe einmal auf einer Freilichtbühne im Fichtelgebirge am Ende der „Iphigenie" als Thoas gestanden, und unter der Wirkung des ihm abgenötigten „Lebt wohl" und beim Anblick der im Abendlicht immer weiter sich entfernenden Griechengestalten, schließlich ganz allein gelassen auf dem Schauplatz, auf dem kein Vorhang da war, um ihn und seinen Schmerz zu verdecken, habe er dem plötzlichen, räumlichen Antriebe nicht widerstehen können, im Gefühl des grenzenlosen Alleinseins sich in die Felsen zu verkriechen.

Förderlich sind ferner gewisse Faktoren, die die a l l g e m e i n e schauspielerische Transformation besonders stark herbeiführen helfen, auch für die Verwandlung des Raumes, obschon in ihnen zunächst ungünstige Verhältnisse vorzuliegen scheinen. So ist vor allen Dingen die Bühne selbst besser als irgend ein anderer Raum geeignet, die räumliche Sonderschöpfung zustandekommen zu lassen; z. B. also, wenn das Spiel des Darstellers in einem Thronsaal vor sich zu gehen hat, ist die Bühne günstiger als ein wirklicher Thronsaal mit seinen realräumlichen Eigentümlichkeiten es wäre — die Bühne mit all ihren seltsamen, wirklichkeitswidrigen Raumfaktoren, mit ihrem Staub, ihrem eigentümlichen Geruch, ihrem keiner Realität entsprechenden Rampenlicht (das ganze Problem „Licht und Raumerlebnis" muß freilich seiner Kompliziertheit wegen in unserm Zusammenhang trotz seiner großen Wichtigkeit unerörtert bleiben). Der harte Bretterboden der Bühne kann leichter das Erlebnis eines wirklichen Rasens bieten als der weiche Boden einer realen Landschaft. Dabei ist aber das Wissen um die Richtungen der Auf- und Abgänge und die durch das ganze Spiel verlangten Raumbegrenzungen für die Umwandlung günstig, ja sogar wohl nötig, wobei indessen eine bloße Markierung solcher Grenzen und Richtungen durchaus genügt. — Der U m r a u m hinter der Bühne kann auch dem Schauspieler lebendig werden, aber, im Gegensatz zu jenem Umraumerlebnis des Dichters, nur in den Momenten, in denen er selbst zu dieser Umwelt in Beziehung zu treten hat; der F e r n raum dagegen spielt gewöhnlich keine Rolle: es gibt wohl nicht oft einen Schauspieler, der vor dem Betreten der Bühne schon die Räume erlebt hat, durch die er vorher geschritten sein müßte.

Förderlich für das Raumerlebnis des Darstellers wie für all sein Schaffen ist ferner das Publikum, obwohl man doch eigentlich annehmen möchte, daß das Fehlen der vierten Wand eines Innenraumes und das an ihrer Stelle erlebte Vorhandensein vieler Menschen die etwa zustandegekommene Raumillusion entscheidend beeinträchtigen müßte: der Schauspieler s i e h t die Menschen kaum, er f ü h l t sie nur, und dieses Gefühl gibt ihm wie für all sein Schaffen so auch für die Raumtransformation entscheidende Kraft. Und endlich fördern im höchsten Maße sein räumliches Erlebnis die Mitspieler, die im gleichen Raum sich befinden, vorausgesetzt, daß sie selbst ein starkes Raumerlebnis haben; ist das nicht der Fall, so wird von ihnen umgekehrt eine hemmende Wirkung ausgehen.

Mitspieler im weiteren Sinne des Wortes ist ja auch das P u b l i -
k u m, von dessen Raumerlebnis wir nun zu sprechen haben. Jene schöpferische, mitschöpferische Tätigkeit des Publikums an a l l e m schauspielerischen Spiel besteht zu allertiefst in einem heimlichen Nacherleben,
in einer schattenhaften Nachbildung der schauspielerischen Leistung, in
einer Aufnahme nicht sowohl durch den Gesichtssinn wie vielmehr durch
das Körpergefühl, in einem geheimen Drang, die gleichen Bewegungen
auszuführen, den gleichen Stimmklang in der Kehle hervorzubringen.
Den wenigsten Zuschauern ist dieser Hergang bewußt; es ist aber vielfach durchaus möglich, ihn sich bewußt zu machen. In den Bewegungen
aber des Schauspielers, im Klang seiner Stimme offenbart sich, wie wir
gesehen haben, der Ausdruck seines Raumgefühls, seines Raumerlebnisses. Sein Raumerlebnis kann nun umso eher vom Publikum mit-
übernommen werden, als dieses Publikum sich im gleichen realen, nur
umzudeutenden Raum mit ihm befindet, wenn auch eine starke Trennung, eine besondere Differenzierung des Bühnenraums vom Zuschauerraum vorliegt; wo diese Gemeinsamkeit des abgeschlossenen Raumes
gar nicht vorhanden ist, tritt auch im Publikum das eigentliche Raumerlebnis zurück: im Freilichttheater, in dem ja zudem auch das schauspielerische Raumerlebnis selbst viel geringer zu sein pflegt. Bei dieser
Gelegenheit mag betont werden, daß der Film, auch der Tonfilm, in
den Erlebnissen, die er auslöst, von den theatralischen Erlebnissen stets
grundverschieden sein wird, weil das theatralisch Entscheidende, das
Miterleben der wirklichen Körper und des wirklichen Raumes in ihm
immer fehlt, weil n u r Auge und Ohr an der Aufnahme beteiligt sind.
— Jenes Nacherleben des schauspielerischen Raums durch das Publikum ist s e i n allerwesentlichstes Raumerlebnis und zunächst durchaus
genügend: wäre das nicht der Fall, so würde ja unsere heutige ganz
dekorationslose Stilbühne völlig unwirksam bleiben, und auf Shakespeares Bühne hätten unmöglich die stärksten theatralischen Eindrücke
hervorgerufen werden können. Die Verwandtschaft zwischen dem Raumerlebnis des Schauspielers und dem des Publikums bekundet sich übrigens auch in einem andern Punkt: gerade so wie das Raumerlebnis des
Schauspielers weitaus am besten auf der Bühne trotz ihrer von allen
Realitäten so weit abweichenden Raumverhältnisse zustandekommt, so
vollzieht sich auch das Raumerlebnis des Publikums durchaus am leich-
testen in dem gewohnten Zuschauerraum, obwohl er mit den Eigentümlichkeiten des jedes Mal auf der Bühne geforderten Sonderraumes nicht
die geringste Ähnlichkeit aufweist.

Immerhin ist solche künstliche, durch den Schauspieler vermittelte
Verwandlung des Spielbühnenraumes für das Publikum nicht immer
leicht, umsoweniger, als sich ja stets im Publikum Elemente befinden

werden, die zu jenem inneren Nacherleben der schauspielerischen Leistung nicht recht befähigt sind und die nun durch die allgemeine, sonst
so ungeheuer günstige, hier aber ungünstige seelische Ansteckung des
Gesamtpublikumskörpers auch die Leistung der für das Nacherleben geeigneten Elemente herabsetzen. So ist denn eine starke rationalistische
Nachhilfe in der Weise nötig, daß der vom Drama geforderte Raum
noch mit andern als den schauspielerischen Mitteln verdeutlicht wird,
— der Sinn, der für diese Verdeutlichung als der wesentlichste sich erweist, ist das Auge. Verhältnismäßig selten wird auf unsern Bühnen
eine tatsächliche, vollständige Umwandlung des Bühnenraumes in den
zu erlebenden Raum versucht, eine Ausstattung· also, in der a l l e s
plastisch ist und in der alle Größenverhältnisse mit der Wirklichkeit
übereinstimmen. Solcher absolute Naturalismus führt nicht nur wie aller
Naturalismus aus der Kunst völlig heraus, sondern seine Durchführung
ist auch (man denke etwa an g a n z k l e i n e Räume) technisch oft allzu schwierig, ja unter Umständen, z. B. wenn es sich um Straßen oder
freie Landschaft handelt, völlig unmöglich. So hilft man sich denn entweder mit jenen Übergängen aus dem Malerischen ins Plastische, die
früher in den sogenannten Panoramen auch außerhalb des Theaters oft
vorgeführt wurden, die aber in ihrer greulichen Unkunst der künstlerischen Leistung des schauspielerischen Körpers gar zu sehr widerstrei-
ten, oder man zieht als den Hilfskünstler den Maler heran. Daß unter
den Arbeiten unserer modernsten Dekorationsmalerei sich Leistungen von
großer künstlerischer Bedeutung befinden, soll nicht geleugnet werden;
aber jene Hereinziehung bedeutet an sich, ganz gleich, ob die Malerei
auf Naturalismus oder auf Expressionismus gestellt ist, einen grundsätzlichen Fehler entscheidender Art: hier erscheint plötzlich die Notwendigkeit eines völlig theaterfremden, des m a l e r i s c h e n Raumerlebnisses, bei dem es sich ja darum handelt, einen tatsächlich überhaupt
nicht vorhandenen Raum erst in der inneren Vorstellung zustandekommen zu lassen. Alle noch so geschickte, alle bühnenästhetisch noch so
gut berechnete Verwendung von Farben und Lichtwirkungen, durch die
wir williger werden, das Zweidimensionale dreidimensional zu sehen,
kann doch über die Tatsache nicht hinwegführen, daß hier ein von dem
eigentlich theatralischen völlig verschiedenes Raumerlebnis gefordert
wird. Diese Einführung eines künstlerischen Fremdelementes kann mit
dem Nacherleben des schauspielerischen Raumerlebnisses unmöglich zu
einem Einheitserlebnis des Zuschauers zusammengehen.

Die Schwierigkeiten, die sich somit darstellen, sind in einem letzten
Sinne unmöglich vollkommen zu lösen. Andere Probleme, die nur eben
noch angedeutet werden können, kommen dazu. So z. B. der Umstand,
daß jenes so wesentliche Gefühl der Raumgemeinschaft schließlich auf

den der Bühne ganz fern gelegenen Plätzen fast völlig aufhört, so daß
der Unterschied zwischen dem Erlebnis auf der Galerie und dem im
Lichtspielhaus nicht mehr so sehr groß ist. Umgekehrt gibt es auch ein
Problem der zu großen N ä h e; aber so interessant es ist, soll es doch
hier ebenso wenig noch erörtert werden wie eine letzte Schwierigkeit,
auf die immerhin wenigstens hingewiesen werden soll: jenes gefühls-
mäßige Einswerden des Zuschauererlebnisses mit dem des Schauspielers kann eigentlich nur im Parkett erfolgen, wo man einigermaßen in
gleicher Höhe mit dem Körper des Schauspielers sich befindet und den
Raum daher ungefähr in der gleichen Lage wie er erlebt; selbst von dem
besten Rangplatz aus nimmt man die ganze Figur des Darstellers einschließlich seiner Füße von oben her wahr und wird dadurch zu einer
spezifisch visuellen Auffassung geführt. Wer so die Bühne von oben
auffaßt, steht dem normalen, dem gefühlsmäßigen Raumerlebnis ziemlich fremd gegenüber, so etwa wie uns die Welt vom Flugzeug aus gerade in räumlicher Beziehung unnormal, beinahe unräumlich vorkommen mag.

Zum Ausgleich der Verschiedenheiten der Raumerlebnisse, die wie
alles im Theater durch die Trinität der bestimmenden Faktoren bedingt
ist, tritt nun hier wie auch sonst als der Anwalt jedes der drei Faktoren:
des Dichters, des Schauspielers und des Publikums, ein vierter Faktor:
der R e g i s s e u r in die Erscheinung, der Regisseur mit seinen Büh-
nengehilfen, deren einen, den Dekorationsmaler, wir schon bei der Betrachtung des Publikums einbezogen haben. Bei Bemühungen des Regisseurs, die Fülle der Widersprüche zu verwischen, alles Raumerleben
unter einen Hut zu bringen, erscheint als extreme Möglichkeit auf der
einen Seite das Spiel auf der Stilbühne, die trotz ihrer Kargheit dort, wo
große Schauspieler auf ihr stehen, die beste Lösung darstellen kann;
auf der andern Seite die Ausstattungsbühne, die mit tausend an sich in-
teressanten Raumfüllungsmitteln unsere Aufmerksamkeit zu betäuben
sucht; es ist kein Wunder, daß ein Meisterregisseur wie Max Reinhardt
mit beiden Lösungsarten gearbeitet hat. Am schwierigsten ist die Lösung natürlich da, wo es sich um ein Drama handelt, in dem der Dichter viele verschiedene Handlungsorte verlangt, in dem also immer wieder
n e u e Raumerlebnisse zustandekommen müssen; hier offenbart sich übrigens der tiefste Sinn des alten Gebotes der Einheit des Ortes: jener
ständige und trotz aller Fortschritte der Technik eigentlich undurchführ-
bare Wechsel der Raum e r l e b n i s s e wird vermieden, wenn der Raum
durch das gesamte Spiel hindurch immer der gleiche bleibt. Im Ganzen
mag man sagen: heute und wohl immer wird von seiten des Regisseurs
der Akzent zu stark darauf gelegt, direkt das Raumerlebnis des P u b l i -
k u m s zu unterstützen: charakteristisch dafür, daß der Regisseur bei

den Proben normalerweise unten im Zuschauerraum seinen Platz hat
und nicht vom Schauspieler aus seine räumlichen Anordnungen trifft.
Der ganz große Regisseur wird freilich die Gabe haben, auch wenn er
unten sitzt, geistig zugleich oben zu sein — solches Können aber setzt
eine s c h a u s p i e l e r i s c h e Begabung des Regisseurs voraus, die
stark genug ist, um auch eigentlich schauspielerische Raumerlebnisse zu
schaffen. Denn das Wesentlichste der theatralischen Raumerlebnisse,
das eigentlich Schöpferische bleibt das Raumerlebnis des S c h a u s p i e -
l e r s, und so sorgt im Grunde auch d e r Regisseur für das Raumerlebnis des Publikums am besten, der das Raumerlebnis des Schauspielers
befördert, statt ihm durch alle möglichen auf das Publikum berechneten
Elemente der Bühnenausstattung Hindernisse in den Weg zu legen.

Der Regisseur muß nun freilich seinem dreifachen Dienstverhältnis
gemäß noch ein weiteres Raumerlebnis in sich lebendig werden lassen:
er muß das Wort des dramatischen Dichters innerlich in den Bühnenraum und seine Elemente zu übertragen die Kraft haben — in viel stärkerem Maße als das im allgemeinen der Verfasser des Dramas durchzuführen pflegt, und mit besonderer Rücksicht auf die modernen Bühnenverhältnisse, die sich seit der Abfassung des Dramas oft so stark gewan-
delt haben oder die dem Dichter der Gegenwart vielfach nicht so deutlich vor Augen stehen wie dem Regisseur, der auf den Brettern zu Hause
ist und mit den Schauspielern lebt. Von d i e s e m theatralischen Raumerlebnis des Regisseurs kann nun hier trotz der großen Bedeutung des
Problems im einzelnen nicht mehr gesprochen werden — nur noch eins
sei gesagt: auch d i e s e m Raumerlebnis des Regisseurs, das dem des
Dichters räumlich nachhilft, wird es sehr zugute kommen, wenn sein
Raumerlebnis auch schauspielerisch fundiert ist. Denn in jene dichte-
risch-theatralische Urleistung des Dramatikers, der der Regisseur mit
seinem eigenen Raumerlebnis verstärkend, übertragend, realisierend nach-
arbeitet, stecken ja vor allem auch Andeutungen schauspielerischer Art
und in ihnen auch Elemente des schauspielerischen Raumerlebens, die,
wie wir gesehen haben, allem schauspielerischen Wesen immanent an-
gehören.

Das schauspielerische Raumerlebnis ist also normalerweise als einziges mehr oder weniger in allen theatralischen Raumerlebnissen vorhanden: nicht nur im Erleben des Schauspielers selbst, sondern in dem
Erleben auch des dramatischen Dichters, des Publikums und des Regisseurs, und mit der starken Betonung dieses schauspielerischen Elements wird daher schließlich der wahrhaft große Regisseur vielleicht am
ehesten auch s e i n ganz persönliches, zu keinem bloßen Dienen williges
Raumerlebnis durchsetzen und imstande sein, es zu dem leidlich allgemein gültigen Raumerlebnis einer ganzen Vorstellung zu machen. Im

ganzen freilich gilt die Erkenntnis: es gibt kein theatralisch e s Raum-
erleb n i s, sondern es gibt nur theatralisch e Raumerlebni s s e — das
hängt eben mit der Vielspältigkeit der ganzen Theaterkunst zusammen.
Nur das Genie weiß das Vielspältige in ganz seltenen Meisterleistungen
mit geheimnisvoller Kraft zu einer Art von Einheit zusammenzufügen.

Max Herrmann: Über Theaterkunst

Lessing-Hochschule Februar–März 1918

Mitschrift von Johannes Günther.
[...] bezeichnet unleserliche Stellen, [xxx] unsichere Übertragungen, im Original unterstrichene Textpassagen sind kursiv widergegeben.

Widerspruch in den Aufgaben des Theaters
Das Wesen des Theaters
Vereinigung von Theater und Drama in den klassischen Perioden
Das Theaterpublikum
    a. seine Seele
    b. Das Haus des Publikums
Der Schauspieler

[Hier setzt die Mitschrift ein]

19.II.1918
1. Widerspruch in den Aufgaben des Theaters
In den Aufgaben des Theaters macht sich zu großer Widerspruch bemerkbar. Häufig das Theater, das dem Drama dienen soll, hat eigentlich mit dem Drama nicht notwendigerweise etwas zu tun.

Was ist das Drama seinem Wesen nach? Ein Kunstwerk. Das Kunstwerk ist eine Entladung des Gefühls. Die Mitteilung des Gefühls geschieht 1.) durch Ausdruckskunst (das Gefühl selber wird gezeigt) (z.B. Musik) 2.) durch Symbol (z.B. bildende Kunst). Dazwischen steht die Dichtkunst. [Hierzu] weiterer Unterschied: Lyrik (zur Ausdruckskunst, zur Musik hinweisend), [...].Epos (zur Symbol-Kunst, [...] Kunst [Sinne]: [...] *Drama*: Stand in der Lyrik der Dichter mit seinem Ich im Vordergrund, trat er im Epos zurück, so verschwindet er im Drama ganz. Das Drama ist ein Kunstwerk, das das Gefühl ausdrückt, indem nur handelnde, redende Menschen gezeigt werden. So ist das Drama, als ein Zweig

282

der Dichtkunst, an sich ohne Theater möglich. Nun liegt aber der Wunsch ganz nah, diese Stimmen, die das Gefühl zum Ausdruck bringen, sich gegeneinander abheben zu lassen. Das ideale Hörtheater. [...] diesen sich abhebenden Stimmen ist aber [schön]. Das [...] als möglich gegeben. Dem Wort steht die Gebärde zur Seite. Uns malt die Gebärde die ganze Körperlichkeit. Beim Dichten haben wohl die Dichter (z.b. wissen wir es von Hebbel) die Personen sichtbar vor sich. Die Stimmen also nicht nur sich abhebend; sondern auch die Personen *sichtbar*. Daher Wunsch des Dichters, aufgeführt zu werden. Aber dieser Wunsch, bzw. seine Betätigung (der Aufführung) ist nicht mehr ein Element des Dramas. Die Aufgabe v. Theater dienende Aufgabe, meist Verzicht auf eigene Leistung, soll es den Traum des Dichters darstellen.

Das Wesen des Theaters

Aber das Wesen des Theaters ist damit nicht erschöpft. Es tritt auch mit dem Gefühl der Selbständigkeit auf, und mit Recht. Ebenso wie es Drama ohne Theater gibt, so gibt es auch Theater ohne Drama. Das Th. Element besonders auffällig in seinen ersten Entwicklungsstücken, (z.B. den Vorkünsten der griechischen Völker) ein *sociales* Spiel. Ein Spiel ist es, ein Genießen des *ganzen Volkes* oder einer ganzen Menge an *Nachbildung der Wirklichkeit* aus gemeinsamer Freude daran. Zu dieser gemeinsamen Freude gehört der Charakter des Festgenusses, das lyrisch-musikalische Element des Theaters. (Zu der Nachbildung der Wirklichkeit vgl. die alten Fastnachtsspiele, zum künst.-musikalischen Fest, (genußmäßiges [...] vgl. alten griechischen Bockschor): Alle können mitsingen. Diese Vorkünste sind natürlich noch alles kosmische Gefühle, was für (jede rechte) Kunst kennzeichnend ist, alles symbolische, auch alles Individuelle fehlt ebenfalls. Das Theater als sociales Spiel ist früh ziemlich [vermischt], noch hin und wieder erkennbar: z.B. die Jenaer Studenten singen das Räuberlied mit; die Censur ist mit Zulassung von *Aufführungen* lange nicht so nachsichtig wie mit gedruckten Schriften; das Publikum geht ins Theater, um sich zu amüsieren, zu unterhalten, nach dem Abend redet man viel weniger vom Drama als vom Schauspieler; man kommt nach Hause: Die [Poppe] hat die und die Rolle wieder sehr gut gegeben oder so ähnlich.

So sieht man: es kommen zwei Quellen zusammen: das Theater einmal vom socialen Spiel her. Das Theater ferner aus dem Wunsch des Dichters heraus, aufgeführt zu werden: als ein Diener des Dramas. Dieser Widerspruch im Wesen des Begriffs ›Theater‹ wird nur in Wunderstunden der Weltliteratur überbrückt, im Zeitalter der

– Klassik –

Diese Klassik verlangt zweierlei: erstens ein aristokratisch empfindendes Volk + zweitens einen Dichter als Sprecher seines Volkes: Alle für *einen*, der seine Kunst ausdrückt, doch dieser Eine für alle; das Empfinden Aller muß er ausdrücken. Aus den doppelten Quellen d. Theaters ergibt sich eine auch für den Schauspieler (ein bestimmtes, vernunftmäßiges [Tragen] der Rolle erklärt sich aus dem [Volks] [...] [Spiele] eine doppelte Aufgabe:

1.) Der Schauspieler als Diener des Dichters

2.) Der Schauspieler als Vertreter des Publikums

Durch 2.) wird die Stellung des Sch. noch schwieriger; denn d. Publ. stellt zweierlei Anforderungen an seinen Untertan gemäß dem, was es im socialen Spiel fühlt a) wirklichkeitsgetreu b) schön zu sein. Die Beliebtheit des Schauspielers und z.B. das Hervorrufen d. Sch. nach Scenenschluß, der Wunsch, ihn noch einmal unter sich zu haben, ist bezeichnend dafür. Das Hervorrufen beginnt in Wien mit etwa [...] der 70er Jhr. d. 18. Jahrhunderts [lebenden] [Schauspieler] [...] Angesichts der schwierigen Aufgabe liegt der Wille des Schauspielers zu eigener Leistung nahe des Bewußtseins einer eigenen Kunst.

26.II.18

Vereinigung von Theater und Drama in der klassischen Perioden

Solche Vereinigung wird beobachtet: in der Antike a), bei Shakespeare b), Moliére c), Lessing d), + Schiller e)

a) In Griechenland hat sich das Drama nicht aus dem [Chor, Thespis] usw. entwickelt, sondern das Drama kommt dem Theater entgegen. Die Zeit der Blüte des klassisch-griechischen Dramas war äußerst günstig. Lyrik und Epik hatten ihren Glanz hinter sich, es konnte nun das Drama [...]: war früher Welt von Menschen dargestellt, so wurden jetzt nur Menschen gezeigt. Die religiöse Schau von den Göttern und Helden war sehr zurückgegangen. Die [...] als gegeben, den religiösen Stoff zu behandeln. Ferner konnte das Theater den Gesamt-Charakter d. ganzen Zeit im damaligen Griechenland [...] zu [..]. Im *Perikleischen Zeitalter* [...] das Individuelle und Sociale ganz eng zusammen. Allerdings hat diese Blühperiode nur die Tragödien hervorgebracht. (Das Lustspiel des Aristophanes gehört zu sehr *nur* dem Theater an.) Das Individuelle kommt im Handel der Personen, das Sociale :(lyrisch-musicalische) kommt in den Chören (vgl. Anhang) zum Ausdruck. Das antik-klassische Theater kennt keine naturalistischen Einzelheiten. Es ist überhaupt noch so auf Einzelleistungen gestellt (cf unten). Es ist fast nur *Hörtheater* (cf oben das [ideale?] Theater nach Herrmann) auf Masken war nicht das Gefühl, *keine* Schauspielkunst, kein Berufsschauspieler kannte man damals.

Da die Stoffe durchaus bekannt waren, fiel auch die Spannung weg, die uns heute dem Theater [...] hält. Darum konnte auch damals viele Stunden hintereinander gespielt werden, ohne das Ermüdung eintrat.

Aischylos, Drama noch in Gottesdient verankert, Gestalten noch übermenschlich. *Sophokles* schon menschlichere Gestalten, seine Chöre stehen uns auch schon näher. *Euripides* In ihm bemerken wir schon eine Lösung des Bundes von Drama + Theater. Er ist nicht so sehr Sprecher für die Masse, als vielmehr stark sich herausformendes Individuum auch schon mehr Theater-Effekte. Die Chöre dürfen wir nicht als Zugabe betrachten, sondern sie sind ein Teil des aufgeführten Dramas, sie sind der Anteil socialen Spiels (vom Theater her). Die Worte des Chors sind aus der Seele des Zuschauers *heraus gesprochen*. *Deswegen* kann ein antikes Stück, mit Chören aufgeführt, gar nicht mehr bedeutende Wirkung ausüben auf uns heutige Menschen, weil wir unmöglich so fühlen könen wie die alten Athener.

Nach diesem Höhepunkt erfolgt bald der Abstieg. Die Personen der Stücke verlieren die Kraft, werden [trockener]. Die sociale Lyrik stirbt ab. Der Berufsschauspieler tritt mit eigenem Recht auf. Seitdem tritt eine Trennung von Drama und Theater ein und ›Buchdrama‹ und ›Theaterstück‹ werden möglich.

So in Italien: Seneca, Plautus, Terenz. Das ›Theater-stück‹ bleibt sich (conservativer Charakter des Theaters überhaupt) meist gleich. Noch in heutigen Lustspielen haben wir Plautus-Motive. (Ein Theater-Motiv: das Heiraten am Schluß kehrt ja bekanntlich immer wieder.) *Rücksicht auf das Publikum* im Theaterstück. Effektscenen, meist nicht aus dem Ganzen, sondern aus dem augenblicklichen Zusammenhang heraus. Eines ist ja auffallend im antiken Drama, das auch in der Folge der Zeit nicht erreicht wird: *die große Ruhe und Einfachheit* aber das [macht] eben: es liegt eben dieses auf der Bühne vorgestellte Nur-Drama *vor* dem Theaterstück. Im Mittelalter ist das, was über die Bühne geht, auch *nur* Theater. Damals ist ja auch von einem Freiwerden der Religion, wie (cf oben) zur antiken Zeit gar nicht die Rede. In der Renaissance-Periode wird allerdings das Theater [...], aber das antike Vorbild, an das man sich hält, ist – Seneca, Plautus, Terenz.

b.) Ein neues Wunderstück der Weltgeschichte hat für das Theater in *Shakespeare* geschlagen. Günstig sind: Die Reformationszeit: Nicht [...] [...] der religiöse Stoff durch die Kirche [...], wie im Mittelalter. Was wird zunächst aufgeführt? Historische Stücke. *Die Historien waren durchaus populär.* Diese Historien machen auch die Klassik aus. Kulturcentrum London (entsprechend Athen im alten Griechenland). demokratische Monarchin im elisabethanischen Zeitalter. Ferner: der Schauspieler tritt [...] aus dem alles selbst [spielenden] Publikum hervor – aber noch ohne besondere rechte und Ansprüche für sich selbst. Zu allem kommt zweierlei: 1) Shakespeare selbst war Schauspieler. Nur ein Schauspieler konnte diese Klassik herbeiführen. 2) Shakespeare's Persönlichkeit. Er war durchaus Individuum, aber seine Individualität ist Totalität. [...] [...] in sich eine Welt. Er ist ein [Allmensch]. So atmen auch das zusammengekommene Theater und Drama Menschtum durch und durch. Gewiß auch hier kommen Theater-Elemente vor, auch sie suchen [...] Effekt, aber sie sind nicht *Selbstzweck.*

Was von Italien zu sagen ist, bezieht sich hptsächlch auf die Oper und kommt hier weniger in Betracht. In Frankreich findet eine Einigung von Theater + Drama nach der Mitte des 17. Jahrhunderts [...] – aber *nicht* in den Tragödien, hier ist man [...] der Antike, läßt die Chöre, eines ihrer besonderen Charakteristika, fort: So werden auch Corneille und Racine nicht mehr von der Bühne herab wirken – nur die Schüler werden noch mit ihnen gequält. Was aber nicht i. d. Tragödie erreicht wurde, wurde zuerst zustande gebracht in den

c.) Komödien des Moliére

er ist tatsächlich auf diesem Gebiete ein Träger öffentlicher Gefühle . Dazu ist er Schauspieler (cf oben die für Shakespeare günstigen Bedingungen). Aber er ist doch nicht der, was die beiden vorhergehenden Blühperioden waren. Zunächst ist Paris nicht London oder Athen. Dann trat Moliére als Schauspieler mit eigenen Ansprüchen und zu wenig als Sprecher für alle auf (Tartuffe). Und abgesehen davon, das auch er oft genug ein farbloser [...] der Antike war, die Hauptsache, die dieser ›Klassik‹ hemmend entgegentrat, ist die: Paris ist nicht London oder Athen: Kein [...], sondern die Gesellschaft [...] so ist auch der Dichter Moliére nicht der Sprecher des Volkes, sondern der Vertreter des kleinen Kreises der Gesellschaft; des Hofes und der Stadt. *Das Volk war aus dem Zuschauerraum verdrängt.* In der Folgezeit beherrscht das französische ›Theater-Stück‹ die Bühne.

Wenn wir uns nun nach Deutschland wenden, so ist es hier Gottsched, der um ein künstlerisches Drama auf der Bühne besorgt, Unterordnung unter Frankreich fordert. Abgesehen davon, daß er meist auch unklassische Stücke [vorwies], war auch seine Zeit nicht zu einer Erlösung [...] gar Klassik angetan. Die politische Größe, die in allen drei vorangegangenen klassischen Perioden den Zusammenklang von Drama und Theater gefördert hatte, fehlte ganz. Ein solches Ereignis, das alle einen und auch Einer für alle einen populären Stoff behandelnlassen kann, tritt (cf Goethes Wort) mit

d.) dem 7-jährigen Kriege ein. Lessing schreibt seine Minna von Barnhelm. Der französischen Klassik hält er die antike und englische entgegen, *dem Schauspieler hilft er um des Dramas willen.*

Man kann nicht sagen, das Goethe ein Klassiker der Theaterkunst gewesen ist. Goethe ist nicht Sprecher für die Masse. 3 Stellungen hat er zum Problem Theater – Drama eingenommen: entweder durchaus: Theaterstück, oder: er trat theaterfeindlich auf, oder er rückte die dienende Rolle d. Theaters zu sehr in den Vordergrund.

5.III.18

e.) *In Schiller haben wir eine ganz besonders starke Einheit von Drama und Theater.* Schiller kam vom Theater her, war aber nicht bloß Schauspieler und damit entging er der Gefahr der Theaterherrschaft im Drama. Für die glückliche Verbindung war das damalige Wesen des Theaters äußerst günstig: es ist bereit zu dienen, sich unterzuordnen. Zeitalter Schröders. Ferner kommt der Einigung zugute, daß Schiller mit seinen Vorgängern i. d. Wunderstunden d. Welt-Lit-Geschichte (cf oben) in lebhafte Fühlung trat. cf mit Antike. Auch die cf oben notwendige Vereinigung vom Aristokratie und Demokratie ist da. Ferner ist gar nicht hoch genug anzuschlagen: Schillers Fülle deutscher Empfindsamkeit, seine Verbindung mit dem Volk, das mit ihm fühlt. Aber wir müssen hier eine Einschränkung machen: Sch's Klassik doch nicht so hoch [...] wie Griechische oder Shakespeares. Gründe: Mangel am Lyrischen und Wiedergabe der Wirklichkeit (auch Antike bes. [...] [...] nur künstl. nachgeahmt. Ferner fehlt die nationale Größe der Periode in der Sch. schuf. So mußte Schiller Anleihen machen in Frankreich, der Schweiz + Spanien hätte er die Freiheitskriege miterlebt! Es kommt auch noch hinzu, das der Dramendichter Schiller nicht aus seinem inneren Drange heraus schuf, sondern ein großer Sucher geblieben ist. Mit Schiller ist die Klassik zu Ende. Dann, bis *in unsere Zeit* hinein immer mehr Auflösung.

Einerseits tritt das Individuelle stärker hervor, dann übt, was den Bund von Drama und Theater angeht, das Theater anwachsende Herrschaft aus.

Das Theaterpublikum

a.) seine Seele

Wird das Drama von der Seele des Dichters bestimmt, so wird das Theater von der Seele des Pubikums beeinflußt. Ein lyrisches Gedicht, ein Epos können wir ganz für uns allein am besten wirken lassen, das aufgeführte Drama aber mit seinem demokratischen Charakter verlangt notwendig ein Publikum. Damit hängt (cf noch unten) es auch zusammen, daß ein Drama ganz anders auf uns wirkt, wenn wir es lesen, als wenn wir aufgeführt sehen.

Massenpsychologie des Theater-Publikums

Die Gesamtseele des Th.-P. besteht aus vielen Einzelseelen. Aber durch die Zusammensetzung der einzelnen entsteht nicht etwas vollkommen Neues. Die Erscheinungen der Massenpsyche (in unserem Fall der Publikumsseele) müssen auch im einzelnen vorkommen. Aber wir beobachten nicht eine Addition der gleichen Erscheinungen der verschiedenen Einzelseelen, sondern eine merkwürdige Verschiebung ist zu constatieren. Die eigentümliche Wirkung im Theater beruht auf dieser Anteilnahme des einzelnen an der Publikumsseele. Welches sind die Grundlagen der Möglichkeit solcher Verschiebungen? (unten näher zu [...]) 1) Massensuggestion 2) Verschiedenartiges Theaterpublikum (in verschiedenen Städten, in den verschiedenen Theatern einer Stadt, in den verschiedenen Rängen eines Theaters. Auch verschiedene sociale, rassenmäßige + standes-Zusammensetzungen. Welche Verschiebung findet im Denken, Wollen + Fühlen der Seele des Publikums statt?

1) Das Niveau des [Denkens] wird nach unten gedrückt. Der Dichter darf einerseits dem [...] aufzuführenden Stückes nicht allzu viel zumuten (wie etwa Hebbel es tut), andereseits sind [tiefgehende] Motivierungen nicht nötig, aber deutlich müssen die [Sachen] dem Zuschauer gemacht werden, wenn nötig, durch oftmaliges Wiederholen und grelles Unterstreichen.

2) Das sittliche *Wollen* steigt. Das Th.-P. ist bedeutend prüder als der einzelne (Rolle des Urtheaters); daneben aber werden merkwürdigerweise gespochene Zoten nicht oder viel weniger als beim einzelnen beanstandet.

3) Das Gefühl erfährt Hebung. Allerdings das grobe, aber nicht meist das subtile Gefühl. Die individuellen Gefühle passen nicht auf die Bühne. [...] sehr stark und umso [einsichtsfähiger], je mehr man ihr zumutet. [...] – Halluzinationen. Auf geringe Andeutungen hin [entstehen alle [...].

[Nach all dem] Theater-Publikum [feminin] + [...] unberechenbar ist die Wirkung des Stückes. darin liegt Schwierigkeit für Dramaturgen. Herrmann vergleicht das Th.-Publikum mit einer Halbweltdame (vgl. Anhang). Wenn aber von empfindenden Theater-[...] die Rede war, so ist in bezug darauf hier kurz auf die ganz verfehlte Einrichtung der *Premieren* hinzuweisen. Die Premiere eine Ausgeburt des [...] Theaters. Statt des Volkes, das notwendig zum Theater-Publikum gehört, sieht man ein Gesellschaftsereignis. Die Premierenbesucher treibt Eitelkeit (Zeigen ihrer Toiletten) und die Lust am Bestimmen des Schicksals des Stückes und Schauspielers ins Theater Außer den Kritikern. Meist ist hier geistige kunstunverständige Halbwelt versammelt, die [...] phantasiemüde und ohne Wirkungs[bereitwilligkeit] ist. Den Premieren-Besuchern fehlen also die eigentlichen Eigenschaften des Th.-Publikums. Leider müssen die Dramatiker schon mit dem Premieren-Publikum rechnen und daher ist vieles [...] das wirkliche Publikum ungeeignet. Das Premieren-Publikum (Herrmann nennt sie »üble Leute«) möge sich in Zukunft nicht mehr aus Kritikern und Halbwelt zusammensetzten, auch nicht aus einer bestimmten Gesellschaftsklasse, [etc] Männer der Wissenschaft, sondern aus einem geladenen, von Mal zu Mal [...] Durchschnittspublikum. Dazu kommen noch die Recensionen. Sie setzten das Urteil der Leistung fest und be[...] das Publikum, das dann schon vorher weiß, wie es sich zu verhalten hat.

12.III.18

b) Das Haus des Publikums

Ganz im Gegensatz zu dem demokratischen, das im Begriff Theater liegt, ist unser moderner Theaterbau kastenmäßig zergliedert, ein anderes war das *griechische Theater*! Hier war keine Schranke zwischen den Schauspielern und dem Publikum. In der Orchestra, die von dem Zuschauerraum umschlossen war, wirkte der Chor, der, die Vertretung des Publikums, in unmittelbarer Fühlung mit den Schauspielern stand. Im Zuschauerraum saß Hoch und Niedrig zusammen, keiner war durch einen ungünstigen Platz benachteiligt (amphitheatralischer Rundbau). Der Mangel an Gliederung (demokr. Ch. des Theaters) geht dem römischen Theater schon mehr verloren. Bühne war vor dem Zuschauerraum, Galerie: hier sitzen die Vornehmen. Allerdings ragt die Bühne in das Theater hinein und auf ihr sitzen noch Zuschauer. Das antike Theater entspricht der Bindung von Drama und Theater. Das ist aber gar nicht mehr der Fall bei dem modernen Theater im französischen Rokokostile. Durch die verschiedenen Plätze, die bestimmten Ständen + Reichen bzw Armen vorbehalten sind, wird die Massenseele auseiander gerissen. Es gibt nun eine Parkettseele, eine Galerieseele usw. (man hat sogar verschiedenen Erfolg ein und desselben Stückes. Das antike Theater war heimisch in der Natur: mit seinem ganzen Zuschauerraum und seinem Himmel und mit Aussicht ins Land hinein. Heut sitzt man im geschlossenen Raume, in dem die einzelnen [Lager] noch richtige kleine Zimer finden. Ein Zusammenhang mit der Bühne besteht ganz und gar nicht mehr: das Orchester steht trennend zwischen Zuschauer und Schauspieler. Die ihren Zweck [verfehlende] Bühne der Neuzeit wurde nach dem Muster des antiken Theaters zu reformieren versucht: Bayreuther Festspielhaus, Volkstheater in Worms, Schiller-Theater Berlin-Charlottenburg (cf Anhang). Diese Theater kommen allerdings dem idealen Theater näher als etwa die neuerrichtete Volksbühne am Bülow-Platz*,lassen aber noch zu wünschen übrig. * sie ist, abgesehen von ihrer Größe der [...] der Logen, ein Theater wie jedes andere.

288

Zu einem idealen Theaterbau wäre etwa folgender Vorschlag zu machen: Großer, amphitheatralischer Zuschauerraum, (so keine ungünstigen Plätze) Einheitspreis, Verlosung der Plätze Hoch und Niedrig (man würde sich daran gewöhnen, wie es einem auch in der Elektrischen nichts ausmacht, neben einem Arbeiter zu sitzen). Der Raum ist dem Stück entsprechend zu dekorieren: Der Zuschauer fühlt sich (cf Anfang) im Bilde selbst. Das Theater ist verkleinerbar (etwa durch einen herabzulassenden Vorhang) damit bei [...] Besuch (die Zuschauer rücken dann näher zusammen man doch eng zusammen sitzt und die Wirkung der Massenseele nicht verloren geht. Das moderne Freilicht-Theater entspricht doch nicht rechjt dem Ideal-Theater. Das antike Theater war wesentlich Hörtheater. Man achtet nicht so sehr auf das, was zu *sehen* war. Wir aber wollen *sehen*. Es kommt unsere ungünstige [...] Klima noch hinzu, was dem Freilicht-Theater seine unbedingte Berechtigung nimmt.

Der Schauspieler

Der Stoff, aus dem der Schauspieler als Künstler schafft, ist sein eigener Körper. Auch das Wesen der Schauspielkunst ist ein kosmisches Gefühl. Aber es ergibt sich eine Schwierigkeit in der Aufgabe, die doch auch der Schauspieler hat: er soll doch das Gefühl des Dichters reproduzieren. Das ist eigentlich kaum möglich. Wäre es möglich, dann gäbe es nicht so viele verschiedene ›Auffassungen‹ ein + derselben Rolle. Diese seine Aufgabe aber kann der Schauspieler nur (soweit möglich) erreichen, wenn sein [kosmisches] Gefühl , was [...] unbedingt nötig ist mit dem Gefühl des Dichters zusammenkommt. Je mannigfaltiger daher die [Welterfassungsmöglichkeit] eines Schauspielers ist, umso mehr Dichter kann er spielen. Nun kommt noch ein Bemerkenswertes hinzu: Die meisten Rollen sind gar nicht Ausdruck eines kosmischen Gefühls des Dichters. Er muß nun erst sein Gefühl hinzutun. Darum muß der Sch. sich in der Welt umschauen + überall Typen studieren. Als wir oben die Kunst ihrem Wesen nach betrachteten, unterschieden wir zwischen Ausdrucks- und Symbolkunst. (I. d. Kunst des Schausp. d. Transformationskunst) So wollen wir auch (wenngleich nicht ohne gewisse Gewaltsamkeit) bei der Schauspielkunst trennen.

a) Ausdruckskunst (lyrisch-musikalisch)

Der Schauspieler will unmittelbaren Seelenzustand darstellen oder besser will diese selbst sein. In seiner Ausdruckskunst arbeitet der Schauspieler mit *Stimme, Rhythmus, Klangfarbe und Geste,* ein ausdrückliches Eigentum, besondes ausdrückliches Eigentum des Schauspielers bleibt Geste des Schauspielers, aus *seiner* Seele heraus, muß durchaus d. Geist der dargestellten Person, unabhängig vom Dichter. Damit kann der Schauspieler [...] dem Dichter helfen – der Dichter soll aber dem Schauspieler die gesten nicht vorschreiben. [Rhythmisch] oder [antirhythmische] Gesten. So zog – um nur ein Beispiel zu nennen – Ekhoff als Odoardo bei dem Gespräch mit der Gräfin Orsina aus seinem Federhut in der Erregung eine Feder nach der anderen heraus, um zuletzt die noch übrigen Federn mit einem Ruck krampfhaft herauszuziehen. [...], der es ihm nachahmte, blieb damit ohne

Wirkung: ein Beweis dafür, daß die – vom Dichter unabhängigen – Gesten aus der Seele des betreffenden Schauspielers kommen müssen.

19.III.18

Diese Ausdruckskunst geht natürlich meist Hand in Hand mit der Transformationsk. Aber es gibt Menschen, die [...] Ausdrucksschauspieler sind. z..B. Josef Kainz. Andere wieder sind mehr das, von dem nun die Rede sein soll.

b) Transformation d. Schauspielers

Diese [...] einer bestimmten Fremdpersönlichkeit kommt durch 2 Akte zustande. a) Fremdgestalt vor sich hinstellen b) Verwamdlung des Schausp. in d. Fremdpersönl.

Der Schauspieler muß sich die zu spielenden Gesten ganz klar durchdenken + möglichst lebensnah mit allen erdenklichen, der Wirklichkeit abgelauschten aber auch ganz + gar der Eigenart der Rolle passenden + sie ganz verkörpernden Zügen darstellen. Dies ist noch kein spez. schauspielerischer Akt (der Maler verfährt so). Um die [Person] ganz richtig sehen zu können, hat die literarische Kritik, die mit der Auffassung der einzelnen Charaktere beschäftigt, für den Schausp. hohen Wert. Dann aber muß d. Sch. mit offenen Künstleraugen durch die Welt gehen und überall Material sammeln.

Verwandlung in die b) Persönlichkeit

Der Sch. muß d. eigene Individualität zugunsten der anderen aufgeben. Er muß ganz der andere werden, muß die Persönl. dem Zusch. vortäuschen. Es ist klar, das der Sch. d. Person leichter darstellen kann, die seinem Naturell näher liegt, daß ihm manche Rollen gar nicht ›liegen‹. Hieraus ergibt sich das [...], das natürlich Gefahr der [...] mit sich bringt. Zwei Bemerkungen seien noch hier angeschlossen: Es ist falsch, kleien Rollen mit mäßigen Schauspielern zu besetzten (cf oben): kleine Rollen sind meist nicht Ausdrücke [...] des Kunstgefühls des Dichters: der Schauspieler muß erst neu Leben in ihnen schaffen.

2: Die Wiederholung der aufgeführten Stücke ist zwar ein notwendiges Übel, aber sie ist + bleibt ein Übel: Die Kunst wird nach und nach abgeschwächt und wird schließlich eine automatische Leistung.

Mit welchen Mitteln geht nun die Suggestion vor sich? In der Suggestion unterscheidet man a) Verbal-, b) Real-, c) Mental-Suggestion so *auch in der Schauspielkunst*: a) Die Suggestion durch die Sprache liegt so nah, daß sie nicht weiter besprochen zu werden braucht. b) von der Real-Suggestion spricht man, wenn ein Mensch die Handlung eines anderen ausübt oder sich in eine andere Umgebung begibt und sich durch die andere Umgebung und das Ausübend der fremden Handlungsweise den Eindruck des anderen macht. (z.B. bekommt das Kind, daß sich mit seinen Puppen beschäftigt + sich dem ganz hingibt, ein mütterliches [Aussehen]). Und so kann dann auch der Schauspieler durch Äußerlichkeiten und Kostüm, Requisiten, Bühne, Mitspieler den rechten Habitus seiner Rolle erhalten. cf Lessing Hamb. Dramaturgie, wo er meint, daß der Schausp. durch gesten in wirkliche Affekte hinein kommen kann.

Stück 3

Wenn er [der Akteur] nun nur die allergröbsten Äußerungen des Zornes einem Akteur
von ursprünglicher Empfindung abgelernet hat und getreu nach zumachen weiß –
denn hastigen Gang, den stampfenden Fuß, den rauhen, bald kreischenden bald verbissenen Ton, das Spiel der Augenbrauen, die zitternde Lippe, das Knirschen der Zähne
usw. – wenn er, sage ich, nur diese Dinge, die sich nachmachen lassen, sobald man
will, gut nachmacht: so wird dadurch unfehlbar seine Seele ein dunkles Gefühl von
Zorn befallen, welches wiederum auf den Körper zurückwirkt, und da auch diejenigen
Veränderungen hervorbringt, die nicht bloß von unserem Willen abhangen; sein Gesicht wird glühen, seine Augen werden blitzen, seine Muskeln werden schwellen; kurz,
er wird ein wahrer Zorniger zu sein scheinen, ohne es zu sein, ohne im geringsten zu
begreifen, warum er es sein sollte.

c) Die höchste Wirkung der Transformation kommt durch die *Mental-Suggestion* vgl.
Mauthner: Psychologie der Sprache. *Seele spricht zu Seele*. Das liegt unserer Zeit, dessen
Schlagwort Psychologie ist, besonders nahe. In den modernen Dramen ([Ibsen], Maeterlinck), muß der Schauspieler nicht zwischen den [Zeilen] lesen, und das [...] in einer Pantomime darstellen. (cf auch Kino). Der Schausp. muß das Stück mit seiner Seele durch-
dringen [...] Stückes, wie [...], nicht mehr möglich. Ja die *Sprache* muß sich – daß ist
bedauerlich für den Dichter – geradezu *ducken*. Diese unbedingte Richtung, aufs *Seelische*
bringt es auch mit sich, daß der moderne Schauspieler die klassischen Stücke nicht mehr
so gut spielen kann, da die häufig vorkommenden [Sentenzen] nicht Ausfluss der [Seelen]
der betreffenden Personen sind.

Anhang
[enthält nur Fragmente]

Antrag auf Errichtung eines Theaterwissenschaftlichen Instituts an der Universität Berlin

BAP R 4901; 1450, 1–3RS

Dem Minister für Wissenschaft, Kunst und Volksbildung
Herrn Konrad Haenisch Berlin W

Berlin W50, Augsburgerstr. 34, Jan. 1919

Hierdurch erlaube ich mir, die Aufmerksamkeit des Herrn Ministers auf ein dringendes Bedürfnisder Berliner Universität zu lenken.

Während für die wissenschaftliche Ausbildung auf den Gebieten der Bildkunst, der Wortkunst und der Tonkunst längst durch die Einrichtung entsprechender Institute und Seminarien gesorgt ist, ist für den wissenschaftlichen Unterricht auf dem Gebiet der *Theaterkunst* nicht das Geringste geschehen. Ich bin wirklich der Meinung, daß hier Abhilfe dringend Not tut. Mit elementarster Energie macht gerade in unsern Tagen das Theater seine Ansprüche geltend: sowohl in seiner ursprünglichen Funktion, als soziales Spiel, als bedeutsames Mittel der Volksunterhaltung und Volksbildung, wie andererseits in seinem Bemühen, dem stärksten Gebilde der Wortkunst, dem Drama zu einer wirkungsreicheren Verlebendigung zu verhelfen. So ist es von der höchsten Bedeutung, der jetzt endlich vom Dilettantismus emporstrebenden Theaterwissenschaft, die sich mit dem Sinn und dem Wesen eines so bedeutsamen Kulturfaktors beschäftigt, entschiedenste Förderung zuteil werden zu lassen, und das muß in erster Weise durch die Einrichtung eines akademischen Betriebes geschehen, in dem allein ein systematischer Betrieb der in Betracht kommenden Studien verbürgt und in dem sie eingeordnet werden in die universitas literarum: nur in innigem Zusammenhange mit dieser können ihre Ziele und ihre Methode sich zu einem wirklichen Leben entwickeln.

Ein derartig gesicherter akademischer Betrieb wird aber nicht etwa nur der reinen wissenschaftlichen Theorie zugute kommen, sondern auch der lebendigen Praxis. Es gilt allerdings nicht etwa, die eigentliche Theaterschule im engeren Sinn auf der Universität heimisch zu machen, an ihr den künftigen Schauspieler technisch zu schulen, so wenig wie die akademischen Einrichtungen auf den Gebieten der Bildkunst, der Wortkunst und der Tonkunst den künftigen Maler, Dichter und Musiker heranzubilden haben. Wohl aber kann und muß hier den künftigen Regisseuren und Dramaturgen die wissenschaftliche Vorbildung für ihren Beruf geboten werden, die in den beteiligten Kreisen längst dringend verlangt wird und nach der jetzt zahlreiche Studenten an der Universität fast vergebens suchen; hier sollen auch die künftigen Theaterkritiker die systematische Belehrung empfangen, durch deren Fehlen die heutige Theaterkritik im Gegensatz zu der durch die Universität geförderten Literatur-, Kunst- und Musikkritik auf einem so außerordentlich tiefen Stande zurückgehalten wird.

Während aber die Universitätsinstitute, die der wissenschaftlichen Beschäftigung mit der Bild-, Ton- und Wortkunst dienen, der gegenwärtigen Art des Unterrichts auf diesen Gebieten entsprechend so gut wie ausschließlich historisch orientiert sind, würde ich vorschlagen, in einem neu zu begründenden theaterwissenschaftlichen Institut neben der Theatergeschichte auch die Theaterpraxis gebührend zu berücksichtigen: dem Studium der Theatergeschichte wird das Verständnis für die modernen Theaterverhältnisse, der Erfassung dieses gegenwärtigen Lebens wieder die Berücksichtigung nach der historischen entscheidend zu gute kommen, und aus der wechselseitigen Durchdringung beider Elemente wird ein wahrhaftes Eindringen in das Wesen der Theaterkunst sich ergeben.

Nun hat der Unterzeichnete zwar seit einer Reihe von Jahren bereits Vorlesungen über Theaterkunst und über Theatergeschichte gehalten und auch theatergeschichtliche Übungen veranstaltet. Bei dem vollständigen Mangel an Demonstrationsmaterial fehlte aber die Möglichkeit für die Behandlung der wichtigsten Gegenstände ganz und gar, und auch das Gebotene litt auf das Empfindlichste unter jenem Fehlen der lebendigen Anschauung; es war im Grunde nicht anders, als wenn man versuchte, über Bildkunst und ihre Geschichte Vorlesungen und Übungen zu halten, ohne irgendwelche Lichtbilder oder Photographien zeigen zu können. Und so scheint es mir die höchste Zeit, daß durch die Fürsorge des Ministeriums hier endlich Abhilfe geschaffen wird. Ich bitte Sie, hochgeehrter Herr Minister, die Mittel für ein

Theaterwissenschaftliches Institut an der Universität Berlin

bereit zu stellen und dem Unterzeichneten die Leitung dieses Instituts zu übertragen.

Um den zweiten Teil dieses Gesuchs zu begründen, bin ich genötigt, mit einigen Worten über mich selbst zu sprechen. Ich glaube in meinem Buche ›Forschungen zur deutschen Theatergeschichte des Mittelalters und der Renaissance‹ (Berlin Weidmann 1914, 541 S.) das erste umfangreiche Werk geliefert zu haben, in dem die Theatergeschichte aus einem vorwissenschaftlichen Zustand herausgeführt worden ist; ich habe eine ganze Anzahl von Schülern herangebildet, die die von mir aufgestellten Methoden der Theatergeschichte und der Theaterwissenschaft in ihren Dissertationen[*] und in praktischer Arbeit für das Theater

---

[*] Ich nenne etwa: R. Bitterling, Joh. Fr. Schink, ein Schüler Diderots und Lessings.– B. Diebold, das Rollenfach im deutschen Theaterbetrieb des 18. Jahrhunderts.– A. Doebber,

293

bestätigt haben, eine so große Zahl, daß der Begriff ›Herrmannschüler‹ in den Kreisen nicht nur der Theoretiker, sondern auch der Praktiker des Theaterlebens sehr geläufig ist; bei den in den letzten Jahren hervorgetretenen Bestrebungen, eine wissenschaftliche Regieschule zu begründen, haben auch die Praktiker – die ›Vereinigung künstlerischer Bühnenvorstände‹ – meine leitenden Mitwirkung für unentbehrlich gehalten; die organisatorische Veranlagung, die für die Begründung eines Instituts durchaus erforderlich ist, glaube ich, wenn auch auf einem anderen Gebiet, als Schriftleiter der ›Gesellschaft für deutsche Erziehungs- und Schulgeschichte‹ entschieden bekundet zu haben – über meine Tätigkeit für die Sammlungen und Einrichutngen der ›Gesellschaft‹ wird ihr Vorsitzender, Herr Wirklicher Geh. Oberregierungsrat Dr. Karl Reinhardt Auskunft zu geben gewiß bereit sein.

Schließlich erlaube ich mir, über die Anlage des Instituts einige Andeutungen vorzutragen.

I. Zunächst wäre die *Raumfrage* zu lösen. Es käme gewiß nicht darauf an, daß das Institut in der Universität selbst seine Stelle fände; zu wünschen wäre allerdings, daß es nicht *allzu* weit von ihr entfernt läge, auch schon deshalb, weil wohl ein Universitätsdiener bei den Abräumungsarbeiten nach den Bühnenübungen behülflich sein müßte.

Das Institut hätte zu enthalten:

1) ein kleines Zimmer für die Führung der Geschäfte; hier wären auch besonders wertvolle Stücke der Sammlungen unterzubringen;

2) ein großes Arbeitszimmer für die Studenten, daß zugleich die Bücher und Sammlungen beherbergt; der Raum müßte auch zur Abhaltung der Übungen und womöglich auch als Zuschauerraum bei den Bühnenproben dienen können und darum von dem Bühnenraum durch eine völlig wegschiebbare Wand getrennt sein;

3) aus einem möglichst großen Raum, der als Übungsbühne dient. Am günstigsten wäre es, wenn er wenigstens 8 Meter breit und 11 Meter tief sein könnte, so daß sich eine kleine Drehbühne einrichten ließe; andernfalls müßte man sich auch mit einem *etwas*

Lauchstädt und Weimar.– E. Groß, die ältere Romantik und das Theater.– W. Flemming, Gryphius und die Bühne.– C. Hagemann, Geschichte des Theaterzettels.– H. Klopffleisch, Joh. Chr. Brandes.– H. Knudsen, Heinrich Beck.– W. Hill, die deutschen Theaterzeitschriften des 18. Jahrhunderts.– H. Oberländer, die geistige Entwicklung der deutschen Schauspielkunst im 18. Jahrhundert.– E. Tannenbaum, Friedrich Hebbel und die Bühne.– B. Voelcker, die Hamlet-Darstellungen Daniel Chodowieckis.– Weitere Arbeiten sind im Manuskript fast vollendet: über Iffland und Beil, über Goethes Theaterleitung, über die schauspielerische Behandlung des Monologs im 18. Jahrhundert, über die Geschichte der Theaterbeleuchtung, die Geschichte der Theaterschule u.a.m. – daß es sich ausschließlich um theatergeschichtliche Arbeiten handelt, ist vor allem darauf zurückzuführen, daß *nicht* historische theaterwissenschaftliche Arbeiten heute bei keiner Fakultät als Dissertationen unterzubringen sind, während die theatergeschichtlichen in Greifswald, Heidelberg, Marburg und Rostock bei der deutschen Philologie ein Obdach fanden.

weniger großen, aber immerhin *sehr* geräumigen Zimmer begnügen. In beiden Fällen müßte noch der Raum für etwa 60 Zuschauerplätze dazukommen, falls sich die unter 2) vorgeschlagene Einrichtung nicht durchführen ließe.

II. Zur *Einrichtung des Instituts* würden gehören:

1) die Bühnenausstattung – sie würde je nach des zur Verfügung stehenden Raumes sehr verschiedener Art sein: inbezug auf diesen Punkt wären also sehr genaue Angaben zu machen;

2) vom Buchbinder anzufertigende Modelle der verschiedenen Bühenformen aus Vergangenheit und Gegenwart;

3) Lichtbilder, die sich auf das ganze Gebiet der Theaterkunst von ehedem und von heute beziehen, einschließlich namentlich auch der Schauspielkunst;

4) Photographien und andere Bilder des gleichen Inhalts (besonders auch Kostümzeichnungen, Dekorationsskizzen und dgl.);

5) eine wissenschaftliche Handbibliothek, die die wichtigsten Schriften aus dem Gebiet der Theaterkunst und der Theatergeschichte enthält, namentlich auch

6) gedruckte und handschriftliche Regiebücher.

III. Ich versuche mit einigen Worten auszudrücken, mit welchen *Mitteln* die *erste Einrichtung* des Instituts zu betreiben wäre:

1) Als Grundstock müßte dienen die sog. Louis Schneidersche Sammlung, die Eigentum der früheren königlichen Theater ist und als Depot in der Landkartenabteilung der preußischen Staatsbibliothek aufbewahrt wird, wo sie – von wenigen gekannt – eigentlich nur von meinen Schülern benutzt wird. Eine Überreichung an das Institut würde unter den neuen Verhältnissen gewiß keine Schwierigkeiten machen.

2) die hiesige ›Vereinigung künstlerischer Bühnenvorstände‹ würde gewiß ihre Sammlungen von wissenschaftlichen Werken und handschriftlichen Regiebüchern dem Institut zur Verfügung stellen, falls die Benutzung dieser Bestände den Mitgliedern auch künftig hin ermöglicht würde, und in der Hoffnung, daß außer den immatrikulierten Studenten auch Hospitanten zu den Arbeiten des Insituts zugelassen werden.

3) Zweifellos wird eine ganze Menge Material für das Studium der modernen Bühnenkunst von den betreffenden Ausstattungskünstlern selbst unentgeltlich zu haben sein; vielleicht geben auch die Theater etwas her (Regiebücher u. dgl.). Meine älteren Schüler hatten die Absicht, mir zur Feier meines 25jährigen Dozentenjubiläums (1916) den Grundstock eines theatergeschichtlichen Apparats zu bescheren; der Krieg verhinderte das, ich glaube aber sicher, daß bei der Einrichtung eines theaterwissenschaftlichen Instituts auch aus diesem Kreise Gaben zu erwarten wären.

4) Von der Güte des Ministeriums würde eine einmalige Gabe bewilligt werden müssen: eine Summe, die sich auf nicht mehr als 6000 MK. zu belaufen brauchte – sie würde genügen, um auch für die Einrichtung des Bühnen*raums* in den einfachsten Formen zu

sorgen. Wenn der oben unter I,3 erbetene größere Raum zur Verfügung gestellt werden könnte, würde ich versuchen, in geeigneten Kreisen die Mittel für die nötige Einrichtung zusammenzubringen – ich denke vor allem an die deutschen Bühnenleiter, die ja doch ein Interesse daran haben, daß aus dem neuen Institut möglichst gut ausgebildete Dramaturgen und Regisseure hervorgehen.

IV. Zur Bestreitung der *laufenden Jahreskosten* (Vermehrung der Einrichtungen und Zahlung eines Beitrages für die Mühe der Verwaltung) würden in erster Reihe die Institusgebühren zu dienen haben, die man meines Erachtens ruhig auf 20 MK. für das Semester festsetzen könnte – bei etwa 60 Mitgliedern[*] käme man auf jährlich 2400 Mark, zu denen dann aus der Ministerialkasse etwa noch 600 MK. zu erbitten wären. Für die Gewinnung eines Assistenten, der zunächst ohne Entgelt dem Institut seine Hülfe widmen würde, glaube ich mich verbürgen zu können.

V. Der *Umkreis der Vorlesungen und Übungen*, die im Institut oder mit Heranziehung seiner Einrichtungen in einem Universitätshörsaal abzuhalten wären, würde umfassen: 1) allgemeine Theaterkunstwissenschaft, 2) Dramaturgie, 3) Theatergeschichte, 4) Regie, 5) Schauspielkunst, *soweit sie der Regisseur beherrschen muß*, insbesondere: Rollenstudium, 6) Kostümkunde, 7) Dekorationswesen, 8) Beleuchtungswesen, 9) Maschinenwesen. Die ersten drei Gebiete würde ich selber ganz allein veranstalten; für das Übrige würde ich bitten einen *Lektor* zu berufen, der in Übereinstimmung mit mir den technischen Unterricht zu erteilen hätte. Für die Gebiete, die der Bildkunst nahe stehen (6 und 7) würden *gewiß* auch Universitätsdozenten der Kunstgeschichte heranzuziehen sein (Hr. Prof. Dr. Fischel ist ein besonderer Kenner der Kostümgeschichte); endlich würde man wohl, alle paar Semester einmal, für die Gebiete 7–9 auch hervorragende Fachmänner als Gastdozenten gewinnen können, ohne ihnen ein anderes Entgelt als die eingehenden Vorlesungshonorare zur Verfügung zu stellen. – Zur Ergänzung des Unterrichts im Institut würde die Anwesenheit der Studierenden bei Proben hervorragender Berliner Bühnen dienen: die Zulassung seitens der Bühnenvorstände glaube ich mit Sicherheit in Aussicht stellen zu können.

Der Unterricht würde natürlich, sowohl in den historischen wie in den modernen Elementen, in erster Reihe auf die deutschen Verhältnisse sich beziehen; es dürfen aber, wie das in der Natur des Gegenstandes liegt, die internationalen Leistungen niemals außer acht gelassen werden; in solchem Sinne würde auch auf die Mitwirkung von Romanisten, Anglisten, Slavisten der Universität zu rechnen sein.

---

[*] In den theatergeschichtlichen Übungen des laufenden Semesters habe ich gegen 60 Teilnehmer – wenn ein Institut zur Verfügung steht, wird sich der Zudrang sicher noch wesentlich steigern.

Die durch die Begründung des vorgeschlagenen Instituts in den Rang der offiziellen Lehrgegenstände einbezogene Wissenschaft müßte natürlich auch akademisches Prüfungsfach werden. Zur Abhaltung von Doktorprüfungen wie zur Leitung eines den bisherigen Universitätseinrichtungen einzureihendes Instituts ist jedenfalls eine offizielle Stellung in der Fakultät notwendig; der ergebenst Unterzeichnete bittet daher darum, ihm diese Stellung zu verschaffen, die ihm übrigens bei seinen Lehrerfolgen in seinem Hauptfach längst zukommt; er erlaubt sich, um einen prägnanten Ausdruck für die Stärke dieses Erfolges zu sichern, den Hinweis, daß seine Kollegeinnahmen im laufenden Semester mehr als 5000 Mark betragen.

Schließlich erlaube ich mir noch einen letzten Hinweis. Vielleicht ist die Verbindung mit einem theaterwissenschaftlichen Institut und seinem Leiter, der als Vorsitzender der ›Deutschen dramatischen Gesellschaft‹ zugleich auch in engstem Zusammenhang mit der lebendigen Bühnen*dichtung* der Gegenwart steht, ,auch für das Ministerium selbst von einem gewissen Wert, da es ja nun zu seinen übrigen Aufgaben auch die Fürsorge für das Theaterleben hinzugenommen hat.

Und so hoffe ich zuversichtlich auf gütige Bewilligung dieses Gesuchs.

In ausgezeichneter Hochachtung

Prof. Dr. Max Herrmann, Privatdozent an der Universität

Satzungen des Theaterwissenschaftlichen Instituts an der Universität Berlin

BAP R 4901; 1450, 69–72

§ 1.

Das Theaterwissenschaftliche Institut nimmt höchstens 24 ordentliche Mitglieder auf. Wer ordentliches Mitglied zu werden wünscht, muß immatrikulierter Student sein, und mindestens schon während zweier Semester theaterwissenschaftliche Studien getrieben haben; nach dem Ermessen der Direktoren kann ein Jahr praktischer Bühnentätigkeit *einem* dieser Studiensemester gleich gerechnet werden. Er muß sich ferner einer mündlichen Prüfung durch einen der Direktoren unterwerfen und eine schriftliche Aufnahmearbeit einliefern; für ihre Ausarbeitung ist eine Frist von 6 Wochen gesetzt, während derer der Aufzunehmende nur die Rechte eines Hospitanten genießt.

Jedes ordentliche Mitglied übernimmt die Verpflichtung, an *allen* Veranstaltungen des Instituts teilzunehmen, im Behinderungsfalle sich rechtzeitig zu entschuldigen. Falls eine solche Entschuldigung dreimal unterbleibt, läuft er Gefahr, seine Mitgliedschaft einzubüßen. Er verpflichtet sich ferner, regelmäßig während bestimmter Stunden die unter § 5,2 erwähnte Seminarkontrolle auszuüben.

Jedes Mitglied hat während jedes Semesters eine schriftliche Arbeit vorzulegen oder einen Vortrag zu halten. Frei von diesen Verpflichtungen sind die Senioren und die schon promovierten Mitglieder; ferner können solche Mitglieder befreit werden, die nachweislich mit der Abfassung ihrer Dissertation beschäftigt sind. Eine etwaige Aufnahmearbeit gilt als Arbeit des ersten Seminarsemesters.

§ 2.

Die Direktoren haben das Recht, auch andere Studenten oder Hörern der Universität und sonstigen wissenschaftlich legitimierten Persönlichkeiten von akademischer Vorbildung den Zutritt zum Institut als Hospitanten zu gewähren. Die Hospitanten haben wie die ordentlichen Mitglieder das Recht, die Lehrmittel des Instituts zu benutzen und an allen Veranstaltungen des Instituts teilzunehmen, immer oder (auch bei den Übungen) nur als Zuhörende. Eine Verpflichtung zur Teilnahme besteht für sie nicht.

§ 3.

Die Direktoren ernennen zwei der ordentlichen Mitglieder zu Senioren, denen – unter Aufsicht der Assistenten – die Verwaltung der Lehrmittel und der Kasse, der Verkehr mit Buchhändler und Buchbinder und die Aufrechterhaltung der Ordnung übertragen ist. Ihren Anordnungen ist Folge zu leisten. Ihnen sind auch die Anschläge vorzulegen, deren Anbringen gewünscht wird.

§ 4.

Als Ausweis erhalten die ordentlichen Mitglieder und die Hospitanten von dem geschäftsführenden Direktor eine Benutzungskarte. Der Inhaber einer solchen Karte hat in jedem Semester innerhalb von 3 Wochen nach Eröffnung der Institutsveranstaltungen an den Senior eine Summe zu entrichten, deren Höhe von den Direktoren zu Beginn jedes Semesters festgelegt wird. Ohne einen darauf bezüglichen Quittungsvermerk ist diese Karte ungültig. Studierende, die inbezug auf die Vorlesungen das Recht der Honorarfreiheit genießen, wird die Gebühr erlassen.

Jeder Benutzer erhält ferner gegen eine Schlüsselgebühr, die für Mitglieder 0,50, für Hospitanten 1, für Ausländer 2 Goldmark beträgt, einen Schlüssel, der die Türen des Arbeitsraumes und des Garderobenraumes öffnet. Der Schlüssel darf nie verliehen werden. Jeder ist verpflichtet, ihn beim Ausscheiden aus dem Institut abzuliefern. Der etwaige Verlust eines Schlüssels ist sofort zur Anzeige zu bringen; auf Kosten des Verlierers wird ein neuer Schlüssel angefertigt.

Für die Benutzung eines Kastens zahlen die Mitglieder nie, die Hospitanten in jedem Semester 0,25 Goldmark (Ausländer den 4 fachen Betrag); doch kann Hospitanten ein solcher Kasten nur angewiesen werden, wenn kein ordentliches Mitglied auf ihn Anspruch macht.

§ 5.

Die Bücher, die in den offenen Regalen aufgestellt sind, können von den Benutzern ohne weiteres herausgenommen werden; für die Entnahme der in den Schränken und im Direktorzimmer bewahrten Materialien ist die Hülfe der Assistenten oder Senioren in Anspruch zu nehmen, deren Sprechstunden durch Anschlag bekannt gegeben werden; ihnen sind diese Materialien so zurückzugeben, daß sie alsbald wieder an ihren Platz gebracht werden können. Die von den Benutzern direkt entnommenen Werke müssen jedesmal nach der Benutzung genau an den richtigen Platz gestellt werden; innerhalb der Gruppen ist die vorgefundene Ordnung streng aufrecht zu erhalten. Wiederholtes Nichtbeachten dieser Vorschriften kann die Entziehung der Mitgliedskarte herbeiführen.

Wer ein Buch, eine Mappe, ein einzelnes Blatt oder einen zur Bühnenausstattung gehörigen Gegenstand aus dem Arbeitssaal fortnimmt, wird von der Mitgliedschaft für immer ausgeschlossen und gegebenenfalls wegen Diebstahls zur Anzeige gebracht. Jeder Benutzer ist gehalten, beim Verlassen des Arbeitssaals dem am Ausgang Wache haltenden ordentlichen Mitglied den Inhalt seiner Mappe vorzuzeigen. Wünsche aller Art, die sich auf die Bibliothek beziehen, sind in das Desiderienbuch einzutragen, das dem geschäftsführenden Direktor von den Senioren allwöchentlich vorgelegt wird.

Die Benutzung der Bühne und ihrer Materialien zu Übungszwecken darf nur unter Leitung der Assistenten oder unter der Aufsicht der Senioren allwöchentlich an zwei dafür festgelegten Nachmittagen erfolgen.

§ 6.

Das gesammte Inventar des Instituts ist von allen Benutzern auf das sorgfältigste zu behandeln. Tinte darf nur angewendet werden, wenn kein dem Institut gehöriges Buch oder Blatt bei der Arbeit benutzt wird. Die Benutzung von Kunstblättern oder Tafelwerken größeren Formats darf nur auf dem dazu bestimmten Sitz erfolgen.

Es ist streng untersagt, irgend jemandem, der nicht selbst im Besitz eines Schlüssels ist, in die Räume des Instituts hineinzulassen. Die Türen zum Abeitssaal und zum Garderobenraum sind stets doppelt zu verschließen.

Wer als letzter das Institut verläßt, hat alle Fenster zu schließen und die etwa brennenden Lampen auszulöschen. Äußerste Sparsamkeit mit dem Licht ist geboten.

Das Rauchen in den Institutsräumen ist unter allen Umständen untersagt.

Laute Unterhaltung im Arbeitssaal ist nicht gestattet.

§ 7.

Gegen die Benutzer, die die in diesen Satzungen gegebenen Vorschriften nicht einhalten, können durch die Direktoren Geldbußen in der Höhe von 0,25 bis 1 Goldmark verhängt werden.

Berlin, im Oktober 1923

Die Direktoren
gez. Petersen. Max Herrmann.